ORAL HISTORY
OF CHINESE MARITIME LAW

口述中国海商法史

编者简介 EDITOR

北京大学海商法研究中心

成立于1999年,是经北京大学批准且挂靠北京大学法学院的虚体学术研究机构。北京大学海商法研究中心的成立旨在充分发挥北京大学在海商法学科领域的优势,联合社会相关资源力量,推动相关海商法问题的研究与成果研发,为国家的对外开放和海洋战略问题提供智力支持。中心通过设立课题和各种相关合作项目促进国内和国际海商法律问题的研究,定期或不定期组织学术活动。中心由北京大学社科部和法学院统一管理。

2017年5月"口述海商法史"项目启动合影

1992年12月第六届全国海商法优秀论文评选委员会合影,从左至右是尹东年、李嘉华、徐鹤皋、费宗祎、杨良宜、朱曾杰、吴焕宁、司玉琢、刘书剑

1991年5月邀请五位美国海商法专家就我国《海商法(草案)》提出建议。这张照片里包括其中三位。从左至右为朱曾杰、David Sharp 夫妇、Golden Paulson、孟于群、Richard Palmer 夫妇、陈震英

1990年8月,时任国际海事委员会主席的Berlingeri先生对我国《海商法(草案)》提供意见的电传

1988年11月中国海商法协会成立大会暨第一届代表大会合影

口述中国海商法史

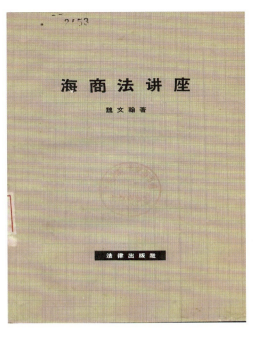

法律出版社 1965 年出版的《海商法讲座》,这是新中国第一本海商法专著

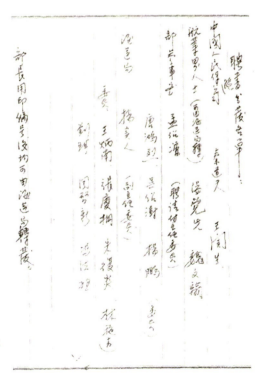

20 世纪 50 年代,第一届《海商法》起草委员会名单

本书由**中国法学交流基金会**资助出版

口述中国海商法史

北京大学海商法研究中心 编

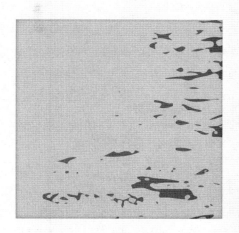

ORAL HISTORY
OF CHINESE MARITIME LAW

北京大学出版社
PEKING UNIVERSITY PRESS

中国商务出版社
·北京·

图书在版编目(CIP)数据

口述中国海商法史 / 北京大学海商法研究中心编. — 北京：北京大学出版社，2023.12

ISBN 978-7-301-34648-8

Ⅰ.①口… Ⅱ.①北… Ⅲ.①海商法—法制史—中国 Ⅳ.①D923.993

中国国家版本馆 CIP 数据核字(2023)第 224836 号

书　　　名	口述中国海商法史 KOUSHU ZHONGGUO HAISHANGFA SHI
著作责任者	北京大学海商法研究中心　编
责 任 编 辑	任翔宇　方尔琦　赵桂茹
标 准 书 号	ISBN 978-7-301-34648-8
出 版 发 行	北京大学出版社　中国商务出版社
地　　　址	北京市海淀区成府路 205 号　100871
网　　　址	http://www.pup.cn　http://www.yandayuanzhao.com
电 子 邮 箱	编辑部 yandayuanzhao@pup.cn　总编室 zpup@pup.cn
新 浪 微 博	@北京大学出版社　@北大出版社燕大元照法律图书
电　　　话	邮购部 010-62752015　发行部 010-62750672 编辑部 010-62117788
印 　刷　 者	涿州市星河印刷有限公司
经 　销　 者	新华书店
	650 毫米×980 毫米　16 开本　28 印张　彩插 4　387 千字 2023 年 12 月第 1 版　2023 年 12 月第 1 次印刷
定　　　价	139.00 元

未经许可，不得以任何方式复制或抄袭本书之部分或全部内容。
版权所有，侵权必究
举报电话：010-62752024　电子邮箱：fd@pup.cn
图书如有印装质量问题，请与出版部联系，电话：010-62756370

"口述中国海商法史"项目成员

项目顾问：（按姓氏笔画数排序）

尹东年　叶伟膺　吴焕宁　张永坚
陈震英　孟于群　赵桂茹　郭　瑜

参与学生：（按姓氏笔画数排序）

王宥人　王雅昕　王禄慈　方傲兰　白　雪
包康赟　朱施洁　朱笑芸　刘偲祎慧　严曦冉
杜彬彬　李家杰　李梦可　吴俞阳　旷　瑾
宋　璇　陈　琦　陈楚晗　苗文卿　范令箭
金珊珊　周　欣　赵琳萱　郝曼彤　胡安琼
侯力嘉　姜　琪　秦中元　徐腾姣　徐源璟
高瑞珠　郭玉璇　唐瑛培　寇梦晨

目　录

序　言	001
前　言	001

1. 边教边学，知行合一
   ——尹东年教授访谈录 …… 001
2. 从唱歌开始的缘分
   ——吴焕宁教授访谈录 …… 009
3. 我们知道的海商法协会成立经过
   ——孟于群老师、陈震英老师访谈录 …… 016
4. "误打误撞"中走向海商法
   ——司玉琢教授访谈录 …… 020
5. 从英语老师到武汉大学海商法奠基人
   ——张湘兰教授访谈录 …… 025
6. 海仲、海协三项纪录的创造者和保持者
   ——刘书剑先生访谈录 …… 041
7. 二十六年前与中国海商法的那次相遇
   ——Robert Force 教授访谈录 …… 053
8. 我与厦门海事法院的二十七年
   ——张希舟法官访谈录 …… 060

9. 从国际贸易角度研究海商法问题的专家
　　——张玉卿先生访谈录 ································ 068

10. 我的二伯父魏文翰
　　——魏友宏先生访谈录之一 ························ 079

11. 我的父亲魏文达
　　——魏友宏先生访谈录之二 ························ 090

12. 海商法研究中一个难以忽略的"过客"
　　——魏家驹先生访谈录 ································ 102

13. 参与开创我国海事仲裁、海损理算事业
　　——高隼来先生访谈录 ································ 113

14. 我了解的海事审判早期情况
　　——费宗祎法官访谈录 ································ 120

15. 住在"长江头"的海商法学者
　　——杨树明教授访谈录 ································ 132

16. 勇闯国际海事组织的中国人
　　——沈肇圻先生访谈录 ································ 136

17. 海商情　中国心
　　——杨良宜先生访谈录 ································ 159

18. 向实践学习，拜能者为师
　　——黎孝先教授访谈录 ································ 174

19. 躬行实践，笔耕不辍
　　——孟于群先生访谈录 ································ 187

20. 从中波轮船公司到国际海事组织
　　——余大经先生访谈录 ································ 201

21. "中威轮船案"半个世纪的索赔史
　　——陈经纬先生访谈录 ································ 223

目 录

22. 愿《海商法》听见长江的涛声
　　——周明达先生访谈录 …………………………… 236
23. 改革开放后最早从事海事海商业务的律师之一
　　——高宗泽先生访谈录 …………………………… 246
24. 海天搏击五十年
　　——叶伟膺先生访谈录 …………………………… 256
25. 坚持海事审判的"工匠精神"
　　——王彦君法官访谈录 …………………………… 272
26. 海商法的"旁观者"
　　——张永坚先生访谈录 …………………………… 317
27. 从《海商法》起草到践行
　　——杨文贵先生访谈录 …………………………… 340
28. 中远海上保险元老
　　——史贤训先生访谈录 …………………………… 354
29. 我与海上保险和《海商法》
　　——王海明先生访谈录 …………………………… 367
30. 三十二年前中国海商法的英国回忆
　　——Robert Grime 教授访谈录 …………………… 398
31. "放眼世界，脚踏实地"
　　——朱曾杰教授访谈录 …………………………… 404
32. 燕京大学走出来的远洋系教授
　　——王义源教授访谈录 …………………………… 415

附录　十年前的回忆 …………………………………… 423
后记　非中心化、群体智慧与社会记忆 ……………… 427

序　言

在接触北京大学海商法研究中心的"口述中国海商法史"项目之前,我对《海商法》的了解可谓空白,只是在阅读了《口述中国海商法史》各篇访谈录之后,才算是有了一个初步的感知。与历史学科不同,访谈中所涉及的海商法学科诸问题,如《海商法》的起草过程、各时期不同环境下的海事管理体制和司法实践、相关的科研教学和对外交流活动等,都是以"一穷二白"开始,经历了从拿来、吸收、消化到有所创建的全过程,如同一部共和国史,既有创业的激情与艰辛,又有改革开放后大发展的收获的喜悦。当然,对《海商法》重新修正的审慎思考和细致的研究工作,亦同国家未来发展紧密相关。

承蒙郭瑜教授的信任,嘱我从口述历史的角度为本书写一篇序言,我这个外行真乃诚惶诚恐。但是作为历史研究者,考虑到口述历史方法在各学科中被广泛使用,这对我而言是一件乐见其成的重要工作,自然有义务参与其中,竭力贡献几点个人的意见。

近二十多年来,社会科学各学科纷纷加强了自身学术史的研究,藉以推动学科的创新发展。这既是世界变局和中国发展的结果,也是学科建设的需要。中国近代以来的发展历程表明,唯有对世界局势和中国国情有一个清醒且准确的认识,中国的发展才能顺利。其中,学科建设是认识工具进步的保障,而在不确定性增加的大环境中,对于历史过程的梳理和研究就显得尤为重要。

以口述方法积累史料,自第二次世界大战后取得了长足发展。这得益于技术手段的进步,更重要的原因则是人们的历史观念发生了改变,即更加关注基层社会及群体活动,且不满足于已形成的文本材料,而是主动地创造史料。口述历史把过去、现在及对未来的思考紧密联系在一起,更能体现人的活动,把历史从生硬的政策、法规文献及少数上层人物的活动中解放出来,变得鲜活起来。

就口述方法的运用而言,《口述中国海商法史》具有如下特点:首先,项目目的清楚,旨在梳理中国《海商法》从起草到修改的历史过程,并有专业学术组织和相关学术研究的有力支持。其次,访谈对象明确,人员构成较为全面。受访者包括与《海商法》起草、实践、教学、研究相关的各类人群,有专家、教授、行政官员、法官、律师、当事人等,作为一些互有交集又各具特点的群体,其访谈内容可供进行平行的或交叉的比较研究。最后,采访者受过良好的专业训练,工作规范。采访者由专业研究生担任,他们对访谈目的的理解、访谈前的准备、访谈中提问的处理和访谈后的录音整理,展现出较高的专业素养和认真的工作态度。

令我印象深刻的是,在访谈整理中,采访者都对受访者的著述及重要的会议、文件、专业名词增加了注释,为订正史实和扩充阅读提供了便利。有些访谈整理对访谈场景和访谈对象的描述细致而生动。如对沈肇圻先生的访谈,当沈老在访谈开始前问及现行《海商法》是否还是原版时,"听到我们肯定的回答后,沈老惊讶地笑笑"[①]。有录音的访谈,语言表述可能受到一些限制,老前辈可能还会受到时间、位置的影响,可一个表情的流露被细心的采访者所捕捉,将会有助于我们更准确地把握受访者对修法的态度。

---

① 参见本书第136页。——编者注

序　言

通过一次口述访谈，刺激起受访者的历史记忆，从而使其有了进一步提供相关文献资料和个人文字回忆，并愿意接受追踪访谈的举动，或者主动对项目访谈工作提出建议，提供其他访谈对象信息并配合联络，这些都是推动口述项目的好现象。在《口述中国海商法史》的各个访谈对象中，孟于群先生十分突出。在接受第一次访谈后，他塱理了几十年前的笔记，写了几十页与《海商法》相关的自传文稿，并于将近一年后接受了第二次访谈。显然，受访者与采访者之间的工作信任，是口述项目成功的重要条件；项目进行中的滚动与深入，也是一次共同创造历史的宝贵经历。

要使口述所获材料成为信史的一部分，就不能仅仅停留在个人讲述层面，还需要在材料整理阶段进行更细致的考订。在口述材料中，往往存在着记忆误差和记忆选择。受访者或由于年事已高，或因为时间相隔久远，容易出现记忆模糊和重叠现象，需要采访者对项目所涉时段的历史较为熟悉，在保留谈话原文的前提下，厘清史实，给予必要的注释。口述中的记忆选择问题则远为复杂，可能因位置不同而产生视角差异，也可能因某个问题涉及利害得失，导致讲述中出现过程描述、内容偏重和应对态度的差异。尽管这些差异在本书中不算大，但仍需要进行细致的比对，发现问题，在研究阶段加以解释。口述材料在研究中得到使用，尤其是用以解决一些涉及人际关系而用既有文本材料难以说明的问题，是进行口述访谈工作的根本目标。

还应该看到，艰难起步而后快速发展的历史进程，在改革开放初期制造了众多的机会或机遇。整体而言，绝大多数受访者都是改革开放初期涌现出来的成功人士。他们或是在原有工作岗位上得以崭露头角，或是及时搭上了大发展的"头班车"，因而有机会参与一些重要的国家事务及对外交流工作，包括《海商法》的起草及学科创建工作，并成为历史的见证人。然而,特殊环境下制造的成功事件,势必有其局限性,此乃一个学科在经历高速发展阶段之后亟须解决的问题。作为后学的采访者,除感受到此种剧烈波动的发展样式所产生的压力和紧张之外,也要善于发现问题和努力的方向。一个口述历史项目的实践,既是丰富历史资料,推动相关历史研究的过程,也是一个认识、提高自身的过程。

北京大学历史学系教授

刘一皋

前　言

2023年是《中华人民共和国海商法》实施三十周年。

海商法是我国法律制度中一个非常特别的部门法。早在新中国成立之初，百废待兴之时，中央人民政府就意识到发展航运事业对我国经济发展的重要性，并于1952年起就开始着手《海商法》的起草工作，从法律层面为我国的航运事业发展保驾护航。这项工作曾因"文化大革命"而中断，1981年，我国重新启动了《海商法》的起草工作。1992年11月7日第七届全国人民代表大会常务委员会第二十八次会议通过《中华人民共和国海商法》，这是新中国最早通过的商法部门法。

《海商法》作为专门调整国际航运和国际贸易中的社会关系的法律规范，在我国对外开放、融入世界经济的努力中发挥了极为重要的推动作用。新中国从成立初期的"一穷二白"，发展成为全球第二大经济体和全球最大货物贸易国，约95%的进出口贸易货物通过海运完成，我国与一百多个国家和地区建立了航线联系，航线覆盖共建"一带一路"的所有沿海国家和地区。

伴随航运和贸易的日益繁荣，海商法教学科研以及海事司法实践也呈现繁花似锦的景象。与此相比，中国海商法学术史的研究迄今仍是一片空白。学术史研究学术活动的历史过程和发展规律，是学科本系中重要且必要的组成部分。海商法亦是如此。我国《海商法》经历过怎样的立法过程？新中国海商法历史发展进程是怎样的？那些曾经为我国海商法事业和学科发展作出过重要贡献的老一辈专家和学者们为开拓这一领域经历过怎样的跋涉？对上述问题，即便是很多业内人士也难谓十分了解，或是缺乏系统的了解。

从1952年到现在，海商法已走过七十余年的光辉发展历程。当年那些来自学者的争论、来自实践的声音、来自世界各国的帮助，都湮没在时间洪流之中再难被忆起。那些参与过新中国第一次《海商法》立法工作的前辈们多已辞世，参与过我国第二次《海商法》立法工作的专家学者大多已年近八九十岁。我国海商法的许多史实，如再不追记下来，恐怕就再也无人知晓。抢救我国海商法的历史，搜集和记录我国海商法发展过程中重要的人和事，填补我国海商法学术史的历史空白，已是一项刻不容缓的工作。

2017年5月，北京大学海商法研究中心发起了"口述海商法史"项目，尝试将"口述史"这种较新的方法用于海商法历史研究。在该项目下，北京大学法学院国际经济法专业选修了海商法课程的研究生根据自愿原则组成采访团队，在资深海商法专家组成的顾问团队的指导和带领下，先后访问了三十余位海商法专家学者。采访对象包括自20世纪50年代即参加《海商法》初次起草的学者、80年代初受中国政府之邀来北京帮助《海商法》起草的外国专家、第一代海商法教授、第一代海事法官和律师、在航运相关公司从业几十年的商业人士。通过这些人士不同角度的讲述，追忆新中国成立后我国海商法从无到有、从简陋到完善的艰苦历程。

访谈结束后，学生们将录音资料整理成访谈文章，在微信公众号"口述海商法史"上陆续推送，在专业受众中征集意见，收集采访线索,现将这些成果整理结集出版,定名《口述中国海商法史》,以飨读者。希望这部口述史能够不辜负各位讲述者的信赖,忠实记录他们宝贵的回忆。

"口述海商法史"作为一个抢救性工程,访谈是基于历史经历者的亲自口述。然而,新中国《海商法》从启动立法程序至今已历七十余年,一些海商法的开拓者和建设者已经离世。最终经过大家谨慎的讨论,本书收录的访谈文章中有几篇较为特别。

首先是魏文翰、魏文达兄弟的访谈录。作为中国海商法不可回避的重要历史人物,他们经历的海商法历史是通过对魏文达先生的儿子魏友宏先生的访谈来展现的。其次是朱曾杰先生的访谈录。经张永坚先生介绍,2013年,北大法学院2012级研究生陈逸群、周述雅、李冕、黄超四位同学曾对他进行访问,访谈录曾刊登在北大内部刊物《北京大学研究生学志》。最后是上海海运学院的王义源教授的访谈录。他的两位学生闫萍律师和胡美芬老师曾在2012年对他进行了访谈,并保留了清楚完整的录音。虽然朱曾杰先生和王义源教授已经过世,不符合我们通常的访问范围,但两位的访谈内容契合本书主题,形式也符合本书的访谈规范,且他们或有公开发表的访谈文章,或有完整的录音支持,故经讨论,在获得两位先生的家属同意后,我们特将他们的访谈收录于本书中。

本书附录的文章也很特殊,是郭日齐先生在《海商法》实施十周年之际发表的纪念文章。他本人原是接受了我们的邀请,后因重病在卧不能交流,虽几经努力,采访最终未能如愿。在本书编辑过程中,我们特将郭日齐先生的这篇文章附后,以补访谈未能如愿之憾。

本书从策划到定稿交付出版,历时七年有余。尽管之前常有热心人士不断督促,希望本书能尽快出版,让大家尽早分享这部口述史,但由于编者总希望它能够更加完善,以至于一拖再拖,迟迟难以交稿。此外,由于过往三年疫情的影响,出现了一些变故,现在大家觉得本书的确应该尽快出版,而且越早面世越好,剩下的,将来有机会还可以继续补阙。如今,经过所有参与者同心协力的辛勤劳作,这项工作已暂告一段落。纵然我们不会因此而感到释然,但是希望能够以此告慰当年为我国海商法事业作出贡献的各位前辈。

中国海商法的发展,凝聚着一代又一代人的心血、智慧与奉献。在本书行将付梓问世之际,我们更加深切地怀念魏文翰、魏文达、黄廷枢、朱曾杰、郭日齐、李浩培、邬福肇、张既义等那些因故去而无法接受采访的,曾经为我国海商法事业的开拓、建设以及新中国《海商法》立法作出过重要贡献的前辈师长,以及众多为我国海商法事业默默耕耘的前辈们。感谢并纪念他们几十年如一日地为我国海商法事业作出的努力和无私奉献的精神。

虽然历史是留给后人看的,但是作为那段历史的亲历者,很多被访者非常希望能够亲自看到本书,他们一直在关心和关注本书编辑工作的进展情况。现在本书行将面世,然而本书中的部分讲述者却最终没能亲眼见证本书出版,这不免令人倍感唏嘘和遗憾。

在本书付梓之际,要感谢北京大学历史系刘一皋教授为本书作序,他从历史专业的角度和高度阐述了这本《口述中国海商法史》的意义及阅读使用方法;感谢2012级访问朱曾杰先生的陈逸群、周述雅、李冕、黄超四位同学;感谢采访王义源教授的闫萍律师和胡美芬老师;感谢郭日齐先生的女儿郭音女士对采访工作的支持;感谢对外经济贸易大学校史馆曹亚红馆长及她的同事们对本书所涉部分专家的历史资料查询的热情帮助;感谢北京大学法学院宋璇和朱笑芸两位同学对"口述海商法史"公众号的编辑工作。在口述史的访谈与编写过程中,还得到许多热心人士的帮助和支持,在此一并致以衷心感谢。

北京大学法学院副院长车浩教授为推动本书的出版,热情地帮助联系北京大学出版社,并得到了该社副总编辑蒋浩先生的鼎力支持。中国商务出版社副总编辑赵桂茹女士一直全程参与策划并对编辑工作给予了非常专业的指导。北京大学出版社和中国商务出版社的合作,为本书顺利出版和编辑质量提供了有力的保障。感谢本书编辑杨玉洁、任翔宇、方尔埼和王宁的细致工作,没有他们的助力和参与,这本口述史可能至今仍难以面世。

1. 边教边学,知行合一

——尹东年教授*访谈录

尹东年教授

面前这位已入耄耋之年的老人身着银灰色的西装、米黄色的西裤,素银色的头发打理得一丝不苟,炯炯有神的眼眸、紧抿的唇角、交握的双手,饱经岁月洗礼的严肃外表下是儒雅的谈吐与平易近人的性格。

---

* 尹东年(1936年10月—),上海海事大学教授,曾任国际航运系主任。

问:尹老师您好,我们了解到您本科主修的专业更多偏向于航海实务,而与海商法并无多大关联,请问促使您进入海商法领域的契机是什么?

答:我1955年考入大连海运学院,也就是现在的大连海事大学。新中国成立初期其实还没有大连海运学院,后来1953年全国院系大调整期间才得以成立①。我先后读了航海与管理两个专业,一共读了五年。其实当时还没有法律系,我们学的专业内容,比如管理专业里面的那套理论都是从苏联引进的。我们连海商法的课程都没有,只有国际商务这门课与法律稍微有点关系,但讲课的那位老师也没有实际经验,只是照本宣科,内容非常简单,也没给我留下什么深刻印象。总体来说,当时的大连海运学院主要教的就是同商务相关的知识,缺乏法律概念。

我1960年毕业以后就被分配到了北京,后来由于家里的原因被调往上海。正好1959年上海海运学院在交通部的主持下复校了②,我随即被分配至该校。1962年之后就开始研究航海领域的相关问题。

1962年,在交通部牵头下,我们学院内部又进行了一次院系调整。之前交通部曾经办过好多期远洋班,从各个公司里抽调干部进行为期三年的培训,主要学英语,也学点海商法和业务方面的内容,这批干部

---

① 1953年全国院系大调整期间,上海航务学院、东北航海学院、福建航海专科学校三所院校进行合并,以上海航务学院为主,成立了大连海运学院。上海航务学院的前身是国立吴淞商船专科学校,中国第一代远洋船长马家骏、前交通部部长钱永昌等人都是从吴淞商船走出来的(据钱永昌的自述,"我一生引以为荣的是,我是大连海事大学的首届毕业生。同时,我在1950年大学入学时,是'吴淞商船'的最后一届报考学生"。参见《中国交通报》2018年10月30日,第4版。)。

② 1958年,交通部决定在上海恢复上海航务学院建制,委托上海海运局负责教室校舍等基础设施筹建工作。1959年9月5日,学校正式开学,并命名为上海海运学院,为交通部所属,校址设于浦东大道1550号。1961年9月,上海海运学院筹建工作初步完成,遂脱离上海海运局,由交通部直接领导,为交通部部属重点院校,党委由中共上海市委领导。建校初期设海洋船舶驾驶、轮机管理、船舶机械、港口机械等专业,并附设专业基本相同的中专部和一所普通中学。

1. 边教边学，知行合一（尹东年）

毕业以后基本都是我国航运界的领导人物。但是到 1962 年，交通部决定取消远洋班并成立远洋运输业务专业，于是我们学校就成立了筹备组，组内有张既义教授、陈恩栋老师、刘诗寿书记、毛东田主任和我，一共是五个人，前面四位老师均已去世，我是其中最年轻的一个。在我们的努力下，这个专业最终成立了。远洋运输业务专业主要教两门专业课：海商法和远洋运输业务。我们学校从这个时候开始正式有了海商法的课程，我自己也从 1962 年起改行了，开始研究海商法。

问：那您当时没有海商法方面的专业基础，是不是研究起来很困难？

答：确实很困难。我一点法律基础都没有，只是有点理工科的功底而已，但是海商法跟航运技术完全不是一回事。由于当时我国还没有正式的《海商法》，所以我们主要就讲国际公约，各行各业里就属海商法这一块的国际公约最多，充分说明了这门学科的复杂性和特殊性，公约的研究和解读非常重要。

但公约怎么讲呢？我也没有体会，也不理解那些全新的概念。万幸的是，我们海商法学界的鼻祖魏文翰先生从美国回来了。他回来以后就在我们上海海运学院任教。那个时候他手下有两名学生，一个是我，另外一个是冯大同老师[3]。由于同时要参加工作，我只能断断续续地跟着魏老先生学，前前后后一共学了三年。这段时间里，魏文翰先生主要讲授国际公约，同时也会结合一些英国判例来介绍。我记得我手上还有一本魏文翰先生的弟弟魏文达先生当时写的书——《〈海牙规则〉释义》，这本书可作为历史文物。除了魏文翰先生以外，当时我们学校还有几位教授，也非常有名，其中一位就是主攻国际法的高文彬老师[4]，他是东京审判庭中国代表团里唯一还健在的教授。高老师主

---

[3] 冯大同（1934 年—1995 年），著名国际贸易法专家，中国对外经济贸易大学法学院奠基人之一。主要著述有《国际货物买卖法》《国际贸易法》《国际商法》《海商法》《对外贸易仲裁》等。

[4] 高文彬（1922 年 2 月—2020 年 9 月），法学家、翻译家、历史学者，曾任上海海事大学教授，在东京审判期间担任中国检察官办事处秘书、法庭翻译官，全程参与了东京审判，是《元照英美法词典》的审定人之一。

要讲授海洋法这部分内容,我也获益颇深。在听课过程中一些基本概念就慢慢形成了。

问:您刚刚提到您在学习之余还要参加工作,您能和我们具体谈一下这段工作经历吗?这段工作经历对您有怎样的影响?

答:实务操作对海商法这门课来说真的非常重要!大概是从1962年到1963年,我在中国对外贸易运输公司和上海外轮代理公司(简称"上海外代")从事为期一年的船务实践。我之所以选择去实习,主要是在之前的学习过程中,我越发意识到海商法这门学科实务性很强,仅仅了解公约和公约条款远远不够,就算我能把《海牙规则》的条款全部背出来,没有实务经验,也就是纸上谈兵而已。当时这两家企业集中了一批精英,都是毕业于北大、复旦等高校英语系的高材生,他们进入公司以后通过自身的不断努力,业务能力大大提升,精通远洋业务。我就跟着他们学习,从基层工作做起,并在此基础上写了第一本教材,即《海运法规》⑤。那段时间我感到收获比较大,尤其是在租约这一块,我看到了各种国际上的标准租约,也掌握了租约条款解释的一般原则与方法。这段实践经验丰富了我的阅历。在之后的教学过程中,我结合实践经验讲授课程,并在课程设置中充分考虑了实务操作的需要,成效显著。

问:您刚刚提到您编写了《海运法规》这本教材,您能简单谈一下您编写这本书的感受以及体会吗?

答:1962年校方要求我承担海商法的教学工作,那时我国的国际航运事业还是刚刚起步,基础很差,海商法的资料十分稀缺,能够得到的资料仅仅是我国海商法前辈魏文翰、魏文达两位教授编写的一些专题讲义以及英国的大量判例。之前提到我曾前往当时国内国际航运人才最集中的中国对外贸易运输公司及上海外代实习、进修,经过一年多的锻炼后,我回校开始编写与海商法有关的教材。现在回头看这些教材,感到存在的问题很多,内容浅薄,结构欠佳。但不管如何,凡事总是开头难,在海商法学科方面,至少我们已经进入了初始阶段。

---

⑤ 尹东年,於世成编著:《海运法规》,上海交通出版社1988年版。

1. 边教边学，知行合一（尹东年）

问：我们注意到您曾前往挪威航运科学院（Norwegian Shipping Academy）深造过，这段经历对您有怎样的启发呢？

答：那个时候"文化大革命"刚刚结束，1978 年国家就派遣了第一批学生出国。我在 1979 年参加了相关考试并成功入选，接着同年 8 月就前往挪威航运科学院深造，1980 年 5 月才回到国内。那段学习经历给我留下了深刻印象，为我回国以后的课程改革打下坚实基础。我的进修一共分为两个学期，当时开设的课程主要有：国际货运法、租船合同、海上保险、航运管理等，都是分开讲授的，体系很清楚。结业时，经考试合格，我获得由科学院签发的 Diploma 结业证书。回国以后，受挪威航运科学院课程设置的启发，我就决定拆分原来的海商法和远洋运输业务两门专业课。我觉得这个实验应该是成功的，事实上后来我们国内的国际航运专业课程设置也大体遵循这个体例。

问：您能具体谈一下您当初课程改革的构想吗？您觉得此番课程改革的成效如何？

答：我 1980 年从挪威回来以后，于 1983 年被任命为远洋运输业务系的系主任，不久，经我提议，并在广泛听取国内外专家意见的基础上，我们决定把系名改为国际航运系。当时的主要专业课是"远洋运输业务"与"海商法"两门，然而由于在船务实践和留学过程中积累了较多实践经验，我深刻感受到光有这两门专业课是远远不够的，更何况经过多年教学实践，我发现这两门课内容多处重叠，"远洋运输业务"课程很难构成独立体系。还有一个严重的问题就是，当时海商法课程也只有六十几个学时，完全不够用。所以经研究决定，我们把原来的课程设置拆分成不同的课，分别为"班轮实务与法规""租船实务与租船合同""海上保险法""海事国际私法"和"海事法"，我自己重点研究货运合同和租船合同那部分内容。之所以拆分成这几门课主要是基于以下考虑。首先，海商法内容庞大复杂，海商法作为一门课在学时很有限的情况下，要想讲透，难度很大，学生不易吸收；其次，在英美法系中，海商法实际上由很多单行法规或案例组成，如著名的"海上货物运输法"（COGSA）、租船合同、船舶碰撞、共同海损、海上保险等；再次，各国的航运公司经营的方式也是对班轮、租船作出不同的安排,二者之间在法律适用、营运操作方面也存在很多不同之处;最后,在司法实践中,不同案件根据案情性质差异也是由法院不同部门审理的。

同时在教师培养方面我们也做了一点调整。在设立上述课程时,我们选定了一些教师,根据他们的专长及特长分别安排上述课程的教学任务。同时我们也注意对他们的培养,分别送他们赴英国、美国、比利时、挪威等国进修,或赴香港地区及国内各大航运企业实习⑥,为期两到四年。经过多年努力,这些老师在他们所承担的课程领域内都享有一定的知名度,由于他们都具有解决实际问题的能力,并能注意理论与实践的结合,能通过国内外的航运实践来深化理论,所以他们的讲课与著作均得到学生及航运企业的欢迎。

近20年的实践证明,我们的课程改革是成功的,具体表现在以下几方面:第一,相应的教材充分注意了理论与实践的结合,并能不断完善理论;第二,相关院校及相关专业的课程设置基本采纳了我们课程改革的思路;第三,我们的课程改革得到了企业部门的赞同;第四,学生参加工作后,对所接触的业务并不会感到陌生并能很快上手,这也是我们学校国际航运专业及海商法专业的学生受到相关企业欢迎的原因之一;⑦第五,我们培养了一支在各自领域内有影响力、有话语权的教师队伍。

问:我们知道您曾经参加过《海商法》立法工作,能跟我们谈谈您在参加过程中印象比较深刻的一些事情吗?

答:关于我国《海商法》起草,我印象比较深的有以下几件事:

首先是特别提款权的规定。有关海事赔偿责任限制金额采用何种货币作为计算单位的问题,在起草过程中曾作了深入的研究,考虑

---

⑥ 根据尹老师的学生,现任职于厦门远洋运输公司的杨稚经理回忆:"我们那时候上尹老师的课,他就一直强调系里的老师一定要有实践经验,所以当时好多课会改时,因为老师经常会说:下节课我要去XX地方扣船,你们先自习啊!"

⑦ 根据尹老师的学生,现任职于厦门远洋运输公司的杨稚经理回忆:"当时企业是挺喜欢要我们专业的学生,因为就是上手快。虽然有面广不精的问题,但是对企业来说,招的人能马上用,确实是很有效的。当时我们同事都是至少六个月到一年才转正,我只用了三个月就转正了。因为领导说,已经完全能胜任本职工作了。"

了如果采纳美元或英镑或其他国家货币,因这些货币的汇率变化起伏很大,在起草过程中赔偿金额将处于十分不稳定的状态,起草小组决定采纳国际货币基金组织制定的"特别提款权"作为海事赔偿责任限制金额的基本单位。在20世纪90年代初,这是一个大胆的想法,能否在人大常委会审查中获通过,当时确实很担心。后来发生的情况是我们事先完全意想不到的,我参加了人大常委会其中一个大组审查,就采纳"特别提款权"之建议,居然没有一个委员提出异议。

另外是有关把"航次租船合同"规定纳入《海商法》第四章"海上货物运输合同"中的事。关于这一点,起草小组及办公室也进行了细致的讨论和研究,一致认为,首先,虽然航次租船合同名为租赁,实际上合同内容中涉及租赁的条款稀少,绝大多数条款都涉及海上货运合同中主体双方的权利和义务,最明显的是船东取得的报酬名为运费,不是租金;其次,航次租船合同的租期内,仍由船东占有和控制船舶;再次,国际航运界普遍地把航次租船合同视为海上货运合同来进行运作。起草小组和办公室也认为与海上货物运输相比较航次租船合同有它的特色,如交还船环节,延迟速遣费的问题,故把这些特色在航次租船合同中作了特别规定。

《海商法》第六章原先命名为租船合同,后来考虑到既然把航次租船合同纳入第四章"海上货物运输合同"内,那么第六章继续采用"租船合同"名称,会因缺少航次租船合同显然有些名不符实;又考虑到定期租船合同与光船租赁合同共同特点是由承租人经营(使用)船舶,故最终决定把第六章命名为"租用合同"。

在《海商法》送交人大常委会审查前夕,海商法起草办公室发现有些条款的文字表达容易产生不同的解释,当时人大常委会法工委邬付主任表示,为了不耽误《海商法》获得通过,希望这些问题能通过解释得到解决。《海商法》生效后,在实践中,这类问题发现得真不少,但通过司法实践,正在逐步得到解决。

《海商法》起草后期,我国理货行业出现一种呼声,希望把理货公司视为承运人代理人。我参加了几次研讨会,最后这种呼声被否定。

《海商法》起草过程中,对于班轮运输中出现延滞交货给提单持有人带来的损失，承运人是否应就此承担责任之事，我国航运界与国际贸易界出现了严重分歧。为此交通部曾就此事专门开了一次由交通部黄部长主持的部务会议，我参加了这次会议。会上中国远洋运输公司总经理陈忠表认为，国际实务中，班轮运输中的承运人从来不承担延滞交付货物的责任，《海牙规则》也对此未作出明确规定。起草小组也介绍了国际航运界及挪威等北欧各国的司法实践中，判例出现的承运人应担责的趋势。此外，《汉堡规则》也作了相应规定，明确了班轮运输中，承运人应对延滞交付货物承担相应责任。

问：尹老师，谢谢您在百忙之中抽出时间与我们分享您在海商法教学和实践中的感受与体会。您强调知行合一的教学思路对我们启发很大，真的非常感谢您！

口述人：尹东年
记录人：北京大学"口述海商法史"小组朱笑芸
时间：2017年5月17日
地点：北京大学

2. 从唱歌开始的缘分

——吴焕宁教授*访谈录

吴焕宁教授

  坐在我们对面的吴焕宁教授,一袭蓝色棉衬衣,搭配着灰色薄衫外套,下着熨烫平整的黑色布裤,素银卷发整齐地分于两侧。虽已年逾八旬,却依旧风度翩翩、谈笑风生,戏称自己为"80后"。午后的阳光透过窗子投入屋内,吴老师的周身散发着宁静祥和的气质,让人忍不住想要靠近。

---

* 吴焕宁(1933年1月—2023年4月),中国政法大学教授,曾任国际经济法系首任系主任。

问:吴老师您好,您的本科专业是经济学,后来又是为什么转入法学领域的呢?

答:其实这一切都是从误会开始的。我1954年从东北财经学院①经济系工业经济专业毕业,后留校任教。我平时比较喜欢唱歌,1955年被一个歌舞团借调去东德参加合唱表演。回国以后正好有苏联合唱指挥专家列夫·杜马舍夫②到中央乐团合唱指挥班讲学,他听说我们这个合唱队刚从东德回来,就要求我们现场表演一下。当时苏联专家身边配备的翻译虽然从外语学院毕业但不懂音乐术语,于是我帮着他翻译了一下,没想到却得到那位苏联合唱指挥专家的赏识,他要求把我调到中央乐团去当翻译。可是,无论是音乐还是俄语都不是我的专业,我心里很不愿意。幸好当时中央乐团隶属于文化部,而财经学院隶属于高教部,跨部门调动必须走商调流程。我明确拒绝以后,这件事情就作罢了。谁知不久以后,1955年暑假期间,正当我从沈阳来北京度假时,我突然接到财经学院的电报。电报只有四个字:尽速返校。事情很蹊跷,我不得不赶回沈阳。之后学校出示了高教部给我的一纸调令,要我尽快去北京政法学院报到。我不得不办了离职手续,立即赶到北京。原来,北京政法学院③请了两位苏联专家④,分别给民法和刑法研究生班上课。专家定于8月26日抵京。当时已经进入8月了,还没有找到合适的翻译。那个时候中苏合作密切,全国到处都在请苏联专家,翻译人手不够。北京政法学院人事部门不得不向高教部请求支援。高教部说,"正巧最近文化部要一个翻译没去,给你们吧",这个人就是我。因为财经学院和政法学院都隶属于高教部,所

---

① 东北财经学院即今辽宁大学和东北财经大学前身,始建于1952年10月,1958年与沈阳师范学院的部分科系及沈阳俄文专科学校合并组建成辽宁大学。1959年,原东北财经学院的主体与辽宁商学院合并,成立辽宁财经学院,1985年更名为东北财经大学。

② 列夫·杜马舍夫(Тумашев),前苏联著名指挥家。

③ 北京政法学院即今中国政法大学前身,1952年由北京大学、燕京大学、辅仁大学、清华大学的法学、政治学、社会学等学科合并组建而成,1983年在北京政法学院的基础上建立了现在的中国政法大学。

④ 参见中国政法大学档案馆所藏档案,档案号:1952-XZ11-5,北京政法学院大事记,两位苏联专家分别是来自罗斯托夫大学的刑法学副教授约瑟夫·楚贡诺夫 ЧугуIновВ. Е和民法学副教授玛利亚·克依里洛娃 КириловаМ. Я。

2. 从唱歌开始的缘分（吴焕宁）

以我没有选择的余地,直接、立刻、被动地从东北财经学院调到了北京政法学院。好像命中注定我应该属于法律人圈子。62年一下子过去了,当年中央乐团的一纸商调函成了我从财经学院转入政法学院的介绍信。看起来我和政法学院是有缘分的。

到北京政法学院后,我被派给苏联民法专家玛丽亚·克依里洛娃做翻译。那个时候我完全不懂法律,俄语也不精通,工作很吃力。当时我还不到23岁,克依里洛娃43岁。她非常耐心,经常给我"开小灶"。本来她讲课一向不写讲稿,但因为我不懂法律专业知识,她就在每次上课前专门为我写一份提纲,让我头一天晚上翻译好。研究生上课是早上九点开始,她总是八点就到校,先给我讲一遍,再解答我的疑问,直到我听懂为止。就这样,我在她的指导下学习民法,翻译了民法、民诉等课程。苏联专家工作两年回国后,我就被分配到民法教研室工作了。

问: 这样看来,您进入法学领域以后最初研究的是民法,那后来又是因何契机进入海商法这一研究领域的呢?

答: 我调到民法教研室不久,运气不太好,正好赶上民法"虚无主义"的浪潮,民法教研室被解散了,那大概是1957年发生的事情。我无处可去,就教了几年外语。没过多久又赶上"文化大革命",我们学校教职员都被送到"五七"干校接受贫下中农的再教育。从"五七"干校返京后,北京政法学院和所有政法院校一样被撤销了。我借助浅薄的英语和俄语知识被中科院情报室录用,在那里工作了六年直至"文化大革命"结束,北京政法学院复办,我才得以回到了学校。

改革开放给我带来了春天！学校复办后成立了国际法教研室,开了国际公法和国际私法两门课。那个时候人们对国际私法有误解,以为国际私法就是国际民法,我学过民法,英文和俄文又都懂一点,就被调去教国际私法。我没学过国际私法,更没教过国际私法,当年我仅凭一本《苏维埃国际私法》的俄语版和中文译本,就被"赶鸭子上架"了。

随着改革开放的推进,到了20世纪80年代,国与国之间的往来日益频繁,国际贸易越来越繁荣,与之相关的摩擦和纠纷,如买卖、保险、支付方面的纠纷以及合同的订立、违约补救和撤销等方面的问题层出不穷,学校又决定开设国际贸易法课程。因我学过一些民法和合同法方面的内容,教研室让我主讲国际贸易法。我不得不一边学一边教。在此期间我有幸参与了《涉外经济合同法》和《进出口商品检验法》的起草工作,这段经历也让我多少充实了授课的内容。

问:您是什么时候开始接触海商法的呢?

答:说来也巧,我很幸运。1982年,国务院决定恢复1952年组建的海商法起草委员会的工作,办公室设在交通部。办公室致函北京政法学院,要求派一名海商法教师参加立法工作。我们学校其实没有人学过海商法,也从没有开过这门课。但由于国际贸易法课里涉及进出口货物的运输,其中包括海上运输。所以我们学校就跟我说"那你去吧"。我就这样参加了《海商法》的起草工作。与其说我参加了立法工作,不如说我得到了一个进培训班学习海商法专业的机会。

问:您的业务领域变动较为频繁,而且似乎都是相对被动的,您对此有何感受?您是如何逐步培养起对海商法的热爱的呢?

答:我的每一次课业调整的确都是被动的,但我没有感到任何负担。我认为我是非法律专业出身,法律功底薄,加上受各种政治运动的影响,已经浪费了许多年月,好不容易得到了学习和工作的机会,因而有一种如饥似渴的冲动。有机会去接触新领域、学习新事物,是一种乐趣,获取新知识是一种享受。初入海商法领域之时,我虽然困惑过,很多术语都听不懂,但总是认为这是因为自己底子薄,应该比别人更努力一些。每讲一章之前我都要反复学习探究。海商法是一门博大精深的学科,直到今天我还有许多知识没有吃透。正是因为它有无数需要探究的问题,才显得格外有意思、有魅力,越学越有兴趣。它好像你眼前的一条小河沟,一迈腿就过去了,不学也没有关系;但你一旦涉足其中,那就像在汪洋大海里游泳一样,久久靠不了岸,永远也学不完。要想成为真正的海商法专家着实不易,如司玉琢老师所说,海商法是法学领域的"少数民族",人数很少。一般法学院里有些学生不学海商法,毕业后只要通过司法考试,照样可以做法官、检察官或者律师。

问:进入海商法领域以后,您学习的主要渠道有哪些?

2. 从唱歌开始的缘分(吴焕宁)

答: 首先,参加《海商法》起草工作对我而言是个重要的学习机会。当时立法工作强调走群众路线,不仅有起草委员会的人参与讨论,同时还吸收了大量其他人员的观点。比如在起草船舶、船员、运输各章时,办公室分别邀请了各地从事港务港监工作的人士、航运公司经理、远洋船船长,以及海事律师等来参与研讨。在这个过程中,由于接触了很多实际业务部门的人,对我来说如同在海事院校完整地学了一门海商法课程一样。从1982年到1992年,前前后后一共十年,我学到不少知识,所以说,这个阶段立法和教学是我学习海商法的主要课堂。其间1984年至1985年我有机会作为访问学者在美国杜兰大学法学院(Tulane Law School)跟随Robert Force教授研修海商法14个月,也有不少收获。

在学习海商法的过程中,我得到了尹东年和司玉琢以及其他很多老师的帮助,杨良宜老师也是其中一位。他从1982年起就应邀参加了海商法起草委员会组织的各种研讨活动。我们每年都会一起参加很多会议,他写的许多书也令我受益匪浅。杨良宜先生是自学成才的海商法专家,他多年在船上从事航运实务,后来去英国学习。他说他主要的学习方式就是在伦敦大英图书馆研读劳氏案例(Lloyd's Reports),熟记大量经典案件。回香港后,他努力把自己掌握的实践经验和所学的理论知识结合起来,从事航运法律咨询业务,同时不断著书立说。我从杨良宜先生和尹东年、司玉琢那里学到了很多海商法知识,他们都是我的老师。

在参考资料方面,对我影响最大的就是魏文翰先生写的一本书——《海商法讲座》,它言简意赅地描述和勾勒出了海商法的基本概念和轮廓结构。另外还有魏文翰及其胞弟魏文达老师写的一系列文章和案例也给了我很大启发,当时主要的参考书就是这些。

问: 您主编了第一本海商法全国统编教材《海商法学》,这本书是海商法领域的经典,您是否可以与我们分享一下这本书的创作过程以及您在创作中的体会呢?

答: 第一版的写作从1986年开始。当时我们学校国际经济法专业刚设立,几乎什么教材也没有,于是司法部教育司(北京政法学院隶属司法部)和国家教委共同组织编写了一套国际经济法的系列教材,包括《国际经济法总论》《国际贸易法新论》《国际金融法》《国际税法》《涉外法律文书》等教材共八种。其中《海商法学》一书,由司法部委任我担任主编。

我邀请了朱曾杰、陈文秋和张力行共四人组成编写组开始了编写工作。那时候朱老是交通部的干部,担任过海商法起草委员会办公室主任,陈文秋老师来自南开大学,张力行老师在北大任教。我们四个人的编写工作持续了一年左右,真的非常艰苦。那个时候还没有电脑、没有空调。所有内容都是我们手写的,在那种早期粗糙的方格稿纸上一个字一个字地写,一遍一遍地抄,改起来可费劲了。夏天热得不行,写的时候挥汗如雨,我们就拿一桶凉水,把两条腿搁进水里降温,两条小臂下各垫一块毛巾,冬天又特别冷,别提多辛苦了。我们几个人边写边学,到处找资料,当时可不像现在电子科技时代这么方便。我们查资料得跑到外交部去,跑到交通部去,跑到各大图书馆去,骑个自行车东跑西颠,遇上下雨天,也走过泥泞的田间小路,真的是很不容易,但现在回忆起来也觉得挺有意思的。

我们编写这本书的时候除了参考一些英文教材以外,主要就是参考了1952年海商法起草委员会的历次草案。前一届海商法起草委员会大约有九个委员,包括魏文翰、李浩培等人。他们在"文化大革命"前先后编写了九份文稿,尽管时过境迁,部分条款需要修改,但整体的结构得以沿用,功不可没。我们写的这本教材不是凭空想出来的,是在他们九稿的基础上、顺着草案架构编写的。

1988年9月我们完成了教材的编写,定名为《海商法学》。那个时候我国的《海商法》还没有颁布,我们这本书可以说是全国第一本海商法统编教材,除了魏文达先生的那本小册子以外,当时国内就几乎没有别的海商法教科书了。我国的《海商法》正式颁布并生效后,司法部教材编辑部又组织我们编写并出版了第二版。这本书曾一度被列为研究生必读教材,是因为那时候专业书太少,没有别的书可读。现在完全不同了,海商法教材少说也有几十本,其中不乏优秀作品和精品。

2. 从唱歌开始的缘分(吴焕宁)

问:吴老师,您与海商法的这段缘分太有意思了。希望您下次再继续和我们分享您在海商法教学和研究中的其他有趣经历。非常感谢您!

答:不客气!

口述人:吴焕宁

记录人:北京大学"口述海商法史"小组朱笑芸、吴俞阳

时间:2017 年 5 月 17 日

地点:北京大学

3. 我们知道的海商法协会成立经过

——孟于群老师、陈震英老师*访谈录

孟于群老师与陈震英老师的合影

在我国海商法界有一对著名的夫妻档——"群英组合"。2017年5月22日，冒着淅淅沥沥的小雨，我们前往北京市朝阳区冠城大厦拜访了陈震英、孟于群两位前辈。坐在靠窗边的沙发上，倒了一杯热茶，在他们有些感慨的叙述中，我们走进了属于他们的那段海协记忆。

问：孟老师、陈老师，非常感谢二位能接受我的采访，那我就直奔主题开始发问了。我知道二位都是见证中国海商法协会从建立到发展的前辈，均在海商法协会担任过多年的副秘书长，陈老师还在海商法协会秘书处工作了11年。我想请问海商法协会是在怎样的契机、

---

* 陈震英（1950年1月—　），曾任中国海商法协会副秘书长。

3. 我们知道的海商法协会成立经过(孟于群、陈震英)

怎样的国内外背景下建立起来的呢？

陈：如果要用一句话来概括海商法协会的破土而出，我觉得"世界需要中国，中国需要世界"再合适不过。改革开放十年后，中国在世界舞台上的姿态日益矫健，影响力日益凸显，无论是货物进出口的总量还是航运业的纵横拓展都让一同竞技的其他国家意识到，中国已经不再是原来的中国，中国的态度值得他们考虑。

问：有什么客观数据或者事实能够体现那个时期中国在世界范围内的影响力吗？

陈：这里就有个故事可说了。其实国际性民间海事组织可以追溯到1897年在安特卫普成立的国际海事委员会(CMI)，中国从1974年开始就一直由中国国际贸易促进委员会(贸促会)作为观察员列席CMI的国际会议，但迟迟没能加入，为什么呢？因为根据当时CMI的章程，只有各国海商法协会才能成为CMI的正式会员，而我国当时尚未成立海商法协会，以贸促会参加可谓是名不正言不顺，主体资格这一关过不去。中国着急，其实CMI比我们更着急，1980年CMI主动提出要修改章程，在会员性质一栏增加了"具有同样目的的其他团体和组织"这一表述，这其实就是在为中国加入CMI开路。于是，1981年中国贸促会成为CMI正式会员。从这个故事我们就能看出，世界已经离不开中国了。

孟：我要补充一点，其实这并不是国际组织为中国通融的唯一例证。国际货运代理协会联合会，也就是我们所说的菲亚塔(FIATA)原先的章程也规定加入成员的性质必须是协会，那个时候中国活跃在国际货运代理领域的只有中国外运总公司及其分公司，不存在什么货运代理协会，幸运的是菲亚塔也主动地提出了修改章程，为中国的加入清除障碍。

问：那在贸促会成为CMI正式会员以后，又是什么促使后来正式建立中国海商法协会呢？

陈：让贸促会成为CMI正式会员肯定不可能是终点，毕竟海商法协会才是CMI章程中最名正言顺的主体，别的国家都是海商法协会出席会议，我们国家去的却是贸促会，总觉得没法跟别人建立平等、双向的关系与联络。建立海商法协会的想法是一直都有的,但是最后把想法落实为行动,还要归功于当时我国海商法界的"四大家族"。

问: "四大家族"指的是?

孟: 贸促会、中国远洋运输总公司(中远总公司)、中国对外贸易运输总公司(外运总公司)和中国人民保险总公司(人保总公司),这四个单位是海商法协会的主要发起方。

问: "四大家族"聚在一起建立海商法协会是出于怎样的动机呢?

孟: 其实最开始是这样的,进入20世纪80年代,随着改革开放的不断深入,我国海上运输和国际贸易量日益增长,由此产生的海事纠纷以及涉及的法律问题也困扰着企业。当时,一方面中远总公司等企业没有自身的法律部门,而贸促会有。企业一旦遇到海事纠纷、租约、提单以及相关的国际公约等问题,通常向贸促会法律部咨询;另一方面,我国遇到重大疑难海事案件时,通常也邀请这四家及有关单位共同商讨如何应对和处理。同时自20世纪80年代初,海事法院相继成立,我国《海商法》起草工作也在积极进行,为健全我国海商法律制度,并加强与CMI、各国海商法协会、国际海事组织和其他相关人员的联系,经与各单位商量,认为筹建中国海商法协会既有必要,又具备了客观条件。

问: 不知道二位还记得海商法协会具体的建立过程吗?

陈: 应该是从1984年以来"四大家族"就一直在酝酿成立海商法协会。1985年1月17日在中远总公司召开了筹建中国海商法协会筹建小组的会议,这个会议讨论了由贸促会法律部和中远总公司政法处共同起草的协会章程草案,以及确定筹备组人选及办公地点。会议商定协会筹备组由贸促会法律部、中远总公司、人保总公司、外运总公司组成,办公地点设在贸促会法律部海事仲裁处。但是由于各单位繁忙,这次会议以后筹备工作搁置了一段时间。再后来就是1987年2月6日,商定成立由贸促会法律部、中远总公司、人保总公司、外运总公司组成的筹备组,修改协会章程草案及协会成立的有关事宜和进程。1987年6月4日,海商法协会筹备组召开会议,决定协会挂靠贸促会,协会经费由四家分摊,协会章程在1984年草案的基础上进行了

3.我们知道的海商法协会成立经过(孟于群、陈震英)

修改。参加这次会议的人有贸促会的王守茂、刘书剑、宋迪煌,中远总公司的朱曾杰、刁颖,人保总公司的王建和外运总公司的孟于群。

参加CMI每年需要支付会费,以往是贸促会支付的,海商法协会成立后,四家协商签署了《中国海商法协会费用分摊协议》,此后每年的会费即由四方轮流当主席的单位负责向CMI交纳。

孟:经过一次次的修改,协会的章程基本成型。1987年11月9日,报请国务院批示《关于拟成立中国海商法协会的请示》。1988年6月2日,国家经济体制改革委员会批复同意成立协会,批文里写到,协会挂靠贸促会,不另设机构,不另给人员编制。1988年11月15日,在贸促会礼堂正式举行了中国海商法协会成立大会暨第一次代表大会。

问:海商法协会在建立过程中有没有遇到什么障碍呢?

陈:刚才讲到"四大家族",也正是因为签字的有这四类性质完全不同的主体,我们的注册遇到了一点问题。你知道,在国内只有行业协会这个说法,比如保险行业协会、船东协会,这些所谓的"协会",其成员的业务性质均是单一的。民政部看了看我们的发起成员性质,觉得这并不是专门的行业协会,就要求海商法协会改名为海商法学会,认为是一种学术研究性质的社团组织。在他们看来或许这一字之差并无大碍,但这就跟我们要与CMI彻底接轨的想法背道而驰——毕竟海商法协会才是CMI章程上最为名正言顺的主体,而且一个组织名称的中英文要相互对应,我们不能对外叫海商法协会,对内叫海商法学会。于是我们把必须注册为海商法协会的理由告诉了他们,经过多方努力,最终成功说服民政部同意了海商法协会的注册。

口述人:陈震英、孟于群
记录人:北京大学"口述海商法"小组陈楚晗
时间:2017年5月22日
地点:北京市朝阳区冠城大厦

4. "误打误撞"中走向海商法

——司玉琢教授*访谈录

司玉琢教授

面前的司玉琢教授身着白色上衣、灰色西裤,眼神坚定专注,语调平稳有力,尽显学者的儒雅风范,丝毫看不出这位已经80岁的老人刚刚结束了为期一天半的会议,从现场赶回办公室接受我们的专访。采访过程中,司老师风趣的话语和时而发出的爽朗笑声迅速拉近了我们之间的距离。他像一位亲切的长辈,将自己与海商法的不解之缘娓娓道来,听之让人不由得心生敬佩。

问:司老师您好,您本科专业学习的是航海,是什么原因让您开始了海商法的教学与研究呢?

---

* 司玉琢(1937年11月—),大连海事大学法学院教授,曾任大连海事大学校长。

4. "误打误撞"中走向海商法(司玉琢)

答:我从事海商法领域完全是误打误撞的结果(笑)。我是1959年进入大连海运学院航海专业学习,当时我们还是五年制,到1964年毕业。我们当时毕业的时候都是国家单向选择,服从分配。毕业的时候我填了五个志愿,填的都是科研机构,没有想过留校的问题。因为我当时成绩还是不错的,我们都是毕业统一考试,当时是五级分制,我所有的课程都是5分,只有一门课是4分就是海商法(笑),所以毕业的时候从来没想过毕业留校教海商法。但是我当时由于眼睛不太好,也不能上船工作,所以五个志愿全部填的是进入科研单位。但最后宣布分配结果的时候居然是留校教海商法。(为什么呢?)这个决定是当时黄廷枢①先生作为伯乐的功劳,也不知道到底是什么原因,黄先生很看好我,让我留校教海商法。可能是因为当时我做学生干部吧,对于我的印象还不错,觉得我适合进行海商法教学,他极力到学校和系里推荐我,让我留校,于是就这样误打误撞开始了我的海商法教学工作。

问:您当时进行海商法的学习和研究的过程中,主要师从黄老师,那您当时主要学习的内容和教材都是什么呢?

答:黄廷枢老师就是我当时的海商法老师,当时系里只有黄老师一位老师进行海商法的教学工作。其实黄老师最初也不是进行海商法的教学工作的,是一位军舰的舰长出身,进入学校教船艺和船舶操纵的相关内容,后来也是因为教学需要,1957年黄老师转行进行海商法的教学工作。因为之前并没有相关的经验,教学面临很大的困难,黄老师准备了一段时间,可以说是硬着头皮开始了海商法的教学工作。黄老师最早在1960年开始给1956级的学生们讲授海商法的内容,经过三年时间,等到1963年给我们1959级学生上课的时候就已经有了教材,是一本叫《海法》的内部教材,这本教材就是我们学习海商法的主要材料。这本书中的内容是广义的海商法,包括航行权、

---

① 黄廷枢(1908年10月—1995年11月),号启予,福建人,我国著名航海教育家和海商法学家。1930年毕业于福建马尾海军学校,公派留学英国和德国。抗日战争爆发后归国抗战,先后任长江布雷中队长、大队长,阻击日寇西进。新中国成立后任大连海事大学教授,曾任大连海运学院航海系主任、《海商法》起草委员会委员、外交部法律顾问。

公海等内容,非常丰富。因为当时面临美国等国家的经济封锁,咱们的船也出不去,船队的规模也非常有限,几乎没有海商领域的相关实践,更不要说有属于自己国家的海事法院和海商法了。所以当时可供学习分析的内容非常有限,黄先生只能是利用英美国家的海商法和相关实践进行讲授。由于没有相关的中国案例和实践可以研究学习,老师讲授非常费力,我们听起来也没有兴趣。所以当时学习的时候也不是非常认真,更没有考虑过将来从事这一领域的工作了,要不怎么说是误打误撞呢(笑)。有的时候就是很奇怪,你开始的时候越是不喜欢它,它就越是选择你,就这样阴差阳错之间与海商法结缘了。

问:那您就毕业之后直接开始您的海商法教学工作,您是怎样进行从学生到老师的角色转换的呢?

答:我1964年毕业,直接到旅顺口社教,到农村进行社会主义教育运动。本来是一年的时间,但一年时间还没结束就到了1966年,开始批判"三家村","文化大革命"的序幕就拉开了。由于处于较为敏感的时期,我马上就从旅顺撤了回来,接着就开始了"文化大革命"。对于我来说可谓是海商法的凳子还没有坐热"文化大革命"就开始了。1969年1月,我开始进入宣传组作为副组长组织工作,干了大概3年。当时大家都轮流到学校农场进行劳动,去种稻子,我到农场劳动之后,回来就决定不回宣传组了,想回到学校的航运系进行海事的相关业务研究。1972年底我回到学校,回来之后还是不想研究海商法。但是黄先生仍旧不同意,因为确实没有其他的海商法老师,于是还让我继续从事海商法的教学工作。

到1973年初天津远洋公司需要由我们学校老师对船员进行相关的海商法知识培训,因为当时学校不招生,远洋公司没有具备相关知识的船员了,于是没有办法,只能从学校找老师进行船员培训。当时专门指定了"金沙轮",特别安排长航次以方便培训,短的航次差不多四五个月,更长一些的航次差不多要七八个月。当时是一个老师什么课都上,包括外语、海商法等一系列相关的内容。对于船员而言,船舶的基本操作都是源于他们的海上实践,他们主要是对外语和海商法不是很了解。于是我还是以当时黄老师的《海法》作为教材,对于海商法

4. "误打误撞"中走向海商法(司玉琢)

的内容进行讲授。对我而言,我从1964年毕业到1973年也有将近十年的时间没有从事航运的相关业务了,但是给船员讲课逼着我重拾当年学习的内容,为以后继续海商法的研究进行了铺垫,这样的培训一直到了1977年。1977年开始恢复招生和上课之后,我正好从船上回来,又开始了海商法的教学工作。1977级第一批学生的海商法课程就是我来讲授的,我的海商法教学工作就这样衔接上了,可以说是正式走上了海商法教学和科研的道路。

这段实践的经验对于我之后的海商法研究确实很有好处,我对船上的实践有了直接和感性的认识,这些航运知识、航运经验确实为之后的海商法研究打下了一定的基础。

问:之前了解到的资料里介绍说您在1980年到挪威航运科学院进行深造,这段进修经历对于您之后的海商法教学和研究产生了怎样的影响呢?

答:1980年到挪威学习对于我而言是一次很好的机会,对于各方面都是一次不错的提升。首先是英语方面的提升,因为我从中学开始就学习俄语,到大学之后才开始学习英语,毕业之后也没怎么练习和使用,基本上忘得差不多了。所以去挪威之前,专门进行了半年的脱产培训,主要是学习英语。到了挪威之后,学习的内容非常丰富,不但学习海商法,还学习相关的管理和业务内容。两个星期学习一门课,学完之后直接进行考核,在8个月的时间里上了很多课程,学习了很多内容,但是印象最深刻的一门课就是海商法。海商法课程主要讲授的是挪威等北欧国家的法律制度,挪威有自己国家的海商法,北欧五国②也有自己的保险法。但由于海商法国际性的特征,其实与我们当时讲授的海商法内容也大同小异。

这段学习经历对于我之后的教学和研究产生了潜移默化的影响:一方面,我之前虽然有过在船上的经验和海商法的学习经历,但是对于管理的内容完全不了解,这段时间的学习在一定程度上填补了我这方面知识的空白,形成了更加完整的知识体系;另一方面,我完成了以

---

② 北欧五国:指丹麦、芬兰、挪威、瑞典、冰岛五个国家。

《汉堡规则》作为背景的进修毕业论文《论提单责任基础的重大变革》。这篇论文的主体内容是在挪威学习期间完成的,在1981年回国后又进行了多次反复的修改,直到1984年在《中国国际法年刊》进行了最终的刊登,这篇文章也是我在海商法领域的第一篇正式发表的论文。

问:非常感谢您在百忙之中抽出时间跟我们分享您从事海商法学习和研究的经历,期待了解更多您和海商法之间的精彩故事!

口述人:司玉琢
记录人:北京大学"口述海商法史"小组姜琪
时间:2017年7月7日
地点:大连海事大学法学楼

5. 从英语老师到武汉大学海商法奠基人

——张湘兰教授*访谈录

张湘兰教授

在一个夏日的清晨,我们通过网络通话开始了这次愉快而有意义的访谈。网络中传来张老师温和而有力的声音,她诙谐幽默的话语和时而发出的朗朗笑声让我们倍感亲切。在访问和整理访谈稿的过程中,张老师对我们的全力支持和对文稿校正的严谨态度,更让我们对这位海商法大家的敬仰之情油然而生。

一、燕园求学,与"法"结缘

问:首先非常感谢张老师您能接受我们这个小访谈。我看到网上关于您的个人资料,了解到您本科是学外语的,请问您是怎么开始学

---

* 张湘兰(1951年12月—),武汉大学法学院教授,曾任国际法研究所副所长。

习法律的呢？又是怎么开始学习海商法的呢？

答：1970年到1975年，我在武大外文系英语专业学习，毕业后就留校任教了。1979年，韩德培先生刚从沙洋农场回来，受刘道玉校长委托进行重建武大法律系的工作。有一天我在外文系英语专业办公室阅卷（全国研究生英语考试试卷），当时韩先生就问我："小张，你愿意读书吗？"我说："愿意呀，读书多好呀！当学生比当老师好。"他说："那你想办法打报告调离外语系。"那时的情况和现在不一样，你想走就能走，是不可能的事。当时我找了系党委书记，系党委书记不予放行，我又找到系主任卢振中教授讲述了我的具体情况，卢教授和党委书记做了沟通，最后才予以放行。然后，我就直接到法律系去报到了。

问：请问您在武大法律系筹建之初做了什么工作？

答：我在筹建中做的工作不多。我是1979年12月底调到法律系的，是法律系重建后第13位调入法律系的老师。在1980年春节过后，也就是1980年2月，我就被法律系派到北京大学法律系学习了，这次学习的时间比较长，一直从1980年到1982年。

问：请问您当时去北京大学学习和我们现在的研究生的概念有什么区别？

答：区别还是有的。一是研究生是通过全国考试录取入学的，我们只是进修生（Further Study）；二是研究生要参加每门功课的考试，我们不需要考试；三是研究生有学位，我们学习结束后一般由接收单位出具结业证明；四是研究生毕业由国家统一分配工作，我们在学习完毕后必须回到原单位。当时，在北大汇集了一批法学大家，青年教师都希望有机会去北大学习。虽然说不能成为北大的正式学生，但是能在北大学习两年也是很荣幸、很难得的事情。当时为我们授课的有王铁崖先生、赵理海先生、芮沐先生等法学大家。在我学习期间，北大法律系还邀请了两位美籍华人律师为研究生讲课，其中陈华海先生主讲"海商法"，黄贤先生主讲"国际贸易法"。

问：请问您是如何选择国际经济法或者海商法方向的？

答：1979年，武大法律系恢复重建时共设置三个专业，分别为国际法专业、经济法专业和法学专业。国际法专业进而分为三个方向，即

5. 从英语老师到武汉大学海商法奠基人(张湘兰)

国际公法、国际私法和国际经济法。当时,姚梅镇先生为国际经济法设置的课程主要有"国际投资法""跨国公司法""国际贸易法"和"海商法"。在北大学习期间,一开始我主要学习的是国际贸易法,当然同时也听海商法课程。但起初因海商法比较晦涩难懂,所以我对海商法并不太感兴趣,学得也有些枯燥无味。但凑巧的是,后来我向韩德培先生和姚梅镇先生汇报我的学习情况之后,刚好武汉大学又调进一位老师,这位老师希望从事国际贸易法的教育工作,因此两位老先生就说我英文基础好,又年轻一些,就学海商法吧。因此我就选择了海商法这个方向,也开设了海商法这门课程。当时,在此听课的有大连海事大学司玉琢老师、中国政法大学吴焕宁老师、中国远洋运输公司朱曾杰先生和张常临先生、交通部张忠晔先生和徐庆岳先生、中国人民保险公司吕英才先生、贸促会王守茂先生和颜存厚先生,还有中国人民大学赵秀文老师、北京大学张力行老师,我们都在一起听课、学习。多年后吴焕宁老师还跟我说:"湘兰,我就觉得我们怎么都这么熟!"我就说:"吴老师您从1980年开始法律研究和教育工作至今,我们又在一起听课那么久,您和谁不熟啊!"

问:请问老师,您当时的学习方式是什么,是全日制吗?

答:我是全日制的。学习方式主要是认真听课,以及课后整理课堂笔记、查阅资料。当时的我们确实非常刻苦和用功,每天基本都是图书馆、教室、食堂三点一线,回寝室就是睡个觉,除此之外都在教室听课或者在图书馆学习、查阅资料,那时还和同学抢位子。

问:请问您在北大学习期间有导师吗?

答:当时确实没有具体的指导老师。因为我到北大主要是学习国际经济法的相关课程,芮沐先生是北大法律系主讲国际经济法的教授,韩先生当时就给芮先生写了一封信(王铁崖先生、赵理海先生、芮沐先生和韩德培先生当时都是20世纪30年代一起出国留学的老朋友),我就带着武汉大学出具的介绍信先到法律系报到,然后再带着这封信去找芮先生,最后芮先生就同意我在那儿学习国际经济法了。在听课方面,除了在北大听课以外,我还办了个(公交)月票,在中国人民大学办了个旁听证,到人大法律系听佟柔老师的民法。因为有吴焕宁老师的帮助,我还到北京政法学院(后与中央政法干校合并成为中国政法大学)听江平老师的民商法(当时都不敢叫民商法,前面加了个资产阶级,叫资产阶级民商法)。我甚至还去了北京外贸学院(现为对外经济贸易大学)听王名扬先生(他是姚梅镇先生的挚友)的国际商法。

问:是因为当时您北大的课比较少,所以您有时间旁听其他学校的课?

答:因为我是进修老师,单位有具体要求,当时我主攻国际贸易法和海商法,其他课程自己选。我听课的原则是,什么课对我有用我就修那门课,其他是根据兴趣来选择。但是有些课程是必须要学的,除了国际法课程之外,我还学了民法、经济法、法理学、刑法、宪法等主要课程。

问:您其他课程的成绩是不是特别好?

答:成绩并不是特别好,但我确实很喜欢学习,除了法理学外,我成绩一般不低于 80 分,不超过 90 分。在外文系学习我也是这样的,一直处于中等偏上吧。

问:您在北大进修阶段课程也都有考试吗?

答:没有,北大对我们不要求考试,但我还是主动参加了一些课程的考试。虽说不计算成绩,但为了检验学习的成果,我还是选择参加考试。做完试卷,我还会请老师帮忙看看,如果老师说"还不错",我还是很开心的。如果老师说"一般般",我就会说:"哎呀,太惨了。"

问:当时芮沐老师、王铁崖老师也有开课程?

答:是的,老先生们当时都为学生开课。王铁崖先生讲国际公法,赵理海先生讲海洋法,芮沐先生讲国际经济法,陈立新先生讲国际私法。因为当时学生手里没有教材,那时候上课时老师会给学生分发油印的且内容比较简单的讲课大纲。上课时老师拼命讲,学生也拼命地听讲和记录,听完回来就要整理每位老师的讲课笔记。说实话那时候,老师都不容易,很辛苦,因为上课都要老师自己重新编教材,边上课边准备教案,有时准备一两天,最后能讲两个小时就不错了。

问:当时陈华海先生上课主要讲的是公约吗?

5. 从英语老师到武汉大学海商法奠基人(张湘兰)

答：陈华海先生讲课以国际公约和案例为主，海商法是全英文授课，风格比较灵活，听课难度相当大。本身我对中文的海商法就比较陌生，更别提英文的海商法了，所以我整理笔记时要先想好如何用中文表述，才能再进行整理归纳。

问：既然陈华海老师讲课比较灵活，那么您课后自己补充知识的时候读过哪些书呢？

答：当时我在听海商法课程期间，在旧书市场淘到一本《英汉海事常用词汇》，这本书对我听海商法课程帮助很大。因为有些专有名词，比如说共同海损(General average)、海难救助(Salvage)、船舶碰撞(Collision)我刚开始都不认识，有这个字典之后，查起来比较方便，也比较容易上手。

问：这本词典是中英文互译的？

答：是的，叫《英汉海事常用词汇》，最早是1979年由陈有锐老师编的，后来又重新印过两次。

问：是哪个出版社出版的？

答：商务印书馆，我这书架上还有一本呢。其他的很多书，我退休之后，在2017年上半年已经全部捐给武大法学院了，都没带回来，希望能给那些对海商法感兴趣的学生们留下些资料，提供些研究帮助。

问：请问您当时在图书馆学习，是学习老师给的案例吗？

答：有一部分案例，但是由于当时自己的法律基础一般，所以在听海商法和国际贸易法时，我就会带个录音机，每次上课都把它录下来，录完之后回到宿舍找个地方戴上耳机反复地听，一边听一边将听课内容翻译成中文。听课完毕，我整理出了将近10万字的课堂笔记，这对我之后回到武汉大学讲授海商法帮助很大。

问：这两位老师是从国外的学校回来的吗？

答：他们都是美国的专职律师，不是职业教师，吴焕宁老师到美国去的时候，见过陈华海先生，我去美国几次都没有见到。

问：当时中国没有海商法的教材吗？

答：有，当时只有魏文翰先生编写的一本《海商法》，但非常薄，大概有17万字，但那时候根本没有印刷厂能印这本书，也没有复印机复印。后来还有张既义老师编写的《海商法概论》。但当时的情况大多是每开一门课,老师都得自己编教材,通过五到八年的教学逐渐完善,每年修改教案,然后编纂成书。

问:您在学习海商法的过程中有哪些记忆深刻的重大事件?先说北大学习期间吧!

答:对于北大学习期间我印象还是比较深刻的。比起现在的你们来说,我们当时还是很幸运的。因此,真的非常有幸能够近距离聆听众多法学大家为我们授课,他们不但知识渊博、敬业奉献,而且在为人为学方面堪称我的人生典范,使我受益匪浅。另外印象比较深的是,北大讲授经济法的刘隆亨老师,当时为了编写经济法教材,发动他的妻子和两个儿子一起帮他抄写草稿,就是为了出这本书。因为当时的书稿只能先在方格纸上手写,如果修改太多还必须要重新抄写一遍,然后才能送交出版社和印刷厂。

问:您在北大学习了两年是吗?

答:是的,所以我很感谢北大这个平台和这些老先生们,可以说他们是我法学的启蒙老师。从他们那里,我不仅仅学到了法学知识,更重要的是学习了如何做人做事,如何敬业奉献。虽说这两年因为自己还不够努力,没有学得太好,但起码对法学有了初步的了解,算是开始入门了。

二、海外留学,钻研海商

问:您在回到武汉大学执教之后,是不是觉得还要进一步学习海商法,所以才参加访问学者项目?

答:从北大学习完回武汉大学后,1983年我在武汉大学法律系开始讲海商法,但实际上讲的时候我对海商法了解得还不够深入,而且当时我国还没有《海商法》,这方面的研究仍然是英美国家比较多。当时的学生求知欲特别强,上课的时候就像一群小鸟一样,用一双双眼睛盯着你看。而如果老师知识有限,讲得不好,就会觉得愧对学生。

5. 从英语老师到武汉大学海商法奠基人(张湘兰)

知识好比一瓶水,如果老师有一满瓶水,那你可以给学生半瓶水,如果你自己只有半瓶水,那你还能给学生讲多少东西呢?记得香港的杨良宜先生第一次去大连海运学院(现为大连海事大学)讲课,我从武汉赶过去听课,期间还去大连海运学院图书馆查资料。我还以调研名义先后几次去中国远洋运输总公司资料室、中国人民保险公司资料室和北京图书馆查找资料。要知道那时中英文资料都非常有限!上了几年课后,虽说我一直在搜集整理资料,不断改进教案,但总觉得要想讲好这门课,自己掌握的知识还是远远不够的。我觉得自己该找机会出国继续学习了。刚好在1987年,有机会去国外学习,我就到美国去了。

问:您有着特别丰富的访问学者的经历,是怎样的契机去美国杜兰大学访问的呢?

答:1987年开始有了中美法学交流项目,叫作"福特基金项目"(Ford Foundation Fund),该项目资助中国高校法学教师去美国学习。程序上是先由学校推荐,通过英语考试之后,由美国福特基金会中方负责审批,获批人员还需前往美国驻华大使馆面试,根据面试成绩进行录取。

问:那杜兰大学是您自己选择的吗?

答:是的。根据我从事的专业,由福特基金会协助我选择学校。我是学习和讲授海商法的,众所周知,美国杜兰大学的海商法是全美开设海商法的院校中最好的,所以基金会就给我安排到了杜兰大学。

问:那您在杜兰大学的学习模式是怎样的?

答:我前后两次去杜兰大学访学,第一次是1987年至1989年(福特访问学者),第二次是1992年至1993年(富布赖特高级访问学者)。杜兰大学的学习模式和国内很不一样,主要是听课、自学、搜集资料,一些比较重要的资料我会分批复印后带回国内。杜兰大学的海商法研究部门是独立的,设有海商法研究中心,课程分得很细,设有海商法总论(Admiralty 或 General Maritime Law,由海商法研究中心主任Robert Force 教授讲授),此外还有"海上货物运输""海事索赔责任限制""船舶碰撞""共同海损和海难救助""海上保险""油污""船舶物权"等课程,可以说在杜兰大学,我第一次系统、全面地学习了海商法。

问:那杜兰大学的海商法老师大概有多少位?

答:实际上专职讲授海商法的全职老师只有3位,其他课程都是由实务部门人员授课,比如律师、法官、保险从业人员等业界人士。

问:您在杜兰大学有什么印象深刻的课程吗?

答:印象特别深的课程是"油污"(Oil Pollution)。当时我们国内还没有研究"油污"这一领域的,杜兰大学已专门开设一门关于油污的课,我就是在那听了油污课之后,开始对油污这一领域产生兴趣。当时我认为船舶污染、海水污染在未来应当是很重要的问题,所以我就对油污这方面很感兴趣。我回国后编写第一本海商法教材时,就将"油污"专列一章。同时,我也参与了国家的一些油污方面的项目。

问:油污这门课程是由学校的老师还是外聘的实务界专家来讲授呢?

答:油污也是请实务部门的专家来讲的,实务部门人员讲课,虽然理论上并不深,但关键是他们能够对实践中的具体问题进行剖析,这样学生很容易理解。

问:杜兰大学当时授课是直接在课堂上讲案例,还是把案例布置下去,在课下准备呢?

答:课上老师会讲每章每节的重点,但最主要是讲典型案例。国外学生课少,自学时间较多,但是老师每天会布置很多要读的东西,课后需要学的东西特别多,一天经常需要看一百多页,有时候需要阅读更多内容,学生熬夜到凌晨两三点是经常的事情。

问:您当时修了多少个学分?

答:我当时在美国修了一半的学分,本来我是想拿硕士学位的,正准备得差不多的时候,福特基金会项目中方主席即北京大学罗豪才教授,带领当时北大、武大、人大等院校的法律系主任前往美国进行考察,并告知接收中方访问学者的学校,任何人不能改变留学生身份。当时杜兰大学法学院院长克默雷先生也参会了,他回学校后告诉我:

5. 从英语老师到武汉大学海商法奠基人（张湘兰）

"非常抱歉,你可能不能拿学位了。"我问:"为什么?"他说:"福特基金项目中方有规定,你们不能改变访问学者(Visiting Scholar)的身份。"因为我是访问学者身份,所以最后我就放弃了,没有拿到学位,这也是我一生最大的遗憾了。当时我还是比较听话的,我们一批去的访问学者有一半还是坚持拿了硕士学位,有的后来还拿了博士学位,当然也就留在了美国。结业前,我去告诉克默雷院长:"我学完一年,现在将要回国了。"他说:"你仅学了一年的海商法,只了解一些基础的东西,怎么回去教学生,不担心误人子弟吗?"最后他说:"我建议你到美国律师事务所去实习一年,把你在学校学的理论知识运用于法律实务,这样既有理论基础,又有实务经验,再回去教学生不是更好吗?"听了他的建议后,我就给时任武汉大学法律系主任的马克昌教授打报告,提出在美国延期一年的申请,系里经过研究同意了我的申请,我就去律所实习了。

后来,因1989届学生面临毕业,海商法是国际法专业的必修课,如果没这门课的学分,学生毕业可能就会有麻烦。马克昌先生就让当时的院办主任毛峰同志给我写了封信,我就提前回来上课了。说实话,当时在国外工作还是很有诱惑力的,我国内的工资是每月97元人民币,在美国律所每小时的工资相当于国内差不多两个月的工资!

问:延期这一年您在律所从事什么工作呢?

答:我主要做法律研究工作(Legal Research)。

问:老师您当时在律所主要做哪方面研究？是海商法方面的吗?

答:是的,我被安排在海事部门(Admiralty Section),主要是做提单、油污和海上保险等。

问:在律师行工作的经历对您海商法的学习有怎样帮助?

答:有很大的帮助。我就职的是McGlinchey, Stafford, Mintz, Cellini & Lang律师行,它的业务遍及28个国家,仅是我在的律师行专职律师就有100多人。实习期间,我接触了大量的海事、海商案例,同时也协助律师做一些工作。有时遇到特别难做的研究,也会找一起做研究的同事,询问他们的意见,从中得到启发。

问: 您在美国律师行工作期间大概做了多少个案例?

答: 做得不少,我前后两次前往美国,都在该律师行做相关工作。第一次是1988年5月至1989年2月,第二次是1993年5月至1993年9月,大概做了四十多个案子,我从该律师行回来之后,挑选了22个案例,出了一本英文书,叫"U. S. Admiralty—Cases & Comments",也是给学生作为一个参考,告诉他们初做律师时应该如何写Memo(备忘录)。

问: 这些案子当时都是公开的吗?

答: 这些案子最后都公开了。美国联邦法院有联邦法律报告(Federal Law Report),州有州法律报告(State Law Report)。

问: 您在1999年又到英国当访问学者,那这次是什么契机呢?

答: 当时我国和欧盟有个中欧高等教育合作项目(EU-China High Education Cooperation Program),我是通过这个项目走的。众所周知,英国南安普顿(Southampton)大学的海商法是全英国最有名的,所以我就到那去了。我的联系导师是南安普顿大学海商法研究中心主任Nick Gaskell教授。

问: 这一次的访学项目主要是什么内容?

答: 因为这次访学时间比较短,听课比较少,主要是了解老师们教学的方式和方法,期间听了"国际贸易法""航运法"(Shipping Law)、"海上保险"(Marine Insurance)和"海上货物运输法"(Carriage of Goods By Sea)。另外,法学院有一个咖啡屋,老师在中午吃饭时会组织一个小讲座,每次30分钟,讲完大家相互讨论、交流。

问: 当时有让您印象深刻的老师或者事情吗?

答: 对Nick Gaskell教授印象比较深。我们聊了很多,作为一位老师、一位学者,如何能够把书教好;作为一个研究中心主任,如何把一个学科发展得更好。他对教学孜孜不倦的态度和对海商法发展的思考,确实让我感触很深。

另外,通过一次学术研讨会议,我还认识了英国律师协会的主席。当时,我希望能到一些实务部门去参观学习,他帮我联系了保赔协会、航运公司、船级社等单位,这点令我非常感动。他后来还两次来武汉大学法学院进行参观访问。

5. 从英语老师到武汉大学海商法奠基人(张湘兰)

三、教学生涯，桃李天下

问：张老师好，接下来我想采访一些关于您教学经历的内容。

答：好的。

问：请问您从事海商法教学工作多久了？

答：我从 1983 年到 2011 年一直从事海商法的教学与研究工作。期间，即便是有出国访学安排，也会提前调整课程，或是回国后通过补课的方式完成教学。我从 1995 年开始招收硕士研究生，2000 年开始招收博士研究生，工作重点是本科生的课程。

我指导的博士研究生张辉于 2003 年毕业后留在武汉大学法学院任教，从 2006 年开始讲授海商法的课程。由于当时是大法学专业，听课学生很多，所以就分了两个班上课，我和张辉博士各带一个班的课。

问：当时海商法是必修课程吗？

答：是的，海商法一直是国际法专业学生的必修课，经济法专业学生的选修课（但当年的实际情况是经济法专业的学生基本都选了这门课），这样一直持续到改革成"大法学专业"后才成了选修课，即 1983 年到 1999 年都是必修课，1999 年后改为选修课，课时也从 54 学时改为 36 学时。

问：感觉您特别热爱教学事业。

答：是啊，对我来说讲课是一种享受。要不是因为由衷地喜欢，我也不会坚持这么多年。我从 1983 年至 2011 年一直为本科生讲授海商法。我喜欢上教师这个职业也是有个过程的。当初武汉大学外文系把我留下来时，我还是很抵触的，一是认为自己没能力当好老师，二是自己不愿意当老师。当时外文系有两位同学留校当老师（包括我），另一位老师的家是武汉的，大家说她是"永久牌"，我家是外地的，是"飞鸽牌"。但是最后结果是，"永久牌"飞到了美国，"飞鸽牌"则在武汉大学待了 45 年。后来这么多年，看到自己教的学生取得成绩和进步时很是开心，所以就慢慢喜欢上教师这个职业了。

问:那您的学生毕业后从事海商法工作的比例高吗?

答:在国家高等教育扩招政策之前,全国有法学院的院校比较少,有国际法专业的更少,学习国际法的人也较少,所以当时海商法人才紧缺,毕业后从事海商法工作的学生比例较高。当时的毕业生由国家统一分配工作,我也会向海事法院、保险公司、海事局等单位推荐学生。后来由于课时从54个降到了36个,加之海商法由必修课变为选修课,选修海商法的学生人数比以前少了一些(对学生们来说,毕竟不是必修和指定选修),但一部分同学还是会认真学习甚至产生真正的兴趣,还有部分同学则是为了拿学分。在这种情况下,学生毕业后从事海商法工作的比例明显降低了。

但我指导的博士研究生毕业后有20多人在高等院校从事海商法及与之相关的专业教学和研究工作。从这一点来讲,当老师还是值得骄傲的。

问:海商法变为选修课之后对课程还有哪些影响呢?

答:改为选修课后,影响较大。最早只为国际法专业学生开设海商法课程,听课学生在35人左右,安排学生外出实习也比较方便。后来为国际法和经济法专业开设海商法课程后,听课学生在70—80人。再到后来改为选修课后,海商法成为了"大法学"学科之一,课堂人数在120—150人。这样的教学效果就大不如前了,外出实习的安排也就没那么方便了。

问:之前海商法是本科生的专业必修,也就是说那时候本科生就分方向了吗?

答:是的,1979年武汉大学法律系重建之初设两个专业,国际法专业和法学专业,其中国际法专业分三个方向,即国际公法、国际私法和国际经济法,海商法设在国际经济法方向。1985年增设经济法专业,当年即开始招生。海商法对国际法专业学生是必修课,对经济法专业学生是选修课。当年选修海商法的人数还是比较多的,也有经济系的学生来听课,甚至还有物理系的学生。

问:您认为武汉大学作为一所综合性院校,在海商法的教学方面有哪些特殊的地方?

5. 从英语老师到武汉大学海商法奠基人(张湘兰)

答:武汉大学确实非常重视海商法课程,特别是在师资培训、课程培育和项目申报三个方面。

师资培训方面。出国访学的机会确实比较多,我的访学经历主要包括:1987年至1989年,在美国杜兰大学法学院福特项目做访问学者;1992年至1993年,在美国杜兰大学法学院富布赖特项目高级做访问学者;1999年,在英国南安普顿大学法学院中欧高等教育合作项目做研究教授;2005年至2006年在美国伊利诺伊大学弗里曼项目做研究教授。多次出国访学,不仅让我掌握了很多国外海商法领域的学术知识,而且对我的教学水平也有很大的提升。

课程培育方面。2007年,"海商法"课程申报国家级精品课程,学院非常支持,当年就申报成功。然后在院领导的鼓励下,同年,我们也成功拿下了国家级双语教学示范课程。2008年我主编的国家精品课程的教材《海商法》及其配套用书《海商法学习指导》,还获评国家司法部优秀教学成果奖。2013年10月,我又成功申报了教育部《海商法》国家级精品资源共享课。

科研项目申报方面。2006年和2014年,武大法学院国际法研究所获得教育部人文社科重点项目,2009年成功申报了教育部人文社会科学重大攻关项目,2003年、2009年还分别获得国家社科基金项目在内的多项科研项目。武汉大学校级和院系两级领导一向重视科研项目的申报工作,特别是人文社会科学研究院,每年会组织老师申报,在申报材料做出之后,院里会组织有经验的老师进行初步评审,提出修改意见,之后交给申报人重新修改、论证。之后,人文社科院会组织校内专家,特别是曾经申请过国家重大攻关项目的专家,进行再次评审,再次提出修改意见,由申报者重新修订后,交由人文社会科学研究院向上申报。所以,武汉大学申请国家级项目成功率较高。

问:您在英美国家的访学经历是否对您之后的教学产生了一定的影响?

答:这对我的影响比较大。因为前面已经说了,在杜兰大学学习期间,很多课都是请实务部门的人来上课,理论密切联系实际。所以我回国上课后采取了三个办法。

第一,我上课不要求同学们拼命地记笔记,主张同学认真听课,只记重点。

第二,受访学时期国外老师们上课风格的影响,我上课也喜欢以典型案例带动知识点的学习。例如讲船舶碰撞这一章,关于单方过失造成的碰撞、双方过失造成的碰撞、双方均无过失造成的碰撞,我会讲三个案例:一个是由单方过失造成的碰撞由过失方承担百分之百的责任;一个是双方都有过失时,双方按照各自过失按比例向对方承担责任;一个是双方均无过失时,也就是不可抗力,例如自然灾害,那就各自损失各自承担。例如讲到提单的功能时,我就讲个案,学生们就很快能理解了。另外,我在教学中可能还会采取这种方法:讲完一章之后,我会给学生一个典型案例(Typical Case),让学生根据这章内容对案件进行分析,提出自己的观点。利用下次上课的前10分钟,我会考察学生们对案例的分析情况。

第三,通过理论联系实际的方法,让学生对海商法产生兴趣。毕竟海商法本身是比较枯燥无味的,所以在授课时我会请实务部门的专家来校为学生授课。比如说我在讲船舶相关知识时,曾带学生去长江轮船公司、扬子江轮船公司,在船上请船长为学生们讲述船长的职责和船舶的构造(只限于国际法同学);利用我长江海商法学会副会长的身份,带学生到武汉海事法院管辖的部门实习,有时还会带学生到海事法院旁听案件;暑假还会推荐学生去外轮外代、海事法院、保险公司实习;每年也会邀请实务部门的专家来校做讲座。我就是用这样"走出去、请进来"的方式让课程不再枯燥乏味。1999年之后,受大环境的影响,这种方法因为多种原因,受到一定限制,比如课时减少、枯水期变长等。现在每年也只能请校外专家来校讲课两三次,我也会尽力安排学生去法院旁听案件。这些年来,我多次邀请美国杜兰大学海商法研究中心主任Robert Force教授、香港的杨良宜先生、大连海事大学司玉琢教授等国内外专家学者来校授课、讲学或访问。

问:您教学中使用的是什么教材呢?

答:从北大回来之后,我就把笔记整理好,打印出来作为讲义,开始时有十几万字。

5. 从英语老师到武汉大学海商法奠基人(张湘兰)

1987年在美国期间,我又搜集了一些资料,对讲义进行了修改,同时也参考了魏文翰老师的《海商法讲座》和张既义老师的《海商法概论》。1989年,我出版了《新编海商法》和《海商法资料汇编》两本书。

1994年,根据在美国律师行做的案例,我汇编出版了《美国海事案例评析》,作为本科生和研究生的参考用书。

1996年出版了《海商法论》(与邓瑞平、杨松合著),2001年进行了修订(与邓瑞平、姚天冲合著),这本教材一直用到2008年国家精品课程配套教材《海商法》和《海商法学习指导》出版之前。

2007年,武汉大学法学院《海商法》课程被评为"国家精品课程"以及首届"国家双语教学示范课程"后,我于2008年主编出版了《海商法》和《海商法学习指导》两本配套教材,用于精品课程建设。武汉大学法学院张辉教授、武汉理工大学李凤宁副教授、河海大学朱强副教授、海南大学张丽娜教授、中南财经政法大学赵强副教授以及广州大学向明华教授等参加了《海商法》的撰写,张辉教授、李凤宁副教授以及向力博士参加了《海商法学习指导》的编写。此后这两本教材一直是武汉大学以及其他众多高校海商法课程的教学用书。

2012年,《海商法》和《海商法学习指导》两本教材入选教育部第一批"十二五"普通高等教育本科国家级规划教材后,我组织原编写人员对这两本教材进行了修订,以求反映最新的海商法立法、实践和研究成果。修订后的《海商法》和《海商法学习指导》(第二版)于2014年出版并沿用至今。

问:您在教学生涯中有哪些印象深刻的事?

答:第一件印象最深刻的事莫过于《中华人民共和国海商法》和《中华人民共和国海事诉讼特别程序法》的颁布和实施了。要知道,在1993年以前,每当我讲到中国海商法时,只能跟学生们说:"中国目前还没有出台《海商法》,《海商法》还在制定中,但相信在不久的将来,具有中国特色的《海商法》一定会出台!"2000年,交通部征求《海商法》修订意见稿,我们也积极努力地参与,写了关于电子提单、船舶建造合同等的修改意见。遗憾的是,《海商法》到目前为止也没有修订成功。

第二件是 1983 年青岛海域发生的重大油污事件。1985 年,我带国际法的同学去青岛海事法院、港务局、港监实习,看到海边还是有很多油污淤积,油污对沙滩和水质的影响都还在,那次真切地感受到船舶油污对海洋环境及海洋生态的破坏、对周边居民生存环境及经济收入造成的影响,也更加深了我对船舶油污方面的研究兴趣。这次事件也引起了国家对海洋污染的重视,1999 年国家修订了《海洋环境保护法》。

第三件是香港的杨良宜先生第一次来武汉大学讲授海商法。杨先生的讲座非常受欢迎,场面相当火爆,200 人的阶梯教室竟有 300 多人听课,台阶上、讲台边、窗户外都是学生,杨先生每次来武汉大学讲课,教室里都是爆满,以至于杨先生多次跟我提起他很希望来武汉大学讲课,还说武汉大学的学生们求知欲特别强,听课人数越多,他讲得就越带劲。

最后,感谢北京大学让我对法学有了初步的了解,感谢美国杜兰大学和英国南安普顿大学让我对海商法有了系统、全面的认识和了解,感谢武汉大学为我提供的平台和支持,感谢这么多年为我提供过帮助的司玉琢教授、吴焕宁教授。还要特别感谢香港的杨良宜先生,他为武汉大学提供了珍贵的劳氏法律报告,并捐赠了自己编纂的所有图书。这些都为我在海商法领域的学习、研究和教学提供了极大帮助。更要特别感谢我的学生们,如果没有你们对海商法的选择和坚持,武汉大学的海商法课程也就没有今天的成长和发展。最后,衷心地希望各界人士一如既往地支持武汉大学海商法的教学和研究工作!

口述人:张湘兰
记录人:北京大学"口述海商法"小组李梦可、陈琦
时间:2017 年 8 月 12 日
地点:线上

6. 海仲、海协三项纪录的创造者和保持者

——刘书剑先生*访谈录

刘书剑先生

北京深秋的一个下午,如约来到老先生每天下午都会来喝杯咖啡的地方。老先生虽年事已高,但一听他开口说话便被他清晰的逻辑、严谨的思维和幽默风趣的谈吐所震撼,而在他一丝不苟的言谈举止中也透着几分和蔼与亲切。老先生事先准备好一个文件袋,从中掏出一摞小册子,原来都是海仲从成立至今的国务院批示文件和几经修改的海仲仲裁规则等,这么多年来老先生一直细心保存着。

---

* 刘书剑(1939年11月—),曾任贸促会法律部副部长,中国海事仲裁委员会副主任兼秘书长,中国海商法协会副主席兼秘书长。

问:刘老师您好,谢谢您接受我们的访问。

答:你们以后不要叫我老师,叫我"三无"或"三无学者"就可以啦。"三无"是指一无学士学位,二无硕士学位,三无博士学位;①学者是指活到老学到老,学无止境,向前辈学习,向年轻人学习。北京大学是名牌大学,北京大学法学院又是法律院校中的翘楚,你们能邀请我这个"三无学者"作为受访对象,我感到受宠若惊,非常荣幸。我会尽我所知回答所提问题。

问:您太谦虚了,谢谢您!您作为海仲老前辈,能给我们讲讲海仲当初是在什么样的背景下成立的吗?

答:我先说明一下,我是1964年以英语专业各科全优的成绩从辽宁大学外语系英语专业本科五年毕业,分配到中国国际贸易促进委员会(简称"贸促会")联络部,从事英语口语翻译工作近10年,随着年龄的增长,逐步感到自己不可能做一辈子口语翻译,必须到贸促会业务部门学习专业,于是多次向领导提出要到法律部工作,领导最后还是同意了。我于1974年第一季度来到法律部,当时法律部部长是任建新②。他对我说,海损理算处现在缺人,让我先去海损理算处学习理算,他说我的英文功底深,要利用英文优势多看一些英美海事方面的书籍。我做了几年理算工作,1979年下半年调到海仲工作,海仲是1959年初成立的,不能说我是海仲老前辈,所以我来海仲以前的事情只能从历史档案材料里得知。海仲成立的背景是这样的:中国人民银行行长南汉宸1952年4月3日率领由25人组成的中国经济代表团参加莫斯科国际经济会议,顺便了解到苏联工商会内设的对外贸易仲裁委员会和海事仲裁委员会及其工作范围。贸促会于1952年5月4日成立,南汉宸出任贸促会主席,几经筹措,首先于1956年3月31日成立了贸促会对外贸易仲裁委员会。随后,经与交通部等多部委商讨成立海仲和制定海仲仲裁规则,尔后贸促会向国务院报送成立贸促会海事仲裁委员会的请示报告。1958年11月21日,周恩来总理主持国务

---

① 我国当时尚未实行学位制。
② 主持制定了1975年《北京理算规则》,后任贸促会副主任、最高人民法院院长、中共中央书记处书记、中央政法委书记、全国政协副主席。

6. 海仲、海协三项纪录的创造者和保持者(刘书剑)

院全体会议第82次会议通过《中华人民共和国国务院关于在中国国际贸易促进委员会内设立海事仲裁委员会的决定》。1959年1月8日贸促会第7次委员会会议通过《中国国际贸易促进委员会海事仲裁委员会仲裁程序暂行规则》,并通过了由25名委员组成的海仲第一届委员会成员名单,时任交通部副部长孙大光担任海仲主席。1959年1月22日召开海仲委员会会议,宣布成立中国国际贸易促进委员会海事仲裁委员会,成立会议由贸促会主席南汉宸主持。除贸促会名称与苏联工商会名称不一样外,英文名称③完全一样。贸促会内设海事仲裁委员会,是要向国务院报送请示报告的,国务院批准成立海仲后,会把贸促会的请示报告批回贸促会,请示报告是要永久保留的,但在贸促会档案中查找不到请示报告。请示报告到底经过哪几个部委会签、到底是哪天向国务院报送的,查不到文字记载,不得而知。

问:真的是可惜啊。那海仲成立之后都经历了哪些发展呢?有没有什么重大事件?

答:首先,1982年9月2日,经贸促会上报国务院,国务院办公厅下发《国务院办公厅关于海事仲裁委员会扩大受理案件的范围和增加委员人数的通知》。这一文件做出的改变主要有:其一,扩大了受案范围;其二,增加了委员④人数。

还有,随着海仲事业的发展,经贸促会报批国务院,1988年6月21日,国务院批发《国务院关于将海事仲裁委员会改名为中国海事仲裁委员会和修订仲裁规则的批复》,海仲从此改名为中国海事仲裁委员会,隶属关系不变,并一直沿用至今。过去海仲仲裁规则修改需报国务院批准,从此之后就不需要报国务院批准。据此,贸促会修改了仲裁规则,设立了仲裁员名册,当事人须从仲裁员名册中选定仲裁员,而非此前须从海仲委员中选定仲裁员,由此海仲由委员制变为仲裁员制。

问:您这儿的资料太全了。海仲后来还有没有什么大的改革?

---

③ Maritime Arbitration Commission.
④ 当时委员即是仲裁员。

答:后来就是仲裁规则修改。我国对外经济贸易在不断发展,海运等各行各业在不断前进,海仲工作也在不断改进,海仲仲裁规则也要与时俱进,与国际接轨,仲裁规则不断修改也体现了海事仲裁的变革。在 1959 年 1 月 8 日《仲裁暂行规则》的基础上,截至目前,先后作了五次修改,从而形成五个修改版本:1988 年版本、1995 年版本、2001 年版本、2004 年版本、2015 年版本。⑤ 仲裁规则的变化很多,主要是扩大了受案范围,细化了仲裁程序,增加了与国际仲裁接轨的条款。《海事诉讼特别程序法》(以下简称《海诉法》)2000 年 7 月 1 日施行后,2001 年版本即开始援用《海诉法》中关于财产保全、行为保全、证据保全等相关规定,使仲裁规则保全程序的规定更加完善,当事人申请保全的程序更加明确。

除了仲裁规则的几次修改,再就是海仲目前已经成立了六个分会和七个办事处,⑥促使海仲的触角扩展到多个港口。

问:海仲和贸仲的关系是怎么样的呢?听说最近海仲和贸仲分开了。

答:海仲和贸仲都隶属于贸促会,但业务是分开的,党务、人事、财务统一管理。2014 年 11 月 4 日,海仲秘书处升格为海仲秘书局,并设立了仲裁院,但党务、人事、财务还是统一管理。经过机构改革,2017 年 5 月 3 日,海仲宣布与贸仲分离,自此海仲独立运营,独立掌管党务、人事、财务。自此秘书长责任更大、担子更重,具体怎么做,我就没有发言权啦。海仲的分离也是海仲的重大变革。海仲事业的发展壮大,是海仲几代人共同努力的结果。现在,海仲是一支高素质、高资质、高效率的工作团队。我深信,此后的秘书长一定会把海仲工作做得更好。

问:谢谢您给我们介绍海仲的历史,还想问问您的个人经历,比如

---

⑤ 本次访谈的时间为 2017 年。据海仲官网信息(2023 年 8 月),海仲仲裁规则于 2018 年、2021 年又分别有一次修改。

⑥ 据海仲官网信息(2023 年 8 月):"中国海仲位于北京,设有上海总部,在天津、重庆、深圳、舟山、海口、大连、青岛、厦门设有分会/仲裁中心,在香港特别行政区设有香港仲裁中心,在宁波、广州、南宁等国内主要港口城市设有办事处。"

6. 海仲、海协三项纪录的创造者和保持者（刘书剑）

您在海仲做秘书长期间具体做些什么工作，与当副主任有什么不同？

答：我做秘书长期间，秘书长职责是负责海仲日常工作，概括说：第一，审核仲裁庭拟定的裁决书，发现裁决书格式及文字有不当之处予以修改，这是形式审查；发现实体裁决意见不当时提醒仲裁庭重新考虑，这是实质审查。仲裁庭形成裁决书后，需经秘书长审核签发打印，再交由仲裁员签字。这方面的工作量很大。以往的裁决书是中英文对照，我还需要核改英文稿，但这不是秘书长的职责，我承担这项工作主要是因为我有能力核改英文稿。第二，筹措如何有针对性地宣传拓展海仲工作，扩大受案范围，增加受案数量。第三，国家立法机构和行政部门对海事海商法律、法规征求意见时，组织力量研究提出意见。国家立法过程中，立法主管机关通常会分场次分别向与立法内容相关的单位征求意见。《海商法（草案）》形成后，在各个不同阶段，国务院法制局先后召开了多次会议分别征求修改意见，我代表海仲参加了两次会议并提出了一些修改意见。《海商法》制定期间，国际海事委员会于 1990 年在巴黎召开国际会议，审议"巴黎规则"草案，我⑦和大连海事大学司玉琢教授等人参加了会议。回国后，应国务院法制局顾问郭日齐先生约请，我偕同中远总公司法律室主任刘国元向郭老报告巴黎会议对"巴黎规则"草案的审议情况，并提供了会议审议该规则草案的相关资料，供郭老参考。⑧ 就在《海商法》草案提交全国人大常委会审议通过前一个多月，全国人大常委会法制工作委员会召开意见征求会，会上我也对一个法条提出修改意见而且被采纳，后面我还会细说。《海诉法》制定初期，最高人民法院交通庭先后在哈尔滨、广州、珠海召开会议，就如何制定《海诉法》征求意见，全国人大常委会法工委等相关单位派代表参加会议。我应最高人民法院交通庭的邀请参加了上述会议，对《海诉法》的框架结构提出了一些建议。《海诉法（草案）》形成后，最高人民法院交通庭征求我的意见时，我也提出一些修改意见，并建议在《海诉法》中对海事仲裁财产保全、行为保全和证据保全

---

⑦ 时任海仲秘书长、海协副理事长兼秘书长。
⑧ "巴黎规则"后来流产。

作出相应规定,我的建议被采纳,被相应地适用于《海诉法》第 14 条、第 19 条、第 53 条、第 61 条、第 64 条、第 72 条中。《海诉法》草案于 1999 年 12 月 25 日经由全国人大常务委员会审议通过,就在此之前数十天,全国人大内务司法委员会邀请三个相关单位参加意见征求会,中国远洋运输集团总公司顾问朱曾杰、最高人民法院交通庭副庭长冯立奇、海仲秘书长刘书剑、海仲秘书处陈波参加会议,我提出《海诉法》应当对提单中的仲裁条款的有效性作出规定,但最终未被该法采纳。在《仲裁法》构思制定和草案形成阶段,我都曾在类似级别的会议上向人大法工委提出一些立法建议和法条修改意见。《合同法》(已废止)制定和起草时也是如此。虽然都是我参加这些会议或提出意见,但我都是代表海仲的,反映出海仲对国家立法的参与。第四,秘书长还要负责仲裁员的考核监督及培训等等工作。海仲设主任会议,主任和副主任的主任会议每年召开一次,听取秘书长年度工作报告,对海仲如何开展工作等重大事项作出决策,其中包括审议通过由秘书长提请主任会议审议的仲裁员名单,以及审议通过仲裁规则修改草案。秘书长与副主任的职责是有不同的。我做秘书长的时候,曾兼任副主任,对我来说没有什么不一样;在我只做副主任而不兼任秘书长的时候,才有不同,秘书长的职责是由秘书长承担,但我就是干海事仲裁的,我的责任与外单位兼职副主任相比还是沉重好多。

在做秘书长期间,我特别注重对仲裁员资格的要求和对秘书处工作人员的工作要求。所谓对仲裁员资格的要求,是说除《仲裁法》规定的"三八一高一相当"⑨外,还有三点:一是仲裁员必须遵守仲裁员行

---

⑨ 所谓"三八一高一相当",是根据《仲裁法》第十三条:仲裁委员会应当从公道正派的人员中聘任仲裁员。

仲裁员应当符合下列条件之一:
(一)通过国家统一法律职业资格考试取得法律职业资格,从事仲裁工作满八年的;
(二)从事律师工作满八年的;
(三)曾任法官满八年的;
(四)从事法律研究、教学工作并具有高级职称的;
(五)具有法律知识、从事经济贸易等专业工作并具有高级职称或者具有同等专业水平的。
仲裁委员会按照不同专业设仲裁员名册。

6. 海仲、海协三项纪录的创造者和保持者(刘书剑)

为规范,公正公平审理案件,以事实为根据,以法律为准绳,不偏不倚;二是仲裁员审理案件要认真负责,仔细、及时地审阅当事人提交的材料,提出自己的裁决意见;三是仲裁员要有较高的英文水平,海事仲裁案件英文的材料很多,甚至仲裁申请书、答辩书和证据都是英文的,仲裁员起码要能够看懂英文。这三项既是选任海事仲裁员的资格条件,也是对仲裁员的要求。我当秘书长期间或之后,也曾兼任海仲仲裁员资格审查考核委员会的副主任或主任,有的仲裁员人选因不符合资格条件而被筛选掉,有的仲裁员因不符合对仲裁员的资格要求而不再被续聘。所谓对秘书处工作人员的工作要求,是说秘书处工作人员:一是要学习、熟知海事海商法律,以便经办的案件遇到法律问题便于查找,不断提高自己的业务能力;二是要知道海仲受理的案件范围与哪些业务单位及哪些合同相关,以便能够有针对性拓展海事仲裁,扩大受案量;三是熟悉人头,即是说要熟悉哪个单位有哪个人、有哪方面的专长,以便在指定仲裁员或者聘请专家咨询案件时有的放矢。

我在担任海仲秘书长期间,还兼任中国海商法协会(简称"海协")秘书长,负责海协的日常工作。海协的工作是大量的,也是围绕海商法开展的,为推动我国海商法制建设而努力发挥作用。这一点我在《中国海商法协会成立始末》中也有所表述。我好比一名举重运动员,当了15年海仲秘书长(抓举),当了10年海协秘书长(挺举),海仲秘书长兼任海协秘书长10年(抓举+挺举=总成绩)。我创造了海仲15年秘书长的任职纪录,也创造了海协10年秘书长的任职纪录,更创造了海仲秘书长兼任海协秘书长10年的任职纪录。到目前为止,没人打破海仲秘书长(抓举)15年的纪录,也没人打破海协秘书长(挺举)10年的纪录,更无人打破同时担任海仲秘书长和海协秘书长10年的纪录(抓举+挺举=总成绩)。我获得抓举金牌,又获得挺举金牌,更获得总成绩金牌,我是三项纪录的创造者和保持者(笑)。我当过海仲秘书长、副主任、顾问,也当过海协秘书长、副理事长、副主席、顾问,可是不管在海仲场合还是在海协场合,圈内人见到我大多叫我秘书长,很少有人叫我副主任或者副主席。萝卜一般挑大个的拔,他们偏挑小个的拔,为什么? 小个萝卜敦实不糠汁多,可口好吃呀(笑)。我想这是因为我一担挑两个秘书长的时间太长,叫习惯了,叫顺口了,即使我已过期下架出局多年,他们还是这样叫我,我非但不反感,反而感到更亲切、更顺耳。

问: 那您作为仲裁员审理过多少案件呢? 有什么印象深刻的案件吗?

答: 我没有统计过我当过多少案件的仲裁员。粗略估算,在我担任仲裁员以前,我作为案件经办人员经办过几十起仲裁案件,担任仲裁员以后,大概担任过一百多个案件的仲裁员或首席仲裁员。印象深刻的案件不少,其中多是疑难问题难于定夺的案件,言长纸短,不是一两句话能说清楚的,请恕不在此赘述。印象深刻的事例倒是很多,略举两例:一是我是海事圈外人,我是如何从海事圈外转入海事圈内。二是《海商法》其中一个法条是在修订过程中是怎么改变的。

第一个事例,我是如何从海事圈外转入海事圈内。我不仅是"三无学员",而且是海事圈外人,海事外行。我1964年从辽宁大学外语系英语专业本科五年毕业,分配到贸促会联络部从事英语口语翻译工作近10年,调到贸促会法律部先是做海损理算后又做海事仲裁工作。当时我既不认识法律,又不认识海商法律,更不认识海事仲裁。外语出身,半路改嫁,怎么办? 当年我经历了一段艰苦岁月(hard times)。概括起来就是努力学习,在实务中学习:第一,在恩师高隼来先生的指导下,经高隼来先生的言传身教,我从经办海损理算案件和海事仲裁案件起步,在经办大量案件的过程中,我发现海事案件里面蕴藏着丰富的海事知识和学问,逐步熟悉了海损事故的一些基本概念,积累了一些海事基本知识,一边办案一边学习,向海事案件学习,向先进学习,向老师学习。这还远远不够。第二,我还要增加海事法律知识。我找来魏文翰、魏文达、王恩韶等人关于海商法、海损理算方面的著作,特别是张既义、司玉琢、尹东年、於世成的《海商法概论》,以及姚壮、任继圣的《国际私法基础》、李双元的《国际私法》等中文版学术著作,以及杨良宜先生关于租约及提单等多部著作,认真阅读,吸取营养,增长自己的海事法律知识。第三,那个年代,中文版海事海商书籍不多,我利用我的英语优势,研读了无数本英美学者关于海商法和海损理算等方面的大部头英文著作,以及英美出版的海事方面的期刊和案例汇编。当时贸促会法律部花外汇买了很多英文版法律书籍,加上国际组织和友好人士赠送的英文法律书籍和刊物,我利用这些英文书籍学习充实自己,了解英美海商法律。我还从我微薄的工资中挤出一点,跑到东安市场旧书书店和王府井外文书店选购相关旧书和英文版影印本,最贵的一本是1979年出版的 *Black's Law Dictionary* 影印版,花了三十多元,回家后认真反复翻阅学习这些书籍。第四,我曾受国家教委委派,以高级访问学者身份公费前往美国留学海商法和海事仲裁,我利用这次机会重点实地了解美国法院海事诉讼和海事仲裁的程序和做法,开阔了我的眼界,增长了知识,对我以后从事海事仲裁工作受益匪浅。上面说的这些,就是想与像我一样的圈外人共勉。

第二个事例,是《海商法》其中一个法条是如何在修订过程中发生改变的。《海商法(草案)》第十四章第269条原文是"涉外合同的当事人可以选择处理合同争议所适用的法律,法律另有规定的除外……",该条规定与《民法通则》第145条的规定完全一样,想必是照搬《民法通则》的条文。《海商法》是1992年11月7日经全国人大常委会审议通过,于1993年7月1日起施行。就在全国人大常委会审议通过前的1992年9月18日,全国人大常务委员会法制工作委员会召集中远集团朱曾杰、中国政法大学吴焕宁、海仲刘书剑、环球律师事务所叶伟膺4人,对即将提交全国人大常委会审议通过的《海商法》草案提出意见,参会人员提出了一些修改建议。我发言表示,该条"当事人可以选择处理合同争议所适用的法律",不够确切,容易产生误解,建议将其改为"当事人可以选择合同适用的法律"。吴焕宁教授附议表示赞同。全国人大常委会审议通过的海商法将该条改为"当事人可以选择合同适用的法律",我的建议被采纳。立法接近尾声啦,可以说基本定稿了,就等全国人大常委会审议通过啦,这个时候我的立法修改建议能够被采纳,给我留下了深刻的印象,久久不能忘怀。遗憾的是,1999年即将提交全国人大通过的《合同法(草案)》第126条照搬了《民法通则》的上述条文,在全国人大常委会法工委征求贸仲和海仲部分人员意见的会议上,我提出了同样的修改建议,但1999年3月15日全国人大通过的《合同法》第126条同样照搬了《民法通则》的上述条文,我的修改建议被否定。我疑惑不解,这两种措辞难道没有区别么?我认为是有区别的。到底哪种措辞更确切,拭目以待修改后的《海商法》如何措辞吧,也请圈内人士多加注意。

问: 谢谢您跟我们分享这些小故事!您在海仲还同时担任委员,会和仲裁员工作有冲突吗?

答: 没有冲突。海仲委员会议每年举行一次,听取秘书长的年度工作报告,委员对海仲工作提出建议或意见。仲裁员是在当事人选定的情况下才开始审理案件,没有案件的时候,仲裁员是空闲的。委员的职责与仲裁员的职责是不同的,因此二者的工作并不冲突。不管什么情况,我做秘书长的工作照常进行。

问: 记得您还是专家咨询委员会的成员,想请问这个委员会的工作方式是怎样的?

答: 我是专家咨询委会委员,但我不认为我是什么专家,也不是什么资深仲裁员,我只是一个实务工作者。海仲专家咨询委员会由数名专家组成,有海事海商法律方面的专家,有船舶技术、航运方面的专家,有保险等方面的专家,从全国法律院校、科研机构、航运企业、保险企业、船舶建造修理企业等单位选任。专家咨询委员会的职责是对海仲重大事项提出咨询意见,在遇有共同性、普遍性的问题时,才召开全体委员的专家咨询会。海仲还可以根据不同专业的疑难问题,选择相关专业的专家召开专家咨询会,提出专家咨询意见供仲裁庭参考。由于专家的业务专长不同,在这个专业你是专家,而在另一个专业你可能就不是专家了。即是说,你参加了这个专业问题的专家咨询会,就可能不参加另一个专业问题的专家咨询会。专家咨询委员会对海事仲裁发挥了重要作用,是海仲不可或缺的下属委员会。

问: 您对于海仲的发展还有没有什么自己的感想和体会,比如现在很多海事案件还是在伦敦仲裁,我国海事仲裁案件比较少,您怎么看这个问题?

6. 海仲、海协三项纪录的创造者和保持者(刘书剑)

答:这个问题真是有的可讲。我国海事仲裁受理案件数量呈波浪式,时多时少,总体说还是大幅上升的,但还是不尽如人意。有多方面原因,一是海仲秘书处(局)宣传推广力度还是不够的,尽管做了大量工作,但解决这个问题不是海仲秘书处(局)努力就能立竿见影的。比如,我做秘书长期间,就提单证明的海上货运合同和海洋货运保险合同的仲裁条款问题,做了大量调研,开过无数次研讨会,也与中远公司和保险公司进行过多次沟通,还以海协的名义向外国海协发函询问其国关于提单仲裁条款效力的规定,但由于国内学术理论界与实务界各持己见,至今也没攻破这两座堡垒。

第二个原因,也是最重要的原因,就是从国际航运业和海上保险业来看,我国发展晚,保赔保险、海上货运保险、船舶保险等主要都在英国,且发展了几百年,已经非常成熟,中国想把这个市场抢过来是很不容易的。此类合同多采用格式合同,包括悬挂方便旗的中国船舶也是如此,格式合同中多设有在伦敦仲裁的仲裁条款,发生争议后多由保赔协会出面解决。比如前几年,中海的一艘油轮装的是中石油的油,船方货方都是中国公司,但格式合同约定在伦敦仲裁,发生争议后,中石油想协商改在海仲仲裁,但由于保赔协会的关系而没能协商成功。由此可见,由于英国海上货运保险、船舶保险、保赔保险等垄断了市场,海事争议也大多被定在英国仲裁。

第三个原因,我国《仲裁法》妨碍了海事仲裁的发展。我国《仲裁法》对仲裁进行了规范,对仲裁发展有一定的促进作用,但有些法条确实妨碍了仲裁的发展。比如《仲裁法》规定仲裁协议必须写明仲裁机构的名称,否则法院有可能认定仲裁协议无效。仲裁协议如果约定"Arbitration in China/Beijing/Shanghai"之类的表述,都有可能会被法院认定为无效,甚至仲裁机构名称写错一个字,仲裁协议都会被认定为无效,结果就把案件赶到中国法院或者外国法院或外国仲裁,《仲裁法》的规定实是作茧自缚。类似这种情况还有很多,使得我国海仲的仲裁案件数量搞上不去。然而按照英国法,"arbitration in London"这样的表述是有效的,久而久之大家都选择去英国或其他国家仲裁。《仲裁法》施行三五年后,国内业界要求修改完善《仲裁法》的呼声就此起彼伏，其中也包括我的建议，但时至现今仍无动静。⑩

第四个原因，《仲裁法》没有规定海事案件都要去海仲仲裁。1995年9月1日《仲裁法》施行后，国内各地相继成立了几百家上千家仲裁委员会，各地仲裁委员会都可以受理海事案件。海事案件本来就少，再一分散，海仲受理的案件就更少了。未来，《仲裁法》一定要赶快修改和完善，并且争取海事仲裁要实现专业化。海仲的仲裁员都是海事海商方面的专家，包括各种专业技术专家，修改《仲裁法》时要把海仲这种专业仲裁机构的专业性和海事争议的专属仲裁突出出来。

第五个原因，就是我国的合同当事人，在签订合同时往往只注重合同中的价格条款、付款条款，而忽略了仲裁条款/管辖权条款，结果发生争议后只得去外国仲裁或诉讼。这需要中方当事人提高仲裁意识，力争"主场踢球"。主场踢球未必都能赢球，但至少有一支庞大狂热的啦啦队为你呐喊助威。客场踢球，舟车劳顿，破财未必就能免灾。主场踢球总比客场踢球要好。

问：非常感谢您今天抽出时间跟我们分享这么多海仲的历史和您自己的心得体会，看得出来您对海仲事业真的是非常热爱，我们后辈也要好好学习您这种精神。再次感谢！

答：不客气。上面说的都是我个人的看法，大多都是以前的事情，现在的事情要由现在的人来说。谢谢你们的采访。

口述人：刘书剑
记录人：北京大学"口述海商法"小组寇梦晨
时间：2017年10月19日
地点：北京市朝阳区三元大厦

---

⑩ 《中华人民共和国仲裁法（修订）（征求意见稿）》已于2021年7月发布。

7. 二十六年前与中国海商法的那次相遇

——Robert Force 教授*访谈录

Robert Force 教授

我国《海商法》制定时曾专门邀请五位美国海商法专家到北京对草案提意见。五位专家之一的 Robert Force 教授是美国杜兰大学海商法中心创始人之一,现任杜兰大学海商法研究中心名誉主任,是美国唯一一位海商法讲席教授(Endowed Chair)。打听到教授现在虽然已经年过八旬,但仍然坚持每周到学校上课三天,我们便和他取得联系,并最终得到当面访问的机会。11 月的北京已是深秋,地处亚热带的新奥尔良却依旧是夏天。美国中部时间 2017 年 11 月 8 日上午 10

---

* Robert Force(1934 年 8 月—),美国杜兰大学(Tulane University)教授,海商法研究中心名誉主任。

点,我们走进了杜兰大学法学院的 Robert Force 教授办公室。教授身着熨帖的白色衬衣和黑色西裤,精神矍铄,神采奕奕地接受了我们的访问。

问:Force 教授,感谢您接受我们的采访。我们想知道,是什么样的契机,让您在 1991 年与其他四位美国专家来到中国? 是谁邀请了您?

答:是受中国政府官员的邀请。中国起草《海商法》时,接触了很多外国顾问。我知道的就有从英国以及斯堪的纳维亚来的代表团。之后有人联系了美国海商法协会的主席,邀请美国代表团前往中国。那时候的协会主席是 Kenneth Volk。他邀请了三位美国海商法协会前任主席以及包括我在内的两位教授,共同组成了美国代表团。

我们几个人收到了《海商法》的草案后,决定把草案分成几部分,每个人审议特定部分的条文。例如,Herbert Lord 是海上保险方面的专家,因此他负责海上保险那部分,审议相关条文。

随后我们乘飞机来到中国,住在北京和平宾馆。我们当天晚上很晚到达,不过第二天早晨我们就与委员会主席、翻译员,以及其他一些人员见面并共进早餐。委员会主席是一名政治家,尽管不是海事律师,但他非常聪明。

问:当初审阅的形式是怎样的呢?

答:我们每天早餐见面,之后进入会议室讨论,然后吃午餐,再工作,最后一起吃晚餐。所以我们从早到晚都在工作。我们的顺序是:从第一条开始,逐步往下进行。我们会提出各种建议。比如,如果有什么条文规定不清的地方,我们会建议澄清;当我们看到有一些条文不符合国际公认的海商法规则的时候,我们会告知他们。

我们提出了许多建议,但因为年代已久,我已经忘记了建议的内容。但我们的方法是,比如探讨海上保险,那么海上保险领域的专家就会参与讨论;如果探讨的是货物运输,代表承运人和托运人的专家就会被邀请来出席会议。我们围在桌边讨论,承运人和托运人对于即将规定在《海商法》里的内容往往意见相左。在不同的会议上,有

7. 二十六年前与中国海商法的那次相遇（Robert Force）

一部分人是自始至终都在的。除此之外，会有来自不同领域的专家，当我们讨论完这个领域的内容之后，他们就离开了，而其他领域的人会加入新的讨论。这是一个非常有效率的过程，我们合作得很好。

语言上全部是英译中、中译英。他们向我解释说，首先是因为他们想要一版英文的《海商法》。不过他们也说，另一个原因是主席不会说英语，但我认为他懂英语。因为当我用英文讲笑话时，他笑了，而且他完全理解我所说的内容（笑）。

问：会上只有一个翻译吗？

答：在会议上，我记忆中只有一个翻译，当然也可能有其他翻译存在，只是我不知道。我记得我们的翻译是一个非常棒的年轻人，有时候我们必须得停下来让他喘口气。当我们使用一些非常专业性的术语时，他也会问我们：“这是什么意思呢？”比如我们谈论"扣押"（Arrest），许多人会想到在刑法上，你扣押某人，但在海商法里，你扣押的是一艘船舶。

问：还有其他有关会议的细节吗？

答：在最开始，我们问他们，中国在海商法领域的抱负是什么？他们很坦白地对我们说，中国想成为最好的海上强国之一。我们说那很好，如果想要成为海上强国，那么你就需要一部被世界认可和普遍接受的海商法。如果只考虑中国自己的利益，对于其他国家是不公平的，其他国家对于你们的法律和司法系统等就不会有什么信心。因此，一定要有部人们可以理解的海商法。我想，中国在这点上做到了，他们使用了许多公约作为《海商法》的框架（尽管其中有些甚至还没有被批准），比如说货物运输的部分借鉴了《海牙—维斯比规则》和《汉堡规则》。这样大家就可以理解了，这是一个很合理的方法。

问：所以会议总共持续了一周？

答：对，一周。这一周我们都在室内埋头工作，只有一次我们被带到北京烤鸭店吃烤鸭，那是我们唯一一次出去吃饭。另外吴焕宁教授以及她的丈夫曾单独带着我吃过一次晚餐。她在杜兰大学时，我是她的联系教授。最后，一周的会议以一个午餐结尾。下午我们坐上出租车前往机场,随后便离开了中国。

问:其他几位代表团成员分别是谁呢？你们是每人分配了一些任务吗？

答:三位律师都是美国海商法协会的历任主席,包括 Herbert Lord 和 Richard Palmer,他们经验丰富,受人尊敬。只有两位教授,David Sharpe 教授和我。我们每人都收到了一份草案的文本,然后我们决定把它分成几部分。

问:但是在会议中你们可以针对草案所有的条文发表意见？

答:是的,我们是这样的。

问:是因为采纳了你们的建议,中国才考虑参考一些公约吗？

答:我认为他们早就决定那样做了。他们应该早就发现参考公约是个很好的起步。

问:除了草案文本,您有收到其他文件吗？

答:没有,只有文本,但这对我们来说都已经足够了。不过尽管我们每人只负责特定的条文,但我们都通读了全部法条。

问:您对草案的第一印象是什么？

答:整体来说我觉得草案不错,我认为它很好。

问:您不会觉得它太长了吗？

答:不会。因为它涵盖了很多方面,我认为它还不够长呢！

问:您有特别欣赏草案的某些部分或条文吗？虽然我不确定您是否还能记得。

答:我不记得了。

问:您能记得您具体负责的部分吗？

答:我不仅记不得我说了些什么,也记不住我负责哪一部分了。

问:您记得您批评过哪些条文,政府官员如何回应您的批评吗？

答:不,我不记得了,因为时间实在是太久了。当你每天和一群人日日夜夜地工作,(会议)就变成了一个"讨论会"。它不是咨询或者类似的形式,它更像是：我们说"我们不理解这一部分","这句话是什么意思","在英文中如果你这样写可能会更好"。紧接着中方会问"为什么这样会更好呢"。我们答道"因为你现在写的可能表达出了

7. 二十六年前与中国海商法的那次相遇(Robert Force)

这个意思,如果你按照我们提议的写,可能会更接近于中国想要达到的效果"。会议全部都是这种形式的讨论。

我们会谈论到美国独有的一些民事程序。例如,我们有"Arrest of Vessels"和"Attachment of Vessels",这在美国法里是两个非常不同的程序,许多国家并不会区分。所以我们会解释类似这些事情,我们也会解释为什么美国不加入某某公约。我们一整天都在讨论这些事情,从早餐到晚餐结束,因此我很难记住(细节)。

问:1991年是您第一次来中国吗?您之前对于中国《海商法》或者中国法律有什么了解吗?如果有,是通过什么途径了解的呢?

答:是的,那是我第一次去中国。但是我之后至少又去了三次。我曾经去过武汉大学两次,还去了大连海事大学两次。有一次我去武汉参加会议,之后我去了大连并做了一系列讲座。还有一次我在大连参加会议,之后去了上海,在上海海事大学做了讲座。再有就是我去了中国政法大学并且在那里做了讲座。不过1991年之前,我对中国的法律并没有什么了解。

问:除了会议上的事情,还有哪些那时候您觉得有意思的事?

答:我记得在1991年的北京,有成千上万的自行车,以及好多大卡车,几乎没有私家车。但上次我去中国的时候,我们去了上海海事大学,一个曾经在杜兰大学访问的老师开车载我,我们花两个小时才回到宾馆。路上的车实在是太多了,尤其是高峰时段。私家车数量(的增多)是我注意到的有关中国的一个巨大变化。

问:回到美国之后,您对于中国海商法是否有继续关注呢?如果有,通过什么渠道?

答:之后有了解,比如通过互联网阅读发表的海商法文章,还有与中国学生和教授的交流,以及亲身到访中国来了解。

问:您曾经还是巴拿马海商法的起草顾问,和作为中国《海商法》起草顾问相比,两次经历有什么不一样吗?

答:这是两次完全不同的体验。首先,许多巴拿马的海商法律师,都是杜兰的J.D.或者LL.M.。我和巴拿马颇有渊源,他们有海商法会议,今年可能是第20年?我不太确定。巴拿马的海商法会议是我帮助筹划的。当年我们在巴拿马做一些教育项目,一些巴拿马的律师说他们想召开一个会议,所以我帮助他们筹划了第一届和第二届会议。我一直与巴拿马海商法界有所联系。我曾经在他们的海事法庭(Maritime Court)作为专家证人出庭作证。

所以,当巴拿马决定第三次修订海商法时,他们雇我作为顾问,向我支付费用,我会定期去巴拿马,他们也会发给我草案,然后我再去巴拿马。巴拿马会有一个固定的负责小组,例如当我们讨论诉讼时效时,他们就会邀请一些代表船东的人来讨论船东期望见到什么样的条文;当我们讨论货物运输时,货物运输的利益相关方就会加入进来讨论。我认识他们大多数人,因为大多数人我都教过。

所以这和在中国是很不一样的。首先,中国(在咨询我们之前)已经咨询了很多人。美国代表团不是第一个,虽然可能我们也不是最后一个,但中国已经咨询了很多人。他们已经从相关地方汲取了大量信息。最触动我的是,他们真的做了很多准备工作,绝不是坐在那里做一些重复性工作。中国真的想从经验丰富的海商法律师和有国际背景的人身上听取经验,例如"哪些应该放在海商法里""如何把语言精雕细琢"。

问:中国政府有付给您报酬吗?

答:没有,我的花费应该是美国海商法协会支付的。中国可能付了食宿费用?但我认为交通费(飞机费)是美国这边付的。我不太确定,记不清了。这和我去巴拿马的时候不太一样,巴拿马他们付所有的费用(笑)。

问:现在中国有很多关于《海商法》修改的讨论,您有什么建议吗?

答:除非任何(中国)官方的人与我联系,否则我不会随便给出我的意见。上两次我在中国做有关《鹿特丹规则》的讲座,我围绕我的幻灯片进行讲解。有人问我:"你觉得中国应该加入《鹿特丹规则》吗?"我的回答是,由我来告诉中国怎么做,其实是件很无礼的事情。通常人们也会问:"《鹿特丹规则》对船方而言代价太大。"那我会回答:"虽然是这样,但不要忘了,中国也进出口大量货物,所以《鹿特丹规则》可能会对你们的制造业和出口有好处。"但我不会给出任何建议。

7. 二十六年前与中国海商法的那次相遇(Robert Force)

问: 非常感谢您接受我们的访谈!
答: 不客气。

口述人:Robert Force
记录人:北京大学"口述海商法史"小组徐源璟、赵琳萱
时间:美国中部时间2017年11月8日
地点:美国杜兰大学法学院
(特别鸣谢杜兰大学2017级LL.M. 吴昌信,2016级LL.M. 郑彤佯对本次访谈活动的大力支持!)

8. 我与厦门海事法院的二十七年
——张希舟法官*访谈录

张希舟法官

在正式采访这位海事法官队伍中的"高产作家"兼"知名段子手"前,我读过许多他发表在各个平台上的杂文,印象中他的文风是朴实而不失激情、克制而不失张力的。在跟张希舟法官进行电话采访的一个钟头里,我深刻地领悟到人如其文这个道理。

问:张法官,请问您是怎么与厦门海事法院结缘的呢?
答:我是1989年11月在厦门市中级人民法院人事处副处长的任上参与厦门海事法院筹建工作的。1990年3月挂牌建院后我办理了

---

* 张希舟(1956年10月—),曾任厦门海事法院副院长。

8. 我与厦门海事法院的二十七年（张希舟）

调动手续，成为了厦门海事法院的一员，从此单位再未变动，一直工作到2017年1月退休。

问：您在参与筹建工作前对海事法院有多少了解呢？

答：之前毫无所知。我是在1987年才第一次知道海事法院这个概念的，那时我是厦门市中级人民法院办公室副主任，而办公室主要负责文印管理。大约是8月的一天，有一女两男三位同志拿着一张上海海事法院的行政介绍信找到我们，请我们按照当时的规定为他们转开购买机票的证明。我才知道我们国家还有海事法院这样一种审判机关，非常惊奇，尤其是看了那位女同志的工作证，见她不仅是副院长而且还是"高级港务监督"，就愈发觉得事情神秘。送走他们之后，我们几个同事还为与海事法院同志的相遇而兴致勃勃地议论了一会儿，不曾想到几年后我就成为海事法院的法官了。

问：从中院到海事法院，您的待遇有变化吗？

答：薪资待遇方面没有变化。我们国家于1984年成立的六个海事法院均隶属于交通部下属的港航机构或海事部门，可以说是"企业管"的，可能有些企业奖金的因素在里面，他们的待遇会比当地党政机关好一些。但1990年及之后成立的海口、厦门、宁波和北海四个海事法院，都跟交通部没有了关系，属于国家审判机关序列，所以我们拿的工资跟当地机关干部的工资没有任何区别。

问：那不考虑待遇问题，从一个您熟悉的岗位被调到一个自己比较陌生的岗位上，您当时心里对这个调配是感到高兴还是抵触呢？

答：这个问题是这样的，当时我在中院的人事部门，职能相当于现在法院的政治部，应该说是比较重要的部门。我说个玩笑话，当年我在中院当人事处副处长并主持工作时，比我后来在海事法院当副院长的感觉还好（笑）。管人比管事要神秘多了，而且下面有基层法院，基层法院副院长以上的干部任免，区、县都会和中级法院协商确定，对于他们的中层干部的使用，上级法院也有一定的发言权。此外，本院干部也多，干部的提拔使用等，人事部门要拿出意见，我当时基本是列席党组会。世俗地讲，当时虽然只是副处长，但权力颇大。所以面对海事法院的召唤，内心对工作了八年之久的中级法院还是有几分不舍。

问：所以您去厦门海事法院算是一个被动的选择？

答：也不是，这里面也有点感情因素。当年在厦门中级人民法院提拔我任中层职务的主要是吴兹寿院长，他在后来的换届中没有连任，刚好这时最高人民法院决定成立厦门海事法院，由最高人民法院的副院长林准（已故）负责，林副院长是福建人，对福建情况比较了解，就推荐了吴院长。吴院长接受任务后考虑的第一人选就是我，他和我商量，希望我跟他过去，把海事法院建起来，认为在一个新单位也会有好的发展。我听了以后也有点报恩的想法，略加考虑就答应了。

问：您还记得厦门海事法院的筹建详情吗？

答：厦门海事法院是我国第八个挂牌成立的海事法院，时间上比大连、天津、青岛、武汉、上海和广州海事法院的成立晚了六年。在我们院成立之前的一个多月，海口海事法院成立，我和吴院长应邀去海南参加他们法院成立的新闻发布会。最高人民法院交通运输审判庭的李国堂庭长、时任该庭审判员后任副庭长的王茂深、书记员夏希普和交通部海事法院办公室的主任白俊敏等参加了海口海事法院成立的新闻发布会，他们同时也对我们厦门海事法院的成立及其发布会的召开等相关事宜做出了指示和要求。3月21日，以上几位领导以及时任最高人民法院交通运输审判庭书记员、现任最高人民法院民四庭庭长的王淑梅、现任上海金融法院院长的赵红等也参加了厦门海事法院成立的新闻发布会。虽然时间过去快30年了，但回想起来，当时的热闹景象仍历历在目。

问：刚建院那会儿院里有几个法官呢？他们都有着跟您相似的背景吗？

答：被正式任命的审判员只有四个，其中有三个来自中级法院和基层法院，还有一个是来自航运部门的高级船长。连同我在内，四个审判员对海商法和海事审判都是一样的茫然。但地方法院来的法官对民事经济纠纷的处理还是有经验的，而那位船长自然熟悉航运规则。仅此而已。

问：前六个海事法院的法官背景也是如此吗？

8.我与厦门海事法院的二十七年(张希舟)

答:那几家海事法院的人员大多是技术干部出身,比如学航海、驾驶、港务的,到海事法院后应该也是边干边学,但他们的第一专业大多跟航海有关。我们就不一样,我们的第一专业就是法学。所以起初大家的知识都不全面,他们缺法律,我们缺航海。

问:刚听您说最开始建院的时候正式任命的审判员只有四个,当时审案子需要几个法官呢?人手够吗?

答:当时没有独任制这个概念,而且海事法院属于中级法院的级别,是否可以适用简易程序审理案件还不明确,所以当时案子不论大小一律按照合议制进行审理。好在那个时候助理审判员可以参加合议,所以加上他们,组成几个合议庭没有问题。未感到人手不足。

问:您觉得厦门海事法院建立初期遇到的最大困难是什么呢?

答:最大的困难应该是审判人员对海商法和海事审判的零了解。说来难以置信,刚开始,我们连提单和运单、航租和期租、滞期和速遣、碰撞和触碰等基本的海事及航运概念都分不清楚。至于诸如船舶的表面适航和事实适航,责任人享受海事赔偿的责任限制是否需要主张等更深层一些的问题就更加云里雾里了。在我们院刚成立的一两年,最高人民法院交通审判庭组织召开的业务类会议比较多。记得我们当时的心情是既盼望开会,又害怕开会。盼开会是想去学习补课,利用开会的机会向兄弟海事法院的同行请教;怕开会主要是怕发言,因为弄不好就会出洋相。开始那个阶段,我们不大敢就具体业务问题发表意见,即使发言也没有人会认真听。所以,我们厦门海事法院第一代的法官,可以说是抱着"知耻而后勇"的精神从零起步艰难踏上海事审判的专业化道路的,其间的酸甜苦辣一言难尽。

问:您当时是怎么给自己"补课"的呢?

答:我那个时候基本算是一张白纸。我的第一学历的专业是党政干部管理,毕业以后又在最高人民法院法律业余大学学习,调去厦门海事法院的时候法律业余大学还未毕业。不仅跟业务最密切的海商法需要学习,包括经济法、对外贸易法都需要掌握一些。学习的模式可以说是以案件为导向。记得1990年我承办了一起倒签提单的案件,涉及跟单信用证等金融和外贸业务,我找到一本有关这方面的书,一遍遍地看,即使是从厦门坐船去漳州龙海县石码镇途中的四十分钟,也利用起来,尽管船很是摇晃。至于当时学习的教材,海商法的启蒙读物是时任最高人民法院交通庭副庭长的傅旭梅和广州海事法院副院长金正佳等编写的《海商法教材》,之后才有了司玉琢、尹东年、吴焕宁、侯军等前辈教授们的专著。还有就是季刊《海事审判》,对我的影响也很大。到了1995年,我也成为该刊物的"特约撰稿人"之一了(笑)。

问:现在厦门海事法院大概有多少名审判人员?其中接受过系统海商法学习的多吗?

答:现在入额法官大概近四十名,没有入额的辅助人员还有十多人。关于学业背景,即使是后来考公务员进来的,大部分也都只是接受过普通法学专业的本硕教育,既没有就海商法进行专门的研究,也没有过从事海运的实践经验。

问:也就是说从过去到现在,海事法院中的大部分法官其实都没有对海商法进行专门的、特别的学习。那据您所知海事法官审判案件时援用《合同法》《民法通则》《侵权责任法》①的比例高吗?我举个例子,在我学习海商法的过程中老师曾经分享过一个《合同法》与《海商法》区别的例子——迟延交付责任,《合同法》第290条规定"承运人应当在约定期间或者合理期间内将旅客、货物安全运输到约定地点"。而《海商法》第50条的规定是"货物未能在明确约定的时间内,在约定的卸货港交付的,为迟延交付",您在审理海上运输合同案件时会以超过合理期限为由判决承运人承担迟延交付责任吗?

答:这是个业务性问题。首先要明确案件是国内沿海运输还是海上国际运输,二者的归责基础不同,法律适用也不同。国内沿海运输适用《合同法》,而海上国际运输适用《海商法》。关于运到期限,《合同法》规定了"约定期间"和"合理期间",而《海商法》只规定了"约定时间",并且还强调应当是"明确约定"的"时间"。所以如果是海上国际运输的迟延交付纠纷案件,我们不能依据《合同法》中的"合理期

---

① 上述法律已于2021年1月1日《中华人民共和国民法典》生效后失效。

8.我与厦门海事法院的二十七年(张希舟)

间"的规定,判决承运人承担责任;而如果是国内沿海运输,则有可能会在个案中考虑运输时间是否"合理"。当然,海上国际运输中存在一个"绕航"问题,但又属于另一个事实与概念了。总之法律适用是很严肃的原则问题,含糊不得。

问:您觉得海事法官跟普通法官相比,最大的特点是什么呢?

答:都是法官,就审判而言,没有什么大的区别。如果说特点,海事法官的业务会更专门一些,如海事赔偿责任限制、共同海损、船舶碰撞、船舶优先权等,完全是海商法的范畴,这些知识地方法院的民事法官是不需要掌握的,即使懂一些也无用武之地。

问:但我感觉好像海事法官老往外头跑,不像我印象中地方法院的法官都是在院里审案子。

答:这个倒是真的。海事审判的不少案件涉及船舶,所以有时需要去港口、锚地扣船或上船调查、保全证据等。你心中的民事法官可能就是坐在审判席听原被告举证质证,但他们也同样存在依职权进行调查取证的情况。如果说我们与他们有什么不同,可能是海事法官的调查责任会更重一些吧,这是由海事法院受理案件的专门性所决定的。

问:扣船、送达这些事情也需要审判法官亲自做吗?

答:送达是程序问题,海事审判的送达既要依据《民事诉讼法》,又要依据《海事诉讼特别程序法》,但这项工作一般由书记员和法警完成。扣船的执行问题没有统一的规定,每个院的做法也不一样。厦门海事法院目前在原则上应该还是谁办案谁扣船,而有的法院则是把这些保全性工作集中到立案庭或者执行庭实施。

问:厦门海事法院与地方法院、其他海事法院有什么值得一提的区别吗?

答:与地方法院相比,笼统地说就是普通和专门的区别,或者叫一般与特殊的区别,具体说内容就多了。和其他海事法院相比,如果说有区别,管辖区域方面应该算一个吧。我国的海事法院基本上是按照一个沿海省份一个的原则布局的。但江苏和河北是例外,他们那儿发生的海事案件分别由上海、天津和武汉海事法院"长臂"管辖了。而厦门海事法院的"长臂"管辖不是伸向浙江、广东,而是台湾。有权管辖我国台湾地区发生的海事案件是厦门海事法院地域管辖的一大特点。另外,如果从审判实力和业务水平上进行比较,我个人认为厦门海事法院应该位于全国海事法院的第一梯队(笑)。举例来说,最高人民法院这么多年来出台了很多关于海事审判的司法解释,基本上每一次我们院都有人参与起草制定。如无单放货、货运代理、船舶扣押与拍卖、船舶碰撞、海事责任限制、海上保险等。还有法律核心刊物的发文量,我们院的法官发表的论文、案例评析在全国海事法院中应该是最多的吧。再就是最高人民法院推出的典型海事案例的数量,厦门海事法院每与上海、广州两个老牌海事法院比肩而立,有时还略有领先。

问:能分享一下您参与司法解释起草的经历吗?

答:我参加过两次司法解释起草。第一次是制定无单放货的司法解释,组织牵头的是最高人民法院民四庭的审判长刘寿杰,我们是老朋友了。前期参与的还有资深海事律师李海和赵劲松,他们都是正教授级的人物。后期因为院里有个大案忙不过来,我把前期的工作稿提交后就没再参与。第二次是关于船舶扣押与拍卖的司法解释,我全程参与了,2014 年开始起草,2015 年正式颁布。这次我们总共有六个人,除了我以外还有大连海事法院的专委王正义、青岛海事法院的庭长李旭东、宁波海事法院的专委吴勇奇、广州海事法院的副院长王玉飞和最高人民法院民四庭的高级法官黄西武,由黄法官组织牵头,主要在北京起草,但也去了外地调研,因为每一条解释都要经过很严格的论证,并且需要有大量的实例为基础。如果把我们起草工作形成的资料摞起来,就是一本很厚的书。

问:听说您是海事法官群体中的"高产作者",您大概写了多少专业论文和其他杂文?最得意的是哪篇呢?

答:中国海事法院藏龙卧虎,人才济济,而且后浪催前浪,还把前浪拍在沙滩上(笑)。相比之下,我不算高产,发表的论文案例评析有五十几篇。随笔是从 1985 年开始写的,主要在《厦门日报》上发表,后来海事审判工作比较忙就搁置了,前后算到一起大概是两百多篇吧。

至于论文中最满意的一篇,我觉得这个问题要历史地看,有些文章以我们现在的认知水平来审视,可能显得简单幼稚,但在当时还是有一定的深度和创新的。如1996年发表在《人民司法》上的《FOB价格条件下海上货物运输托运人的认定》就曾在业界引起较大反响,文章用法律解释的方法诠释了《海商法》关于托运人的立法本意,并对之前的海事审判实例作了否定性评价。还有如2004年发表在《海商法办会通讯》和《人民法院报》的《从商法角度看提单的性质》一文,针对海商法界关于提单是物权凭证还是债权凭证的长期争论,以商法重在技术性与操作性而非理论性立意,提出了认识和解决提单争议问题的另一思路,我也比较满意。我的每一篇论文和案例都是很认真地写出来的,最高人民法院应用法学研究所的民商法专家曾经两次将我写的案例中加"按语"发表,评价甚高。

问:FOB条件下托运人的认定需要回归海商法的立法本意。这个观点现在看来倒是很基础的一个认知了,本科阶段老师在课堂上也再三强调。但据说这个问题从提出到统一认识经历了数年之久。

答:是这样的,观点的改变往往是很困难的。但海事审判总是在克服各种困难中不断发展,而且经过几代海事人的不懈努力,我认为中国的海事法院最困难和常感困惑的阶段已经过去了。我也退休了。"谁道崤函千古险,回看只见一丸泥",林则徐《出嘉峪关感赋》中的这两句诗,可以代表我此时的心情。谢谢你的采访。

口述人:张希舟
访谈人:北京大学"口述海商法史"小组陈楚晗
时间:2017年11月13日
地点:线上

9. 从国际贸易角度研究海商法问题的专家
——张玉卿先生*访谈录

张玉卿先生

初冬的一个上午,我们如约来到坐落于广渠门外大街名敦道的北京张玉卿律师事务所。整洁宽敞的办公室内,年逾古稀的张玉卿老师正专心致志地伏案工作。事务所外间的书橱内摆放着一排排国际经济法、国际法等领域的专业书籍,里间的书桌上堆放着一摞摞厚厚的卷宗与案件材料。一阵寒暄过后,在冬日和煦的阳光与袅袅茶香中,张老师打开了记忆的匣子,回忆起他与海商法的那段过往。

---

* 张玉卿(1943年10月—),曾任商务部条约法律司司长,WTO贸易争端解决专家组成员,国际投资争端解决中心(ICSID)仲裁员,国际统一私法协会(UNIDROIT)国际商事合同通则第三版工作组成员。

9. 从国际贸易角度研究海商法问题的专家(张玉卿)

问:来之前我们听有些老先生说,您是商务部最懂海商法的官员,您同意这种说法吗?

答:说实在的,我在海商法方面只能算是个"门外汉"。我们外贸系统那时有一家公司叫中国对外贸易运输总公司(SINOTRANS),孟于群、杨运涛他们都担任过中外运的法律顾问。孟于群比我小一点,现在已经退休了,是非常有名的中国海运专家,写过许多海运方面的书,后来中国商务出版社都给出版了,海商法方面他是非常有资历、相当元老级的。实际上真正的海商法专家在原来的 SINOTRANS 里面,我记得有几个老先生是非常有名的,比如当年北京对外贸易学院①教我海商法的赵宏勋老师,也是来自于中外运公司的。所以我认为真正老一辈的权威是这些人,是海商法方面真正的专家。

问:您最初接触海商法大概是在什么时候?是在什么契机下开始进行海商法研究的?

答:我读过两次海商法,第一次是在北京对外贸易学院,赵宏勋老师教授我海商法,那大概是 1979 年到 1981 年间的事。第二次是在美国乔治城大学留学期间学习海商法,那大概是 1985 年到 1986 年间。改革开放后国务院重新着手制定《海商法》时,我从头到尾全程参加了,而且是"冒充"货主代表跟他们大多数维护承运人利益的人唱反调,因为没有人替货主说话,那没有办法,只能我们上了。其实我最早的时候在外贸公司做过 15 年的业务员,准确来说是计划经济体制下的物价员、计划员、业务员。业务员和物价员的一项工作就是计算运费。比如这里有一个杯子报价十块钱,我就要去查杯子生产的时候究竟用了什么原材料,每种原材料的成本价是多少,包装材料多少钱,接下来还要审查工资占多少,煤水电费、管理费等占多大比例,此外还要审查杯子的利润、税金等,比审计还要仔细具体。这里面还涉及对外报价的问题,外贸业务中报价非常重要,譬如 FOB、C&F、CIF 等贸易术语下,要算出运费 F 的价格,要算出保险费 I 的价格。如果商品的保险费 I 报价报高了,人家就会要求用 C&F,如果运费 F 报多了,人家就

---

① 即今日的对外经济贸易大学。

会要求用 FOB，情愿自己去派船、投保。运费的计算方式主要有两个，或按尺码吨或按重量吨计算，非常复杂。计算运费的标准就像汇率一样，要以一个地方公布的水平为标杆，我记得那时候有一家德国的运输公司叫"瑞克曼"，现在不知还有没有这家公司了，我们当时的运费标准都以瑞克曼公司公布的为准，要到外运总公司去查。我估计现在中国远洋运输有限公司 COSCO 公布的费率也能起到这种标杆作用。在外贸公司做业务员的主要任务是租船订舱、计算价格，要保证按时将出口货物装船运交给买方，将进口货物及时运回来。但这些工作不叫海商法，海商法是一种升华和更高层次的概念，我们当时只是忙些事务性的具体工作。

问：制定《海商法》时您在对外经济贸易部，也就是现在的商务部工作，当时部门主要负责哪方面的工作呢？您又具体分管哪一方面的事务呢？

答：商务部是现在的名字，从对外经济贸易部这个称呼往前，它的名字曾经换过三四次。20 世纪 50—80 年代初，中国在计划经济时代有一个部门叫外贸部，1982 年三部委合并后改叫对外经济贸易部、对外贸易经济合作部，现在改成商务部，英文简称叫 MOFCOM。当时外经贸部主要负责计划管理每年进出口货物的总量，组织进出口业务、进行国际经济合作等工作。20 世纪 90 年代初通过《海商法》的时候，外经贸部曾设有一个机构叫对外贸易运输司，专门负责全国对外贸易运输方面的工作，与交通部等部门协调安排全年中国进出口货物总量的运输工作，包括货物运输使用什么航线、用谁的船、由哪家公司进行运输等。COSCO 自然是中国进出口货物运输的主力。后来外经贸部这个司被撤销了。

制定《海商法》时，我就在外经贸部条法司外贸法律处工作，我当时就是一个小处长，还不是司长，整个对外贸易方面的法律工作都归我们处负责，比如中国加入《联合国国际货物销售合同公约》（CISG）从头至尾是我负责的。这是我研究生毕业后做的第一件主要工作，例如负责收集有关资料、组织研讨会、与政府其他部门讨论是否要加入 CISG 等。然后，我负责撰写给国务院的申请加入公约的报告。

9.从国际贸易角度研究海商法问题的专家(张玉卿)

我们还跟美国人谈判,与美国和意大利商议一起加入CISG,推动CISG生效。美国人称这是三国一起搞的一个joint venture,很有纪念意义。

问:许多资料都写到,《海商法》制定时,商务部和交通部分别代表货主利益和船东利益展开了激烈争论,是这样的吗?您还记得相关的情况吗?

答:交通部主要负责管运输,也就是管船舶这部分,他们系统下面最典型的企业就是中远COSCO。而外贸系统下最典型的公司就是中外运,过去对外贸易方面基本上都是由中外运管的,其主要业务是租船订舱、做外贸公司的货代。外贸运输的全部具体业务都由中外运负责跟那些运输公司和外贸公司进行协调,比如你有多少货、走哪条运输路线、联系哪家运输公司等。他们并不搞船,不搞海运。但后来发生了变化,随着改革开放的推进,货运代理就遍地开花了,外贸公司都自己直接去找船公司,国内的也好,国外的也好,反正谁的价格好、谁的时间方便,我就用它了,不再需要中外运公司来比较集中地负责管理对外贸易方面的货运代理工作,所以中外运的业务就少了。少了以后怎么办?它就开始搞船,中外运就不再是一个纯粹的货运代理了,这就导致什么问题呢?中国海运队伍一下子就庞大了,大家都开始搞船、搞运输了,但真正的货主是成千上万的,是散的,遍布全国各地。一部好的法律的制定首先需要有这样一个格局,就是一定要有地位相当、水平相当的利益关系方能够平起平坐进行探讨、谈判,各自都有筹码,那么这样一份合同、一部法律才能平衡,照顾到每一方的权益。但是当时中国情况恰恰相反,中国搞海运的是垄断的、集团性的企业,而货主原来还可以指望中外运,现在却一下子散了,导致货主的权益无论在合同当中,还是在立法当中都被忽视,无人或无代理人替他们发声。这就是当时中国第一部《海商法》制订时面临的局面。

其实当时外经贸部还有一些问题:第一,运输司没了;第二,即便有,他们都是研究运输计划,跟运输部门进行协调等,都是搞计划安排的,而不是从海商法的角度研究货主和承运人的权益。再加上外经贸部的人即便到局长、部长这个层面也没有人能说清楚海商法的事,他们自己承认不懂,所以条法司一下子就把我给推出来了,说"不管怎样,你在对外经济贸易大学学过海商法,又在外贸方面做过,你就带头去搞吧",那我就当仁不让了。但说实在的,我也只能临时抱佛脚,马上去学习和研究草案,搜集和阅读了很多资料,直到这个时候我才又认真学习《海牙—维斯比规则》《汉堡规则》等。然后回过头来看我们的草案,我个人觉得跟国际水平、跟国际运输法的发展方向差距很大,主要是对货主的保护水平真的很低。后来在《海商法》草案的研讨会以及政府、人大的会议上,我们就"自诩"为货主的代表,去和交通部讨论船货利益平衡的问题。我那时候还只是外贸法律处的处长,对面交通部派出了三个部长加朱曾杰老先生,这边外经贸部就我一个处长带着个兵,叫关越,实力差距很大。最后到什么程度呢,交通部那边就直接说,这事不要讨论了,就这么定了算了,他们那边发言很强势。我们这边就只能照着稿子念一下,说我们对什么问题有什么意见,请领导考虑。

其实交通部要的就是船方免责,他们不仅要不可抗力方面的、最基本的、原则上的免责,还要维持具体的那十几项免责条款,和《海牙—维斯比规则》一样,比如管船过失、火灾免责等,少一个都不行,凡是出了这些事,他们船方都不承担责任。他们总是强调客观原因,说我们船的质量不行、管理跟不上、国有资产要保护等。但外贸公司的货也是国有资产,货方利益也是不容忽视的。所以会上问到我们外经贸部意见的时候,我们就说整部《海商法》要注意各方权益的平衡,既要保护船东、运输公司的权益,也要在同等程度上保护货主的利益。因为对外贸易中货主是散的,外贸经营权已经全放开了,没有人真正从法律层面研究货主究竟享有什么权益。货主交了运费以后应该享受哪些保护?很少有人关心这个问题,大家整天都忙着的是租船订舱,首先不具备与运输公司讨价还价的地位,更没有人去从法律层面研究问题。所以我们外经贸部代表货方的利益,就希望能给货方提供最基本的权益保障。船方违约,有过失就应该承担责任,而不是获得那么多项免责。好歹运输合同也是合同的一个类别,而且是有名合同,《合同法》上有明确规定的,除不可抗力免责以外,承运人有过失就

9. 从国际贸易角度研究海商法问题的专家(张玉卿)

应该承担责任。

问：当时外经贸部主要是通过什么渠道搜集货方具体利益诉求的呢？

答：主要是通过开座谈会。我记得我们和外贸进出口公司开过座谈会，主要就是把货方请来，他们都高兴得要命，说"哎呀有人听我们的意见，听我们的诉求了"。我们外贸系统曾开会讨论货方利益保护的问题，当时外经贸部底下有几十家外贸总公司，都由外经贸部直接管理。货方在开会的时候讲到很多事例，譬如租船订舱租不上，有的港口根本不跑运输，为什么呢？因为根本没有那条航线。还有比如无单放货的问题，承运人放货之前不征求货主的意见，放货后货没人管，给货主造成损失，问题很多。记得我还曾和部长一起去最高人民法院，反映外贸总公司遇到的这些问题，要求最高人民法院在审案时关注货主利益。当时我们发现无单放货的案件实在较多，有的金额达百万、千万元。无单放货后货物就搁港口，无人过问。当然，运输公司到了港口以后，真正的货主、提货人由于某种原因不提货，那怎么办？它不能拉着你这几千万的货物满地球转，到了目的地它总要把货卸下去，可能下一站还要拉别的货物，所以运输公司往往就把货物放在码头，交给海关或者交给它的关系户后就走了。好的公司有时会通知外贸公司这货没人提，交给谁了，让货方找那个人提货。那时候还不像现在这么发达，有 E-mail、微信等，那时候还用 telex，就是电传，通讯落后，所以往往货主接到通知时已经很晚了，知道后也找不着人或货了，有时货就没了，所以外贸公司有时候损失很大。因此企业有很多意见，希望通过《海商法》的制定能对货主权益有一个起码的、最基本的保证，希望船方如果有过失，要承担责任，不能随便无单放货。还有就是遇到一些事情的时候，外贸总公司也会找到外经贸部，比如他们的货丢失了、他们的货让运输公司给撤掉了等，那这事谁来负责？中国的国情就是这样，小的找大的，大的找老的，都是下级找上级，最终就找到外经贸部，那外经贸部怎么办？就是再协调，再去找交通部、找法院协商解决。原来最高人民法院还有交通运输审判庭专门处理海商纠纷，后来也被取消了，现在处理海商的都是民四庭，商务部与最高人民法院民四庭法官有传统的友好关系,人都很熟,搞海商法又加深了这种关系。

问:商务部认为《海商法》最终没有充分体现货主立场是一大缺憾,那么后来有没有采取什么弥补措施?

答:其实已经改了很多。我记得当初《海商法》通过的时候,我们给国务院和人大常委会几次写文、写报告,以我们外经贸部的名义反映货主对《海商法》的意见。事实上我们对后来通过的《海商法》还是有些意见的,从货主的角度来讲,《海商法》没有体现出现代法律的走向,没有充分体现对货主的保护。

就弥补措施而言,我觉得最高人民法院在某些方面还是有现代意识的,后来我们与最高人民法院开会讨论海商法的司法解释,以便处理某些案件的时候,我觉得最高人民法院法官们的观念比较先进,在一些具体案子的处理上也比较公正。比如赔偿问题,有的时候会打个折扣,让企业少赔一点,有的时候我们也会跟外贸公司说明一下情况,让大家和解了事。由此可见在大家具体案件中还是有一定纠偏的。但是说实在话,我觉得整部法没有充分保护货方的利益,这也不利于中国船运公司在国际上的竞争。虽然许多学者和业界人士都是海商法的大家,但就我个人感觉而言,整个海商法学界的专家学者需要继续开放视野,与时俱进。特别是目前不能过于偏向承运人。

问:您是如何看待船货利益平衡这个经典问题的呢?

答:船货利益平衡是非常重要的,过去我们一直在偏重保护船方的利益、运输公司的利益。可以说没有处理好船货权益平衡的问题,就不会有一部好的海商法。过去很少考虑货主的利益,你可以找出大量货主遭受损失却得不到赔偿和救济的案例,但可能找不出船方遭受损失而货主不赔、占便宜的案例,所以能够达到平衡就已经相当不容易了。我们应该改进历史上的这些不足,尽量达到双方利益的平衡。说实在的,现在一味强调保护船方利益的观点已经过时了,货方的利益更应得到重视。

我说一个情况,20世纪80年代我去美国读书的时候,我还能看到一些律师事务所在专门做海事业务,但现在基本上没了,其实那时候

9. 从国际贸易角度研究海商法问题的专家（张玉卿）

已经有了一个趋势，就是它的规模在缩减，为什么呢？因为第一，现代通讯发达了，有了人造卫星、雷达监测等，对天气的预测也越来越准确了，像海浪、风力、风向等，这些过去都属于人力不可及的事，现在都可及了，所以客观上的整体外部环境在好转。第二，船舶技术越来越尖端、越来越现代化了，设备也越来越先进了，所以船本身也在好转。因此总体而言，现在船舶做海运的风险越来越小，不像过去"盲人骑瞎马，夜半临深池"了，已经不是说撞就撞了，海上事故越来越少。所以海商法的基本原则在国际上的趋势就是走合同法的基本原理，凡是属于不可抗力的，船方证明并通知货方，就可以免责。凡不是不可抗力的，船方违约，就要承担责任。所以再强调《海牙—维斯比规则》那十几项免责就落后了，在一定程度上会阻碍国际贸易的发展，因为运输公司毕竟是在给货方提供运输服务，要安全、快捷、准时。中国海运现在已经位居世界前列，所以我们更要体现出习主席的思想，要引领国际规则的制订，要体现出国际发展的大趋势。既然现在国际上趋向于货方利益与船方利益的平衡，再想由一两个垄断集团控制一部法律，控制整个运输的格局，而成千上万分散的、不能反映意见的货主，没人站出来替他们来讲话，替他们来制定一个相对公平的规则，这显然是不行的。

中国要想引领国际规则的制定，要体现出国际发展的大趋势，首先就应制定好自己的国内法，使国内法具有引领的功能。要认识到有时改革开放的阻力在我们自己，而不是别人拦着不让你改革。因此我们要很有自信，不能越强大富有越不自信。那如何尽量平衡船方与货方的利益呢？我们其实只有一个总的思想，那就是站在货主的角度上来讲，我们要给货主一个最基本的保护，如果的的确确是由于管船、航行时承运人的过失造成了损失，承运人就应该赔。我们只是要求这种最基本的保护，都不敢提要和船方平起平坐这种话。可能以后随着批量合同的发展，船货双方能平起平坐谈条件，但就目前而言，双方从根本上是不平等的。

问：您在参与国际公约谈判方面也有丰富的经历，您是否能与我们分享一些有关海商法国际公约的回忆呢？

答:制定《鹿特丹规则》的时候,由于商务部条法司是负责联合国贸易法委员会 UNICITRAL 相关事项的单位,所以我们要负责与他们取得联系,然后组织代表团去出席会议并参加工作组的研究和谈判工作,这时候就需要确定代表团的人选。我那时候已经是司长了,每年手头都有一大堆事,没有那么多精力与时间去承担这个项目,不适合做团长。这里要提到一个人,就是商务部条法司的谢伟。他前几年一直在布鲁塞尔常驻,现在回到条法司担任处长了,他是大连海事大学毕业的,当时恰好在贸易法处。谢伟跟我汇报《鹿特丹规则》项目的时候,我提出了对团长人选的一些想法。参照联合国其他国家的做法,我们应该派遣海商法方面的专家去出席会议。但有两点,第一,不能使用外经贸部的行政经费;第二,团长的人选要能将项目从头至尾跟到底,因为过去在国际支付、电子商务等领域做过多次试验,不少人只能去一到两次,然后就得换人,结果没人从头至尾了解项目,将项目讲清楚。所以我跟谢伟讲,"能不能找一个人从头至尾跟下来?"他说,"您看谁?"我说,"你们的校长司玉琢老师就是这方面的大专家啊!"团长人选就这么定下来了。和司老师商量以后,司老师特别高兴,特地从大连跑来见我,感谢商务部对他的信任。我说,"您去是我们的荣幸,这边后勤如果有能做的,谢伟当你的助手"。据说后来他一直坚持下来了。而《鹿特丹规则》前几年才完成,所以最清楚《鹿特丹规则》的就是司玉琢老师,他是《鹿特丹规则》的真正专家。我这儿还有他一本书《〈鹿特丹规则〉研究》,不时翻阅。司老师在这方面做了很多的工作,应该记上一笔。(言毕,张老师从事务所的书橱内找出了他所珍藏的《〈鹿特丹规则〉研究》,向我们进行了展示,每一页上都有密密麻麻的笔记,足见张老师的认真与重视。)

问:您在制定海商法时主张采用《汉堡规则》,《鹿特丹规则》制定后主张参加该规则,这些意见最后似乎都没有被采纳,您怎么看这种情况?您现在对自己的观点有修正吗?为什么?

答:我没有说要完全接受或完全采用《汉堡规则》,我当初确实花了很多时间来研究《汉堡规则》,我觉得它就保护货主利益而言有很多积极要素,也被很多货主国家,特别是非洲地区的国家接受了,后来也

9. 从国际贸易角度研究海商法问题的专家(张玉卿)

生效了,因此我曾经宣传和推动过要接受《汉堡规则》的积极要素,表彰过《汉堡规则》,但是否完全采用值得商榷。至于中国加不加入《鹿特丹规则》这事,说实在的,也不是商务部一家就能决定的。目前也不是简单地、单纯地说加不加入的问题,但我是主张要积极研究鹿特丹规则的。我反对那些一上来就排斥《鹿特丹规则》、认为其一无是处、不是一部好的法律的观点。正因为听了那些负面评论,我才写那篇文章,题目就是《〈鹿特丹规则〉的"单证托运人"之规定——兼与FOB卖方权益零保护观点之磋商》。我的真正观点就在于最后那几句话,就是对一个新事物出来以后,不要一下子就说这东西糟糕得很、坏得很,要采取一种开放的态度,要虚怀若谷,要肯于读下去,肯于研究,吸收其精华和有用的东西,这才是最重要的,也是我们应该持有的态度。

问:如果让您评价现在的《海商法》,您会怎么说?如果让您再参加一次《海商法》的制定,您会怎么做?

答:这个问题可以从很多层面谈。实事求是来讲,具体意见我说不出来,因为这需要更进一步地研究。但原则上,我认为我国《海商法》应该向国际上比较先进的国内海商法看齐,特别是要向国际上那些已经被认可的国际公约和规则看齐。我们应该遵循合同法的基本原则,属于不可抗力的,承运人免责,货主不会有意见;属于承运人履约不当而非不可抗力的,承运人违约就应该承担责任。最后还有一点就是要符合我们党中央现在提出的"一带一路"倡议。"一带一路"对海运提出了新的要求,要跟上国家的要求。如果想引领国际规则的制定,首先就要制定好自己的规则,所以把《海商法》修改好是非常必要的。海上运输是"一带一路"的重要环节,如果我们过分保护一方的利益,那就不利于中国走向国际,也就自然会失去国际竞争力。历史上有很多的例子都可以证明这一点,加入WTO就是一个典型,当时有不少观点,认为签订WTO是卖国行径。好多人都说"狼来了,狼来了",说我们竞争不过西方那些公司。但是看现在,从2001年到现在,中国经济贸易发展得怎么样?国际地位怎么样?这些成就你能跟WTO一刀两断、截然割开吗?割不开的。改革开放是非常重要的,大家不能都喊口号,你喊我也喊,到具体落实的时候,谁干事呢?我们不能空喊口号,而要改革开放,要勇于接受挑战,这对中国是好事不是坏事。所以我诚心诚意地希望《海商法》的修改能够体现出党中央改革开放的精神,体现国家"一带一路"的倡议,从而在国际上能引起好的反响。

口述人:张玉卿

记录人:北京大学"口述海商法"小组朱笑芸、吴俞阳

时间:2017 年 11 月 22 日

地点:北京市东城区广渠门外大街名敦道 4 号楼 2104 室

10. 我的二伯父魏文翰*

——魏友宏先生**访谈录之一

魏文翰先生

魏文翰、魏文达是中国海商法史上很难回避的两个名字。这两位先生从事海商法领域的实务和研究工作从20世纪20—30年代一直延续到新中国成立后,是我国著名的海商法专家学者。遗憾的是斯人已逝,音容渐远。现有关于两位魏老先生的记载不仅颇为简略,且有一些矛盾与谬误之处,难以正确体现两位老先生在中国海商法发展史上的地位。幸运的是,魏文达先生之子魏友宏先生继承了父辈的衣钵,曾在华东政法大学国际法学院讲授海商法,现在是上海承以信律师事务所合伙人。经多方努力联系到魏友宏先生后,他慨然应允,并亲赴北大接受访谈。我们对魏友宏先生的访谈是分两次完成的:一次

---

* 魏文翰(1896年—1989年),曾任律师,民生实业公司代总经理,南北通航首席谈判代表。
** 魏友宏(1949年10月—　),曾任华东政法大学国际法学院副教授,上海承以信律师事务所律师。

是2017年11月27日下午,主要谈的是魏文翰先生;另一次是2017年11月28日上午,主要谈的是魏文达先生。本文主要是关于魏文翰先生的内容。魏友宏先生因当时年幼,对魏文翰先生的直接记忆不多,他对魏文翰先生有关经历的讲述,大多是基于他人所述及魏文翰先生所留存的回忆录 *My Life in China* 的记载。

魏友宏先生正在接受访谈

一、求学经历——南开、哈佛和芝大

问: 在那个年代,出国留学并不是一件容易的事情,魏文翰先生当时是因什么契机而出国留学的?是受到了父亲或是什么人的影响吗?

答: 完全不是。我祖父这一家当时住在天津北郊的杨各庄,可以说是个穷苦人家,我祖父是泥水匠出身。当时泥水匠算是一个很好的职业,农村盖房子都找他,所以我祖父凭着这个手艺,养家糊口也还算过得去。他有五个孩子，魏文翰排行第二，我父亲魏文达排行第四。

我二伯父魏文翰出生于1897年左右的清朝末期，1915年在天津南开中学毕业，相当于高中毕业。因为是穷苦人家的孩子，所以他毕业之后开始努力工作，积攒去美国留学的一些费用。他1922年至1923年期间在美国哈佛大学国际研究学院学习。之后，他于1927年在美国芝加哥大学获得法学博士学位，并于1928年回国。他在美国时就取得了律师资格，回国之后便开办律师业务。他在美国学习的具体情况，我其实并不清楚。

二、上海租界的海事律师

问：魏文翰先生一回来就自己开办了律师事务所吗？

答：开始不是的。回国后我二伯父先"加盟"了别人开办的律师事务所，那是一个叫劳埃森的加拿大人创办的海事公证律师事务所，他跟着在上海的天津路和宁波路这一带开办了办事处。他主要是办理海事业务，但是其他的案子也有办。因为中国地界没有什么生意，所以他的主要活动范围是在上海的租界，其中主要是在英租界。租界里有很多民族资本家在做生意，他们跟外国人做生意发生纠纷时，我伯父就会努力地保护华商的利益，所以名声很好，他的律师生意做得不错，那个时候也就有了一些积蓄。

之后，在我父亲于1937年抗战前夕从英国回来后不久，我二伯父就跟我父亲合伙创办了自己的律师事务所。上海的不少老人们应该都记得，在上海四川北路的宁波路口当时有个挂着"魏文记"三字的大招牌小楼，那就是他们兄弟俩开的公司。到了差不多1948年的时候，"魏文记"的名下已经有了四家公司——海兴保险公司、海鹰轮船公司、共同海损理算事务所和律师事务所，另外在宁波路和天津路旁边还有一家小饭馆，也是他们兄弟俩共同出资开办的。

问：抗战时期，律师事务所的生意受到影响了吗？

答：当时律师事务所是开在英租界，虽说是租界，也常常受到日本人的骚扰。而且他们兄弟俩不愿给日本人干活,所以我二伯父就在美国找了个差事。他对外声称是到美国去打案子,实际上是作为政府海运方面的专家去考察美国的船厂,在国内则是挂了卢作孚名下的民生实业公司的协理(代总经理)一职。

民生实业公司是有重庆大后方背景的公司,虽然号称是民间公司,实际上有政府交通部的背景,主要经营航运业务。卢作孚实际并不管事,我二伯父东跑西跑也不管事,于是就让我父亲当副总经理,所以实际上是我父亲主要管理民生公司轮船方面的业务。这也是他们兄弟俩之后会创办海鹰轮船公司的原因,否则做律师和开轮船公司是两码事,尽管有相通的地方,但差异还是很大的,而在民生公司当总经理和副总经理的经历为他们积累了实践经验。

三、因拖欠的律师费成了船东

问:海鹰轮船公司具体是什么时间创办的?

答:是在1946年。说到开办这家轮船公司的契机,有一个小故事。抗战结束后的1945年,我二伯父魏文翰经办了一个比较大的案子,这个案子最后有了一定的成果,但并不是全赢,不过也不是全输,反正是有效果的,但在最后付律师费的时候这个东家付不起,就用其公司名下的一条破船来抵律师费。这条破船当时并不太值钱,但是抵点律师费还是可以的。据我了解,这条船在当时可能是美国的船东,挂的是巴拿马或是利比亚的国旗。这条船虽然在国外按照国外的法律不能走了,但是在中国还是可以走的,走的是长江航运。他们俩就从这条破船开始搞轮船经营,本来他们在经营方面就有一套,再加上办律师业务时名声很好,群众基础不错,所以生意也还不错。公司发展起来之后,开始先是在美国买了一条4000多吨的船,起名为"海鹰号",后来又买了"海牛号"和"海马号",还有一条船是从定期租船合同慢慢演变过来的。到了1949年"南北通航"的时候,公司名下应该已经有四条船了。

10. 我的二伯父魏文翰（魏友宏）

四、"南北通航"到新中国成立以后

问："南北通航"这件事，您能跟我们详细讲讲吗？

答：大概是从1947年底到1949年初的这段时期，国共双方以长江为分割界线对峙，持续时间还是蛮长的。长江被作为封锁线，南北不通，交易也就没有了往来。而中国的煤矿大都在东北，上海的用煤要靠北方供给。当时上海航运界就想用南方的面粉换北方的煤，否则上海这边运转不了，因为发电、工程运转都是需要煤的。1949年1月，上海航运界进步人士提出南北通航、以货易货的要求，呼吁签订"南北通航贸易协议"，并于1949年2月12日派代表共四人乘坐"大上海"号去北方谈判，这四人为魏文翰、周启新、姜克尼、俞慧芳。我觉得之所以我二伯父魏文翰的名字在相关记载中基本都排在所有谈判代表的首位，原因应该在于他与周总理有一层南开中学的同学关系。"大上海"号驶出的第三天，上海航运界收到了毛泽东、周恩来联名发来的回电：

"全国轮船业联合会理事长杜镛先生，上海市轮船业公会理事长魏文翰先生大鉴：二月五日来电敬悉，恢复华北上海间航运以利生产之发展，极为重要。'大上海''唐山'两轮北驶，并派员至华北接洽极表欢迎，此间已嘱北平叶剑英市长，天津黄敬市长准备接待。英商太古公司'湖南号'驶抵塘，系属临时性质，并非事前沿定，所谓华中、华南中国船舶开往华北口岸将不许其驶返原地，纯属报端造谣，先生等不应置信。1949年2月13日。"

"大上海"号于2月中旬抵达华北，魏文翰等四位代表受到了天津市市长黄敬的热情接待。第二天他们就乘车赶赴北平，抵达北平之后，当时的北平市长叶剑英负责接待了他们，并指示有关方面负责同志立即与他们进行会谈。谈判很快达成了协议，解放区以10万吨开滦优质煤炭交换国统区30万袋面粉，以后再扩展到其他物资。对通航有关的具体事项，都作了妥善安排和规定，表现出中国共产党对南北通航的诚意,上海航运界四位代表深感满意。返回上海后,魏文翰等立即向国民政府行政院递交了书面报告和协议全文及附件。国民党迫于航运与工商各界以及广大市民的强烈要求,同时看到严重的煤荒已危及工厂开工,影响水电供应,于他们的统治不利,也就不得不同意试办。

我觉得,正是因为"南北通航"这件事情,加上海鹰公司有船,我二伯父的名字被列到了新中国成立后周总理要求一些人回来的名单中。周总理发出号召之时,我二伯父还在美国,我父亲则在香港地区。因为上海是1949年5月解放的,而基本到年底时很多上海资本家就把产业转移到香港地区去了,我二伯父和我父亲也是如此。他们在上海的公司就剩下了一个空壳。按照我二伯父自己的说法,他是应周总理的召唤回来的,我二伯父回到了上海后,我父亲带着我们一家也跟着回来了。

问:海鹰公司名下的船也回来了吗?

答:这里有个插曲,1949年蒋介石逃往台湾之时,曾大量征用商船运送军人和军用物资等,海鹰公司下面有两条轮船也被征用到台湾地区去了,还有两条在香港地区。这两条在香港地区的船被我二伯父带回来了,但是另外两条船还扣在国民党手里。蒋介石知道魏文翰要带船回国的消息之后,就发了通缉令,以投共为名通缉魏文翰和魏文达。后来,这两条被扣的船因悬挂方便旗,以跑航程为由,绕道其他国家,最后返回国内。回国后,魏文翰和魏文达就成了工商界内赫赫有名的两位红色资本家。

问:那新中国成立之后,"魏文记"下面公司的情况如何了?

答:共同理算所和律师事务所都关闭了,当时不允许私人当律师,到1956年连公家控制的律所都不让办了。

1950年以后,政府要把整个工商业全部按照正确的登记手段进行登记,登记之后,海兴保险公司要交数额巨大的保证金,因为交不起保证金,所以魏文翰在1950年宣布停业。这家保险公司自1946年创办以来,主要业务是海上船险及货物险,主要是为了保护华商的利益,因为那个时候的保险公司都是外国的,坑中国人坑得厉害,所以他们俩当时就自己办了一个。

至于海鹰轮船公司,当时买了几条船之后公司肯定有负债,而新中国成立后的经营与新中国成立前的经营不一样,亏本了之后政府要强行参股,所以政府把中兴轮船公司给拉了过来,要求中兴轮船公司和海鹰轮船公司合股,再加上政府参股。海鹰轮船公司占新成立公司百分之十二点几的比例,中兴公司大概占百分之二三十的比例,其他比例则都是官方所有,这个时候就是名副其实的公私合营中兴公司,魏文翰任董事,魏文达任副经理。

1953年,政府开始了工商改造,这时针对的是包括汽车、铁路、轮船、海运等在内的交通运输业。本来计划在1956年进行工商改造,但是交通行业提前进行了,因为交通是"大命脉",政府需要加以控制。因为海鹰轮船公司已经不复存在,所以这时是以中兴公司的名义参与的工商改造。公司被改造之后,资本家的股份都按照公私合营的比例折成定息发放,我小时候记得每月是三四百块钱,按季度发放,在当时是一笔大钱,所以那时候我们家日子蛮好过的,我还记得我们家亲戚都是我母亲出面来资助的。这个定息差不多一直派发到1966年6月。

五、参加《海商法》起草

问:既然新中国成立之后没有继续做"魏文记"下面的生意,魏文翰先生具体在从事什么呢?

答:我二伯父当时好像在上海是政协委员,在全国是政协代表,同时还身兼上海船东保赔协会主席及一些民间团体的职务,工作比较忙,我小时候也不知道他在忙什么,平时只看见我二伯母,难得见着我二伯父。

问:这个时候应该已经开始《海商法》的起草工作了吧?

答:制定新中国的《海商法》先是1950年在全国政协会议上提出的,因为1929年中国就有了海商法,而且政府知道外贸航运是很赚钱的,所以要开始《海商法》的制定。人民代表大会负责立法,所以成立了海商法起草委员会。我觉得我二伯父魏文翰应该也是副主任委员,但是这方面听到的不多,而我父亲是副主任委员这件事倒是一直都有听说。我一直没有想明白,也没找到有关记载。我想有魏文达就应该有魏文翰,因为魏文翰名气比魏文达大得多,而且我父亲也不是主要的副主任委员。

问:《海商法》起草过程中有没有体现到魏文翰先生的一些观点?

答:我觉得可以这么说,我认为他属于引进派,魏文翰的观点基本上是属于英美派的体系,从他的《海商法讲座》这本书编纂的内容和体例来说,他没有脱离美国 Shipping Law 的范畴,体现的是美国那一派的理论。而且那个时候也不兴创新,因为当时中国懂法的人不多,懂海商法的人更少,只不过是用洋人的法保护中国人,来回敬洋人。

六、上海海运学院教授

问:魏文翰先生除了参加这些社会活动外,教学方面有何参与呢?

答:新中国成立前,他在 1929 年至 1937 年间担任过东吴大学比较法学院的教授。1935 年还曾担任上海鸿英图书馆董事。新中国成立后,上海海运学院的海商法学科是以他的名义来牵头成立的,因为他名气大。我二伯父魏文翰是东吴大学比较法学院教授的时候,我父亲才是东吴大学比较法学院的学生,他们之间相差得很多。不过,他虽然跟我父亲是同一年(1962 年)调入上海海运学院的,但是他的调入只是名义上的,因为他的编制始终不在上海海运学院,而我父亲是正式调入的。所以,学校给魏文翰的不是工资而是车马费。但是据我父亲讲,魏文翰拿的车马费比他的工资还多。

魏文翰带学生也在我父亲之前,他大约于 1963 年在上海海运学院带了冯大同和尹东年两位学生,他上课的次数比较少,难得来,但总还是会去的。

1962 年春,由上海政治法律学会举办的"海商法讲座"也是以魏文翰的名义起的头,讲座地点之所以选在上海,是因为上海航运比较发达。这次讲座从 3 月起连续至 12 月才讲授完毕。这个讲座刚开始是魏文翰在讲,其实他讲了三个月不到,之后因为太忙就交由我父亲去讲。这个讲座是受政府所托,面向的听众是当时的外贸公司、进出口公司、航运公司、外代等企业和学术团体。地点是在上海科学院,讲课频率是一个礼拜一次,每次最多三个小时。

问:魏文翰先生有参与过一些案件吗?

答:1950 年美国有一艘加利福尼亚号船撞沉了一艘中国的客轮,这个案件主要由魏文翰参与,案件的最后结果是美国输了。这个案子好像是在天津审理的。

七、海商法著作

问:魏文翰先生在学术方面的主要成就有哪些?

答:我觉得他下面五本著作比较有名。

第一本是《海运法》,分为上、中、下三册,是魏文翰最早的有名气的著作,1933 年由大华印刷公司印刷,青光书局发行。

第二本是 1943 年由各埠中华书局发行的《共同海损论》。根据这本书的自序,当时中国内河沿海所发生的一切海损事件的理算,均托一名在上海的英籍海损理算人 W. R. M. Stevens 进行办理。但是,随着这名外籍理算人的离去,国内又鲜有相关研究,就无人可进行理算。在此等背景下,魏文翰著成此书,以期"对我国航业学术之进展及法律案件之审判,微有裨益"。

第三本是 1944 年由中华书局出版的《海上保险学》,这本书写于抗日战争时期。据这本书的自序,当时重庆后方保险学方面的参考书籍奇缺,即便是最简略的相关书籍也难以拿到,所以魏文翰写了这本书以应需要。其实,这本书可以说是对《海上保险法要论》一书的再版,后者是魏文翰于 1933 年应上海市保险业同业公会之要求著成,内容比较简略。再版的《海上保险学》内容有所增加,共有十六章和五个附件,其中第七章保险契约的内容十分详尽。

第四本就是《海商法讲座》，是在他为开办"海商法系列讲座"撰写的讲稿的基础上加以增删、修改和补充完成的，于1965年由法律出版社正式出版。这本书共有十一章，第一章是总论，第二章论述船舶航行权和沿岸国管辖权，实际上是船舶、船员、海洋航行和沿岸国管辖权四个方面的综述，第三章至第五章围绕海上运输这个中心，分别讲述了海上货物运输合同（第三章），海上旅客运输合同（第四章），定期租船合同（第五章）。魏文翰在这本书的前言中特别提到定期租船合同严格来说并非海上货物运输合同。第六章到第十一章属于专题论述，依次是船舶拖带、船舶碰撞、救助报酬、共同海损、船主责任范围和优先权以及海上保险合同等内容。此外，这本书还附有英汉名词术语对照简表，中国国际贸易促进委员会海事仲裁委员会制定的救助契约标准格式，以及伦敦保险学会拟定的海洋运输货物保险单条款。

最后一本是他在美国出版的回忆录 *My Life in China*。

八、终老美国

问：我们了解到魏文翰先生于1972年离开了中国去往美国，之后便少有音讯。那魏文翰先生在美国还继续从事海商法的有关工作吗？

答：离开内地之后，他先在香港地区待了两年多，是在香港的朋友家里。那时候出国没有那么容易，他只能暂时靠着他在香港的老朋友接济，等待他在美国的大儿子和二儿子帮他申请到美国定居。签证申请成功后，他就在美国住下了，也找到了房子。后来美国的哥伦比亚大学找到他，因为他的英语口语相当好，想聘请他继续教授海商法。但是，他只是名义上的哥伦比亚大学教授，实际上并没有去，因为据他自己在回忆录里所说，他在国内因经受干校的磨难而落下了病根，从香港到美国期间发病，动过手术，腿脚不灵便，需要坐轮椅。但是，哥伦比亚大学一直给他保留着职位，美国政府也给他发救济金养老，所

10. 我的二伯父魏文翰（魏友宏）

以他到了美国之后，实际就没再做海商法了。

1979年，官方发声说希望魏文翰回国，继续在海商法领域发挥作用，这时候我父亲就写了一封信给魏文翰，魏文翰在1979年10月3日回信道：

"文达老弟，昨天收到你的两月二十七号的来信，阅读之下，使我精神上达到了万分兴奋，当时悲喜交集。喜的是祖国尚在召唤我，虽然我非常愿意，关心祖国，为祖国效力，但是我的健康日渐衰退，而且很快每天的生活起居都要依靠别人帮助，洗漱穿衣走路各方面都不能随心所欲。自从1975年手术以后，更是行动困难，已经发展到了不大能写字，讲起话来没有声音，最多只能发点喉音，实在是心有余而力不足，代我向刘会长感谢他对我的美意。

"在香港的时候我曾写过两本书，一本是关于我的一生的描述（注：*My Life in China*），你所有知道的南北通航的经过，在这本书里都详细写着了。我还写了一本海上避碰规则的解释，没有全部完工，还要整理，我现在经济困难，你把这个意图告诉政府方面，让大使馆跟我联络……

"我还有一个学生毕业了，他是哥伦比亚大学的研究生，四月份要去北京，帮助政府参与议定某项法律，他到中国时会去看你的。我希望我的健康能够好转，如果可能的话，这回秋天到上海来一趟。"

这封信的原件我没看到，我看到的是抄件，并不是魏文翰的亲笔。信里面提到的专业书籍一直没有出版，政府方面也未曾理会。

他于1987年在美国去世，信中说的要来上海也一直未能成行。

口述人：魏友宏
访谈人：张永坚、北京大学"口述海商法史"小组杜彬彬
时间：2017年11月27日
地点：北京大学法学院

11. 我的父亲魏文达*
——魏友宏先生访谈录之二

魏文达教授

本文是关于魏文翰先生胞弟——魏文达先生的内容。口述人魏友宏先生作为魏文达先生之子,向我们讲述了他记忆中的父亲一生为中国海商法教学、学术及实务等方面做出贡献的点点滴滴。

一、求学经历:从天津到伦敦

问:魏文达先生也是跟魏文翰先生一样,是在南开中学读的中学吗?

答:他是1905年出生的,跟魏文翰差了十来岁,那个时候家里已

---

* 魏文达(1905年10月—1994年12月),上海海运学院(上海海事大学)教授,曾任中国《海商法》起草委员会副主任委员。

11. 我的父亲魏文达(魏友宏)

经没钱供他上公学堂学习,他读的是私塾。他学习的时候很用功,跟老师关系很好。天津是个口岸,外国人很多,他十几岁的时候就帮一个教英语的外国老太太照看孩子,我父亲的英语口语就是这么练出来的。到我父亲去英国留学之前,他的口语就已经很好了。否则魏文翰当时也不会同意他去英国读书。我父亲说着一口纯正的英音,不过他的英语水平还是比不上魏文翰,魏文翰在国外留学多年,有一位美国妻子,英语几乎跟母语无异,我父亲则胜在他的语言天赋上。比如,有一点是很有意思的,他广东话说得特别好,他在东吴大学法学院的时候去广东同乡会,以及后来去香港时,大家都把他当成了广东人,但是不知道为什么他就是学不会上海话。

问:魏文达先生是在哪里读的大学?

答:其实我父亲没能立即上大学,因为我祖父在我父亲十九岁时就过世了,当时我二伯父在美国已经照顾不到家里,我大伯父和三伯父也都没有能力养活这个家,所以我父亲在十八九岁的时候就到私塾去教书,承担起了挣钱养家的重任。直到1928年底魏文翰回国,他才得以解脱,并得到了魏文翰的资助去东吴大学比较法学院读书。东吴大学有教会背景,老师中外国人居多,按照英美那一套的方法教授法律。我父亲具体都学了些什么课程,我就不得而知了。

问:魏文达先生为什么后来在英国专攻的是海上保险法呢?

答:我父亲从东吴大学毕业后,中间没有停顿,直接就去了英国。魏文翰给了他一点钱,但是不多,所以他在伦敦也得勤工俭学,后来考入英国特许保险学院进修。他之所以专攻海上保险法,我估计是受到了魏文翰的影响。因为魏文翰回国以后,感到海上保险法在实务中十分重要,而且中国的海上运输保险需要加强。

英国特许保险学院的学制是两年,我父亲两年学成之后,通过了伦敦市政府组织的考试,获得了英国保险学会的预备会员资格。当时,华人能够取得这个资格是相当优秀的。他在英国的那段期间,一边学习,一边在英国的律师事务所实习赚钱,向专门从事保险业务的律师团体学习,参与他们的工作。他需要跟着大律师出庭,因此去法院的次数很多,积累了不少审判实践经验。可以说,在他们两个兄弟中,我父亲是实务强,魏文翰是理论强;工作方法是魏文翰主外,我父亲主内。

其实,我父亲的最高学历不过是东吴大学的学士,保险学院取得的不是学位而是资格,跟魏文翰取得的法学博士学历差得很远,但是他凭着在英国获得的专业证书,成为了当时中国保险业界一颗闪亮的星。等到新中国成立时,他是中国保险学会的理事。

问:回国之后,魏文达先生跟英国那边还有联系吗?

答:他在英国那边的老朋友后来还曾经来中国看过我父亲。那是在"文化大革命"期间我父亲被关在牛棚的时候,他英国的一位老朋友来到中国点名要见我父亲。我父亲当时穿得破破烂烂,很狼狈。没办法,学校只好弄了一间像样的办公室,让我父亲穿戴好西装,收拾干净后在办公室里接待了他的这位朋友。接待完后,还被问都谈了些什么,还要写出书面的报告。

20世纪60年代的"三年困难时期"那会,英国和中国香港那边还给我父亲寄过邮包,里面是铁罐包装的食用油。当时从英国寄东西过来是很麻烦的,从英国寄过来之后被海关扣了很长时间,单位还要进行调查,知道是食用油才让我父亲拿回去,而这个邮包一个月前就已经到了。

二、做过律师、经理,戴过港务监督的大盖帽

问:魏文达先生回国之后,具体做了什么工作呢?

答:我父亲在英国待了挺长一段时间,直到1936年才回国。他从英国一回来,就跟魏文翰在上海合办了律师事务所。因为我父亲和魏文翰都曾说过,看到华人被外国人欺负,感到心里很不舒服,要替中国人撑腰。我记得上海的《新民晚报》1981年曾刊登过一篇报道我父亲事迹的文章,里面提到这家律师事务所基本三天就能接一个案子,其中60%是海事案件。另外,他还在东吴大学比较法学院和上海大夏大学任教,讲授海商法。

不过律所也就办了一年不到，日本人进犯中国，所以抗战期间他们的律所就停止了营业。这时，我父亲经魏文翰的介绍当了民生公司的副总经理，于是便将精力放在重庆这家航运公司的事务上，直到1945年抗战胜利。在这之后，我父亲主要负责经营他们自己的海鹰轮船公司以及之后的中兴轮船公司的事务，直到1953年国家强制进行工商改造，他们与公司完全脱离关系时为止。

公私合营之后，我父亲觉得再留在轮船公司也没什么意思，之后他被调至上海港务监督局当监督长顾问。因为他的业务比较好，对航运熟悉，比如船舶避碰规则这种好多人都不知道的事情，我父亲都知道。那个时候，港务监督是有制服的，我父亲穿上制服，戴上大盖帽，非常神气。每次我父亲穿着这样的衣服回家，左右邻居都觉得我父亲跟大官似的。

1962年，为了加强海上运输业务及法律方面的教育工作，交通部把我父亲从上海港务监督局调到了上海海运学院当教授。上海海运学院虽然从1959年就开始筹备，并象征性地在社会上招收了一些学生，但实际是从1962年才开始正式招生的。我父亲在"文化大革命"之前的级别是十三级，算是高干，当时的职级已经不低了。

三、《海商法》起草委员会副主任委员

问：您前面说《海商法》的起草工作最早是在1950年开始的，魏文达先生又是起草委员会的副主任委员，那么"文化大革命"之前，魏文达先生是如何参与《海商法》的起草工作呢？

答：我父亲没跟我说过"文化大革命"之前的事情，我当时年龄也小，并不清楚。按照我的想法，应该是魏文翰先参与，由于他与周恩来的同学关系，他应该会参与到这件事情中。那个时候，魏文达不一定参与得很深。

我父亲在这方面的工作重点是在"文化大革命"之后。当时魏文翰已经不在国内，我父亲的名声也渐渐响了起来。在中国的海商法领

域内,魏文翰一直排在魏文达前面。

问:您父亲跟魏文翰先生关系如何？有没有学术观点相左的情况？

答:我父亲很敬重魏文翰,两个人关系一直不错。两个人在学术观点上也没有什么差异。外界所传的矛盾,应该是外人从二人发表的文章或著作中自行推测出来的。实际上,他们两个人一个是偏实务,一个是偏理论,但是两个人的学术观点其实是一致的。

问:那您记得魏文达先生在"文化大革命"之后参加《海商法》起草的有关细节吗？比如开会之类。

答:可以说他到北京开会的次数不多,他作为副主任委员,一般都是北京派人过来到上海找他。我记得任建新、宦乡都曾到我家里来找过他。而且我父亲当时的年纪已经大了,只会去参加一些比较重要的会议。我记得他有一次去北京开会还是我陪他去的,那次会议大约是在1982年,具体会议我无权参加,我主要是去照顾他。当时,上海海运学院发函给华东政法学院,向学院借调我,让我陪同我父亲去北京。那次,我们在北京待了有一个多月。在京期间他都具体做了什么事情,我没有问,出于保密的原因我父亲也没有告诉过我。反正我知道既然需要借调我,事情一定不算小。在这一个多月期间,他去了几次国务院法制局。我记得有一次我送他到中南海后门,然后在附近等了他大概三个小时,他从后门出来后我再叫出租车陪他一起回到宾馆。我知道他后来又去过北京,但是我没有陪同。至于他之后有没有再去过北京,因为我那段时间也比较忙,就不太清楚了。

问:魏文达先生在《海商法》起草过程中具体发表了哪些意见？

答:在起草《海商法》的过程中,每次制定的有关条文都会寄到我父亲那里,但是他看的过程我无法参与,因为那时不像我们现在法律制定时有公开征求意见稿,具体立法过程在当时还属于保密的内容。书面材料我一点也没有,但是我平时跟他聊天,聊到过有关内容,知道他对《海商法》草案的一些意见:第一,父亲对《海商法》草案中的刑民不分意见很大。当时《海商法》草案中有刑法条文,上面规定见死不救要判多少刑,我父亲说刑民不分怎么行,因为海商法是民事的、经济类

11. 我的父亲魏文达（魏友宏）

的法律，不能有刑法条文出现。第二，我父亲认为租船契约不能跟提单合并。我记得在20世纪80年代初期，《海商法》形成了第十三稿，本来已经可以送审了，这时参与制定的小组成员朱曾杰提出了一个观点，他认为提单跟航程租船运输合同是差不多的，应该把他们放在《海商法》的同一章里面，后来这个观点也定型在最终的《海商法》中。朱曾杰的这个观点也是当时《海商法》未能在第十三稿定型的原因之一。而我父亲希望送审，认为第十三稿已经成熟。第三，我父亲认为救助应当跟打捞分开，救助是没有事先订立书面合同的，打捞则需要订立合同。

除此之外，我认为我父亲对《海商法》起草的另一个贡献是在共同海损方面。我国在1975年有一个八项理算规则（《北京理算规则》），我父亲认为共同海损没这么简单，法律也不能如此制定。因为关于共同海损的规则是实务性的，是关于如何理算的一套实务规则，而且在英美法中，它是民间的惯例而非法律。如果大陆法要把它引入到法律中，规则一定要详细，不能简单地做原则性处理。所以我父亲一直强调共同海损规则应该先定细则，再有总则，《约克—安特华普规则》就是从细则开始的。另外，《共同海损理算规则（约克—安特华普规则）解释》这本书就是我父亲为了《海商法》的制定而写的，这本书对共同海损理算规则进行了逐条的研究，就是为了引起重视，即共同海损规则一定要详尽。

他还跟我提起过：因为海上保险法是保险法的鼻祖，所以要按照海上保险法的基本原理来制定保险法。他提出要遵循四项基本原则，其中最主要的两大原则是绝对忠诚原则和利害关系原则，这也是他在民国时期写过的一篇文章《保险契约的默示保证条件》中观点的延续。

我父亲跟我说起过，他认为最后几稿跟"文化大革命"前的第九稿差别很大。他当时对《海商法》草案的评价是"乱七八糟"，他认为第九稿反而比较好。

问：您父亲在《海商法》制定方面花了多少时间？

答：我们家信件几乎每天都有很厚的一摞，包括各类学会的信件、北京方面寄来的信件等,而当时"海商法起草小组"寄来的信件尤其多。我父亲需要对寄送过来的《海商法》条文进行修改,工作量很大,晚上经常在家里"开夜车"。

我手头并没有这些往来信件,但是我知道他花了很多精力,我最早看到的是第十稿,我父亲跟我说第十稿就是在"文化大革命"前第九稿的基础上稍加改动形成的。我还见过第十一稿和第十二稿,一直送到我父亲手里的大概是第十五稿,这一稿我也看见过。

第十五稿之后我就没看见过了,那时候我父亲已经到了快退休的年龄。我父亲参与《海商法》起草工作就一直到他退休。

四、带了"文化大革命"后第一批海商法研究生

问: 您父亲在教学方面如何?跟学生们的关系怎么样?

答: 打倒"四人帮"之后,大约是 1977 年到 1978 年,我父亲单位就给我当时所在的单位发了一封关于我出身成分改变的公函。我本来是资产阶级出身,当时我所在的铁路单位只要有风吹草动,就把我们这类出身的人看管起来。等这份公函到了以后,我就自由了,不受管制了。这一信号也表明我父亲开始受到学校的重视。

上海海运学院当时是全国高教系统里最早一批有法学教育的学校,也是交通部下属唯一一所有法学教育的学校。1979 年,学校专门成立了海商法研究室,让我父亲当主任,还让我父亲去搭班子,此前我父亲从来没有过这种权力。我父亲这个时候把遗落在社会中的林我朋先生拉了回来。林我朋因为是国民党时期的大法官,被打成右派,当时的境遇很不好。我父亲很敬重林我朋,因为我父亲在国民党时期当律师的时候与他有过接触,觉得这个法官很公正、正直,民法底子很不错,所以就把他请回学校来了。我父亲还把高文彬先生也请回学校来了,高文彬是东吴大学比较法学院后期培养的学生,是二战后代表国民党政府参加东京审判的书记官。除了这两位比较有名的之外,还有其他几位老教授,他们组成了一个老教授

11. 我的父亲魏文达（魏友宏）

团体,下面带了一批年轻的教师,其中有张既义、尹东年等。这个教研室一直运行到我父亲八十多岁退休。按理说,我父亲这批最早享受国务院津贴的教授应该七十多岁就退休了,但是我父亲破天荒地干到了八十多岁。

另外,我父亲当时不仅被上海市政府聘为高级职称评委,还被交通部聘为教授评审组成员,凡是在法律方面的高级职称评审都会送到我父亲这里来,包括我单位华东政法大学当时要评的高级职称。

1979年,上海海运学院开始招收第一批国际经济法专业的硕士生,一共招了六个,有唐依麟、沈峥国、高剑鸣、冯立奇、俞天文等人,他们都是"文化大革命"之前上海海运学院远洋运输业务系招收的本科生。当时上海海运学院只有我父亲是教授,所以这些学生全部都归在了我父亲门下。

我父亲第一届的这些学生跟我很熟,我管他们叫师兄,他们听我父亲说我在自学海商法,常常会跟我聊聊。后面几届研究生也都跟我很熟,每次来我家找我父亲时,如果我也在,就常常来找我聊些海商法的问题。他们跟我父亲讲话比较拘谨,不会聊很多,上完课之后有不懂的问题反而都来问我,我能解答的就解答,不能解答的就去问我父亲。第一届的学生最好,也是毕业之后最常来我家拜访父亲的一批学生。

问: 感觉您倒成了您父亲的助教呢。

答: 我父亲当时年事已高,我家离学校相距较远,那时我们住在徐汇区西南角,而上海海运学院在浦东的民生路,如果碰上堵车,开车要将近两个小时。所以在第一届学生毕业之后,我父亲后面招收的研究生都会到我家里来上课,学校有事要他过去的时候会派车来接他。凡涉及研究生的事宜,都是负责研究生工作的秘书小毛亲自来我家,经常是一个礼拜来三次。

因为我父亲在家里上课,我也就能躲在房门边旁听我父亲讲课。他一个礼拜上两次课,我就这样大概听了有三届。我当时想过报考我父亲的研究生,但是我父亲说:"我出的题目你不好考",不让我报考。

五、"豆油案""冻鸡案"和"中威轮船公司案"

问：魏文达先生参与处理过哪些重要的案件？

答：我父亲在"文化大革命"之后参加的第一个案件于1978年在上海法院审理，这也是"文化大革命"之后中国法院审理的第一例海事案件。那时中国还没有建立海事法院，所以实际上那是个被当作涉外经济案件的案子，具体是关于海事留置权的纠纷。当时法院经济庭的副庭长到家里来请教我父亲好几次。这个案件的具体情况我并不清楚，但是我对这个案件记忆深刻，因为我父亲当时对我说有一技之长是有好处的，要我自学海商法，我也就从这个案件之后开始自学。

1979年前后有两个重大案件我父亲也有参与。可以这么说，我父亲能当上海市劳动模范大概就是因为这两个案件。

一个是"冻鸡案"。案情是一家中国进出口公司在上海港装了一批冻鸡出口到中东，承运的是外国船舶，采用的是 FOB 价格术语，到目的港卸货时却发现冻鸡融化变质了，因此买方向中国公司提出了索赔。当时是中国公司代办的保险，因此中国公司找到保险公司，但是后者拒绝赔偿，要中国公司去找船方，因为冻鸡变质是船舶不适航造成的，而船舶不适航不属于保险公司的理赔范围。船方也拒绝赔偿，认为是运输造成的问题。中国当时没有《海商法》，没人能回答这个问题，讨论了很久没有结果，后来有人偶然间告诉了我父亲这个案件，我父亲说他有办法，进出口公司就来找我父亲问怎么办。我父亲说别着急，这是冷冻仓出了毛病，而船舶在装货之前要给港方发准备就绪的通知，又因为这个案件中提单适用《海牙规则》，发出上述通知即默示保证船舶适货，所以货物出现问题，是船方的问题，应当由船方赔偿。我父亲为此起草了一封信，其中除了说明要适用《海牙规则》外，还引用了一系列已经形成判例的英国判例法。中国公司以自己的名义将这份信寄给外国船东，外国船东看到信后也就服气了，赔付了13万5千美元，避免了中国公司的损失。

11. 我的父亲魏文达（魏友宏）

另外一个是 1980 年的"豆油案"。该案中一艘外国船舶承装 1 万多吨的豆油进口到上海，结果在进入黄浦江前，途经上海长江口外围海域时发生泄漏，船舶承装的部分豆油漏到了海里，船长立即向上海港发出了求救信号。上海港监派船前去救助，首先将这条船拖至上海港，再对船体漏的部位进行水下焊接，最后把泄漏到海上的豆油清理完毕。但到了卸货的时候，船长不放货，主张共同海损，要求货方共同承担救助费用。据说船长是个大个子，态度很蛮横，而且傲气得很，无论如何就是不放货。进口公司实在没办法，找到我父亲，我父亲直接亲自指导他们如何处理，即：第一，要弄清楚泄漏的性质，如果是船方的过失造成的，如船体有裂漏，这就属于船舶不适航，而且船方无法证明尽到了谨慎从事的义务，那么就根本不属于共同海损，救助费用应当由船方全部承担；第二，豆油漏到海里所造成的货损也应当由船方承担；第三，漏油造成海区污染所产生的油污赔偿，也应该由船方承担，虽然豆油是植物油而非矿物油，但是公约所规定的"油"包括任何油类混合物。最后，法院在 1986 年判决上述三项主张全部成立，船方总共赔偿了 150 万元人民币。

问：魏先生有收取上面两个案件的费用吗？

答：没有，因为他是以专家而不是以律师身份提供法律咨询的。那时候还没有兼职律师、律师事务所这些概念。1979 年底才开始恢复律师职业。到了 1986 年 10 月上海律师协会名下才有 50 名律师，以上海律师协会的名义对外接案子，我就是其中之一。到了 1983 年，我父亲才开始做兼职律师。

问：我们了解到魏文达先生还参与过著名的中威轮船公司案，您能具体讲讲吗？

答：陈顺通先生所拥有的中威轮船公司名下的船被日本政府侵占，而当时陈顺通已经过世，陈顺通的儿子陈洽群想要找日本政府索要相关赔款，在香港的时候就起诉过日本政府，但是没有成功，所以他想通过内地系统试试。

陈洽群在大陆一开始找的是政府方面的有关人员，结果行不通。只能走民间途径起诉，第一个找的人就是我父亲，因为我父亲和魏文翰在民国时期是中威轮船公司的法律顾问,而魏文翰这时已经不在国内,法律顾问的具体工作也是我父亲经手做得比较多,最了解情况。陈洽群找到我父亲先述说了几大难处。我父亲对他说,你不能从中威轮船公司的角度去要,因为内地这边的中威轮船公司已经注销,在香港注册的中威轮船公司已经不能视作之前的中威轮船公司,而是一家重新注册的新公司,没有延续性。但是,船和老板是有延续性的,所以你作为陈顺通的继承人,对船有继承权,只能通过船的途径去要。

他们一开始没有听从我父亲的建议,还去北京找过芮沐先生等人,想从公司这一角度同日本方面交涉,但是不行,最后只好以船的名义来告。

总的来说,我父亲在这个案子中做的是诉讼的前期工作,而且陈洽群主要是想通过我父亲与北京有关方面联络,所以我陪同父亲去北京那一月所住的就是陈洽群之子陈春安排的北京饭店,费用不是一笔小数目。我父亲因为年事已高,这个案子后来由杨浦区律师事务所的陈发银接手,而且他和陈律师的思路不同,中途也就退出了这个案子。

六、学术著作和论文

问: 魏文达先生在学术方面具体有哪些成果呢?

答: 1979年开始,国家要统编教材,要我父亲带着学生和研究室的工作人员一起弄,主要是负责海商法和海上保险法。这套教材最开始包括很多部分,并单独成册,如提单、定期租船、航程租船、光船租赁、碰撞、救助、打捞、共同海损、油污、海事留置权等,我记得教材有一大摞,大约总共有58万字,其中共同海损部分特别厚。但是因为当时武侠小说很风靡,出版社为了多出版武侠小说赚钱,专业书籍能不出版就不出版,所以这套书最后被他删减了很多,就剩了薄薄的一本,于1984年由法律出版社正式出版。

他还有一本著作就是《共同海损理算规则(约克—安特华普规则)解释》,大概30万字,由法律出版社于1983年出版。这本书出版

11. 我的父亲魏文达（魏友宏）

后,在当时没有海商法典的情况下对海事贸易起到了很大的作用。

其实他还有一本《英国1906年海上保险法条文解释》,因为出版社不愿意出版而没能单独成书,后来就零散发表在《上海保险》杂志上。该杂志从1986年第4期开始连载发表,至1988年第12期全文连载完毕。

另外,我还了解到我父亲在新中国成立之前曾经在东吴大学《法学杂志》上陆续发表过有关海上保险研究的文章,例如《海上保险法"三一"扣减的研究》发表于1936年第9卷第4期,《海上保险法主要原因之认定》发表于1937年第9卷第6期,《海上保险契约之种类及其应用》发表于1937年第10卷第1期,《海上保险契约默示保证条件》和《约克恩的华浦规则》发表于1938年第10卷第3期,《共同海损之检讨》发表于1938年第10卷第4、5期,《海上捞救之商榷》发表于1939年第10卷第6期,《船舶脱离航线船东货主与保险人之责任》发表于1939年第11卷第1期,等等。

本来家里存有我父亲的有关手稿,但是那些稿件在"文化大革命"中遗失了,所以我现在无法了解到具体内容。不过,我觉得这些资料作为中国早期海上保险研究的开山之作,在苏州大学(由东吴大学发展而来)的档案馆里应该是可以找到的。

口述人:魏友宏
访谈人:张永坚、北京大学"口述海商法史"小组杜彬彬
时间:2017年11月27日
地点:北京大学法学院
(特别鸣谢上海海事大学孙思琪副教授
提供魏友宏先生的联系方式)

12. 海商法研究中一个难以忽略的"过客"

——魏家驹先生*访谈录

魏家驹先生与吴焕宁教授正在访谈

2017年12月7日下午,正是大雪节气,我们如约来到魏家驹先生位于北京北四环的家中。我们特别邀请了吴焕宁老师作为访谈人,跟我们一起采访魏老师。老先生年届九旬,腿脚和耳朵略有不便,但神清气爽、思维敏捷,一望而知被住在一起的女儿、女婿照料得很好。寒暄过后,吴老师和魏老师娓娓而谈,带着我们一起重温了那段激情燃烧的岁月。

---

* **魏家驹**(1928年6月—2023年8月),曾任中国社会科学院法学研究所研究员,中国法律咨询中心主任。

12. 海商法研究中一个难以忽略的"过客"(魏家驹)

问: 您先说一下您的历史吧？怎么就先学了刑法？是在南京大学学法律,学什么专业呢？

答: 我准备了一个提纲,不一定符合您的要求,您可以随时打断。

问: 好,民主极了。

答: 我一直搞刑法,从南京检察署到最高人民检察院,到法学所的一段时间都是搞刑法。我搞海商法不像你们几位带有偶然性,我的目的性很明确,就是因为改革开放后,海商法在当时的几个部门法中涉外性最强,所以我就转向了海商法,就是这么简单。

问: 您是南京大学毕业的吗？

答: 我读了两年中央大学,后来中央大学改称南京大学。毕业之后分到南京检察署。中间有过一段在北京的中国新法学研究院调干学习半年的经历,学习期满,回到南京检察署。这时全国正在兴起学习苏联的热潮,我以大学里学过的一点俄文作为基础,于工作之余玩命自学起了俄文。

为了进一步收集一些俄文法律书作为学习范本,以便推动工作,南京检察院(此时已由南京检察署改名)给最高人民检察院写了封公函,说"你们有没有俄文材料,我们这里有懂俄文的人,可以帮着翻译"。这样,最高人民检察院就给我调到北京来了,此后我就一直在北京工作。刚调来北京的两三年,我和同事合译了五本书。"文化大革命"期间,这些都被认为是"封资修"作品,我就亲手烧掉了,一本都没留,只留下了翻译的书名,非常可惜。这些至少都是些历史文献,可以反映出当年检察人员学习走过的道路。

后来从最高人民检察院下放到农村,在北京门头沟七十八中当语文老师,教了三个学期的语文。再后来因为我很怀旧,还是想做法律,而且当时最高人民检察院的周秘书长需要人手,我算是老人了,就把我调回去了。绕了一大圈,中间脱离了法律做语文老师,最后又回到了法律。

问: 记得我当翻译时您去听,我说您怎么那么感兴趣呢,原来是因为您也当过俄文翻译。

答: 那时候吴老师多吃香啊,苏联专家的翻译,周游无数机关,可望不可即。我是"自学成才",只能勉勉强强把俄文翻译成中文,靠我的业务、靠法律,反正知道是这么回事。我那是"猜译",靠我业务的底子,翻译得还凑合吧。我翻译的俄文书是正式出版了的,当时的法学界把我谬称为俄文翻译,实在是高看我了,与吴老师相比差得太远。

问:行,懂业务。像我既不懂法律,又不懂外语,更不懂业务,简直甭说了。不说我的那段了。您到法学所后,是从最高人民检察院转到法学所,还搞刑法吗?

答:其实我一直在搞刑法。我1983年有个机会到西德访问了3个月,那时我已经在搞海商法,但被邀请到他们的国际刑法研究所,用英文作了一次学术报告,讲的是"中国当前的刑法"。我搞海商法,是我特意做出的选择,这里离改革开放的进程最近。

问:国际性最强,有涉外性。

答:但是隔行如隔山,怎么克服这个距离呢?因为我在图书资料室,就尽可能地利用有利的条件不断学习,一直在准备。

问:哦,在法学所的图书室了。

答:对,我在图书室。当时我的处境比较微妙,我名义上是研究人员,却一直被分配在图书资料室管理西文图书,兼做俄文的编译工作,而研究工作因为没有硬性任务,反倒被挤出正常的工作时间,十年的图书管理工作就是在"半工半读"中进行的。"半工",是指数万册厚重的西文图书长久散乱,需要搬上搬下,按序就位,这可是一个繁重的体力活,必须亲力亲为,一点也不能偷懒;"半读",是指对图书分类编目,这又是个细致的脑力劳动,需要坐下来认真阅读,而后才能恰当分类,同样马虎不得,这给了我在职"进修"海商法、经济法一个好机会。就这样几年过去了,我的改行再学习计划也大体完成。我学海商法完全是自学的,转行搞海商法前后大约5年,后来主要搞国际经济法了。

问:虽然您只搞了5年,但是您贡献很大。

答:别这么说。就做点事情。

问:最主要的贡献是什么?

答:五年里大概做了三件事。第一件事就是亲历《汉堡规则》

12. 海商法研究中一个难以忽略的"过客"（魏家驹）

热"，那个时候法学所国际法研究室主任徐鹤皋、副研究员姚壮、任继圣，都在研究"大国际私法"（涵盖国际经济法），也都深层次地涉及海商法。我当时是助理研究员，主要是在室主任领导下研究海商法，搞得比较具体些。

当时中国社会科学院法学研究所的名头很大，在这个名头之下就推着你要拼命地学。那个时候对国际公约的学习不像现在以院系为主，实际是海运企业在积极推动，因为涉及他们的业务开展，而且他们有人才、资金、渠道，所以他们是主要力量。我们名义上是科研单位，实际是跟着他们一起学。当时来自中远的朱曾杰、外代的顾福匡、人保的李嘉华、贸促的高隼来，是学习研究这项国际公约的中坚人物，业务真熟练。名义上我们是研究人员，靠的是书本，但是书本又不完整，所以主要靠他们带，我们都是他们带出来的。这些老同志真好！后来我搞信托法，李嘉华对我帮助也很大。还有贸促会法律处的高隼来，他是个人才，非常棒。他有一个特点，就是从不出名，非常低调，不写东西。

当时有这些人推进这个工作，我们就跟着受益。后来我们在法学所搞了一个学术讨论会，其实是实务讨论会。《远洋运输教学参考资料》（上海海运学院远洋系资料室主编）全文发表了我和上述四位专家、上海海运学院魏文达老教授的发言，从中可以看到当时业界讨论的一些情况。这些老同志憋了一肚子的热情，这么多年不让搞业务，这时可算有机会了。所以他们积极性之高，带后学之热情，真是无以复加。

问：然后你们这些老同志再教我们，我每个礼拜都去法学所上课，就听他们讲。比如姚壮、任继圣的课，我听了很多。

答：当时在这个讨论会上反映出的基本共识是，《汉堡规则》是第三世界的胜利，代表了第三世界的崛起。但同时大家的观点也有所不同。比如老高说，经济上对于第三世界究竟有多少好处目前还不能确定，我们不能光唱高调，就说规则怎么好。究竟对第三世界有多少好处，他说不准。老顾就说了，如果主要运输国家不参与，意义究竟有多大，就不得而知了。后来事实证明，虽然有 22 个国家参加，但都是些没船或者少船的国家。尽管公约规定已经生效,却并未起到多大作用。

问:这几个专家此前都料到了,真棒。

答:那时候还有一种论调,像我们理论部门,认为规则还具有比较鲜明的"反霸"(特指当时的"苏修")的色彩。介绍这些情况就想让你们看一下当时的思潮。实务部门讲得很平实,现在回过头一看,讲的是对的。

当时讨论最热烈的问题,一个是参不参加,一个是如果参加的话,什么时候参加。这个争论可大了,因为如何统筹兼顾货方利益和我国正在大力发展的航运需要,的确是个现实的矛盾,这个问题从会前争论到会后,从当年争论到第二年,一直在争论这个问题。有的对是否参加、什么时候参加不表态,比如朱老说,"这需要研究"。还有的持"随中流"的态度,老顾说,我们目前主要的杂货运输对象是日本、地中海区域和欧洲各国,因此重要的是看这些国家的态度。原则上应该承认,因为不承认是不对的。那么什么时候承认呢,最好是在这些与杂货运输有密切关系的国家承认的时候,我们再承认。这是他的看法。还有一种是,"人能我能",这个是老高。他说,《汉堡规则》作为第三世界国家改革旧的海运规则的斗争成果,要支持,尽管经济上不一定有好处,但也不一定有多大坏处。他说得很平实,跟当时那种高调不一样,他说如果大家都按照这个做了,资本主义承运人能做,我们为什么不能呢?

问:最早讨论《汉堡规则》的,就是你们这些人。我参加过几次(这类会议),那真的是争论得面红耳赤。

答:那时候有一种革命的激情,十几年不让搞业务了,终于让搞了,政府还重视我们的意见,那更得好好干了。对后果的估计是怎么样的呢,大致认为这将导致运费增加。实际影响会怎么样,就没有跟踪了。会议的意见是,不管怎么样,需要有一部《海商法》。那时候一直在嚷嚷这事。

问:那时候已经有海商法起草委员会了。所以您刚刚提到的开会是什么时候的事情呢?

12. 海商法研究中一个难以忽略的"过客"（魏家驹）

答：1978年。当时朱老也参加了。那个时候，革命激情是充沛的，讨论也比较实在，有话敢说，总的讲在战略方面不敢违背，这是大势所趋。至于怎么参加，当时是争论的重点。这个事情搞得可长了。我在一次讨论中作了题为《稳步从〈海牙规则〉的体制转移到〈汉堡规则〉的轨道上来》的报告，只是瞎发一通议论而已。

这个事情完了之后就是请日本专家樱井玲二做介绍《汉堡规则》的系列讲座。那又是一个热潮，延续很长时间。当时是外代请的樱井玲二，他在北京待了很长时间。

问：他本人参加了制订《汉堡规则》的会议。

答：对，他全程参加了会议。我们就是从他那里学到研究资料的方法。最后，我也学习他的办法开会随时做记录。樱井玲二讲得很实在，在认真钻研这方面给了我们启发。他没有高调，全是实实在在的，别人怎么说的他就是怎么记的。后来我参加国际公约谈判，也每次都记录。

他用日语讲，张既义他们四个人翻译。那个时候讨论气氛热烈，文章发表得多。樱井玲二讲座时间持续很长，大家工作很忙，交通又不方便，但我们都能坚持去听，感觉很好。

当时这种热潮，还推动了业务的深入探讨。中远的副总周秋岩，他成长于基层，问的问题和钻研的问题很实际。他把我们找去，问这个问题是怎么回事，你们怎么看。我记得讨论最深的问题是，提单是不是海事合同。这个问题的提出是有原因的，我查了一下，在《海牙规则》讨论初期曾经提过，提单就是合同，后来在形成正式文件的时候，就删掉了。

问：后来正式写法是，提单是合同的证明。

答：对，这个提法是科学的。跟周老总讨论过好几回，跟中远的同志也有过争论。他们说业务基础就是提单，因此提单就是合同，很自然。实际上不科学，它只是个证明。（这个问题）现在看来很平常，当年则有个普及的过程。周老总一问到底，是怎么样，不是又怎么样。我们就需要这样的领导，带有革命初期的气派，不拘形式，又没架子，认真学习，这些老同志真是好。

所以你看,在这种情况下搞的《汉堡规则》的学习,很自然地推动了日常的业务学习。

问:当时主持会议的是哪个政府部门?

答:不记得了,只记得法学所组织的规模比较大,时间也长一些。当时也没有向哪个部门交出一个报告,或者最后说,到底参加还是不参加。

当时真是一种热潮,有一种干劲,觉得国家把责任交给我们了。过去没机会说,现在终于可以听听"老九"的声音了。《汉堡规则》就是在这种情况下被讨论的,我们都是受益者,也就是在这种情况下成长起来的。

在《汉堡规则》讨论结束之后,我参加了《联合国多式联运运输合同公约》起草会议,这是我在这段时期做的第二件事。

问:有多少人参加了?

答:我虽然参加了会议,但具体有多少人参加记不清了。会议主要是中远和中外运操办的。中远是由资料室主任庄岩和朱曾杰参加,中外运是他们的一个处长参加,另外还有中租公司。

问:朱曾杰是不是当选为大会的副主席?

答:他是在第二次外交会议上当选为副主席的。朱曾杰成长挺快的,他主要是在资料室工作,不是在第一线。但是他有多年的业务和英语基础,也是老海商了。

当时贸发会分为了4个组,分别是发达国家、七十七国集团、苏联,还有一个独立大队就是我们。会议在瑞士日内瓦万国宫老国联旧址那里召开的。我去参加会议才算是开了眼,这才知道原来国际会议是这么一种开法。

问:那是您第一次参加国际会议吗?

答:嗯。当时觉得人家打架打得这么厉害,我们都不知道怎么回事,尤其是底下的事情。我们是独立大队,人家都来争取你,但是内容一般又不告诉你,所以就得在喝咖啡的时候打听打听。好处是人家要争取你,缺点是你不知道问题的核心。

问:中国代表发言多吗?

12. 海商法研究中一个难以忽略的"过客"（魏家驹）

答：几个官阶比较高的，比如中远的庄岩、中外运的处长有过发言，但不多。你想，这种外交会议我们头一次参加，而且多式联运的条件我们还不具备，所以基本是学习。

问：当时好像没有几个人研究多式联运，没有发言权。

答：没有什么人。会议文件多的是，你愿意看就看。当时参加过的记住一些东西，没参加就不知道了。总之争论非常激烈，会后达成的协议，我们都不知道猫腻在哪里，只知道你让步了什么、我让步了什么。最后时刻，都快闭幕了，大家等着要回去了，机票已经买好，才匆匆忙忙决定了。在关键问题上也是，急着结束，不能再重新展开。要达成国际会议的统一意见不容易，高层会议不说，这种专业会议也不容易。你在书上是看不到的，不知道为什么达成这个结论，实际上就是双方力量的对比，你让我一点、我让你一点达成的。

我们是独立大队，没有参与到哪一方，真正核心的东西不容易知道。但有一个好处是，别人都在争取我们，我们讲话的分量还是有一点的，就是更多的核心东西抓不着。

问：就是虽然有话语权，但是我们没有东西可讲？

答：对，或者说是讲不到点子上。

我当时在纽约大学学习，是1978年底去，1980年初回来的。我1978年3月由北京去日内瓦开会，1979年5月又去参加外交会议，这次是从纽约去的，又回了纽约。我当时的身份既是代表团成员，又是进修的学者。

好处是我选的是Healy教授的海商法课。这是个权威专家，我还去他的律师事务所参观过。当时我的两重身份，使我可以把问题带到他的海商法课上问他，实践和理论相结合。

问：Healy还来中国讲过课。

答：对，是我请来的。北京、上海都去过，都是我推荐的。

对于这个公约，发达国家的媒体或是不关心、或是不重视，甚至抵制，经常采取冷漠、视而不见的态度。在十几年中，他们对于公约的进展情况很少报道，甚至不予报道，这使我越来越萌发一种信念，必须打破这种冷漠的局面，要让世人知道事实真相，支持发展中国家的合理要求。于是我决定利用当年暑假的空档写篇东西,当外国同学们纷纷去境外旅游,寻求放松的时候,整个校园空荡荡,我闭门写作。那时候纽约校园内还没有空调,热得要命。我用了半个多月的时间赶出一篇关于公约制订过程的详细报道,取名《联合国多种方式运输公约》,前后自己修改了大约15遍,投寄到英国驰名的《世界贸易法杂志》。该刊用头版头条刊登了这篇文章,编辑部还在刊头说明:"这篇论文由中华人民共和国第一位投稿人撰写。描述了联合国多种方式运输公约的制订。这是多年来人们谋求的一项结果,就是在公约中制订条款,仅仅由发货人签一项合同条款就可以由陆运、海运和空运运输货物。作者记叙了能够做到这点的各项条款,以及发展中国家利益得到保障的各种途径。"后来我又在美国比较法学会主办的《美国比较法杂志》1983年夏季号上发表了一篇名为《执行条款:对外国判决承认与执行的新发展》的文章。美国出版的《世界名人录》(Who's Who in the World)跟踪而至,告知已确认提名我为该出版物第七版封面人物的候选人,并寄来填写个人经历、著作和成就的表报格式,要求填好尽快寄回,以便确定。我当时大概考虑到其背景不明,水深莫测,因而将来信和表格束之高阁,没有回复,这事也就不了了之。这是一段闲话。

关于多种方式运输公约,我印象大概写了三篇东西:一是上述《联合国多种方式运输公约》,以英文发表在英国出版的《世界贸易法杂志》1981年7—8月刊;二是与上述英文文章同一名称的中文文章①,发表在1981年末《法学研究》杂志上;三是《国际运输法的新发展》,是应芮沐教授邀请,于1981年12月8日在北大为77级法律系毕业班讲课的讲稿。

上述《执行条款:对外国判决承认与执行的新发展》,不是专指的多种方式运输公约,而是泛指的对判决的承认与执行。一直以来对于判决的承认与执行都是制定专门的条约,这次涉及的是附在一个文件里的条款,我认为是一个新的做法,就写了这篇文章。

---

① 经查,魏家驹先生于《法学研究》1981年第6期发表文章《略论联合国国际货物多式联运公约》。

12. 海商法研究中一个难以忽略的"过客"（魏家驹）

问：虽然不算海商法，但是也够棒了。您的知识面很广啊！

答：不是很广，是很杂，什么都搞一搞，一锤子买卖，搞完之后一扔，没有真正钻进去的。后来我还搞过信托法。

问：太谦虚了。您可以说是整个国际经济法专家！广才和全才！

答：别这么说，我就是杂家，美其名曰"党的需要就是我的研究方向"。多种方式运输公约会议的收获就是这些。

问：这是改革开放后我们国家第一次参加重要国际公约制定，后来就多了。这个公约比较重要，可惜还没生效。为什么这个公约到现在还没有生效？

答：这个问题太大了，我没有资格回答这个问题。当年的公约条款都是折中的产物，通过的时候就勉勉强强。我记得当时通过的时候是凌晨两点，大家都困得不行，就看最后谁扛得过谁。公约中最大的妥协就是网状责任制，是发达国家在最后一刻让步，以换取七十七国集团在一些其他的枝节问题上的让步。

参加这个会我才明白，国际会议原来是这么开的。以前我读国际公约，觉得前后怎么不一致，现在才知道的确不能一致，都是折中的产物，你让我一步、我让你一步，你拿那个换我这个。书里不会有这些。

问：您之前提到关于海商法主要做了三件事，还有一件事是什么？

答：还有一件就是《国际海上运输三公约释义》一书中记述了关于《海牙规则》诞生的前因后果。这篇我花了点时间，有些材料可能是国内仅有的，比如我在法学所图书资料中挖出来的一本法文版的有关19世纪商业航运的文献。可以看出，当年英国和美国这两个资本主义老大和老二，都是海运大国，商船总吨位相差有限。后来一下子拉大了，为什么呢？英国采用了轮船，美国还停留在木船，所以海运实力距离一下子拉大了，跟英国完全不能比，由海运大国变成一个依靠他人的货运国了。美国其后为什么推进哈特法？就是为了翻身，恢复自己海运大国的地位。除了木船改轮船之外，在法律方面也要采取措施。由美国国内法的哈特法演变来的《海牙规则》，确定了尽到谨慎处理义务可以免责的原则。这个有很大影响。

这篇文章是我为了这本书专门写的，为了写这本书专门研究了一遍公约,我觉得比过去有收获,认识到公约就是当时资本主义国家内部船方和货方博弈的结果。

我觉得海运领域有三次大的变革,第一次是《海牙规则》,建立起一个秩序,尽管更有利于船方,但是保持了大体上的平衡;第二次是《汉堡规则》;第三次大概是我们现在的"一带一路"了。

问:那这之后还对海商法有研究吗?

答:之后就淡出了。从纽约回来,我到法学所做副研究员,研究方向转为国际经济法,并带这方面的硕士研究生。然后在1984年到了法律咨询中心,直到退休。后来也和徐鹤皋一起搞了天平律师事务所,搞律师业务,但都不是海商、海事的案件。

问:感谢您接受我们的采访,您虽然是一个"过客",但这几年对于海商法的发展贡献巨大。

答:别说这个了。虽然准备了,但还是说得乱七八糟。

问:您说得很好,说完之后提升了我们对您的敬仰!

口述人:魏家驹

访谈人:吴焕宁

记录人:北京大学"口述海商法"小组宋璇

时间:2017年12月7日

地点:北京市北四环魏老师家中

13. 参与开创我国海事仲裁、海损理算事业

——高隼来先生*访谈录

高隼来先生

北京冬日的一个下午,有幸与在业界以学识过人但谦虚低调著称的高老联系上,前往他家中进行采访。高老已年过九旬,但依然精神矍铄,聊起问题来逻辑清晰。每每问到高老以前做过哪些工作,高老

---

* 高隼来(1926年10月—2023年1月),曾任中国海事仲裁委员会副主席,中国对外贸易仲裁委员会副主席,中国国际贸易促进委员会环球律师事务所律师、主任。

总是低调地回答说没有做过什么，我不记得了。在他平淡的叙述中，很难捕捉到他作为我国海事仲裁和海损理算的第一批元老，以及曾任我国改革开放后成立的第一家律师事务所5年主任的荣耀与艰辛。

问：高老师，听说您是在当时最有名的东吴大学法律系学习。

答：东吴大学法律系是对的，但是不是最有名我不知道。我进东吴大学不是考进去的。我高中毕业考了两个上海比较有名的大学，没有考取，后来考了德国医学院。在德国医学院先要学两年德语预科，我学得比较快，学了一年就上正式班了，正式班都是德语授课。当时（1942年—1943年）还是日本人占领上海的时候，那个时候中国人很苦，买粮食要半夜起来去排队，买的粮食里面都有沙子、石头。等我到了正式班的时候身体就不行了，上课的时候不知道老师在讲什么，医生也说我的身体不行，要停学休养，所以有一年多没有上学。后来德国打败仗，德国医学院也关门了，就没有再回去。东吴大学在抗日战争期间搬到重庆去了，胜利之后又回到上海，我因为在德国医学院学过一年多，就直接进了东吴大学，没有考试。在东吴大学我上的是夜校，5年制，从1945年到1950年。

问：您是怎么想到去东吴大学学法律的，是有什么特别的兴趣吗？

答：没有，我兴趣实际是数学。当时是因为东吴大学在上海只有法学院，其他学院都在苏州，东吴大学的英文名字其实是 Soochow University。不过我1950年法律系毕业了是没问题的。（随即给我们展示了当年和夫人的毕业证书、成绩单。）

问：看您成绩单上还有海商法这门课程，您当时对海商法有没有特别的兴趣，您还记得海商法学了些什么吗？

答：我其实不太记得这门课了，只记得魏文翰老师来讲过课。学的内容也不太记得了，记得有一本书是魏文翰老师自己写的《共同海损论》，别的不记得了。海商法主要还是以后在工作中自学的。

学校里我记得课最多的是英文的合同法和侵权行为法，是留美的中国老师给我们讲英国和美国的法律，都是判例法。这两门课的教材

13. 参与开创我国海事仲裁、海损理算事业（高隼来）

都很厚，但是"文化大革命"下放之后书已经找不到了。我这两门课学得挺好，也很有兴趣。我记得当时的作业是要把判例写成摘要，我对这个比较喜欢。我读夜校，白天在工作单位可以打字，我每天用打字机和复写纸打出来七八份，然后上课带去把作业分给同学们。

问：您也算是那个时代的学霸了！看您喜欢学习外国法律，那请问您的英语是什么时候学的？您英语成绩是不是一直很好？

答：初中就开始学英语了。我记得初中英语是个女老师教的，当时我们几个学生好像学得不太好，下课之后老师把我们叫到家里给我们吃好吃的。高中、大学也有学英语。我英语没有很好，只是看看我们法律这一行的东西还可以，其他比如美国电影我就听不懂了。

问：请问您在东吴大学读夜校的时候白天做什么工作？

答：白天我在德孚洋行清理处工作，因为我会点德语。这份工作与法律没有关系，稍微用点德语，不会用到英语。德孚洋行本来是卖颜料和染料的，新中国成立后清理处还同化工合并，也做外贸。① 我只做染料的国内销售，不过从那时开始，我懂了一些外贸流程。

问：所以您在很早的时候就做过贸易了！那您毕业之后又去了哪里工作？

答：1951年，外贸部需要德语翻译，到上海找档案找到我，临时把我借调到外贸部两三个月，完成了谈判的阶段，我就回上海了。可能觉得我那次干得还可以，1952年又把我调回北京，在外贸部的二局工作。当时每年都要同东欧国家谈判贸易协定、交货共同条件、进出口清单，我在其中做的是翻译工作。交货共同条件同法律沾点边，同各国谈判确定的交货共同条件，在那时，还可以在书店买到有相关记载的书。

1954年我开始在贸促会（当时隶属于外贸部）工作，一开始我在贸促会也不是做法律工作，是在来华展览部工作，接待外国人来中国办展览会。第一个是苏联展览会，我负责展览会展品说明书的翻译和

---

① 1950年1月德孚洋行清理处改组为中国染料公司，4月改名为中国进口公司华东区染料部，11月与该公司所属化工部一起被划归中国工业器材公司华东区公司领导。1951年2月，二部合并，成立中国工业器材公司上海化工原料染料分公司。

印刷。1956—1957年我到民主德国办展览会,这是我第一次出国。回来就看见大字报一大片。1957年之后我要求调到法律部,我还是希望做法律相关的工作。到了法律部,给外国商人写过几封信,解答法律问题。但是1958年又派我出去搞展览。

问:所以您是从1958年回国之后正式开始在贸促会从事法律工作,您在贸促会法律部又是怎么开始海事仲裁工作的呢?

答:贸促会内设有仲裁部,后来改称法律部。最初法律部只有四五个人,后来20世纪60年代大概增加到十几个人,而当时负责海仲工作的只有我和叶伟膺。最开始因为我会外语,当时会外语的人不多,所以安排我来参与筹建海仲的工作。但我不记得自己在海仲成立的过程中做过什么,我只记得邵循怡副部长去国务院开会回来,说总理只问了一个问题,就是苏联商会也有两个仲裁委员会吗?我们回答是的,然后就通过了成立海仲的国务院决定。海仲成立最开始有25位仲裁员,没有我,我是办案秘书。我后来成为仲裁员以后办理过不少案子。在这本书②选编的从海仲会成立到1983年之间的22个案件中,仲裁庭里有我的有13个。这个比例后来逐步缩小,这说明我国能够仲裁海事争议的人与日俱增,实在可喜。海仲成立之初的那段时间,仲裁员裁案子不看卷宗,只开庭,裁决书也不是仲裁员写,而是仲裁秘书来写,所以即使是没作为仲裁员的那些案件,我作为秘书也是写了裁决书的。再后来,到了20世纪80年代,我就主要当律师和裁贸仲的案子了。

问:请问您工作之后是如何学习海商法的?

答:当时贸促会图书馆里有一套书,叫 *British Shipping Law*,是贸促会的第二号人物当旧书淘回来的,后来陆续增添新版的。我主要是通过这套书自学的海商法,除此之外几乎没有其他的了。海仲成立初期,案子不多,我有时间就啃这套书,基本都读完了。海商法的国际条约和外国法律在这套书里都有。海商法的国际性很强,我们的沿海运

---

② 中国国际贸易促进委员会海事仲裁委员会编:《中国国际贸易促进委员会海事仲裁委员会裁决书和调解书选编》,法律出版社1985年版。

13. 参与开创我国海事仲裁、海损理算事业（高隼来）

输不适用海商法，只有国际运输才适用海商法，国际运输很早就有了，所以我们需要了解国际上这套规则，我们制定海商法不可能也没有必要另起炉灶。

问：您还记得您裁第一个案子的情景吗？当时的仲裁和现在有什么不同吗？

答：不太记得了，没什么不同。当时我国还没颁布《海商法》，就承运人同托运人之间的争议而言，仲裁最主要的依据就是双方的合同，没有合同就参照国际公约，还有就是 *British Shipping Law* 那套书里面已经成为国际惯例的规则。

问：后来您在海事仲裁方面还做过哪些工作？

答：1972年下放回来后接着干仲裁，后来参加过几次国际会议，包括1979年在伦敦、1983年在摩纳哥，参加国际海事仲裁员大会；1985年在里斯本、1989年在比利时，参加国际海事委员会的大会和年会；1987年在维也纳参加联合国国际贸易法委员会第20届大会；1987年参加欧洲国际海损理算人协会的年会。

问：那您可能是当时中国参加海事方面的国际会议最多的人之一了！除了海事仲裁，听说您还开创了我国的海损理算事业，能给我们讲讲当时的情况吗？

答：最初要成立理算处的一个因素是，20世纪50年代和60年代，我国外运公司的租船合同都约定在伦敦理算共同海损，"文化大革命"期间大家对此提意见，因此需要在国内设理算处。交通部、外运公司、保险公司共同推动，并且希望贸促会来负责这项工作，因为只有贸促会既不代表船方也不代表货方，最适合来成立理算处。成立初期理算案子就不少。我们一开始对海损理算也都不懂，主要就是通过看外国人做的理算书、魏文翰老师的《共同海损论》以及魏老师后来《海商法讲座》中共同海损的章节来学习。理算基本上用不到国内法律，主要就是参照国际上的《约克—安特卫普规则》。

我也参加了任建新同志（当时任贸促会法律部部长）主持的《北京理算规则》的制定，并在其后的一段时间里负责贸促会海损理算处的日常工作，那时大约有七八个人办理理算业务。

问：您刚才提到说后来您就主要做律师了，请问您是什么时候开始做律师的？当时主要做了哪些工作？

答：1979年司法部决定恢复律师制度，贸促会成立了法律顾问处。1982年，贸促会部分人员领到了司法部颁发的第一批律师证。1984年贸促会在法律顾问处的基础上成立了环球律师事务所。1988年到1993年我任环球所主任，其后不当主任，仍在环球所当律师，1999年9月退休。

当时的大背景是改革开放，中国希望外商来投资，外商也愿意来我国投资，但外商对于在中国经营的安全性以及签订合同的有效性不太放心，都会请律师来认定一下。当时我主要跟外商和外国的律师事务所打交道，主要做金融方面的合同审核工作，没有当过诉讼代理人。

我们当时的客观情况和现在不一样，当时是在改革开放的大政策下，国家法律大部分都是为改革开放服务的，那个时候我们开律所的经验对现在用处不大。

问：您还记得参与《海商法》制定的情况吗？

答："文化大革命"以前我们同交通部的港航管理部门有一些关于《海商法》的书面意见交换，但我这里没有保存，具体工作不记得了。我找出来以前的材料，20世纪80年代我是海商法起草委员会的成员，但是我没做什么事情。《海商法》起草的最后阶段我也没参与，原因可能是我在1991年住院，比较严重，贸促会可能因为我的身体原因就不叫我参加工作了，参加的话对这项工作也不好。

问：听说经常有学生来您这请教问题，您能分享一下这些经历吗？

答：我不记得了，不经常接待学生，就接待过上海海运学院的张既义教授当时带来北京的一批研究生，他们有些学习上的问题来跟我探讨。我看以前写的材料，我曾经还为中央政法干校律师培训班、政法大学研究生班、大连海运学院研究生班以及涉外经济审判干部培训班等临时讲授过关于海商法和海事仲裁的课程。

问：您干了一辈子海商法的工作，有什么感想吗？

答：《海商法》虽然说有这样那样的问题，但从大局看没有问题，我们不用担心。最早没有《海商法》的时候我们也照样发展，有了《海商

13. 参与开创我国海事仲裁、海损理算事业（高隼来）

法》当然更方便。《海商法》有些地方如果能够调整当然是好事，但怎么调整这个问题还是新的人知道得多。

问：您觉得海商法好学吗？对我们后辈学习海商法有没有什么建议？

答：我觉得海商法不是特别难学，但如果真做海商法，有机会最好上货船走一圈。我自己没有这方面的经历，一说到船上的机器设备、货物怎么保管等我就不懂了。比如买卖成卷的钢材，钢材中间有一个芯，运输到目的地发现钢材被压扁了，如果是因为出厂的时候芯的强度不达标，那么是卖方的责任；如果是因为在船上堆了几层导致压扁，则是积载不当，属承运人的责任。类似这种疑难问题到我这，我就不知道答案了。

学习海商法我再提一点建议，就是有机会去旁听一下仲裁开庭。但现在还没有这样做的，因为仲裁要求保密。但如果在征得仲裁委和双方当事人同意的情况下，选择有意义的案件让学生去旁听仲裁开庭，应该会有帮助。

问：谢谢高老师，您提的这些建议我都记下了。也再次感谢您愿意接受我们的采访并与我们分享您的宝贵经历！

答：不客气！

口述人：高隼来
记录人：北京大学"口述海商法史"小组寇梦晨
时间：2017年12月12日
地点：北京市朝阳区静安西街高老师家中

14. 我了解的海事审判早期情况

——费宗祎法官*访谈录

费宗祎法官

费宗祎先生曾是中国最高人民法院法官、最高人民法院审判委员会委员,北京大学等多所大学的兼职教授,并连续两届任中国国际法学会、中国国际私法学会副会长、中国知识产权研究会副理事长,同时也是中国国际贸易仲裁委员会的副主任。费老在最高人民法院工作期间,处理了很多海事方面的工作,主持并亲自起草了有关海事审判

---

* 费宗祎(1928年12月—),曾任最高人民法院经济审判庭副庭长,审判委员会委员。

14. 我了解的海事审判早期情况(费宗祎)

的两部司法解释。这两部司法解释在我国《海商法》颁布之前,对我国的海事审判工作起到了非常重要的指导作用。2018年1月6日下午,我们来到费宗祎先生的家中,费老虽满头银发,但精神矍铄,兴致颇高,在北京冬日和煦的午后阳光中,向我们缓缓道来他与海商法的奇妙"因缘"。

一、海事法院成立初期的海事审判

问:费老您长期在最高人民法院工作,在海事法院成立之前,您是否处理过海事案件呢?

答:海事法院成立时,我还在研究室,没有到经济审判庭去。经济审判庭成立之后,处理过海事案件,但不是最高人民法院自己直接处理,而是下面的法院先处理,直接到最高人民法院的案子很少。下面的海事法院,有广州的,有上海的,海事法院是中级法院,他们在处理海事案件时,会将有问题的案子拿到最高人民法院,当时这叫作"请示"。经济审判庭曾经处理过一个下面请示的案子,我记得是广州海事法院请示的,当时的法院院长姓丁。经济审判庭处理这个案子时,将我从研究室找过去讨论过。我直接处理过的案子很少,一般案子多是到不了最高人民法院的。

问:您还记得第一家海事法院成立的时间吗?

答:第一家海事法院成立的时间,不是1982年,就是1983年,不会晚于1984年。我从研究室调到经济审判庭后,海事、知识产权和涉外经济审判,都是在我们的主管之下。1984年,海事法院就比较健全了,天津、大连、青岛、上海、广州和武汉,都有海事法院了,我知道的就是这6个。

问:海事法院成立初期的情况是怎样的呢?在海事审判方面遇到过哪些困难呢?

答:我自1984年起担任最高人民法院经济审判庭副庭长。我主管经济审判以后,对当时海事法院的初步了解情况是案件比较少,海事法院中真正懂得海事海商的人不多。当时海事法院的审判人员大部分是从民事审判部门转过去的,有的是从行政部门转过去的,比如港务局中处理过相关海事事务的、有相应经验的就会来海事法院。经过大学海商法训练、熟悉海商法的人很少,更不用说有海事审判经验的人了。中国当时只有大连和上海有海运学院,其他地方都没有专门的海事学校,政法大学只有吴焕宁,上海的力量比较强,有魏文达教授。

我们发现,当时的海事法院有一个严重的问题是,它们不知道哪些案件能管,案件到了以后不知道该不该管。还有,海事案件中,船舶发生碰撞以后,肇事船舶到了中国港口,却不知道该怎么扣留肇事船舶。扣留船舶是一种外事,需要经过外交部门的批准才可以扣。当时,外事无小事,事事要请示。法院要扣船,必须经过当地的外事部门请示到外交部门,外交部门同意后才能扣船。而等到外交部门批准下来,肇事船已经跑了,因此从海事法院反映来的情况就是,扣船很难。诉讼法中有保全的规定,但没有扣船的规定,也没有扣押令的规定。所以我到了最高人民法院经济审判庭,经过一段时间的摸索之后,决定成立一个小组。当时小组里,有贸仲的一位海事仲裁员,即高隼来,我还带了其他几个人,一起到几个海事法院走了一趟,我们到过天津、大连、青岛和上海。总结起来,我们就发现了三个问题,第一个问题是审判人员的业务水平确实比较低;第二个问题是案件的管辖不清;第三个问题是在海事案件中,扣船扣不了。

我们回来以后,就针对这些问题商讨解决方法。当时来讲,要靠修改《民事诉讼法》或制定《海商法》来解决这些问题是不可能的。因此我们最高人民法院制定了两个司法解释,一个是关于海事法院诉讼管辖的规定①,规定了海事法院与普通法院的分工,海事法院可以管辖哪些案件,以及海事法院彼此之间的分工,比如上海和青岛的海事法院管辖区域的划分。我们列举了很多案件,说明海商的哪些案件可以

---

① 《最高人民法院关于涉外海事诉讼管辖的具体规定》,于1986年1月31日发布并实施,现已失效。

14. 我了解的海事审判早期情况(费宗祎)

管,海事的哪些案件可以管。这个规定作出之后,海事法院就清楚什么案件可以受理,管辖的依据又是什么,因此这是一个很重要的司法解释。第二个司法解释是关于扣船的②。这种规定首先要和外事部门商量,对于扣船案件,在国际上通行的规则就是任何法院都可以管,不需要通过外事部门。最后我们一致决定,以后中级法院碰到这样的问题,高级法院同意以后就可以管,法院系统内部自己就可以定夺,不用再通过外事部门双重走,这是很大的改革和突破。同时,这个司法解释也规定了如何具体执行扣船。扣船的人要带上扣押令,到了船上,将扣押令交给船长,并宣告。如果船长拒绝接收,就把扣押令贴到驾驶室中,不允许这艘船离港。当时我记得,我们跟其他国家谈判的时候,就说到海事案件应该如何处理的问题,没有海商法要怎么办呢?后来最高人民法院发布了这两个司法解释,我们也就放心了。

开始的时候就是这样,海事审判打不开局面,打不开是不知道能干什么,惧怕案件。就我们当时来讲,海事法院和海事审判已经有了,主要是要敢于办案,这是第一步。第二步是接了以后怎么办,提单的问题如何处理,货该归谁,无单放货又该如何处理。这两个司法解释就是让法院敢收案子、敢办,解决第一个问题的。

问:在我国《海商法》颁布之前,你们主要是根据什么来审判海事海商的案件呢?

答:就是跟你们说的这两个司法解释,还有民法、国际条约之类的。当时我国还没有《合同法》,施行的是《经济合同法》,《经济合同法》中有关于运输合同的规定,我们就是用这个来审理案子的。

问:我国设立海事法院是由哪些人发起的呢?我们如果想了解这段历史还可以找谁呢?

答:现在最高人民法院已经找不到人了,都已经退休了。我是1950年到最高人民法院,离开后,1980年再回到最高人民法院,回来后也不在审判庭,是在研究室。经济审判庭成立以后,再成立海

---

② 《最高人民法院关于诉讼前扣押船舶的具体规定》,于1986年1月31日发布并实施,现已失效。

123

事法院,具体怎么成立的,我不太清楚,我没有直接参与,这批人已经不在了。你们可以看看《人民法院组织法》里有涉及,专门法院里有一章。

问:您处理过的案件中,有什么是让您印象深刻的呢?

答:我记得比较清楚的一个案子是广东的,应该发生在汕头。③ 当时,广东省法院处理这个案子,向我们汇报,觉得这个案子有问题。这是关于一艘海盗船的案子。这个船,运一批马来西亚的橡胶,是从香港运过来的,运到东边的海面时消失了,实际上就变成一艘"鬼船"了,船名也改了。然后这艘船就在海上漂泊,漂泊一段时间后,船主将橡胶卖给了中国汕头的一家公司。这批橡胶原来的买主有提单,可是找不到船,后来买主发现这艘船在海上将货卖给了中国公司,原来的买主就起诉了这家中国公司,要求中国公司将这批货交还给他。这个案子提交到了广东法院,引起了一些争论。

首先有人主张,托运人运输了货物以后,原来的买主只能找船长要,不能找后来新的买主,即中国汕头公司要。原买主要起诉,可以起诉船东,也可以起诉卖主,因为卖主没有将货交给他,这就是从合同纠纷、债权债务的角度来提起诉讼了。广东法院派人查了这条船,查明这条船的引擎上面的标签和原来的船一样,且还能看到原来的船名,另外,航行文件也能证明这条船是失踪的那条。它开到一定时候,船主将原来的船员遣散了,招收了一批新的船员。中国汕头公司买这批货时,知道这批货来路不正。经过研究,我们认为当事人不按照运输合同来起诉,而是按照物权请求权来起诉,是完全可以成立的。对于被起诉人这方面,实际上不能按照善意取得来处理。这个问题经过最高人民法院处理后,报到了最高人民法院审判委员会,审判委员会认为这样处理是可以的。这个案子的影响比较大,我经手并详细研究后,提交了我们的方案,告诉了广东法院,广东法院就按照我们的意见来处理这个案子。这个案子大概是1987年、1988年时候的

---

③ 经查,应为"兴利公司、广澳公司与印度国贸公司、马来西亚巴拉普尔公司、库帕克公司、纳林公司货物所有权争议案"。

14. 我了解的海事审判早期情况(费宗祎)

事情了。

总的来说,我在最高人民法院经济审判庭主管海事的时间并不是太长。20世纪80年代末,最高人民法院另外成立了交通运输审判庭,审理海事和铁路方面的案件。铁路法院不是地域性的,划分与普通法院不一样,是跨区的,归到地方的省法院管。海事法院和铁路法院当时有一个共同的问题,就是长期隶属于当地的行政机关。上海海事法院的人财物长期都是上海港务局管,铁路法院归铁路局管,行政机关办司法,这一直是一个很大的问题。当时开始设立海事法院和铁路法院的时候,最高人民法院没有钱,也没有人去组建,铁路法院是当地的铁路局组建的,由铁道部和交通部出钱。行政机关管司法这个管理上的问题在20世纪90年代初就解决了,之后两个法院都归法院系统管了。这也是一个历史的原因,应该说两个法院归回法院系统管理是在最高人民法院恢复设立了交通庭以后。交通庭于1955年设立,后来被撤销了,之后又重新设立,海事这部分就拿到了交通庭去。后来我管的海事方面的工作就不多了,都是海事审判发展初期做了一些事情。

问: 您觉得海事审判在我国经济审判中处于怎样的地位呢?

答: 海事审判已经脱离经济审判了。20世纪80年代早期,经济审判包括了很多商事经济的案件,但是那会儿下面已经成立海事法院了,高级法院没有专门的海事审判庭,就归到经济审判庭中。现在也是如此,海事案件和涉外案件一起归到了最高人民法院的民四庭。知识产权也是,之前工业产权归到了经济庭,著作权归到了民庭。现在成立了知识产权庭,民三庭,把这三权合在一起了。行政上也是,我国分设了商标局、版权局、专利局,现在知识产权局只有专利,当时朱镕基想把这三个局放在统一的知识产权局中,但名字改了却没有做到,版权还在出版总署,商标还在工商局④,没有做到真正统一的知识产权局。这是不正常的,我们一再呼吁应该统一。海商法将来也是如

---

④ 经过2018年国务院机构改革,组建国家市场监督管理总局,承担原国家工商行政管理总局等机构的职责;重新组建知识产权局,现知识产权局承担商标专利,原产地地理标志、集成电路布图设计等知识产权方面的职责。

此。海商法在大学里很难成为一个独立的系,只能在商法里设一个专业,不可能成为一个二级学科。就像航空法很难成为一个专门的系,当然也可以在航空学校里设立航空法,但是在普通大学里就很难。普通大学可以根据需要加大这方面的力量,招收更多学生。现在有了海运学院以后,别的地方招收学生就很困难。大部分都是从研究生开始招学生,但我觉得有专门的海运学院更好一点。师资力量比较集中、学生比较集中,学习环境氛围浓厚,群体的力量比较好。

二、对《海商法》起草工作的参与

问:您是否参加过《海商法》起草的工作呢?

答:我没有直接参加《海商法》起草,只参加过一两次的讨论。《海商法》是当时参照国际条约起草的我国国内法中,将条约内容移植到国内法中最多的一部法律。《海商法》大量采纳了国际条约里的相应规定,当时来讲,这是很正确的。有些条约我们没有参加,但已经有很多国家在使用,我们应该采纳,这种立法策略是对的。

当时《海商法》的起草,海运事务部门的同志们起到了很大作用。比如已经过世的朱曾杰。教育系统里的也有,最老的一位姓魏。上海海运学院的很多老师都出了力。我记得是国务院法制局的一位老师,应该是我的师兄,由他主持起草的这个稿子,经过了七八年的时间。起草比较早,但一直拖拖拉拉,很多问题没有定。当时最大的问题是我们要不要完全采纳国际公约,当时最大的公约是《海牙规则》《维斯比规则》和《汉堡规则》三个,我们到底应该采纳哪一个。说穿了,就是以后的规定是更有利于货方还是船方,这个利益应该如何平衡。那时候,我们国家的船很少,大量地租别人的船,但是也应该考虑到我们的船队以后也要发展。尽管这三个公约我们都没有参加,但是我们的提单上,内容基本都是参考《海牙规则》的。《海商法》一直没有出台,就是在讨论如何平衡这个利益更恰当。从发展上来看,显然《汉堡规则》更好一点,或者说是对货方的利益保护更多一点,但当时我们是更倾向于《海牙规则》的,所以我们的《海商法》跟《海牙规则》比较相似。

中国远洋运输发展那么快,过去是完全用别人的船队来运输,现在是自己的船队都吃不饱,这是一个大问题,这是我们涉外法律中很大的问题。在投资补偿方面,过去我们是接受投资国的投资,从心态上、思想上,是保护东道国的利益。但现在我们大量地投资国外,签订投资条约,参加仲裁,我们如何处理合同产生的纠纷,这需要大原则上的把握。总体来讲,过去我们是处于弱势的、受别人摆布的地位;心态上,我们处于一个防御的地位。现在我们不一样了,经济发展那么快,我们要走出去,发展"一带一路"。我们要考虑自己的利益,也要保护接受国的利益,重新来调整我们的心态,调整立法的规定。我们一定要强调互利,强调共赢,用这样的思想来起草我们的法律,将来我们的《海商法》也要如此,既要保护托运人的利益,也要保护承运人的利益,这个利益如何平衡好,将是我们在修改《海商法》的时候面临的很大的问题。我们不能像过去一样,偏重于保护自己的利益,过去我们偏向于船方和托运人。现在我们应该强调利益的平衡和均衡,应该平等地保护双方的利益。

三、海商法优秀论文评论委员会委员

问:您曾经担任全国海商法优秀论文评选委员会的委员,能请您介绍一下这方面的情况吗?您认为当年的评选活动对我国海商法的理论和实践产生了怎样的社会影响?

答:这个论文评选,搞了很多届。主要发起人是香港的杨良宜,大家都很熟悉。当时他倡议、他出资,每次办都是他自己掏钱。那时候国内没什么钱,交通部也没有钱。评选论文很多,既要发奖,还要找人评论,都需要钱。这个论文评选活动有一个评论小组,我记得有远洋公司的朱曾杰,当时律协的一个会长,保险公司的李嘉华,还有司玉琢、尹东年、吴焕宁等教授。这个活动每年一次,接收很多论文。参加活动的人以学校的研究生、大学四年级学生为主。法院和运输部门的也有，但是很少。我们评论小组每个人都要看这些论文，看完后投票。这些论文更多的是谈理论，比如提单的性质，无单放货。一方面是理论，另一方面是我们实践的内容。《海商法》颁布之前，这些论文对法院审判起到了很好的作用，我们同时也向他们学习，这些论文对我们起到了很多的参考作用，对立法也有启发。这个活动大概办了十期，花费太大，之后我们国内自己的力量也成长起来，没有必要靠人家来搞，就停办了。

这个工作起到了很好的效果，杨良宜对海事审判的发展功不可没。杨良宜写了很多书，到过很多学校来讲课。他作为一个香港的大律师，这样热心地来做这件事，对海商海事在内地的发展起到很好的作用。

问：这个评选活动，您每一次都参加了吗？您觉得这些参评论文的水平怎样呢？

答：我几乎每次都参加了。开始论文水平不是太高，后来就很不错了。我印象比较深的是李海，他现在做海事律师了。我们要求越来越高，有一两期没有一等奖。另外后来我们发现重复的比较多，研究水平也不太高。初期的时候，研究的人很少，这个问题比较突出。后来研究的人多了，研究不深入的问题又凸显了，当然前几年确实发挥了很好的作用。另外也可能后期谈具体的问题比较多。这部分资料，不知道现在谁还有，我有一部分因为搬家遗失了，真是可惜。朱曾杰应该有，司玉琢也可能有。这套资料是谁保存的我不太清楚。朱曾杰走了很可惜，这些问题他很多都清楚，整个海商法的脉络他都十分了解，而且他是中远顾问，参加国际会议比较多。

你们这个工作做得太晚了，包括最高人民法院也在做这个工作，但是现在能讲清楚20世纪50年代那些历史的人要么不在了，要么脑子不清楚了，熟悉这些事的人都走了，活资料都走了，现在抢救都晚了。要是早五年做这个事，朱曾杰还在，可以讲很多。如果我们几个能有条件坐到一起，一起回忆，可以想起很多事情，个别讲有时候记不起来那么多。现在没有什么人了，吴焕宁现在算老一代了，但在老一代中她又算年轻的。现在不重视这个事情,好多立法做过以后,没人把它当回事,现在回过头来要了解这个事情是很难的。最高人民法院给我发通知要我回忆些什么,我说你赶紧,2017年一年老干部就过世了十几个,现在能讲20世纪50年代的事情的人就剩下一两个了。我数了数,能讲20世纪50年代的除了我,就一两个人,有的虽然在,但是脑子糊涂了、病了,根本想不起来什么事。你们应该去采访高隼来,他应该知道很多事情,海仲的情况他知道得很清楚。他一直做海事仲裁,参加了《海商法》起草,论文评选也一直参加。另外第一次组织去海事法院调研,当时任建新(贸促会来的)特别指定邀请高隼来参加我们这个小组。因为我们都是外行,他算是专门研究海事的专家,所以邀请他协助我去调研然后作出规定。我们下去还审查案子,走了好几个法院,他还帮助我们一起分析案子审理得对不对。所以他了解海商海事的情况应该比我多。《海商法》整个起草过程,重点应该找国务院法制办公室的郭日奇先生了解情况。他身体不太好,他和朱曾杰两个人讲不清楚就麻烦了。这两个人都是"活字典"。如果是五年前采访,很多问题都可以讲清楚了。

四、与海商法相关的其他工作

问:我们了解到费老您曾做过海事审判的仲裁员?

答:我不是海事仲裁的审判员,我是贸仲的副主任,后来当顾问。海仲也曾经要我当副主任,后来院里让我别当那么多。我也不是海商法协会的会员,但每年他们都给我寄杂志。海事仲裁我也没参加过。海事仲裁的案件不太多,有海事法院处理海事案件,海事案件每年到海仲的就七八件,最多不超过十件。

问:除了海商法,您还是国际私法和国际经济法方面的专家,国际私法和国际经济法对您进行海商法领域的相关工作有什么启发和帮助呢?

答:海商法跟国际私法关系密切,海事案件的处理中涉及很多国际私法方面的问题,如管辖权的问题。我们在起草《海事诉讼特别程序法》的时候,本来打算把这个归类过来,但还是决定暂时将国际私法的部分保留不动。因此在国际私法方面,很多是碎片化的,没有集中起来。将来《海商法》修改,是否要把国际私法的规定纳入进来,就看立法机关什么态度。

上海海事大学的王国华教授,一直在努力将海商法和国际私法结合起来。她写过一本书,系统地讲过这个问题。

问:费老您能介绍一下您翻译的《德意志民主共和国民法典》吗?

答:那是我在回到最高人民法院之前翻译的,那会儿还没有想到要起草民法,当时觉得这部民法典和传统的相比确实有很大的变化,跳出了传统的结构,特别是对公民权利的保护特别突出,这给了我很深的印象。"文化大革命"时期公民权利丧失殆尽,但同样是社会主义国家,德意志民主共和国对公民的权利保护程度这么高,是很难得的。这部法律保护公民的财产权利,尽管财产不多,但是其中有一条,规定公民可以在郊区卖土地、盖房子,有别墅,当时我就觉得这些规定太不一样了。翻出来以后,最高人民法院调我回来,派我去参加民法三稿和四稿的起草工作时,我就说你们有多少外国参考资料。他们只有《法国民法典》《德国民法典》《捷克民法典》,我就把我的翻译草稿拿出来用了。这本书是在1980年以后才出版的。

问:费老您觉得海商法是否有边缘化的趋势?

答:也不是边缘化,只是因为它是一个专业性太强的学科,老师不好找,没有老师开课,又怎么设置专业呢?

问:现在我们国家提出"一带一路"倡议,您觉得有没有必要进一步加强海商法教育?

答:形势逼着你要走出去,海商法将来必须进一步加强。现在司玉琢呼吁要建立大的海法体系,不应该仅限于《海商法》。海法范围就大了,不仅包括狭义的海事运输、海上碰撞,还包括海洋污染、海洋环境等问题。当然这个能不能实现不知道,但是他看到了在宏观意义上的必要性。我们走出去不仅有海运的问题,还有港口的问题,包括港口建设、港口碰撞的事故处理等,航空也是如此。所以将来随着形势

14.我了解的海事审判早期情况(费宗祎)

的变化,我们走出去的势头越来越足,我的想法是,海商法的立法是应该加强的。而且我觉得还是应该更多地和国际接轨,这是一个正确的道路。国际条约由于历史原因是由几个航运大国操纵的,但是也要看是否合理,我觉得可以吸收合理的东西来借鉴和继承。

口述人:费宗祎
访谈人:北京大学"口述海商法史"小组范令箭、旷瑾
时间:2018年1月6日
地点:北京市朝阳区费先生家中

15. 住在"长江头"的海商法学者

——杨树明教授*访谈录

杨树明教授

杨树明先生是西南政法大学教授、博士生导师,兼任中国国际经济法学会常务理事、中国海商法协会理事。20世纪80年代初期,几乎在法律系刚刚恢复的前几年,远在西南内陆的杨教授就有了在西南地区开设海商法课程的敏锐嗅觉,并坚持开设三十多年,为我国海事实务部门输送了大量人才。2018年1月30日,我来到杨教授的家中,见到了这位在远离大海的"长江头"执着研究、传授海商法的老教授,受到了杨老师及其夫人曾老师的热情款待。短暂的中午,我们相谈甚

---

* 杨树明(1940年6月—),西南政法大学教授。

15. 住在"长江头"的海商法学者(杨树明)

欢,让人深深感慨:为人师者,当如是也。

问:杨老师,您好!请问您是如何开始接触和学习海商法的呢?您师从过哪些老师?当时学习的内容和教材是什么呢?

答:我是西南政法大学法律系65级学生,1979年调回学校任教,服从学校的安排从事海商法教学工作。以前学校没有开设海商法,我也没有学过海商法,就需要进修。我翻阅了当时的全国高校课程目录,全国各个法学院几乎没有开设海商法课程的,只有大连海运学院和上海海运学院开设海商法。一个偶然的机会,我在西政图书馆的旧资料里翻到了魏文达老先生新中国成立前编写的书,于是准备到上海海运学院进修。为了积累海事实践经验,先到青岛船员进修学交学习,正好听了上海海运学院张既义教授和尹东年教授的"海商法"、王义源教授的"远洋运输业务",再到上海海运学院进修"海商法",期间看了魏文达教授编写的《海商法》,还听了货代、船代等课程。期间,张既义教授是我的指导老师,他当时是航海系的党总支书记,尹东年教授是系主任。课程结束后,我准备参加上海海运学院组织的海上运输实习,当时经费特别紧张,其中大多数我都用来购置书籍和资料了。但海商法是实践性很强的学科,不亲自去船上看看是什么样子,课根本没法讲。所以我和航海系领导商量,给系上的同学们讲授民法、经济法,用课时费来抵扣船上的花销。就这样在实习船上待了三个多月,真切地了解了船上的结构、船舶运行管理制度等,这对我以后教学很有帮助,这的确是一段很有意思的经历。

问:您之后回到西南政法大学就开始海商法的教学工作了吗?西南政法大学的海商法教学和研究是如何开展的呢?效果如何?现状如何?

答:近一年的进修结束后,我回到西政,便利用进修和购置的资料、书籍编写"海商法教程"讲义,给当时已经大三的79级法律系学生开设海商法课程,之后这份讲义由重庆大学出版社出版为《海商法教程》[①]。

---

① 杨树明编著:《海商法教程》,重庆大学出版社1989年版。

记得当时广州海事法院成立需要大量的人才，特别是外语能力强和修过海商法课程的人才，那些上学期间没有修过海商法的学生都回来找书，来找我编的这本教材。海事法院成立以后，越来越多的人开始重视海商法的学习。

至今我校开设海商法这门课程已经30多年了，主要是给法学专业本科生开设选修课，目前每年有30—100名学生选修此课，由国际法学院教师任课。目前教授海商法的老师有3名，这些年轻老师都是西政自己培养出来的，也是一个很好的传承。国际经济法专业硕士开设了海商法研究方向，该专业研究生必修海商法课，还研究海商法实务及国际货物运输实务。我校十分注重案例的讲授和课堂讨论，重视学生实务能力的培养，培养出来的学生到各个海事法院和律师事务所从事海商法的研究，办案能力强，都是骨干。杨良宜教授是西政的特聘教授，他喜欢到西政来讲课、办讲座，给听课的学生发书。听课的学生动辄几百人，学生对海商法很感兴趣。

问：西南政法大学地处内陆，怎么想到开设海商法课程并且坚持开办至今？

答：西南政法大学地处西南重镇重庆，重庆是长江中上游的交通枢纽和货物集散地，长江流域的货运量很大。随着改革开放的推进以及内河航运的发展，涉外航运纠纷日益增多，为了国家经济建设，从沿海到内陆的建设都需要有相应的法律来进行调整，以及相关的机构来办理相关事宜。海商法是一门很重要的法学课程，目前重庆有涉及海商海事的案件，重庆有武汉海事法院重庆法庭，重庆法庭的案件量在这些派出法庭中算最多的，我在重庆仲裁委员会也仲裁过大量相关案件。

问：您还记得在重庆仲裁委员会仲裁过的印象深刻的海商海事案件吗？

答：重庆改革开放以后，作为长江上游一个重要的码头，经济贸易，特别是对外经济贸易发展比较迅速。重庆仲裁委员会会处理一些长江上的船舶运输案件，我退休后也作为重庆仲裁委员会的专家顾问，帮助解决疑难案件。2012年我参与处理的巴西大豆案的标的额就达到上亿元。2012年2月重庆一家油脂公司进口巴西大豆，与卖方签

15. 住在"长江头"的海商法学者（杨树明）

订的合同中约定了大豆的总损伤粒为8%basis、8.5%maximum、热损伤粒为4%maximum、破碎粒为20%basis、25%maximum等质量状况，并向某保险公司重庆分公司投保了一切险和短量险。该批大豆在装载期间多次因下雨中止装载，通过传送带方式装船，在整个航行过程中，一共通风5次，累计通风时间为40小时，且船方未对各仓实施温度监控。在卸载过程中发现大豆存在短量和霉变的情形，造成损失及其他费用。双方对霉变的数量产生分歧。

最终我们根据保险协议和保单的条款，确认在投保的货物数量短少时，申请人有权利就该损失部分要求保险人对被保险人进行赔付；认可了申请人所主张的，在多次分卸过程中，为了避免扩大损失，挑出表面上看起来霉变的697.5吨大豆（因不符合国家法律法规要求被销毁）所造成的损失应当得到保险公司的赔付。

问：目前海商法教学在非专门海事院校中整体并不乐观，您对目前的海商法教学有什么建议吗？

答：海商法是一个专门性很强、实践性很强的学科，高校开设海商法课程，需要理论联系实际。学生要想通过学习海商法解决实际问题，就需要到海船上或者海事法院（法庭）进行实习。我建议在学习海商法的过程中，多参加海商法协会的活动，多和海商法专家及实务人员学习。研究海商法要向杨良宜先生学习，他多次来我校讲学，并向学生赠送他编写的海商法方向的著作，在我校引发很多学生和老师对海商法的学习兴趣和热情，学生很热情，杨教授也就很喜欢来我们西政讲课。

问：谢谢杨老师接受我们的访谈！

答：不客气，欢迎你随时来。

口述人：杨树明
访谈人：北京大学"口述海商法史"小组旷瑾
时间：2018年1月30日
地点：重庆市渝北区宝圣大道杨先生家中
（特别鸣谢广州海事法院倪学伟法官
提供杨树明教授的联系方式）

16. 勇闯国际海事组织的中国人

——沈肇圻先生*访谈录

沈肇圻先生

2018年2月1日,我们来到沈肇圻先生家中。沈先生曾长期在交通部主管外事工作,参加过20世纪70年代的亚太经合会议等重要国际会议,是首位在国际海事组织中工作的中国人,也是海商法起草委员会的成员,退休以后还在中远集团担任顾问。沈老已九十高龄,仍然笔耕不辍,在《中国船检》杂志上开设专栏。迎接我们进屋后,沈老拿起特意找出来的《海商法》法条,说:"你们要问关于《海商法》的事情,我们现在的《海商法》还是这版吗?"听到我们肯定的回答后,沈老惊讶地笑笑。我们的采访就这样开始了。

---

* 沈肇圻(1928年5月—),曾任交通部外事局局长、中国船舶工业总公司西欧代表处首席代表。

16.勇闯国际海事组织的中国人(沈肇圻)

一、求学上海交通大学

问:沈老,1947年您为什么选择进入上海交通大学造船系学习?在校期间您是否接触过海商法,是通过哪些途径?

答:我学造船,并不是出于什么雄心壮志。当年我考到交大,算命先生给我算过,说我应该去耕地,后来在"文化大革命"期间我曾到过干校,真的去耕地了,这是天命所在吧!当时我想学农机,但交大没有农机系,只有机械系,但是机械系太热门了,我找了个冷门,就选了造船系。后来我差一点与建造航空母舰打交道,这是我到了中国船舶工业总公司之后的事情。回想我当年去造船系,就只是为了混口饭吃,造船系是与海事有关系的。

1948年,国际上召开过一次制定《国际海上人命安全公约》(以下简称《安全公约》)的会议,我的一位老师王世铨出席了那次会议,他是旧中国国民政府派去的。当时国内共去了三个人,团长是国民政府驻英国大使。《安全公约》对海运来讲,是很重要的。当时造船和航运界希望他们在会上能反映我们的情况,但是他们一言未发。我的老师回来后,将会议文件翻译成了中文,又写了一篇介绍文章,就算交差了。我们这些学生希望老师讲一讲会议的情况,老师出于一些原因不愿意讲,后来也只是在讲课的时候略提了一下。

二、参与创建船舶登记局

问:沈老您能向我们介绍一下中国验船协会的情况吗?

答:中国验船协会是新中国成立前成立的。旧中国是半殖民地半封建社会。半殖民地在航运方面表现在什么地方呢?就是我们的航权没有掌握在自己手里,而是在外国人手里。航权包括验船,那时都被外国人控制。中国验船协会是在新中国成立前半殖民地的情况下建立的,创办者是我的老师和航运、造船界的老前辈。我当时是低年级学生,没有条件参加那个协会的活动。中国验船协会,就相当于我们现在的船级社。它是民间组织,类似英国的劳氏船级社。

那时候的国民政府,在这方面没做什么事。外国的 ABS(美国船级社)、英国劳氏船级社、法国船级社都来了,把我国的验船市场占了。在中国验船的是他们,船造好后的证书还是由他们发。船级社发证书,保险商一看证书,船的安全性有保证了,就可以给船保险;船没有证书,外国保险公司就不给保险。有船级证书,说明这条船是安全的,货才会交给这条船运输。新中国成立前,验船是西方控制,保险也是西方控制。这个现象反映了旧中国半殖民地的特征。当时国民政府的航政局不干事,民间只好自力更生成立验船协会。中国验船协会筹备时,我是大学二年级学生,虽然没有参加那个协会的活动,但是听说了一些。

问:您在1951年大学毕业之后,就被分配到交通部参与我国船舶登记局的创建工作。当时主要是学习了西方国家的经验吗?

答:你们问新中国的验船向西方学习了什么,就要看西方是指什么了。西方如果指的是英美国家,那就是没有学到什么。中国的验船没有发展起来,是因为美国将我们封锁了,我们的船开不出去,国际会议也参加不了,联合国合法席位没有恢复,国际海事组织也没法参加。当时只有苏联帮助我们。中国验船协会是在1948年建起来的,1949年上海解放,验船协会就停了。从旧中国我们没有继承到什么东西。新中国成立后,毛主席讲"洋为中用",我们是边学边干。当时交通部的苏联专家提出可以按照苏联的做法,首先要有一个船舶登记局。它既是政府机关,又负责办理船舶入级,既代表国家签发船舶证书,又办理船级证书。1956年船舶登记局成立,1958年改名为船舶检验局。改名是因为船舶登记这个名字有歧义,名字为船舶登记,但我们并不搞船舶产权登记,我们只搞船舶检验。

我是第一批到苏联船舶登记局驻华办事处实习的,在上海的办事处学习了一年。搞验船,没有规范不行。我们要有规范,就学了苏联的规范。学校把我分到船舶登记局筹备组以后,我们要向苏联学

16. 勇闯国际海事组织的中国人(沈肇圻)

习,我就从原来学英文改成学俄文。我是上海人,语言才能好,学习了一年多,我就能口译了。我们向苏联学习,就把苏联的规范、检验制度搬了过来。把规范搬过来也有问题,苏联的规范是国际的,但是当时我们的远洋船开不出去,只能在沿海,我们的沿海船要有一套自己的规范。

向苏联学习,也还有问题要解决,还是那个《安全公约》。苏联是联合国安理会常任理事国,在国际海事组织也是理事。他们参加《安全公约》不成问题,既执行公约的要求,把公约涉及安全的技术要求写进验船规范,也能享受多边互认船舶证书的权利。我们参加不了《安全公约》,我们也把公约的技术要求写进了验船规范,但我们不是缔约国,享受不了多边互认船舶证书的权利。新中国也曾购买了跑远洋的船,但是受美国封锁,还是没有能挂五星红旗开出去。船是我们的,但船旗是波兰的、是捷克的。我们拿了钱,买了船,由捷克公司开,船员是混编的,用的船舶证书,尤其《安全公约》要求的安全证书,都是按《安全公约》规定委托苏联代发。

但这终究不是长远之计。船应该挂五星红旗,走出国门,走向世界。船舶检验局签发的船舶证书,包括安全证书,也应该随五星红旗船走向世界,这是国家航权的一部分。

为接回在印尼受难的侨胞,我们到市场租船,市场排挤我们,不愿租船给我们,或者开出高价。在周总理的过问下,我国就找了一条30来年船龄的客船,维修以后,成为悬挂五星红旗的第一艘远洋船——"光华"轮,去印尼接侨民。当时如果让船挂外国旗也可以,但是我们去接华侨,船不挂自己的旗就很不好。这条船挂了五星红旗,如果拿的却是苏联的证书,也不合适。我们多次跟外交部商量,要拿我们国家自己的证书。外交部也支持,但认为这样做,风险很大,如果印尼人不承认中国的证书,船进不去,华侨就接不成。后来谨慎起见,"光华"轮就拿了两套证书,一套是中国的,一套是苏联的。先拿我国证书去报关,苏联证书作为备用,以防万一。印尼也只是一部分人排华,船开进了印尼港口,接了华侨,船长陈宏泽马上给远洋公司发电报,报告说闯关成功。这是我国船舶检验局第一次签发出的远洋船舶证书。

当时我们跟外交部商量,我们国家的远洋船总是要开出去的,不可能一直被封锁着。首先我们要挂五星红旗,这已经经过国务院批准,其次就是要有中国的证书。但是美国人不恢复我国在联合国的合法席位,也不让我们参加《安全公约》。按照《安全公约》的规定,我们的证书发出去,其他国家可以用《安全公约》来卡我们,可以不承认。《安全公约》是多边互认,讲安全,不是一个国家的问题。1912年"泰坦尼克"号客轮出事,1914年国际上搞了第一版《安全公约》,后来不断修订,我国参加的是1974年版的。参加《安全公约》,是希望可以按照《安全公约》的标准造船,这是履行公约的义务。公约的参与国可以发证书,参与国发的证书去别的国家港口可以得到承认。

我们当时没有参加《安全公约》,美国人帮助蒋介石集团阻挠我们。我们参加不了,但技术上我们都达到了,义务尽了,权利却享受不了。我们就跟外交部商量,可以先建立双边互认证书的关系。远洋船运输对双方国家都是有利的事情,一般其他国家都同意。外交部同意我们的提议,就去找对方国家的大使谈。这就是我们当年在筹备船舶登记局,后来改名船舶检验局(简称"船检局")时做的一些事。我们向苏联学习,为中国争取了自己的航权、检验权。船检局的工作开展起来,一直到"文化大革命"。"文化大革命"以前,就是1951年到1966年,我一直在船检局。我是船检局的老人,知道船检局1951年到1954年的事情的人现在就只有我了。

三、初进国际海事组织

问:我们了解到1973年我国恢复国际海事组织合法席位以后,您为我国在国际海事组织工作的开展付出了大量心血。您可否介绍一下您在国际海事组织中主要做了哪些工作?

答:1971年,我国在联合国的合法席位恢复。联合国有一个专门机构,叫政府间国际海事协商组织,1982年改名国际海事组织。我们参加了联合国的活动,专门机构活动也要参加。为此,交通部把我从

16. 勇闯国际海事组织的中国人（沈肇圻）

干校调了回来。因为我是上海交通大学毕业的,我们上海交通大学的学生讲英文比较好。我们要参加国际海事组织,没有英文不行。但国际海事组织是一个组织,不仅是语言好就行的。要怎么开国际会议,我并不清楚。我到了远洋公司,找了英文的劳氏日报有关这个组织成立前后情况的资料学习。

当时的这个组织人称"富人俱乐部",我们类似于"泥腿子"去参加了。我们是1972年筹备,1973年3月1日恢复席位的。本来早就可以恢复,但国际海事组织是每年3月1日起算交会费,我们如果2月28日恢复,就要多交会费,当时我们国家穷,一分钱也要省着用,就推迟了一点时间恢复。

1973年是两年一次的大会年。国际海事组织召开第八届全体大会。经国务院批准,交通部于眉副部长任中国代表团团长,出席第一次全体大会。按习惯,在开幕式上由卸任大会主席致辞,宣布开会。东道国英国运输部长致欢迎词。我们要求,请国际海事组织秘书长安排于眉团长在大会开幕式上讲话。对我们的要求,秘书长答复,没有同声译员,讲中文,大家听不懂,只能讲英文。按此组织大会议事规则,中文还不是官方语言。但是于眉团长用英文讲话,这是不可能的事。这事我们早有准备,立即答复,我们可自带译员。她就是周汝枚,原北大校长周培源的女儿,翻译水平极高。她是同声翻译,发言人语音刚停,她的翻译几乎同时结束。

于眉团长在讲话中,阐明了国际活动应遵循"普遍性原则"。大小国家应该一律平等。国际事务,包括制定国际海事公约等国际规定,不能少数人说了算。他的讲话赢得会场热烈掌声,不少发展中国家代表来到中国代表团席位表示祝贺,还声称,他们想讲的话,甚至不敢讲的话,中国代表团都讲了。

第二次大型国际会议是《安全公约》的会议,我们去了,对公约的生效条件提了意见。草案的生效条件是,拥有100万总吨以上运量的15个国家中有7个国家接受就可以在一年后生效。我们提出,这个要求太低了,这等于发达国家说了算。我们建议超过25个国家接受,同时它们的商船总吨超过世界总数的百分之五十,公约才能生效。会议热烈讨论了这个问题,我们摆出了当时世界商船队的统计情况,发达国家代表无话可说,会议通过了我们的提议,修改了公约草案。

1974年《安全公约》会议还有一点值得说一说。经过中国代表团的努力,国际海事公约第一次有了中文正式文本,过去都只有英文、法文正式文本,后来有了俄文和西班牙文正式文本。2017年有人说,大连海事大学出版的《国际海事条约汇编》,公约和议定书都是中、英文对照,因此对我说的1974年《安全公约》第一次有中文本的说法,提出异议。我对这个提问的答复是:大连海事大学出版的《国际海事条约汇编》是中、英文对照这件事是对的,但他们的中文文本只是译文,不是正式文本。1974年《安全公约》,中文是正式文本,与其他文本同等有效,正式的中文文本是有法律效力的、国际公认的。译文只是参考,不具有法律效力。

在我们参加前,这个组织是"富人俱乐部",发达国家和船东国家说了算。我们参加早期,在技术上难以与他们抗衡。但是对于组织结构、权力机构、选举机制合不合理的情况,我们可以争取改造一下。

国际海事组织的理事会选举分为三类,A类是船多国家,B类是海上贸易量大的国家,C类是地区代表国家。发展中国家一般只能在第三类竞选,发达国家在前两类。我们研究要改造这个不合理的选举机制。最简单的改造方法,是推倒重来。我们跟外交部商量,外交部同意改造这个组织,但提醒我们要慎重,我们找到墨西哥七十七国集团召集人,咨询了他们的意见。墨西哥参加这个组织的时间比较长,他们说推倒重来是不现实的。既得利益的发达国家肯定反对,而且分类方案可以有多种多样、五花八门,不断争论,一时得不出结论,就实现不了改造的目的。商量的结果是暂且保持三类,稳住发达国家,提出扩大第三类;利用会员国一国一票的机制来实现,再逐步扩大理事会名额,用渐进的方法达到改造的目的。外交部也同意这样做。改造、扩大理事会,发展中国家可以多投票,这是对权力机构的改造。第二个改造是海上安全委员会,这个委员会是专门制订公约的技术条款的,如无线电该怎么样。这个委员会也是选举产生的,船多的国家才能当选,发展中国家挤不进去。《安全公约》的技术内容都是这

16. 勇闯国际海事组织的中国人(沈肇圻)

个委员会商量出来的,然后让大会通过。我们认为,这种机制是少数国家说了算,发展中国家也要参加。经过努力,这个委员会不再选举,所有会员国均可参加。第三个改造是技术合作委员会。国际海事组织制订了不少国际海事公约,要执行这些公约,首先要了解它们。因此,发展中国家可以通过技术合作来取得帮助。技术合作委员会正是它们提出要求、表达愿望的地方。但是这个委员会附属于理事会。在理事会开会期间,有需要时开会,不是理事的发展中国家不可能参加,因为会议有时候开、有时候不开,发展中国家也不知道什么时候开会、什么时候不开。发展中国家要求改造技术合作委员会的意愿已很强烈。我们提议,技术合作委员会要制度化,不是理事会的附属机构,有自己的会议计划,定期召开会议,所有会员国自由参加。

在改造国际海事组织方面取得的成绩,是我们坚持我国外交方针政策,遵照外交部的意见与发展中国家共同努力,团结奋斗的结果。

1975年国际海事组织召开第九届全体大会。在准备出席会议的预案时,外交部建议竞选理事,进入权力机构。要竞选,首先要决定在哪一类。当时我国商船队不大,去第一类竞选,难以取胜。在第三类竞选,都是发展中国家,即使选上,也改变不了发展中国家在理事会中的比例。去第二类竞选,我国海上贸易量虽然不大,但可以试试,因此初步定在第二类竞选。经过与有关国家代表探讨,他们也觉得可以,我们就报国务院批准。既然竞选一定要选上,就立即行动,先通知国际海事组织秘书长,用会议文件使各会员国周知,我们要在第二类竞选,制造舆论。外交部通知驻英使馆,让他们找国际海事组织会员国驻英使馆,争取他们的支持。为力争获得更多选票,外交部又通知一些使馆,找驻在地外交部门争取支持。到达会场,我国代表团成员在会内会外加强活动,拉选票或者相互支持,就是换票。因为我们强调,中国之所以在第二类竞选,就是为了不与其他发展中国家在第三类中挤。这点得到不少发展中国家的赞同。虽然形势很好,但选举是一国一票,还是秘密投票,开票前谁也说不准。选举那天整个会场气氛紧张。开票结果,我们在第二类竞选成功,当上了理事,巴西也同样在第二类当选。我们回国总结时,认为中国成功当选冲破了国际海事组织的选举常规,更是一种成功。

1977年和1979年,我们继续在第二类当选理事。

1981年又是大会年,那是第十二届全体大会。交通部决定由郭建(女)副部长担任中国代表团团长。在向她汇报情况时,我讲到发展中国家都想进理事会,这是荣誉。我跟郭部长建议,我们1981年不竞选。郭部长说,不竞选可以,但其他国家会怎么想,是不是我们怕选不上,另外,外交部是否同意。我说我们不竞选,但我们要做一件事,就是对国际海事组织的工作方向提出决议草案,主题是国际海事组织未来的工作方向。我们不竞选,是希望投我们票的国家能够支持我们的决议草案。郭副部长说,这个方案她支持,但要取得外交部同意。

拿决议草案来代替理事竞选的想法,得到了外交部的支持,也获得了国务院的批准。到英国后,郭副部长亲自给我国驻英国大使汇报,我们不竞选了,但要搞这个决议草案,在工作方向上要讲中国人的意见。会议开幕那一天,我们刚进入会场,国际海事组织的秘书长找我,说你们这次来了一个女部长,其他国家来的都是男的,是不是可以选这个中国女部长为副主席。这样郭副部长就当上了副主席。在开幕式上她宣布,这次大会中国不竞选了,但我们有一件事希望大家支持,就是一个关于组织今后工作方向的决议草案。那些发展中国家,包括秘书长,都很惊讶。有一些发展中国家,如巴基斯坦、墨西哥等代表,还立即来我们席位说他们已给中国准备了一票,为什么不竞选了。经过我们再次说明后,他们表示理解,并且一定支持决议草案。我国当时在提出决议草案时没有经验,国际会议上不能用"不应当"这样的词语,太强硬了。我们发言完毕之后,马上遭到了英、美等发达国家的反攻,坚持维护他们利益的工作方向。按程序这个决议草案,先在第一和第二委员会分别讨论。第二委员会着重讨论技术问题。技术委员会的主席又是瑞典人,在三四个国家发言后,他就总结说,没有国家同意这个决议草案,将这个结论向大会报告,敲槌决定中止对中国的这个草案的讨论,并宣布休会。这个情况对我们极为不利,决议草案在一个委员会不被同意,在大会通过就很困难。我当时在第一委员会,主要讨论行政性议题,听说后,就马上去找瑞典主席。1981

16. 勇闯国际海事组织的中国人（沈肇圻）

年,我已经在国际海事组织中待了8年。我问主席,这个决议草案讨论了吗?主席回答说,4个代表发言不同意,就将决议否了。我问参加讨论的有几个国家,他说40个国家,我说还有36个国家没有发言,怎么就能否了呢,主席不能这么当。主席就决定休会以后再接着讨论。所以,如果打算要在会上通过什么东西,就不能孤军奋战,必须拉一些国家支持你。再次讨论时,我们串联了发展中国家,纷纷发言支持我们的决议草案。委员会向大会报告说多数国家支持我们的决议草案。

我们的提案包含两个内容。一是不要老搞新公约。新公约通过了,但不生效就没有作用。二是老船已经存在了,就不要再对它提新要求。希腊同意后面一点,因为希腊老船多,但这些提议与发达国家的利益相悖。不搞新公约了,发达国家的新技术设备就卖不出去,老船不改造了,他们的新船也没人买了。当时的秘书长是印度人,对我们说,不搞新公约,发达国家的新设备卖不了,他们不来参加活动了,说得不好听,这个组织就垮了。我回答说,我们不是要搞垮组织,而是让组织更有效。中国人要么不讲,讲了就要坚持到底。发达国家一看,决议草案否决不了,就拿出他们的老办法,几百个人讨论不出结果,成立工作组,小范围商量,商量出一个方案来。要去参加工作组的会议,面对面地争,虽然英语水平不高,但我不去谁去?最后还是我去了。得道者多助,不光是发展中国家,发达国家中的希腊也支持我们,因为希腊有很多老船。英美讲了很多道理,我接受不了,也反驳不了,因为英文跟不上。希腊代表帮助我们跟英美争论,最后,只是将"不应当"这样太绝对的用语,改得语气软一点,又加了一些无关紧要的话进去。工作小组通过了,到大会上又有发展中国家支持,于是大会最终通过了这个决议。这个决议就是著名的国际海事组织第500号决议,这是我们在这个组织搞的第一个决议。这对国际海事组织日后的工作方向有很大的指导作用,包括应该派人员去发展中国家宣讲公约的技术要求,帮助发展中国家执行公约等。

四、常驻伦敦

问：资料上写20世纪70年代您就常驻伦敦了？

答：我的工作关系是1978年调到交通部外事局的。此前，我在船检港监局工作，1972年筹备参加国际海事组织之后，我在船检方面的事基本已经不做了，专门从事国际海事组织的工作，因为一年要开好多次会。1976年我去伦敦常驻了。开始我们也想得很简单，参加国际会议的话，我们的驻外大使馆不是在那里吗，他们可以去出席。1973年第一次出席会后，向使馆汇报时，宋之光大使给于眉副部长提出来，这是一个长期的事。临时开个会，大使馆派人去，会后写个报告还可以，以后要长期开会了，讨论这些技术问题，哪些可以，哪些不可以，我们只是外交人员，怎么能够替你定呢？交通部要准备专门的人。于是交通部就在当时的船检港监局，成立了一个海事公约处，组织技术干部去出席会议。当时朱曾杰常与我一起去开会。开了几次，大使又讲了，每次开会都是临时去一次，办出国手续也很麻烦，路费开销也很大。一年开四十周的会，后来才改成三十几周，这个路费也不得了。那时候签证还很难办，英国人总是刁难我们，不提早给你签证。我们几次在会上提意见，说我国代表差一点来不了会议，都是因为英国不及时给办签证。

后来部领导想想，这么临时来来去去也不是长久的办法，就对我说："老沈，你是海事公约处的处长，干脆你就到英国去。"当时我的英语口语有难处，就派天津港监的吴始泰和我一起去。他是上海外国语学院①毕业的英语高材生，有多年译员经历，还有汽车驾照。于是从1976年6月开始，我在英国一直待到了1979年底。

出席国际会议，就像电影里演的，实际上是走廊外交。开会的时候，举个牌子是表态。真正同不同意、为什么同意的问题，都是在走廊

---

① 即现在的上海外国语大学。

16. 勇闯国际海事组织的中国人(沈肇圻)

里解决。一次,外国人追老丁(丁奇中,时任船检港监局副局长,与我一样,为上海交通大学造船系毕业生,但高三届),一直追到厕所里面,要老丁表态。还是周汝枚厉害,给老丁出主意说你干脆不吭声。不理那些外国人,他们以为你听不懂英文,就算了。你说一个字,英文No,意思是不,人家以为你不同意。

吴始泰,我非常感谢他,后来我还专门写文章感谢他。他是学英文的,去之前说好了是辅助我的哑巴英语的,到了英国以后,他发现我看英文文件是可以的,还能说点简单英语。因为我在交大学过英文,只不过是哑巴英文,只能看不能说。到了开国际会议、走廊外交的时候,就不行了。一次吴始泰与我闲聊,讲话有点吞吐,经我催促,终于说了,他对我讲:"老沈,我是来当翻译的,当翻译是天经地义的,但是我看你英文有基础,开国际会议,自己不讲英文是很难办的。我们不可能老是两个人在一起。说得难听点,我要上厕所,你也要跟着我上厕所吗?走廊外交,在走廊里跟对方见了面总是要谈的嘛。老沈,不是我不愿意当翻译,当你翻译我是完全没问题的,但你得想办法把英文提高一下,自己去和对方讲。"

当时真难啊!我已经四十多岁快到五十岁了,拼命练习英语口语。每次我要先将要讲的写下来,吴始泰帮我译成英文,我把它背下来,去找外国人谈。对话过后,一句话、两句话对方还可以听懂,到了第三句话出了背下来的英文稿子,人家就听不懂了,不知道你讲什么。还瞪大眼睛看着你,真是尴尬。吴始泰这点处理得很好。他认为假如每次都由他来翻译我的话,会让我没有面子,也会让我更依赖他。所以他都是用自己的话把我要讲的意思对外国人说一通,而不是简单地翻译。对方根据他讲的话来回复。我在边上就像学生一样。思考为什么我讲的话对方没听懂,他讲的话对方却听懂了,对方又是怎么答复的。就这样,我从他们的谈话中学,一年下来,奇怪了,想的话张口就变成了英文。后来在帮助中国远洋运输集团公司培训船员时我还讲过自己学习英语口语的经验教训,这也是我在英国的收获。

国际海事组织中,中文不是官方语言,更没有中文同声传译。在开会时我们要发言,就需要中文的同声翻译。当时我们提出来,秘书长很为难。我找到会议司司长,他和我讲,同声翻译都是由一个翻译协会临时雇的,找不到中文翻译。现在电视里面新闻发言人一边讲,英文翻译一边翻。那个时候没有嘛。我去找到秘书长跟他讲:中文应该是国际海事组织的官方语言,开会应该有同声翻译。联合国有五种文字,国际海事组织作为联合国的一个机构,也应该有五种文字。中国代表来参加活动,讲中文,再用英文翻译,实际上对组织也不太好,一人讲话占用两个时间,对国际海事组织也不利。文字翻译更是问题,需要有固定的办公室。同声翻译,有了译员,开会时租用同声设备,会后他们不需要办公室。经与秘书长的协调,同意采用逐步渐进的方式,由我们提供同声译员,他们雇佣。至于文字翻译,到新总部大楼建成后才解决,那已是十年以后了。

除了语言,还有涉外活动规定,当时还未执行开放政策,外事活动要两人同行,开国际会议很难做到。驻英使馆政务参赞褚启元主管我们,决定灵活处理。宋之光大使跟我说:"老沈,你大胆工作,我们信任你,如果有人问,就说是大使专门授权的。"

有了组织上的信任和同事的帮助,我的工作才有了点成果。

五、获得国际海事奖

问:沈老您可否讲讲您获得1984年国际海事奖的事呢?

答:简单说一下。国际海事组织秘书长斯里瓦斯塔瓦,印度人,在1979年全体大会上提出一项建议:设立一个国际海事奖,用于激励对国际海事组织的工作有杰出贡献的人,每年一次,由理事会秘密投票决定。全体大会同意这项建议。自1980年开始,得奖的都来自发达国家,大多曾任大会主席、理事会主席、委员会主席。

一次秘书长来华访问,向钱永昌部长讲了这个情况。钱部长听后要我去争取。我说使不得,我主管这个组织的工作,近水楼台不合适。他说这是国家荣誉,发展中国家荣誉,还亲自写了推荐信。到讨论的那届理事会,还要我去亮相。我去了,按规定讨论这项议程时,我退了

16.勇闯国际海事组织的中国人(沈肇圻)

场。讨论时发言的理事国代表都赞成将这个奖颁给中国人沈肇圻,这个黑头发的老面孔。习惯上,五六个代表发言,没有反对的,就有代表建议鼓掌通过,不再发言。这次我们的邻座,智利的退役海军将军,也是熟人了,他建议鼓掌通过。主席看到不少代表还举着牌,就继续发言。24个理事国代表都发了言,还有列席会议的墨西哥、瑞典、孟加拉国等观察员也发言赞同,因此没有再秘密投票。

颁奖前,秘书长宣读理事会决定,中国的沈肇圻把中国的海事管理理念、经验引入国际海事组织,同时他把国际海事组织介绍到伟大的中国去。按规定,领奖人在领奖时要发表演讲,我讲了国际海事组织与海事人员培训,再次呼吁此组织为发展中国家培训人才。我们驻英大使胡定一亲自出席领奖会,发表演说,感谢把此奖项颁给中国人。第二天晚上还在使馆举行招待会,邀请秘书长和各国驻英国代表参加,以示庆祝。我在领奖发言中,亦强调了是全体中国人对国际海事组织作出了贡献,我只是个代表来领奖。

六、在国际组织工作的心得体会

问:您在国际组织中工作这么多年,有什么心得体会跟大家分享吗?

答:我虽然不是学外交的,但是在国际活动中与外界打交道,做得很久。从这些活动里面也得到教训。刚才讲的就是,你要融入这个国际社会里去,这是一个方面。

还有,我们也闹笑话,或者说差一点闹笑话。这次的故事跟海商法也有点关系。有一年,苏联的代表,在国际海事组织提出要制定一个国际港口制度公约,这种港口公约过去也有过,要重新制订也有一定的道理。但是苏联人要把适用公约的船舶,从商船扩大到渔船,甚至科学考察船,还提出了船浮动领土的观点,就是说我的船到了你的港口去,我的领土就到了你的港里面,我是在我的领土上,我这条船上的事情你不能管。这是不行的。港口是国家的主权范围,你船一有的,如保险箱,我可以不管,你的外币有多少,不到船外去流通,我可以不管。其他事情就不能不管。你到我的港口来,要受我的港口的管理。那段时间正好是"文化大革命"之后,苏联人开着一条船到我们的大连港,我们要管它,他就拿出这个说法来。

国际海事组织发来法律委员会开会的文件后,我们组织了一次会议,邀请外交部、外贸部、海关、边防、贸促会、海洋局和交通部内相关单位参加,重点讨论苏联提出的草案。会议一致认为,这是苏联称霸的具体表现,应该严厉谴责。

报批后,由丁奇中(时任船检港监局副局长)为代表,我为副代表,蒋靭为翻译前去出席会议。这是我国参加国际海事组织后第一次出席法律委员会的会议。

会议主席为苏联人。讨论到这项议程时,苏联代表首先发言,介绍他们的草案,要求会议作出决议,将这个公约的制订列入国际海事组织工作计划。接着波兰和东德发言,支持苏联的意见。随后我们举牌,要求发言。丁奇中的意见是,他留作后手,由我先发言。我按照批准的预案对苏联的草案进行了批判,严厉谴责,要求按我们的意见,通过法律委员会的决议。我发言后,会议室内鸦雀无声,无人举牌。苏联主席即宣布,苏联建议得到支持,会议同意将其作为委员会的一项意见向全体大会提出建议,列入工作计划,未提我们的发言。这时加拿大的女代表发言,声称主席主持会议应公正,不能这样对待一个主权国家的发言,虽未具体讲到对我们发言的态度,但实质上支持了我们。对这样的局面,我们确实不知道怎么应对,会场又是沉默,这时法国代表举牌,建议休会,喝杯咖啡,再来讨论,这也解了主席的围,于是会议休会。主席一宣布休会,代表们迅速离开了会场。我们当然没有心思去喝咖啡,不知道这出戏怎么唱下去。只见法国代表拿了一张纸走到苏联代表席位,后来又来到我们席位,首先表示同意我们对草案的意见,但是当时已是星期四下午,第二天会议即将结束,是不可能延长的。要委员会统一决议,需要大家商量,已没有时间。他建议会议报告中写明苏联代表介绍了草案,波兰和民主德国同意向全体大会建议列入工作计划,中国代表反对,发言见会议记录,在记录中全文记录

16. 勇闯国际海事组织的中国人(沈肇圻)

中国代表的发言。会议没有对这项议程作结论。这个解决方案苏联代表表示可以接受,如中国代表同意,休会后将这个方案作为一项解决办法向主席建议,估计其他的代表不会有不同意见。我们研究,预案的要求已基本实现,就同意法国代表的意见。会议按这个方案结束了这项议程。

会后总结,要一个会议形成统一决议,谴责一国政府,谈何容易,何况这个国家还有代表在场,他们怎么能带着谴责他们政府的决议回国去呢?另外,孤军奋战很难成事。

你们问我学到什么,就是这些很宝贵的教训,不去出席会议,是学不到的。再讲一件事。刚才不是讲到1974年《安全公约》吗,制订公约的会议先分两个委员会讨论。一个委员会讨论公约生效不生效等公约条款,还有一个委员会专门讨论技术问题。我去出席第二委员会。中国代表第一次出席,觉得不发言也不好,应该发个言,对技术条款提不出意见,怎么办?我们就提个问题,是关于防火探头的规定。现在这个设备已经很普遍了,单位会议室里面都有。那时候我们国家还不生产。会议讨论的公约草案里面规定,船上每四十平方米要装一个防火探头。我们那个时候想得很简单。我们提问:为什么草案里面讲是四十平方米安装一个探头?

问题提出后,无人回答,现场又僵住了。会议主席是瑞典人,他也愣住了,中国代表第一次发言,没有人回应是不行的。他说中国代表提出了一个很重要的问题,大家不要不吭声,你们都是参加公约草案起草工作的,你们来讲讲。最后他一看,有一个丹麦老头,他是那个消防小组委员会的主席,这个正是消防的事。主席就指名道姓,你不是消防委员会的主席吗,这是你那里提出来的,中国代表讲的这个重要问题你倒是给解答解答嘛。那个丹麦人支支吾吾,意思是,这是一个很具体的技术问题,他怎么能记得住呢。最后,那个主席说:"大家等着你讲话呢!"他仍讲不出来。秘书处的副司长是联邦德国人,他有经验。一看僵住了,中国人提了一个问题,丹麦代表解答不了这个问题,那么这个草案还通过不通过呢?制定公约的会议,为了一个探头的问题通不过也不行啊!他就讲了:"主席先生,我想这样。中国代表提的这个问题确实很重要,现在丹麦的代表说不清楚,估计这是个具体问题,他也没有带资料来,说不清楚。这样吧,这个问题我们作为今后要研究的一个项目,列入工作计划。草案不要改了,不要因为这个问题不通过公约。"会议主席如释重负,问大家同意副司长的建议吗?就这样解决了问题,会议有了结果,大家高高兴兴的。

我们回来以后,就有人问了:老沈啊,你说这个探头多少平米装一个好啊?这个探头我看也没看到过,真要有人问这个问题,回答不了,那就是出洋相啊!想想真是后怕。这个是经验教训,要说学到什么,那就是发问别人之前,自己要有一个想法。

七、授课世界海事大学

问:我们知道您作为世界海事大学的客座教授,曾多次前往瑞典授课,前后达十年时间,能和我们分享一下这段经历吗?

答:国际海事组织建立世界海事大学,是因为这个组织不能光提要求,还应该让大家知道如何实施,尤其是让发展中国家了解技术。开始时,意大利反对,他们认为发展中国家要发展船队,可以买;需要船员,那就雇佣。我们说我们发展中国家既要建立自己的船队,也要有自己的技术人员、管理人员和船员,而且是要自己来管理。国际海事组织应该加强国家间的技术合作工作,帮助发展中国家理解这些工作。这些话秘书长听进去了,因为秘书长是印度人,也是发展中国家的。我们中国没有条件搞世界海事大学,秘书长就找到瑞典人,瑞典人提供了一个原来的技术学校来建立世界海事大学,发达国家捐款,设立奖学金,我们中国去了很多受奖学金资助的学生。

一次秘书长对我说中国是大国,应该支持世界海事大学,派几个自费学生去学习。当时一个留学生,财政部给5000美金。那是1985年,世界海事大学一个学生的花费需要2万美元。我们没有那么多钱,就利用大连海事大学,作为世界海事大学的亚太地区分校。办短期培训班。理由是,亚太地区专业技术人员去瑞典学二年,走不开,但

16. 勇闯国际海事组织的中国人(沈肇圻)

办个短期培训班是可以的。1985年举行了开校典礼。

1988年,国际航海协会开年会,邀请彭德清会长(原交通部长)去开会,我也陪着去了。会上,碰到世界海事大学的副校长,一个德国人。他看到我去了,对我说我应该去世界海事大学讲课,主要理由有三:第一条,中国支持办世界海事大学;第二条,去讲课的都是发达国家,发展中国家还没有人来讲过;第三条,得了国际海事奖的人还没有去讲过。为了这三条我就应该去讲。他提出了这三条,我觉得有一定道理,但我学造船的,英文勉勉强强,学生从发展中国家来的,不懂中文,要讲英文,这就比较困难了,尤其是要即席回答学生提问。但我认为这是国家荣誉,面向世界的海事大学,没有中国人讲课,确实不合适。

我们上学的时候,老师写黑板。外国人讲课和中国老师不一样,他们不念讲稿,而是在课堂里面走来走去。课堂很生动、很活泼,你讲到哪儿,哪个学生开小差,你可以故意提一个问题。我就学了这一套,到了世界海事大学就这么讲课,学生们说这个中国人讲课不一样。我在世界海事大学讲中国的海事管理经验,这是世界海事大学第一次来了一个中国人讲课。学生们提问题,中国对国际海事组织是什么看法,他们从来没有听过发展中国家对国际海事组织的评价。有的学生觉得不过瘾,下课以后,还到我的房间来继续问。

我在世界海事大学从1989年讲到了1998年。他们的时间安排得很紧,星期一上课,星期天晚上到瑞典,坐8个小时的飞机,还有时差,第二天就讲课,70岁的我觉得很累,我爱人沈福妹也早已担心这样远行去欧洲讲课有害健康。1998年我70岁了,就没有再去讲了。

八、参与《海商法》起草

问:我们知道您也是海商法起草委员会的委员,您可否跟我们分享一下参与《海商法》制定的经历呢?

答:1951年我就和海商法有过接触。当时我毕业后被分到交通部筹建船舶登记局,筹备组挂靠在海运管理总局,于眉是局长。旧中国有《海商法》,但我们把它给否了,因为那都是半殖民地的那套东西。于眉是海商法起草小组的第一任组长。在北京开过一次会。我那时候刚参加工作,原中国油轮公司的总工程师、中国验船协会创建人之一朱天秉领我去做记录。他告诉我参加会议的都是当时航运、保险和造船界的权威。我刚参加工作,听不懂他们谈论的问题,只管做记录。

20世纪60年代,"文化大革命"前,曾听船检港监局的同志们说,因各相关单位意见分歧,《海商法》草案已有十多稿,但都未通过。

1988年我在交通部外事局工作,部里还让我兼管一下交通部的法律工作。法律处处长张忠晔要开一个会,讨论《海商法》,要我主持会议。邀请了涉及海商法相关事务的中央单位和有关企业,例如,外交部条法司、外贸部、远洋公司、外运总公司、人民保险公司、法院、海关、贸促会,还有交通部里的法律处、海运局、港监局等参加会议。这次会议还有一个背景,要说一下。

1971年我国在联合国的合法席位恢复以后,我国代表频频出现在各种国际会议上,初期以听为主,了解各种国际情况,后来逐步参与讨论。出席这次《海商法》讨论的各单位代表,不少人有经验、有感触,认为我们出席国际会议,都是根据批准的预案办事,发言中说不到我国的法律,因为没有相关的法。我国需要有部《海商法》,这已经是一个共识。我们出席国际会议多了,也感到不能拘泥于自己所工作的单位的利益,而是要看到世界大局,即使是一些公约,甚至是国际惯例,我国还没有参加或接受,但国际上都已接受,遇到问题,对方要按照国际惯例、国际公约来处理,你也只能加以考虑。会上有人提出,我国没有缔结的国际条约,我们不能执行,但这在实践中是难以做到的,这种意见没有得到支持。因此在这次讨论会中,要与国际接轨的意见占了上风,甚至可以说是形成了共识。

会上,朱曾杰代表海商法草案办公室主任陈忠表提交讨论的《海商法》草案中,就把我们商量的,1976年《海事索赔责任限制公约》的赔偿限制移植到《海商法》草案,讨论中虽还有不同意见,认为在我国还没有缔约的情况下,这样做是否合适,但讨论的结果一致同意草案

16. 勇闯国际海事组织的中国人(沈肇圻)

的规定。又如特别提款权,那时人民币还未考虑到它的折算因素,但大家认为用人民币来替代美元是必然趋势,因而也写进了《海商法》草案。

这次会后,我还是去忙我的外事工作。1989年离岗,又调到了中国船舶工业总公司。《海商法》之后的形成过程,就未再接触。只是有人说到参加这次会议的都是中央有关部委从事海商法相关业务的中坚分子,他们认同了这次会议的结论,最后报请人民代表大会常委会的报告到这些部委去会签,自然顺利多了。1992年《海商法》公布后,有一次遇到朱曾杰,他告诉我,人大法工委对这部《海商法》的看法是走在前面了。

在我的认识里,海商法一部分是海事,就是技术方面的,还有一部分主要是海商。海商主要解决:船和船的问题、船和货的问题、船和港的问题。原来我们的《海商法》为什么讨论来讨论去搞了十几稿通不过?可能是因为"屁股指挥脑袋"。也可能是,外贸的人站出来说:我是货主,应该多赔一点;远洋的人说:我是船东,要我赔的话我要少赔一点;港口说:这是我的港口,我要怎么管就怎么样管。所以海商法讨论这三者的关系(我讲的可能是错的,讲错了你们不要听,将错就错不好。尤其张永坚老师是专家,要及时纠错)。

十几稿《海商法》为什么通不过,可能是货、船、港这三个关系理不清。在国际组织中开会,也要处理好这些关系。这些关系在中国代表团中也有反映,比如朱曾杰是代表远洋去参加会议的,考虑远洋多一些,此外还有外贸的、外运的,还有港务监督的。有几次我担任中国代表团的团长,去开会发言并处理这些问题,作为团长,我的表态要平衡,不平衡是不行的。在会上,中国代表张三说这个,李四说那个,人家说,你们中国代表我该听谁的?中国必须是一个声音,所以必要的时候就要我站出来讲。

那么,问题就来了。船主要是发达国家的船。以往那些起草公约的人代表的都是船东,以船东利益为重。货是发展中国家的,发展中国家没有船,需要发达国家来运。海上发生了事故,是保货主还是保船东?还有,港口也是个问题。所以我的理解是要处理好货、船、港这三者的关系。参加国际会议时,我常和朱曾杰开玩笑讲,我也是交通部的,可是代表团里还有外运的人,外运代表货主,我们不能光替交通部说话,交通部有船,如果总替船方说话,我们就跟发达国家站到一起去了,你得小心啊朱曾杰。内部来说,多考虑些本单位的利益,没有错,但出席国际会议,还有一个在发展中国家和发达国家两大阵营站队的问题,这个问题更重要。

九、对《海商法》修改的意见

问:就沈老您这么多年从事国际海事工作的经验来说,您觉得我国《海商法》以及整个海运事业目前在国际上处于怎样的水平?在哪些方面还没有与国际接轨,有待提高?

答:《海商法》是1992年制定的,前几年《中国远洋海运》杂志的姚亚平告诉我《海商法》准备修改,可是这也好多年过去了,没有看到新的《海商法》。《海商法》肯定要改。第一,这部《海商法》反映的是20世纪80年代的情况,现在国际情况发生了很大变化,我国也已从站起来到了强起来的年代,还抱着老的不行。第二,这么多年过去,公约也都改了。比如1976年《海事索赔责任限制公约》是不是改了?假如改了,我们的法律就落后了。当时先进,现在就落后了。公约改了,情势改了,法也要改。中国的地位也变化了。过去的公约,我们发展中国家从货、港的角度考虑。习主席经常讲,我们中国人是穷苦出身,不会去剥削他人,不会去称霸。但是国情变了,很多观点要有点变化了。

另外一点,为什么要叫"海商法"呢?大胆地讲,我感觉这个名字要改。

我觉得海商法这个名字不是太合适,只有"海商",没有"海事"。并且只讲"海",讲海船没有河船。过去有个印象,上海海运学院(现上海海事大学)海商法系偏重于商务,而大连海运学院(现大连海事大学)海商法系偏重于海事,是指着重在避碰等安全方面,现在可能都

16. 勇闯国际海事组织的中国人(沈肇圻)

变了。

最近看到司玉琢教授在武汉一次海商法研究会上作总结,具体内容不清楚,那次会好像是研究现行《海商法》是否适用于内河运输。我的粗浅理解,可能是这个海商法的名称引起了问题,海商法,英文名称是 Maritime Law。记得朱曾杰曾经问过我,我当时同意了这个名称。但是,1894 年或者以前的法不叫海商法,叫 Merchant Shipping Law(商船法)。它不是叫商法,而是商船法,不是管军舰的。我们的海商法能不能改名叫商船法呢(笑)?

我要强调一下,我们不能崇洋媚外,不是英国叫商船法,我们就必须叫商船法。但是英国的我们可以参考。改的话,海商法的"海"最好不要,"商"也可以不要。

《海商法》需要修改,还可以讲一个事例。

我们《海商法》关于船长的条款已不适应了。1994 年 5 月国际海事组织修改了《国际海上人命安全公约》,增加了新的要求。过去讲安全着重在硬件上,讲船体结构、讲设备。挪威作了海事统计,发现 80%的事故是人为因素导致的,其中 80% 又是管理问题。一些严重海洋污染事故是船长过于听从公司决定,没有按现场情况作出决定造成的。因此在新增加的国际安全规则中,强调了船长的职权,我记得在中远集团推动执行这个规则时,有人提出,在我们国家,船舶是国家财产,怎么能由一个人说了算,不能执行这一条。但是他忘了,这是国际公约的规定,我们是缔约国,可以不执行,可以保留,但是要公开声明。我们国家会就此发表声明吗?但是我们的海商法对船长的职权也有规定,与《国际海上人命安全公约》的规定不同,这也是需要修订《海商法》的一个理由吧!

我的孙子是学海商法的,在学校有人说我们国家的法滞后。我的理解是,法的产生,是社会生活中遇到问题了,需要处理,政府才立法。法是当然具有滞后性的。现在我觉得《海商法》要改,不改不适应了。

假如我讲错了,你们不要听啊!

十、离不开的远洋工作

问：您后来还做过哪些和航运相关的工作呢？

答：因为交通部机关分工调整，1978年我的工作关系到了交通部外事局，我原来是搞技术的，我理解外事对我来说只是接接送送。接送外宾很累，每天跑很多次飞机场，什么事都没做。我在外事局干到1989年，已经61岁，超龄了，当时交通部"一刀切"，我也被"切"下来了。我提出，我身体很好，愿意继续工作，我去搞技术工作，但是与部里谈来谈去，都不行。我说到远洋公司去当技术员，部长说远洋不要。我又想工作，交通部不行，我就调工作。那时候有规定，领导干部下来以后三年以内不能在原行业工作。三年不能搞技术工作、交通工作，我就什么都不能做了。所以我调到中国船舶工业总公司去了，那年我62岁，在中国船舶工业总公司工作了3年。当时他们在德国有一个代表处，要开业，让我去那里工作，三年后回国，我办了离休手续，又到远洋集团当顾问，我的洋龄（在远洋公司工作的时间）是12年。我到远洋的时候是65岁，在远洋坐班，做到了76岁，后来还帮助远洋搞船员外派，做到了82岁。

我这一生，工作变动很多，先是验船，又是外事，回到造船，最后去了远洋，资历都很浅薄，尤其是对海商法。说了很多，错误不少，希望多加指正。以免贻笑天下。

谢谢你们花了这么多宝贵时间听我啰唆。如果说做了点事，全都仰赖已故夫人沈福妹担起了全部家务，才能让我专心工作。

口述人：沈肇圻
访谈人：张永坚、北京大学
"口述海商法史"小组侯力嘉、范令箭
时间：2018年2月1日
地点：北京市东城区安外东河沿沈先生家中

17. 海商情　中国心

——杨良宜先生*访谈录

杨良宜先生

2018年3月13日，我们前往五洲酒店，拜访才结束为期两天讲座的杨良宜先生。杨良宜先生是改革开放后最先到内地讲学的香港海商法专家，而且多年来不间断地在内地讲学、赠书，拥有一大批"粉丝"。临到门口时，有两栋外形相仿的大楼，一座更豪华些。我们开玩笑，猜这两栋楼，哪一栋是杨老师下榻的酒店，并果断选择了其中较为质朴的一座，果不其然。

---

* 杨良宜（1948年10月— ），国际商事全职仲裁员。曾任香港国际仲裁中心主席，现任亚太地区仲裁组织主席。

一、改革开放见证者

问:请问您何时开始回内地开展与海商法有关的活动？当时是基于什么契机,主要进行了哪些活动？

答:中国当时刚刚开始改革开放,我算是这一行里跟内地接触比较早的,可能是当时中国内地以外包括香港地区在内与内地最早有接触的人士之一,今年已经要迈入第40年了。我是1979年10月第一次到北京。但在这之前持续有一年半左右的时间,我每周六下午都给一些和内地有密切关系的航运公司以及与航运业务有关的公司的员工讲课培训。这些公司包括益丰船务公司、Ocean Tramping(远洋轮船有限公司)①、招商局、香港民安保险有限公司、华润集团组建的华夏企业有限公司[现为华夏物流(集团)有限公司]等。

当时组织课程以及邀请我去授课的是益丰船务公司,讲课的地点是在该公司所在的香港西环的一间工厂大厦。② 具体开始的时间已经记不清楚了,听课的人数大概有四五十人。这些与内地关系密切的公司在那个年代与香港社会各界的接触很少,基本可以说是很封闭的一个圈子。因为当时内地被认为是一个"不同的世界",所以虽然那时候香港航运业很兴旺,经常会举行很多酒会,大船东(主要是新中国成立前后从上海移居到香港的船东)也都会参加,但很少有人会主动去接触有内地背景的公司与人员。

1977年左右,我在酒会上开始看到有一两个中资背景的人士出现。酒会上大家通常都会排队去和那些大船东握手和攀谈,而这些少数的中资公司的人士则无人招呼。看来我是一个与大部分人有不同想法的人,反而在酒会上会主动去接触益丰、Ocean Tramping的人,希望他们不要有被冷落的感觉。谁知一谈起来发现大家很谈得来,一来

---

① 益丰与Ocean Tramping公司是那时中国内地突破禁运与外面接触的渠道。后两家公司合并,一路发展为今天的中远(香港)航运有限公司。
② 现在该工厂大厦已经变为香港万怡酒店。

17. 海商情 中国心（杨良宜）

二去我们就熟络起来。这其中有一个是益丰公司租船部的负责人，他当时就跟我聊，问我要不要去讲课。就是这样一个契机我开始了讲课。在香港讲了约一年半之后，他就把我介绍到北京，去中国远洋总公司讲课。于是我在 1979 年 10 月来到北京，住在北京饭店，对面就是中国远洋的办公地点，当时可以直接穿过长安街走过去。我在北京停留了 10 天左右，长安街上基本看不到有车辆经过，大家的衣服也都是一样的颜色。远洋公司当时是钱永昌负责经营管理的，所以他接待我，同时也听我讲课。他就任交通部长是几年后的事情。③ 我也是在那次讲课时第一次见到了司玉琢、朱曾杰、尹东年、杨树明、吴焕宁、张湘兰等中国海商法界的前辈，并和他们都成了多年的老友。当时大概有 70 人参与了讲座。

1980 年四五月时我去了上海，由上海海运学院（现在的上海海事大学）的尹东年老师接待，住在和平饭店。当时讲课是在科学会堂，之后每年都去。后来学校盖起了员工宿舍，我就搬到了员工宿舍住。印象最深的是宿舍没有暖气，冬天去的时候盖了几条被子仍然还是冻得整个晚上都睡不着。那时候国内的条件远没有现在好，学校的旁边都是农田。每天早上学校会派人来给我煮面，就在旁边的农田里给我摘新鲜蔬菜。那个菜真的很好吃，我印象很深刻。当时一开始讲课一般就连续讲七八天，就是先讲两三天，中间休息一两天，再接着讲两三天。毕竟在那时候的交通情况下大家从各地集中到上海来一趟都很不容易，我记得有好几个人都是坐火车很长时间才能过来，所以不能讲一两天就结束，这跟今天的情况很不一样。当时在内地讲课真的是要有点"革命精神"的（笑）。

去了上海两三次之后，我才开始去大连，因为司玉琢老师在那几年去了挪威，他回来之后才邀请我过去的，那时候大概是 1982 年下半年。至此之后，我就开始了每年在内地不同学校和机构的讲课活动一直到今天。

---

③ 1984 年 6 月至 1991 年 3 月，钱永昌任交通部部长。

二、推动开启对外大门的教育者

问：您能否介绍一下您刚开始在内地讲课的基本情况（讲课的地点、对象、内容、效果）？

答：刚开始讲课时内容都是很基础的，涉及诸如航运经济、租约、提单、保险等内容。当时讲课都是学生和外面来的人一起参加。班里的人不像今天这么多，一般不超过 100 个，多时也就七八十个人的样子。

当时我自己也年轻，经验不是很充足，但毕竟相对更了解外面的世界。而中国内地那时刚刚开放，对外面知之甚少。比如光是和学生讲什么是"租约"都要花一些时间，所以还是有很多东西可以讲的，大家也都很渴望了解世界，学习劲头很足。现在回首，其实内心既感到幸运又感到忧虑。幸运的是觉得自己刚好在那个时期接触内地，中国发展势头好，上升得很快，我自己能够参与到这样一个很大的事业中去，并起到一定的作用，也是历史赐予我的机会。至少从目前来看，中国是很成功的了，因此让我觉得什么都值得了。而忧虑的是接下去这条路怎么能越走越好，毕竟世界都是在高速发展的。

问：您并没有受过什么系统的讲课培训，却能把课讲得这么好，是有什么特别的准备吗？

答：就是熟能生巧，最主要的是自己的思维要融会贯通。很多人因为书太厚，抱怨看不下去，但是如果看了又看，两三年之后就能全部吃透。同样一件事情第一遍不懂，就看第二遍，还不懂就再看第三遍、第四遍，即便是懂了，之后再看第五遍又有不同感受。看好书，多看书。我就是这么走过来的，一开始我也很怕看这些法律书，一看头都大了。到后来，直到今天，就能看得挺快。原因就在于很多内容你都知道了，那么很快就可以直接捕捉到新的知识点。因此即使一本书很厚，也能很快就看完。要把知识变成身体的一部分，这样讲课也能像平时讲话一样。

17. 海商情 中国心(杨良宜)

问:您第一次授课有什么教材吗?

答:有,那时候的教材都是我自己手写的,并且全部写得很详细。当时很多时候也是要看着念的,还做不到随口就讲,因为自己也还没有那么熟悉。

问:后来讲课就定期化了吗?您是从1979年以后到内地讲课的,大概讲了多久?

答:每年都没停过。最高峰的时候,大概持续了六七年的时间,每年去20多所大学讲课。时间都安排在周末。

问:当时您就是20多所大学的客座教授了?

答:是不是都有客座教授的聘任不是太记得,不过五家政法院校肯定有,华东政法大学、中国政法大学、西南政法大学、西北政法大学、中南财经政法大学,尤其去武汉的时候都是一去去两家,武汉大学和中南财经政法大学,都是给学生讲。还有其他的院校,如北京大学、对外经济贸易大学、北京师范大学、上海对外经贸大学、上海财经大学、西安交通大学、杭州大学(现并入浙江大学)、厦门大学、集美大学、中国海洋大学、哈尔滨工业大学、郑州大学等,很多都去过,但是否是客座教授我不是太记得。

问:那时候是大家对海商法最感兴趣的时候吗?当时是一个什么样的时代背景呢?

答:其实也不是。我讲的也不只是海商法,还有国际外贸等内容。时代背景,我也不好断言,总之是一个大家都很想学习的时候。以前听过我课的学生现在都在各行各业工作并且有所成就了。现在我去很多地方,见到来自包括国企和大企业、大公司的朋友,法务部总会有那么几个人过来和我讲曾经在什么时间和地方听过我的课。不论什么行业,哪怕是和海商法没什么关系的行业,如银行,例如我昨天去讲课的民生银行,里面就有人听过我讲课。

问:您记录当时授课的总次数了吗?

答:没有记录过,仅在六七年内就有上百次了吧。现在讲课也还是很多的,现在和过去唯一的不同就是,现在的授课不是只面向学生了。学生当然可以来,但我希望,来得更多的是老师和实务工作的人,因为他们是带着问题来听,而且听完能够马上就用到工作中去。与此同时,我也深知年轻人的重要,他们代表的是国家的未来!而且在这个年龄,学习的时候没有工作、家庭这些因素的影响,可以一心一意。

问:您现在大概一年能讲多少次课?

答:也有十几二十次吧。今年开始的,上半年就已经确定有七次大型的授课。小型的授课也有,人大和贸仲合办了一个仲裁课程,已经办到第三届,我6月到9月还要来北京讲两三次。

问:您至今写的书一共有多少本?

答:有人给我统计过,这么多年大概有30多本,不过有些老旧的书已经不再流通了。现在出的书都是接近或不少于1000页的。这是中文版,如果是英文版差不多要2000页了。我希望可以做到内容充实,有干货,在书里什么都能找到。也希望大家系统地看完我的书之后,能把思维组织起来。

我对写书很重视,希望能完整地留下一套东西。像《合约的履行、弃权与禁反言》这本书有1200页,讲得很细致。我现在到处讲课,而且一讲就希望讲两天,但即使这样讲出来的东西和书的内容比起来也只能算是凤毛麟角,顶多就是带出来一些原则性和概念性的问题,具体的内容还要去看书。

问:您资助的海商法优秀论文评选是海商法界的重要事件,您能谈谈相关情况吗?

答:大概是从1987年开始。其实原因是想作为对年轻人的一种鼓励。我自己讲课、送书,送 *Lloyd's Law Report* 给很多大学都是这个目的。至于海商法优秀论文评选活动,它也是我的一种鼓励和资助方式。

问:举办论文评选是基于一个怎样的契机呢?

答:我和司玉琢老师提出建议,之后就成立了一个委员会,大概7个人,包括司玉琢、尹东年、朱曾杰、李嘉华、吴焕宁、高隼来和我。我想鼓励年轻人写东西,因为写东西很重要,如果光是听和读,即使吸收或记录下来,也远远比不上自己写印象更深刻。在10年的时间里,我

17. 海商情 中国心（杨良宜）

们去全国各个地方办这个评选活动，每次拿出 10 万元人民币，作为旅费、奖金，一共举办了 10 次。

问：当时停止做海商法论文的评选，也是因为您觉得可能有其他支持海商法事业发展的方式？

答：海商法虽然是我始终关心的问题，但是除了每年资助这个奖项的 10 万元外，还要花费大量的时间，比如论文审阅等。后来论文的数量变得很多，这样我就不太能抽出这个时间了，毕竟我还有很多其他的事情要做。因此最终我就停止参与了。但是这个活动还在继续，由海商法协会承接过去了，我没有再参与。

在中国内地讲课和进行其他活动的过程中，我发现中国内地和外面最大的不同之处是理念和思维方式方面的，而要缩小这种不同或能做到知己知彼，主要的渠道是靠教育。1990 年，因为学校停止举办活动，所以我的讲课不得不暂停了。可是我又想继续作出贡献，于是我就拿出 100 万港币，在内地三个地方设立奖学金以鼓励学生们继续学习。其中一笔 35 万港币给予大连海运学院（即现在的大连海事大学），一笔 35 万港币给予上海海运学院，一笔 30 万港币给了广州。由于广州没有合适的学校，因此我就赠予了广州航海协会（即现在的广东省航海学会）。那个时候来看，这笔钱是比较大的数目了。我后来又在大连海事大学追加了捐赠。一共追加了两次，第一次早一些，大概有十来年了，另一次就是半年前左右。我捐赠最多的就是大连海事大学，总共加起来有 80 多万港币。这个就是专门给学生的奖学金，而与海商法论文评选没有关系。至于上海和广州，我就没有追加捐赠。

但是这些捐赠，如果从内地这么大的地方和这么多的学校来看，其实能起到的作用也很少，就好像我送出去 100 本书，最后有 10 个人去认真看了并且还能进一步学习，就已经算我运气非常好了。因此，想要缩小这个与国际上的理念和思维的差距，根本不是一个人能够做到的，而一定要制度化。例如，如果觉得我的书有用，可以作为基础读物在学校让学生进行系统性的学习。

问：您的 *Lloyd's Law Report* 大概送了多少套？

答：40 套。最高人民法院、贸仲各一套，远洋、外运各送过一套，其他都是大学,北大就送过。清华我也送了,但是那个时候清华还没有法学院,就送给了管理学院。这套书早年曾经对我有过很大的启发,比如思维训练、能力提高,因为都是重要的商事/海事案例。但在今天有了网络,有了电子的案例数据库,令这套法律报告早已经在中国也可以很方便就获取了。

三、海商活动的实践者

问:您可否谈谈对中国《海商法》立法的参与情况?如您受邀参加过哪些会议,是以何种身份参与的这些会议?您提出过什么建议?

答:总体来看,我没有实质地参与,因为我不是立法小组里面的人。但当时因为我与很多立法小组里的人都很熟悉了,所以他们经常向我提一些问题。有一次我印象非常深刻,地点是在上海外滩中国银行钟楼下面的小屋子里,我就跟司玉琢、朱曾杰、高隼来等人一起讨论有关光船租约的立法问题。所以我基本上只是以顾问的方式参与,只参与讨论过一些问题。

问:您对最后成文的《海商法》有什么欣慰和遗憾之处?

答:我当年的参与确实不多,案件我倒是也看到一些。法律是活的,一路都是在向前走的,但大家也要知道立法的历史过程。当时的专家们在立法过程中付出了很大的努力,但是他们也受到当时时代的局限。他们完成立法,已经迈出了一步,但是这一步显然还不够,是跟不上时代改变的。这也是你们年轻人要去做的事情。所以抱着很久以前的法律范本,就好像抱着圣经一样,肯定是不行的。更何况,即使创立了很好的法律,也要随着时代进行修改。所以我个人是希望《海商法》能不断地修改与完善,做到与时俱进。

问:您是知名的海事仲裁员,能否请您谈谈对中国海事仲裁发展的参与情况?

答:现在本来是海事仲裁的黄金期,因为造船、航运及外贸活动都在亚洲。所谓都在亚洲,我估计这其中又有60%—70%是在中国。可

17. 海商情 中国心(杨良宜)

是掌握了硬件、技术永远不代表就掌握了软件,而海事仲裁正是很高层次的法律软件。反观当今世界,90%的海事仲裁案件都由伦敦垄断。现在纽约、巴黎、汉堡都不行了。我年轻时,这些地方还有一定数量的案件,现在基本都没有了。能够跟伦敦竞争的地方,如今只有香港和新加坡,因为海事活动在亚洲。可是香港、新加坡也成不了太大气候。换句话说,主要还是欠缺在人才上。人才指的是熟悉普通法的人才。因为历史决定了海商法根本上就是来源于普通法。

如此看来,中国的海事仲裁就受到这个问题的限制。外国人不愿意来中国仲裁,比如希腊船东、挪威船东。别说以前外国航运业强大、造船业发达时,就算今天中国已经发展为世界第二大经济体,让外国人接受中国的海事仲裁判决还是很困难的。当然中国海事仲裁还有一定数量的案件,但大部分是东南亚和中国本土的案件。这样有什么问题呢?第一,没有特别深的知识可以学习。因为只有处理非常复杂并且有国际一流律师参与的国际案件,办案的水平才能够提高。如果只有本土的案件,可能就相对局限。第二,本土业务也会受本土经济发展的制约,例如将来中国经济的重心倾向于其他行业而不再是航运业,那么相关的业务就可能开始走下坡路。然而英国伦敦海事仲裁员协会(LMAA)或国际商会等,他们的业务能这么长时间不衰落,就是因为他们的业务是全球的。中国业务少了,有印度,印度业务少了,还有南美,这样英国海事仲裁永远有稳定的增长,培养人才等各方面也可以持续。从亚洲来看,只有香港地区和新加坡,有部分的案件是因为日本与韩国、日本与泰国及韩国与印尼等之间的合同仲裁条款约定来新加坡或香港仲裁。我们看一个地方的仲裁发展得好不好,一般是看仲裁双方当事人都来自外国的案件的数量多不多,这表明起码国际上有其他国家认可你们作出的仲裁裁决。中国的海事仲裁、商事仲裁在吸引其他国家当事人方面还是有很大的发展空间。

问:您自己是从何时开始做海事仲裁员的呢?

答:我很早就开始做海事仲裁员了,不过说来也是机缘巧合。第一次开庭我记得大概在30年前了,即使不是30年前也是二十七八年前了,开庭地点在香港。案子我大概记得是涉及"明华轮",现在这艘船停在深圳变为一个旅游景点了。当时我是其中一个仲裁员,另外一个是四大国际粮油贸易商之一的老总,还有一个是英国律师,我们三人组成仲裁庭。开庭开了一个星期,其中一边的代表律师我记得应该是现在香港的首席大法官马道立(Geoffrey Ma),那个时候他还是年轻大律师(马道立法官已于2021年退休)。

那时候我做仲裁员主要是处理仲裁地点在香港的少量案件。当时伦敦的案件也不是很多,30年前其他商业领域根本没有仲裁,只有海事和CIF/FOB买卖的案件,数量也没有今天这么多。现在仲裁的蓬勃发展都是全球化带来的。当年做了第一次仲裁后,过了几年,才有第二单仲裁案件委任我做仲裁员。换句话说,当时是不能把仲裁员当作职业的。香港当时的仲裁也不多,基本只有海事和建筑仲裁,因为本地不动产发生的争议只能在本地解决。后来到1985年香港国际仲裁中心(HKIAC)成立,开始第一年也只有两个案子。真正开始快速发展实际上与内地改革开放后迅速发展有密切关系,因为内地开始产生大量的要到境外去解决的争议,比如香港、伦敦。其中伦敦50%以上的海事仲裁案件都与中国相关,这说明争议较多。但这不是什么好事,毕竟打官司是一件劳民伤财的事,即使是胜诉也一样,所以对风险的把控很重要。仲裁发展到今天才开始渗透到各行各业,再加上国际化的原因,仲裁案件数量就上去了,这情况至今也不超过20年。

问:那您现在还做仲裁员吗?主要仲裁地点是哪里?仲裁数量有多少?

答:我当然还是做仲裁员的。我做全职仲裁员已经30多年了,我是亚洲最早的全职仲裁员之一。

基本上哪个地方的仲裁案件我都会接受委任,但主要仲裁地有:伦敦、香港、北京、上海、吉隆坡、新加坡、首尔等。欧洲其他的地方、澳大利亚和美国也有个别的案件。虽然我居住在香港,但香港的案子并不会比其他地方的多。我每年新接受委任的案件数量在三四十个左右。由于很多案件可能会在中途庭外和解,因此一年开庭大概在10次。

问:相比外国而言,您觉得中国的海事仲裁和贸仲的仲裁有什么不足？

答：我个人感觉中国的仲裁和国际上的做法还是有很大区别的。一方面体现在程序上，一方面体现在实体上。至于说是否是不足，那取决于大家怎么看，因为每一种制度都有其历史和发展的过程。但是如果想要发展得好并被国际接受和认可，那还需要走出固有的模式，而多去学习外面的东西，做到知己知彼。了解了外面的做法，有了比较，以中国人的聪明智慧不难去比较出哪些才是更符合实际、更好的做法，从而扬长避短。

问：您知道我们国内目前做国际仲裁员的人大概有哪些？

答：这里你说的国际仲裁员，如果是指在国际仲裁中被委任的国内的人士，那应该有不少了。因为涉及中国当事人和中国投资的案件数量很多，也见过不少的中方当事人委任内地的律师还有教授在国际仲裁中做仲裁员。我个人在香港仲裁中也合作过部分，大家合作得都很愉快。比如有一个在香港的案件是李海律师做首席。我们合作得很开心，大家也很能谈到一起去。再比如2017年我和当时贸仲的于健龙秘书长（现任贸促会副会长）在新加坡作为共同仲裁员合作处理了一个仲裁案件，他的水平也是很高的，大家合作也很愉快。所以说国内现在是有这样的人才的。

四、行胜于言的爱国者

问：您1979年就到内地来了，并且与内地一直保持着密切的联系，其中最主要的动力是什么呢？

答：我对于政治并不是很在意，反而更看重的是民族和同胞的情谊。这一来可能是因为我在殖民地的环境下长大，总觉得中国人无法有平等的机会。二来我受我姐夫的影响很大，他是香港中文大学的医生，是医务总监。在香港，大学内一般都比较激进，因此殖民地时期他们是最"左"的时候。那个时候我买了《大公报》《文汇报》在街上走。还有人劝我，说你别拿着那个报纸走，小心有人看到打你，因为有些人会把你当作"左"倾分子,但是我却认为这根本没关系。我"左"倾说到底也与政治无关。那个时候的政治还涉及国民党和共产党等。我其实都不太在意,其实对我来说都是同胞,觉得自己脱离不了这种血缘的关系,自己命运的起伏都是跟同胞密切相关的。中国就好比中华民族的航空母舰,因此我一直很关心内地的成长。

问:您早年从上海到香港,您觉得故乡在内地是否对您的家国情怀有一定的影响呢?

答:我离开故乡的时候年纪太小,还不记事。我的这种感情也是因为我的成长时期是香港处于殖民地的时期,看到中国人受到很多不公平的待遇而形成的。

问:您一直在支持内地的法律学习,这个过程中,经费来源是什么呢?

答:都是我做仲裁员的收入,所以我到今天还是"无产阶级",我没有房子。我也希望给其他人做个例子,其实真的有本事与事业,你的经济状况和安全感都是不用担心的。

问:您在20世纪80年代拿出100万作为奖学金,对您来说也是很大一笔数字了吧?

答:是的。那个时候环境没有今天稳定,香港很多人都想移民,也是很需要钱的。因为这笔钱,我跟家人有过争执。家人也知道我一定要做这件事,最终没有阻拦。我不觉得我需要房子或大笔存款,因为我经济一直很稳定。我也有地方住(母亲的房子),现在孩子也都是事业成功与经济稳定的人,他们的收入比我要高一两倍,所以我没有什么好担心的。

五、对莘莘学子的建议与期望

问:您做了一个个人主页网站,很多年轻人说自己在上面学到了很多东西,请问这个网站您是何时开始做的?

答:那个网站也有很久了,估计十几二十年了。我现在到处发名

17. 海商情 中国心（杨良宜）

片也不是为了出名,而是因为名片上面有网站的地址。除了考虑出版社版权的问题有很少的删减外,我都会把写的书的电子版放在上面,供大家免费下载来看。其实多少人会去看我也不知道,这件事情主要是靠制度化,我自己只能鼓励大家去看,让年轻的学生容易下载。因为我也是靠自己看书才走上一条正确的道路,也可以学得很好。

另外,我在法律出版社和大连海事大学出版社出版的书都很便宜。不像外国的书,动辄几千上万元,而且不易懂,因为这些书本质上不是教材,而是一种 Reference Book（参考书）。因此我希望大家能够多读我写的书,但是最终有多少人能读,我是不知道的。只是希望未来这种阅读能够普及与制度化。其实这也没有什么难的,就像孙子所说的"知己知彼",你要想走出去,脑子里就必须有这种思维,必须明白外国人在想什么。

我觉得我们中国两千多年前的人,比如孙子,他讲的话至今西方的人都没有能超越的。我没有受过正规的中文教育,所以中文并不是很好。有些古话还是我的助手跟我说的,她会在和我一起写书的过程中跟我说孔子、孟子也有一样意思的话。如提到 Lord Denning（丹宁勋爵,下同）讲的最骄傲的一句话,我们孔子早就讲过了。Lord Denning 讲过很多句有名的话,其中一句就是:I might be wrong, but I am never in doubt。这句话是说,我可能是错的,但是我永远不会犹疑（知道怎么一步步分析得出结论）。这句话为什么这么出名呢？第一,他曾经在自传里写了这句话。第二,是一则新闻,美国最高院第一位女性大法官,现在早已经退休了,叫 Sandra Day O. Connor。她在椅子上放了一个带有刺绣的靠垫,上面绣的就是一样意思的话（Maybe in error but never in doubt）。别人问她为什么会有这句话在上面呢？她说这个是我的座右铭（Motto）,这是 Lord Denning 讲的。后来我就看到,孔子讲"四十而不惑"。其实就是这句话,他四十岁就已经"never in doubt"了。这就是思维整个融会贯通了,就会分析了。很多问题看起来很复杂,但一步步分析就可以解决了。这么看 Lord Denning 的话也没有超过孔子。我们的祖先很早前就说过了。

问:您的合同法或海商法知识是在学校里学的,还是以自学为主呢？

答：最主要是自学。发展中国家学习这种知识之所以这么难就是因为首先你没有懂的人带路或学习，也没有机会实践。社会科学必须要有实践才能长进。而我当时也面临没有实践机会的问题，所以我想要学好也很困难。外国人都是一步步上来，比如上牛津、剑桥，之后进大律师事务所（Barrister Chamber），也有好的师父带着。那个时候通讯还不是很发达，我就跟英国几个出名的仲裁员学习。当时我在船公司的法务部工作，开始接触一些案子。那时我一年去英国两三次，每次去之前都把最近几个月遇到的疑问写下来，因为有案子会和他们合作，所以他们也都会对我的问题给出简单的解答。不过最主要的还是自己学习，自己去看书、去磨炼。我跟太太结婚后，岳母在我生日的时候说要送我一份礼物，她问我要什么，我说你送我半套 *Lloyd's Law Report*，我也不要一套，就要半套，从1950年开始。为什么只要半套，因为一套太贵。我记得除了很早期的一部分案例外，我把Lord Denning 判的案例基本都看完了，就跟看故事一样。你看得越多，就越能摸通了。要看好的资料，看最好的法官判的案件。

问：您的背景资料显示，您也在英国留过学，这个经历对您的帮助大吗？

答：其实这个经历作用并不大，我现在也不太强调了。不强调的原因是不希望误导国内的年轻人，毕竟有多少人能够出去呢？即使出去了，又有多少人能变为真正的人才呢？这最主要还是靠自己，真正学好的，没有出国读书的也大有人在。我认识一些做国际仲裁做得很好的律师，他们都没有出国念过书。可是我并不是说出去念书不对，出去学好的也大有人在，但是不是唯一途径。关键还是要多看书与有机会在实务中磨炼，至于你在中国看还是英国看都一样。我年轻时，通讯不发达，更没有网络，那个时候在英国伦敦能待一段时间还是很重要的。可在今天就不是这样的了，你在上海或北京一样能学好。在一些小一些的地方，甚至农村也一样可以学得好。我现在不强调我去英国学习一年的原因就是其实那边的老师也没给我传授什么特别的知识，我在那边也主要是自己看书。那个时候在图书馆看书时就发

17. 海商情 中国心（杨良宜）

现原来 Lord Denning 的案例这么好看。以前中国人出去念书大多不会去看法律书和案例。图书馆里主要就是我还有一些犹太学生，其他人的一年都是去玩的。比如一些中东学生，他们很有钱，他们的国家也鼓励学生出去学。但是他们在大学读书时天天就是去玩。到外国留学，你说学不好也不对，有人能学好，可是按照今天中国的条件，在中国学也是完全可以的。中国必须要发展自己的教育，让求学之人可以不出去也能学到国际商事和海事知识。

问：您怎么知道哪些资料好，哪些资料不好呢？当时有人指点吗？

答：没有人指点。当时我认识一些仲裁员，也有人愿意给我一些指点。当然这也是在有限的范围内。只不过当时香港作为英国殖民地，而且看我每次都去拜访他们，送一些香港的特产给他们，他们也愿意和我交朋友。其中比较出名的人有 Clifford Clark 和 Cedric Barclay。当时他们就告诉我，你要想学好，就要去学英国的合同法。能学的东西有很多，但是知道究竟学什么才能使思维进步是很重要的。然后我就自己找出英国合同法的书和案例反复地看。一开始看也是似懂非懂，可是看的次数多了，也就摸透了。

口述人：杨良宜
访谈人：北京大学"口述海商法史"小组秦中元、周欣
时间：2018 年 3 月 13 日
地点：北京市海淀区五洲酒店

18. 向实践学习,拜能者为师

——黎孝先教授*访谈录

黎孝先教授正在接受访谈

黎孝先先生是对外经济贸易大学的著名教授,主要教授国际贸易与运输相关课程。他不仅在对外经济贸易大学为留学生讲授中国海商法,而且在"文化大革命"前就亲自参与了《海商法》起草,在改革开放后的《海商法》起草中更是发挥了积极作用。暮春时节,一个仍有些凉意的周日下午,我们走进了90高龄的黎老寓所,听他畅谈与海商法相关的人生经历。还没走进黎教授家的那栋楼,我们就看见单元门口站着一位慈祥的老人,穿着黑色的夹克和深蓝长裤,虽然顶着灰白色的头发,但却精神矍铄。原来黎老早就来到楼下等我们了。

---

* 黎孝先(1928年1月—2021年4月),对外经济贸易大学教授。

18. 向实践学习,拜能者为师(黎孝先)

一、与海商法结缘

问:黎教授,1955年您从对外经济贸易大学毕业留校后从事国际运输专业的教学,当时开了四门国际运输专业课程,有海商法这门课程吗?

答:我是1955年从对外经济贸易大学的第一届国际贸易专业研究生班毕业的,学的对外贸易,当时留校了三个人,我是其中的一个。1956年对外经济贸易大学成立新专业,对外贸易运输专业,我被分过去当老师。那时候就一个教研室,一个老教授,学国内铁路运输的,我感到担子很重。当时既无教材又无参考资料,没有谁懂这个,那就是我们自己从零开始,白手起家,不怕困难。我为什么愿意留校教运输,因为小时候受过苦,所以知道教育的重要性,不念书,家里穷,国家也挨打。后来有人问我你没学过运输怎么能教运输,我们就是向实践学习,拜能者为师。

当时国际运输专业的学生是五年制,1956年第一届的学生先要学习公共课程,比如政治课。两三年之后才进行专业课程的学习。当时专业课程里面没有海商法。实际上当时课程设置也在摸索当中,也没意识到法律在运输这里这么重要,后面通过实践才慢慢知道。我也记不清具体时间了,但是"文化大革命"之前就开设了海商法。

我们有四门专业课程,我主要讲国际货物运输的概论,里面有陆海空的内容,还有马克思主义有关运输的内容,这是总论,给你一个交代,是我写的。第二门就是国际铁路联运。因为当时的时代背景,我们主要和苏联谈论铁路。第三门课程就是世界航线与港口。国际运输嘛,世界性的,有些是海运,有些是河运,有些是铁路。第四门课程就是船舶租赁与经营管理。

问:这四门课都是您一个人教的吗?

答:我们一起教的。海商法是后来教的,开始确立的课程中没有海商法。

问:开始设置海商法课程是怎样的契机呢?

答：1962年，对外经济贸易大学的波兰留学生要求讲授海商法。对外经济贸易大学一成立基本就有留学生。开始比较少，后来逐年增加。其中越南留学生是最多的，波兰的留学生也多。当时还有少数苏联留学生，我们还有两个苏联专家，一个是国际贸易方面的，一个是国际运输方面的。有的留学生的国家和海运关系不是很大，有些国家像波兰，和海运关系比较大。20世纪60年代初，当时帝国主义搞封锁禁运，我们社会主义阵营，一个是国际铁路联运，一个是中波的海运合作，中国跟波兰。所以波兰的留学生就明确要求要学海商法。我们那个时候还没有意识到海商法这么重要，但是对于波兰来讲很重要。海商法我们考虑应该请交通部，我们自己讲不了，让交通部的汤觉先来讲。汤觉先是给谁讲呢，是给我们本科的学生，不是仅仅运输专业，我们觉得这是常识性的知识，每个学生都应该懂一点。他每个课里面都抽一点主要内容，综合性地给本科学生都讲一下。时间不多，这门课也没有什么名字，反正就是国际运输，一个专题讲座，要给学生们讲个综合性的。运输是一个重要环节，搞外贸的不知道运输不行，所以都要讲一点，也涉及法律问题，要讲十几个小时。

问：当时汤教授的讲座您去听了吗？

答：海商法这个课我当时一堂都没听。因为我们讲课是分工的，海商法这部分是任贤正[①]，他去听，他去讲，海商法由他来开。我们其他教员知道海商法重要，但也没有去听，因为还有其他课程要开。当时教研室也要我负责，我忙不过来。

问：您刚刚说当时还没意识到海商法重要，那什么时候觉得重要了呢？

答：当时海商法（课程设置）还没有提上日程，后来才意识到海商法的重要。为什么呢，因为我们原来是"一边倒"，都和苏联发生贸易，后来有一段时间和苏联关系很紧张，撤了专家，我们也批评他们是修正主义。当时只跟苏联一个国家做生意，看来不行了。考虑到我们不能"吊死在一棵树上"，和西方国家经济上没有往来对我们也不

---

① 任贤正（1926年—1991年），浙江永嘉人。1952年毕业于南京大学经济系。曾先后在中国人民大学、北京对外贸易学院（现为对外经济贸易大学）国际贸易专业读研。曾参与创建外贸运输专业，并撰写过多篇在国内外有一定影响力的论文。

18. 向实践学习，拜能者为师（黎孝先）

利,后面通过香港,海运就逐渐起来了。所以这样我们就两条线了,一边是和苏联,批评它,我们的生意也没有断;贸易主要就是和西方的。形势要求我们和西方国家做贸易,不懂法律怎么能行呢？所以我们开始成立运输专业的时候没有海商法这个课,后面波兰学生要求学习海商法,另外我们有些出去的人也感到海商法的重要,更主要的是我们这几个搞运输的教员和外运公司的关系非常密切。

外运公司当时也是新成立的公司,所以它把培养对外运输干部当作自己的事,学校是为公司培养干部。当时基本上贯彻"学企结合"的原则,教学和企业紧密结合,有些文章都合写的。我们也得益于这条道路,一切都从实践中来,实践才能出知识。当时"学企"关系亲密到什么程度呢,让他们兼我们的职,教研室主任都让他们兼,实际上就是挂个名。以庞之江组长为首,都来给我们讲课。当时有很多年轻的教师,我们都没有做过运输,隔行如隔山,我们都缺乏实践经验。外运公司又特别需要干部,对我们特别关心,对运输特别重视,所以他们就把培养运输专业的学生当作他们自己的任务,组长带头,处长兼职来讲课,我们这些年轻教师也跟学生一样地听,听完以后记,记完以后把它整理成讲稿,发给学生。和外运公司关系密切,对国际上的一些事了解得也就多了。外运公司讲的事里面有很多例子,都涉及了法律问题,所以后面波兰留学生提出要讲海商法,我们是很理解的。

问: 当时你们和外运公司关系这么密切呀！

答: 我们国际运输专业比较敏感。我和外运公司七八十个人基本每一个人都熟,他们开经理会什么的我们都去,也通知我们去。过去严启明教授[②]就是外运公司的一个"大笔杆子"。严启明是美国留学

[②] 严启明(1923年—2018年),浙江上虞人。1950年—1964年,先后在香港华夏企业有限公司、原外经贸部中国海外运输公司、中国对外贸易运输(集团)总公司、山西省供销合作社工作。1964年4月起任职于北京对外贸易学院(现为对外经济贸易大学)。是该校运输系运输专业奠基人之一。著有《对外贸易运输》(教材)《国际贸易基础知识与实务》《外语直观教学浅谈》《国际多式联运》等,参编《中国大百科全书·世界经济卷》《经济大字典》《中日经济法律辞典》等。

的,解放初期就回到了香港,香港海运公司自己也租了船,搞期租船,当时要定费率表。我们新中国第一个费率表就是他(严启明教授)动手做的。后来国内要他了,要他回到对外经济贸易大学来了。

问:您提到本身是任贤正教授负责海商法,后来为什么变成您来教授了呢?

答:这个过程是这样的。我的分工主要是概论、运输的每个部分都讲。还有就是国际铁路货物联运、铁路货物运输规则。我去忙我的,还经常出差,带留学生去实习,参加广交会③,参加运输公司的经理会议等,汤觉先讲课我一堂都没有去。后来党委就找我和任贤正去谈话,说党委决定,你们两个人中间,要有一个人下去劳动。任贤正说他要去,我说不行,我的理由是,因为我们的课程有海商法,海商法对我们来讲是个新的课程,我们都没有这个基础,有人专门跟着汤觉先的讲座听,我一堂都没听过,汤觉先我连面都没见过,我管其他的事还管不过来呢。海商法不仅要给波兰的留学生讲,还要给所有的留学生讲,任贤正听了一年的海商法的课,做了笔记,我们一堂都没有听,这个课只能他教。当时还有多久要给留学生讲呢?差三个月,现在他走是不行的。任贤正还是想去(劳动)的,他说我和你是同班同学,我能讲你还不能讲嘛!一样的。结果他这样一讲,我们两个争得不可开交。党委的领导说交给他们来讨论。他们隔行如隔山也不知道这里面专业的问题多难,最后讨论还是让任贤正下去了,让我讲这个课。我一听就懵了。那我没办法了,正式通知我了,我也没办法再倔强。

我一算时间,马上去图书馆借书,只要是里面有"法律"两个字,有"海运"两个字的都借来看。交通部的书我们买了很多,《海运原理》④这本书还是很好的,对我写海商法起了不少作用。还有,我经常到我们的档案室里面,看领导看的那些内部的经验教训、案例,商务处做汇报的,我都看了,都做了笔记。这些东西我把它整理一下。这里面好多案例,比如倒签提单的案例,都是海商法的事情。还有,1958年

---

③ 中国进出口商品交易会。
④ В. Г. 巴卡也夫:《海运原理》,王今、柏桢译,人民交通出版社1954年版。

18. 向实践学习,拜能者为师(黎孝先)

我到外贸部去工作了一段时间,我在那里又看了他们的很多材料,在部长办公室里有外贸部的十年工作总结,看了很多东西。这些东西都是哪儿来的?都是驻外使领馆他们总结的一些经验教训。

我得到的实践经验的来源有这么三个:一个是从资料上,都是间接的;还有一个是开会,参加经理会议;再有一个是带学生去实习,包括留学生实习。实习的地方要派辅导员,辅导员要了解你的意图。借这个机会,和业务员说讲什么东西给学生,实际上我也在场旁听,等于也是给我讲。有的学生自己提不出来希望讲什么,我都提前给辅导员交代你应该讲什么,这样留学生我带出去了很多。我得来的间接知识比较多,所以我对海商法的情况就比较了解。实际工作的人都是我的老师。所以我没有学过运输但我能教运输,没有学过海商法但我能教海商法。

当时学校要求半个月前要把讲义发到手。我印了讲课大纲,这些东西的来源主要就是两个,一个是《海运原理》,一个是上海海运学院的一个系主任的书,我不记得名字了,他已经去世了。还有魏文翰、魏文达两个人的书。

问: 这么说当时您教授海商法的时候并没有教材,是您自己写的讲义是吗?

答: 教材也不是一蹴而就的。当时没有教材我们怎么办呢?一个是从外运公司那里了解,再有就是带留学生去实习,到各大港口,到边境车站,比如四方、满洲里、"广大上青天"⑤。内部的四方湖、连江口,到海滨那块儿,在那里有石油运输,那里我都去过的。也带着国际运输整个班级的同学去天津待了一个月,搞装卸,和那里的工人一样,都体验的。当时是开外贸部办公厅的介绍信,因为有些保密的商业上的事情。凡是和外贸运输有关的地方,我基本都跑了。我的目的就是:一,拜能者为师,向他们学习;二,广泛地调查研究,收集案例,积累经验。在课上讲他们的经验教训,正面的、反面的,这个讲课就比较有用。实际上我讲课的时候案例是比较多的,我随便怎么讲,拿起来

---

⑤ 指广州、大连、上海、青岛、天津。

一个案例就可以讲。当时还有一个有利条件，我们学校有很多资料室。学校有图书馆，院系有资料室，外贸系的资料室比较大。党委内部还有个领导看的、放置一些保密材料的资料室，但是学校教研室、系里的负责人也可以看，因为我是党员，工作有需要，学校领导也相信我会保密，所以我被批准到那里去看，我看得最多。当时学校领导提出来堂上记笔记，考试背笔记，我们就感觉到，讲课讲死的肯定不好，除了记笔记、背笔记还需要有案例教学。实际上不叫案例教学，但是我做的就是案例教学。我讲课基本是看案例教学的，案例本身就是一个经验之谈，我就抄起来并作卡片，一讲课就拿起来一个。后来都熟了，自己都背得出来了。我们就这样紧密联系实际，主要是跟着外运公司跑，说事实就是这样的。外运公司怎么变，我们跟着怎么变。外运公司是运输货物的，船舶来了有时候交货期拖延，有时候弄虚作假倒签提单，这些都吃了亏、上了当的。所以好多个案例是非常生动的。

其实1958年我在外贸部部长办公室借调工作了一年，总结外贸十年工作，这也是向实践学习。有时候我一个人去调查研究，当时大家一看是外贸部办公厅来的人，都好好接待，有什么材料都给你看。我就看过了正反两方面的很多材料，成功的案例、失败的教训。我虽然没有学过海商法，但这本身就是和海商法相关的，有效果是因为依法办事，失败是因为违法而造成的。我白手起家还是有很多优势的。

问：您当时都如何接触到海商法相关的书籍的呢？

答：我们会托出国的人买点书，有些派到国外的商务处工作的人带一点书，会从各种途径买书。通过他们买书、带口信和见面的交谈，我们了解外面的事情，看西方国家的资料实际并不难。我们看西方国家的书也多了，搞运输就关心我们这一方面的，主要的就是施米托夫的，那本书是经典的，还有外国学者的书，那本书上有60个案例，好多挺好的，还有各种国际贸易惯例，把这些东西慢慢都引进来了，就开始搞。但是经典的大部头的书，我们的外语水平不够，没法翻译。20世纪70年代，"文化大革命"以后，我当系主任的时候，跟人事

18.向实践学习,拜能者为师(黎孝先)

处长讲,凡是公司有些要退下来的,还有学校里的有些老教授,英语很好或是留学的,现在教课有些困难的,这些人的翻译水平可以,都给我们,我要。我们当时组织翻译了很多东西。当时翻译的东西不能公开出版,侵犯人家的权利,我们不出版,自己看。很多东西,比如单证、《华沙—牛津规则》《海牙规则》,等等。

问:我们知道您1976年在北大给越南留学生做过讲座,当时有与海商法相关的内容吗?

答:1976年是这么个原因,当时不是"文化大革命"嘛,各国派来的留学生是定了计划的。我们停课、闹革命,他们也跟着停课,这不行啊。所以当时没有办法了把他们都拉到北大去了。进了北大其实也是半停学状态,后面慢慢恢复正常了。留学生在这里待了这么多年他们还要毕业,所以当时学校就和我们谈,说北大还有几十个越南学生,到期了他们该回去了,但是课还没怎么上,这个是不是要我去讲,我就答应了。当时北大也没有正式上课。我就去教了半年。内容就是对外经济贸易大学的那些留学生应该学的国际经贸方面的知识的综合。我自己临时给搞了一个大纲,这个里面没有讲海商法,当时我的海商法知识也不多。

二、参与《海商法》制定

问:"文化大革命"一结束就起草《海商法》的原因是什么?

答:我在"文化大革命"前就已经参与制定《海商法》的活动。当时是时任交通部长的王首道下达的专家聘书。时间比较久,我已经忘记了具体的聘任时间。特别遗憾的是,当时学校要迁走⑥,我要下放,(把聘书)带在路上又怕丢,就放在我们系的内部资料室里了。后面回来去找了半天,找不到了。因为我们系的资料室都搬迁多少次了,有的连档案都丢了,所以王首道给我写的两次聘书都没有了。

---

⑥ 应当是指1969年,受"文化大革命"冲击,学校迁至河南省固始县。

在"文化大革命"下放期间,我提议为我们保留一个存放《海商法》重要资料的地方。其实当时很多资料都已经被烧掉了,自己整理的资料被自己含泪烧掉,心血付诸一炬。(说到这里的时候黎教授眼睛含着泪光。)所以"文化大革命"结束再次起草《海商法》的时候,可谓两手空空。我提出要将"文化大革命"造成的损失弥补回来。当时学校(贸大)有两个中心:"教学中心"和"科研中心",发展教学和科研,我为此专门写了一篇文章。陈校长上台之后,党委宣传部给我打电话,让我写一篇稿子,写一写鲜为人知的事。

我想到了两件事。一个是刊物,即《国际贸易问题》刊物,是由我、冯大同、王林生⑦、叶彩文⑧四个人共同创办的。起初是我跟冯、王、叶商量,将"文化大革命"的损失补回来,要办成两个"中心",没有专门的刊物是不行的。所谓工欲善其事,必先利其器,所以我们就决定创办这样一本刊物。当时有一个问题,要有创刊的经济基础。我们提出"一个牌子,两套人马"的建议。《国际贸易问题》是刊物,同时成立国际贸易问题研究室,这是机构。但其实这个机构是虚的,只是《国际贸易问题》的载体,挂靠在外贸系。王林生是编辑。这里要说明一下,曾经我们一直将国际贸易术语 CIF 称为"到岸价",这是错误的概念。贸易术语不是价格术语,它具有两重性,还代表买卖双方责任的划分。CIF 叫作到岸价是错误的。我们发表了

---

⑦ 王林生(1930年—),浙江鄞县(现为浙江省宁波市鄞州区)人。1948—1956 年,先后在清华大学、中国人民大学、北京对外贸易学院(现为对外经济贸易大学)研究生班学习。曾参与创办《国际贸易问题》杂志;协助筹建中国国际贸易学会和"安子介国际贸易研究奖"。1979 年到斯坦福大学讲授中国对外贸易。1985 年,其与袁文祺、戴伦彰合作发表于《中国社会科学》1980 年第 1 期的论文:《国际分工与我国对外经济关系》,获一九八四年度(第一届)孙冶方经济科学奖论文奖。曾任对外经济贸易大学副校长、国家学位委员会经济学组评议组成员、联合国跨国公司中心专家顾问、中国国际经贸仲裁委员会副主任、全国政协委员。

⑧ 叶彩文(1937 年—2022 年),湖北武汉人。1963 年毕业于北京对外贸易学院(现为对外经济贸易大学)国际贸易系。曾任中国常驻联合国代表团经社组二等秘书、原外经贸部管理干部学院副院长、中国驻荷兰大使馆商务参赞、对外经济贸易大学副校长。同时还曾兼任中国国际贸易学会副会长、学会基础理论委员会主任委员,中国亚洲太平洋地区国际贸易研究与培训中心主任,原外经贸部学术职称评定委员会会员。编著有《中国利用外资方式》《国际金融》《国际贸易结算》《通向国际市场》等。

18. 向实践学习，拜能者为师（黎孝先）

很多文章，说明CIF不是到岸价。从1976年到1983年，我们外贸系编写了六本教材，发表了五百多篇文章，出版了十本专题，是真正大丰收的局面。对于科研来说，刊物还是很重要的。另一个就是出版社。当时在学校的第六次党代会上，校领导提出，再过五年筹备建立出版社。但是我觉得还要再过五年，而且才是筹备，实在太晚了。我提出现在就应该将出版社办起来。全体党委委员一致同意，这件事就提上了日程，这件事就交给了我们三系⑨。我马上让冯大同写了稿子上报政治部，过几天就接到了批准的通知，但是经费自理。启动资金是利用我们卖出6万册《国际贸易实务》的利润，大概有15万元，出版社就这样办起来了。

回到海商法的问题。我都没有学过海商法，为什么聘请我为海商法起草委员会的委员呢？我当时也是比较奇怪的，我刚教海商法教了几天，教材还没写出来。但是想到我带学生实习，所有的港口、车站我都跑过，通过与留学生的交谈我也了解一些国外的做法，还有我看的文件比他们多，参加过外运公司的经理会议、广交会。所以我脑海里虽然没有形成海商法这门课，但我懂得海商法的实际。我做的、看的东西，实际都是海商法的内容。王首道知道我也是因为我参加过一些有关运输的会议，也写过一些文章，指导过留学生的海商法论文。给波兰学生讲过海商法课程他可能也知道。说实话当时对外经济贸易大学，沈达明还没有来，也没别人懂海商法了，知道海商法的就是我了。被选为海商法起草委员会委员，我当时特别高兴，可以一边上课一边学习。

由交通部牵头的两届海商法起草委员会和法制局组织的论证会我都参加了，《海商法》的每一条都经过多次讨论，讨论得都非常激烈。在第一届起草委员会开会的时候，我很少发言，因为我是抱着学习的态度参加的，前面也提及了，我不是海商法科班出身，但是《华沙公约》《华沙—牛津规则》这些我都知道，实务中的事知道得比较多，我还比较谨慎，都做笔记，只记得当时讨论很热烈。第二次起草的过程中，我

---

⑨ 1973年北京外贸学院恢复招生，对外贸易经济系改称三系（又称对外贸易系）。

发言多了起来,因为有了海商法知识的积累,我的很多学生也帮我买了相关的书籍,有些外面买不到的,我的学生都可以帮我搞到。后来《海商法》马上要定稿的时候,国家法制局代表国家开了一个《海商法》论证会,我也参加了。当时参加的人我认识的很多,但是现在也记不太清楚了。沈达明⑩、上海海运学院的学者们,很多都来了。那个时候我发言已经很多了,甚至会成为焦点。当时国家法制局局长让大家对《海商法》的每一条进行论证。大部分参加论证会的都是海商法起草委员会的委员,还有一部分法律界的权威。当时我提出,将 CIF 称为到岸价是错误的。有一位参与论证会的教授认为,这个问题是有争议的。但是我坚持,这个问题有定论。最后经过论证,这个问题的结论得以确定,CIF 确实不能称作到岸价。过了一段时间,海关进行了修改,不再将 CIF 称为到岸价。这个问题作为《海商法》起草中的基础知识问题被讨论。

三、外贸学院的其他海商法专家

问:您和冯大同先生是怎样认识的呢?

答:当时冯大同从北大分到我这来,他也没有说自己是搞运输的。我们教研室变成了基础知识教研室,要我负责,他来报到是我接待的。我就跟他讲,他是学法律的。当时我们学校有个黄毅斌(音),外经贸部条法司的。还有于吟梅⑪,我们学校搞法律的。我就给冯大同讲,在

---

⑩ 沈达明(1915 年—2006 年),上海人。1934 年毕业于震旦大学法律系。1939 年获法国巴黎大学法学博士学位。曾任教于四川大学、湖北师范大学等高校。1951 年到原外贸部工作。1953 年起任教于北京对外贸易学院(现为对外经济贸易大学)。长期从事法语和国际经济法教学及科研工作。曾参与创建国际经济法系,是该校法学院的奠基人之一,也是我国国际贸易法学和国际商法学的主要开创者之一。曾参加《毛泽东选集》法文版的翻译。著有《英美银行业务法》《国际资金融通的法律与实务》等。

⑪ 于吟梅,中国人民大学外交系国际法研究生毕业,1953 年在中国人民大学外交系国际法教研室工作,1954 年到 1956 年,在东北人民大学(现吉林大学前身)法律系兼国际法教研室组长,1957 年调入对外经济贸易学院(现对外经济贸易大学),后在该校外贸系的日语教研室工作。

18. 向实践学习，拜能者为师（黎孝先）

我们教研室里成立一个法律小组，让黄毅斌当组长，冯大同和于吟梅两个就是组员，一共三个人成立一个法律小组。这个小组实际上起主要作用的还是冯大同，虽然不是组长但是他水平高，脑子也活，人也很负责任。冯大同做了很多工作。他和我的关系是很密切的。冯大同是"笔杆子"，一天五千字，下笔成书，马上就可以去印，就定稿了。真是一个有才的人。

问：冯大同是魏文翰的学生？

答：冯大同是我建议他到海运学院去的。我对他说："家里、学校的事你不用管，你去上海海运学院进修。用一年的时间，你去找魏文翰、魏文达他们两兄弟，我们有名的海商法专家，到他们那里去学。"他去了一年，这一年他有很大的收获。所以这几个搞海商法的我们早认识了，就想要弄这个东西。冯大同去了就是为这个做准备的。后来沈达明教授和冯大同一起出了一本《国际商法》⑫。沈达明教授他自己这么比方的，他说我不过是个采购人，冯大同是一个高明的烹调师。沈老讲得很谦虚，但是也很实际。

问：以前外贸学院研究海商法的人多吗？

答：以前学校比较重视外语，沈达明去当法语教研室主任，严启明是我提议推荐，调到外贸学院来的，调来以后又把他搁到英语系，当系办公室主任。很多人专业知识很好，但不用他的专业，用他的外语，包括外贸部，只重视外语。

问：那您担任过海事案件的仲裁员吗？

答：我没有担任过海事案件仲裁员，但我推荐过很多人担任仲裁员。

问：您写过《中日经济法律辞典》⑬这本书，那您对日本海商法了解吗？

答：当时是为了解决中日两国对于海商法的看法分歧，决定写这样一本书。其实是官方组织的，我只是作为其中一位编写者。但我当

---

⑫ 沈达明、冯大同、赵宏勋编：《国际商法》，对外贸易教育出版社1982年版。
⑬ 中国对外经济贸易部条约法律局、国际贸易研究所、国际经济合作研究所、日本国财团法人日中经济协会合作编辑：《中日经济法律辞典》，中国展望出版社1987版。

时负责的主要是中国海商法部分,所以我没有对日本海商法进行了解。

最后,黎教授向我们展示了他的一首诗:
《九十有感》
人生七十古来稀,
现在高龄不算奇。
老当益壮为常态,
实干兴邦志不移。

口述人:黎孝先
访谈人:北京大学"口述海商法史"小组郭玉璇、金珊珊
时间:2018年3月22日
地点:北京市望京黎先生家中

19. 躬行实践,笔耕不辍

——孟于群先生*访谈录

孟于群先生

孟于群先生曾任中国外运集团总法律顾问,并于退休后担任中国海商法协会顾问,同时在海商法领域著述颇丰。我曾在 2017 年 5 月拜访孟于群先生与其夫人陈震英女士,就海商法协会的成立与发展进行了一次访谈。将近一年后,孟老师主动联系我,说:"小陈,你们是在挖掘海商法的历史,抢救海商法的历史,我非常支持,也觉得自己应该再出些力,所以我后来又去翻箱倒柜找我几十年前的笔记,并且就我和海商法的故事写了一篇自传式的文章,供你参考。"于是,我拿着这

---

* 孟于群(1946 年 11 月—),曾任中国对外贸易运输(集团)总公司总法律顾问。

份几十页的回忆文稿,满怀着对孟老师的感激,再一次与孟老师进行面对面的谈话,探寻那个与他人生相互交织的海商法的世界。

一、职业生涯:与海商法的不解之缘

问:孟老师,您是如何与海商法结缘的呢?

答:首先我要纠正你这个说法,我不是什么海运专家,我只是一个从事企业法律工作的基层法务人员。至于结缘,实在是机缘巧合。我是1965年上的北京第二外国语学院英语专业。我们上一届的毕业生,按"哪儿来回哪儿去"原则,一律回各省市被分配了。1969年快毕业的时候,我原本也做好了回老家的准备,没想到敬爱的周恩来总理指示在全国各大院校选留2000名外语学生带薪留校进修,作为全国外语储备人才。① 因此我有幸继续在北二外进修英语,直到1972年11月,我们这群学生开始被分配到各单位。我记得当时有三辆解放牌卡车,把北二外的60人连人带行李拉到中华人民共和国对外贸易部(简称"外贸部"),其中20人被拉去了位于长安街的外贸部本部,20人被拉到王府井出口大楼,②剩下的20人去了二里沟的进口大楼。当时进口大楼集结了中国五金矿产进出口总公司(现名中国五矿集团有限公司)、中国化工进出口总公司(现名中国中化集团有限公司)、中国机械进出口总公司[现名中国机械进出口(集团)有限公司]、中国仪器进出口总公司(现名中国仪器进出口集团有限公司)、中国技术进口总公司(现名中国技术进出口集团有限公司)和中国外运股份有限公司(简称"中外运"),我被分配到了中外运的海运处,这才与海商法

---

① 根据孟先生回忆,北京外国语学院(现已更名为北京外国语大学)、北京第二外国语学院的该届学生基本选留,其余名额由各省市外语专业学生填补。
② 根据孟先生回忆,当时出口大楼里主要有中国粮油食品进出口总公司(现名中粮集团有限公司)、中国轻工业品进出口总公司(现名中国轻工业品进出口集团有限公司)、中国纺织品进出口总公司(现名中国中纺集团有限公司)、中国丝绸进出口总公司(现名中国中丝集团有限公司)和中国土产畜产进出口总公司(现名中国土产畜产进出口有限责任公司)。

19. 躬行实践，笔耕不辍（孟于群）

正式结缘，如果当时被分到别的部门，我可能就与海商法失之交臂了。

问：您在中外运海运处主要负责什么工作呢？

答：海运处分为近洋处和远洋处，我在近洋处工作，主要负责新马航线③。当时中国化工进出口总公司一年至少进口二三十万吨橡胶，中国土产畜产进出口总公司也进口大量原木，需有人负责货物进出口船舶的平衡问题以及船员的伤病问题，于是负责新马航线的我在1975年被派去马来西亚大使馆商务处工作，在那里待了四年多，可以算是半个外交官吧！在马来西亚工作的四年多时间里，我常去巴生、槟城和马六甲等港口上船，不仅看到了各种船的结构，学习了货物积载与隔垫的方式，熟悉了港口的情况，还了解了船员在船上的工作与生活情况。同时，我还负责几个进出口总公司的贸易及在马进出口商的资信调查工作，自学了许多进出口贸易的知识。

问：1972年的时候您还只是个英语专业的学生，而在1975年您就被派去马来西亚处理专业的海运问题，在中外运的三年时间里，您是如何学习海上货物运输知识的呢？

答：自从来到中外运负责新马航线，我整天与船货打交道，经常接触海运提单和租约，可以说是工作倒逼着我边干边学的海商法。我很庆幸自己遇上了中外运的刘松志老处长，他是少有的资深航运专家，也是我海运业务的启蒙老师。我记得曾有一条4000吨的杂货船在去马来西亚古晋港口的航道上搁浅，船代请求租一条拖轮解救这艘船，我将此事报告刘处长后他马上指示我，通知船代让船长利用船上的吊杆将某舱的部分货吊入另一舱，船舶就能平衡并浮起，无需租拖轮，那样费时、费力、费钱。船长按指示操作很快见效，船长和船代佩服得五体投地。这件事也让我发自内心地敬佩他，暗下决心要以他为榜样，当好他的徒弟。

问：您从马来西亚回国以后还是继续在中外运的海运近洋处工作吗？

答：是的，但工作内容有了变动。我原本可以选择老本行继续负

---

③ 新马航线主要指新加坡、马来西亚之间的航线，但也包括泰国、菲律宾、缅甸等国的港口。

责新马航线,这对我来说是熟门熟路的工作,轻松又体面,但我却去了费力不讨好,负责"擦屁股"的索赔小组。为什么呢?原本我和索赔小组是在一个套间的,我在内屋,索赔小组在外屋,正好对着内屋门,所以我经常"偷听"高清渊和余本松两位老同志回答别人的法律咨询,我还悄悄把他们的讨论内容记到本子上。1980年我在索赔小组工作后,接触到了整个公司的货物索赔与理赔、共同海损工作以及租船业务中的航速索赔、滞期速遣问题。在处理大量的索赔案件时,我需依据提单、租约、保单和买卖合同条款,国内有关法规,再参考有关的国际公约,虽然很费脑子,但这让我学习到了更深层次的海商法知识,收获了前所未有的成就感,我觉得值。1987年我在中外运全国分公司经理培训班时,就海运提单与案例分析进行授课,不得不说是受益于在索赔小组的工作。20世纪80年代初,我还去北京大学上过半年的海商法业余班,当时的授课老师是美籍华人陈华海律师。

问:您是从什么时候开始进入中外运的法律处,开始您的专职法律生涯呢?

答:中外运的领导比较重视法律工作,在20世纪80年代初决定单独设立法律处,这在当时的国企中比较少见。1984年,公司派我去美国纽约海特律师事务所进修一年,在此期间我学习了美国法院制度、美国民事诉讼法和海商法,特别是租约条款和货物索赔,阅读了不少海事方面的国际公约和国内外海事案例。1985年回国以后我负责筹建公司的法律处,法律处成立以后我们负责全公司的诉讼,包括作为当事人进行仲裁。1989年我被中国海事仲裁委员会聘任为仲裁员后,开始负责案件的仲裁工作。无论是作为当事人还是仲裁员,这些经历都迫使我对海商法以及有关国际公约有了更深入的了解。在学习和运用海商法的过程中,我深刻地体会到理论联系实践的重要性,实践出真知是千真万确的道理。

问:在海外求学的一年里,令您印象最深刻的是什么?

答:现在回忆起来有一个比较有趣的故事。那个时候我为了学好法律知识,想尽办法提高英语水平,除了在哥伦比亚大学的英语培训班学习,还会去街心公园跟一些老头、老太太们用英语聊天。我曾经

19. 躬行实践，笔耕不辍（孟于群）

碰到过一个老太太，发现我们两家相隔很近，她便主动邀我每周六去她家聊天，但四个星期后，她开了一个账单给我，要我付四次外语教授费用，共计 100 美元。我觉得摸不着头脑，思索了一番后跟她理论："这个费用我不能给你，理由是我们事先并没有谈付费问题。我现在在一家律师事务所工作，如果你坚持要我支付外语费用，那我也要根据自己在律所工作每小时的咨询费向你收费。"后来那个老太太就不再吭声，从这个故事我们可以看出美国人的对价意识还是比较强的。

问：孟老师，是什么支撑着您一边从事在中外运的实务工作，一边著述出书，传播海商法的知识呢？

答：其实我平时就爱积累资料，写点拙文，尤其喜欢将实践中自己处理或参与过的案子进行归纳整理、总结提高。一方面鼓励大家钻研海商法，另一方面提高大家的法律水平与风险防范能力，做到少走弯路、少缴学费。我认为几十年的经验教训不是自己的私有财产，也不是只属于外运集团的财富，而是属于整个社会的，我有责任让这些知识回归社会，为社会服务。在这种动力的驱使下，前前后后，特别是退休后，在震英默默的支持下，自己写了九本书约 534 万字（其中头两本书是我和震英合著的）。作为一个半路出家的企业基层法务人员，我觉得在干中学，学中干，然后一辈子都在海商法的田野里默默耕耘，这其实是一种享受。

二、亲眼见证：《海商法》重启的前前后后

问：孟老师，请问在《海商法》制定之前中国的外贸运输状况是怎样的？

答：计划经济时期我国经营进出口的公司及负责外贸运输的公司都是国营的。当时全国只有中国粮油、中国土畜产、中国轻工、中国纺织及丝绸、中国机械、中国仪器、中国五矿、中国化工、中国机械设备、中国技术进口十来家进出口总公司及其省市分支公司，中外运相当于这些货主的总代理。在中远总公司成立之前，这些货物主要交由合资

的中波轮船股份公司、香港华夏企业有限公司和中国租船公司(现名中国租船有限公司)进行运输。20世纪60年代中远总公司成立后,通过中外运与中远总公司每月的平衡会议,除采用中租公司承运部分货物外,绝大部分货物都交由中远总公司承运。改革开放后,事情发生了颠覆性的变化,由十来家从事进出口贸易的公司到千家万户搞外贸,由一家货运总代理公司统管运输到千家万户搞货运代理,由一两家船公司垄断国际海上运输到数百家船公司共同承运国际国内的运输。

问:现行的《海商法》是1992年颁布的,这部《海商法》的制定工作可以追溯到什么时间呢?

答:就我从马来西亚回国参与的工作而言,最早能追溯到20世纪80年代初。我曾于1981年2月18日参加过一个讨论会,出席会议的单位有中远总公司、港监、原外经贸部条法司、外运总公司、人保总司、北京政法学院、中国人民大学、北京外贸学院、北京大学和国际法学会。在那次会议上我们着重讨论了《海商法》的概念、对象、范围和体系,对如何制定《海商法》提出了各自的想法,比如究竟是搞法典还是详细条款,如何协调运输公约和国内立法的关系,货运工作中究竟采用《海牙—维斯比规则》体系或《汉堡规则》体系还是两者之混合,此外还对承运人的责任范围、管辖权、时效问题和海上救助问题进行了交流。

问:您觉得对《海商法》的制定起到关键作用的论证会是哪几个呢?

答:我印象最深的有三次论证会。第一次是1991年5月6日至9日的北京黑山扈未名山庄论证会,在这四天里二十多个单位的几十位专家、教授、学者和实务人员代表聚集在一起"闭门造车",论证了《海商法(草案)》。④第二次是1991年5月15日在组织部招待所,由最高人民法院交通庭庭长李国堂主持的海事法院《海商法》论证会,与会人员从司法实践的角度论证了制定《海商法》的必要性,国务院法制局负

---

④ 本次会议由时任国务院法制局局长孙琬钟、交通部副部长林祖乙和原外经贸部副部长佟志广主持,参加的单位有:交通部,中远总公司,江苏、广州、大连、上海远洋公司,天津、上海外轮代理公司,上海海运学院,大连海运学院,原外经贸部条法司,对外经济贸易大学,中外运总公司,各外贸进出口总公司运输处,人大法工委,人保总公司,贸促会以及法制局。

19. 躬行实践，笔耕不辍（孟于群）

责审查制定《海商法》的负责人郭日齐同志介绍了该法制定的进展情况。⑤第三次是1991年5月21日至23日在北京黑山扈未名山庄召开的《海商法》专家论证会，⑥会上讨论最多的问题是：承运人对延误是否应承担责任，法律适用范围，《海商法》应以何种国际公约为基础，应站在何种立场上去考虑，《海商法》与民法的关系和保函等问题。

问：您刚刚说在未名山庄论证会上，来自学界、业界的各位代表对《海商法（草案）》进行了论证，请问这份草案是何时起草的呢？

答：这份文件是1952年开始筹备起草的，后因"文革"中断，1981年5月重新恢复，1985年交顾问处，后又成立一专门小组，经过多次调研、反复论证、不断修改而形成的草案。

问：在未名山庄论证会上，有哪些与会人士的发言令您印象深刻呢？

答：孙琬钟局长强调《海商法》是民法的一个重要部分，将促进海上运输事业与贸易的发展，在改革开放的背景下，各方都期待着这部法律能尽早出台，由于涉外性、专业性强，调整范围广泛，立法难度较大，孙局长在发言中提到要再开几个会：5月6日外经贸部、交通部、贸促会、人保等单位的会议，海事法院的会议和专家会议。林祖乙副部长明确了《海商法》的基本原则——"中国与外国相结合"。佟志广副部长说："希望这部法律是真正的理论与实践的结合，船方与货方利益平衡，维护国家利益的产物。中国是海运大国，与几十个国家签订了海运协议，当面临贸易摩擦影响航运的问题时，如果有一部自己的法律能用来进行对外斗争将会极为有利，因此我们应当长远考虑。"

问：您提到郭日齐先生在未名山庄论证会上对当时《海商法》的制

---

⑤ 出席此次会议的除海事法院的负责同志外，还有人大法工委、人大外事委员会、交通部、外经贸部的同志，最高法院的傅旭梅和王茂深同志，广州、天津海事法院的金正佳和张志副院长，上海谷正平院长以及大连、海口海事法院的同志也先后做了发言。

⑥ 出席此次会议的专家包括对外经济贸易大学的赵宏勋、冯大同、黎孝先和沈达明老师，大连海运学院的司玉琢老师，上海海运学院的尹东年老师和胡正良老师，中国政法大学的吴焕宁老师，外交学院的姚壮老师，外经贸部的王振普、张月姣和张玉卿，贸促会的高隼来、叶伟膺、刘书剑，国际法学会徐鹤皋，人保总公司李嘉华、王建和王海明，中远总公司的朱曾杰、张常临、俞天文和胡京武，外运总公司的孟于群等人。

定情况进行了梳理,能麻烦您回忆一下会议召开时《海商法》的起草进展吗?

答:根据郭先生的报告,1989年2月17日曾成立专人审查小组,对起草工作做过很细致的研究。他们注意到我国《海商法》起草战线拉得很长,1985年就报至国务院法制局但在1989年才成立专人审查小组,并且原来的起草工作都是"关起门来自己搞",未来的起草工作应该与国际交流,应该走出去、请进来。《海商法》的草案条款一直处于一个减少的趋势,开始是213条,后来173条,再后来144条,越来越少,而世界各国的立法条数都比我们多,例如意大利1331条(包括航空),荷兰571条,瑞典335条,希腊332条,苏联309条。另外郭先生明确了立法过程中遇到的几个主要问题:一是国际标准合同的问题;二是适用范围问题,是否应当既适用于远洋又适用于沿海,甚至适用于内河,我国实际的情况是沿海和内河遵循统一的规则;⑦三是承运人的责任起止,考虑到巴黎会议的结果,经过各专家的讨论,管理船舶过失免责条款在当时的最新稿(3月31日稿)中被删去,但删去会引发一系列问题,故希望在未名山庄会议上进行进一步论证;四是延迟问题;五是关于船舶所有人责任限制标准问题;六是关于保函的问题;七是关于反歧视条款的问题;八是港澳台地区法律关系问题。

问:那么经过这次未名山庄会议,郭先生在报告中提到的问题被解决了多少呢?

答:解决了一部分,包括明确了赔偿金额以《海牙—维斯比规则》为基础,调整范围包括沿海船舶,通过一定的方式解决迟延责任,沉船、沉物的打捞属于保险的范围,此外还对时效、集装箱以及危险品等问题提出了建设性的意见。

问:您在参与这些论证会时主要站在什么立场上进行发言呢?

答:货方。虽说在制定任何一个游戏规则时,参与者都应该站在

---

⑦ 根据孟老师提供的会议笔记,远洋与内河的区别包括:(1)沿海计划管理,远洋运输市场调节;(2)沿海使用运单,远洋使用提单;(3)沿海付违约金,远洋只有绕航才赔偿;(4)沿海免责条款少,远洋不完全过失责任制;(5)沿海承运人故意要全赔,远洋则有责任限制。

19. 躬行实践,笔耕不辍(孟于群)

公正的立场上,我明知这个原则但在立法过程中却始终为货方发声呐喊,为什么呢?首先,无论从历史还是现状来看,许多国家制定《海商法》时船方都处于强势地位,货方的正当权益得不到保证,为了维护各方当事人的合法权益,我们必须做到公平合理,唯有如此方能促进我国航运和贸易事业的发展,真正维护国家利益。其次,缩小船方的免责范围,增加货方的权利现已成为制定国际运输公约和各国立法的趋势。另外,中外运当时是中国最大的国际货运代理,我作为其中的一员自然应当利用各种平台帮货主说话,为他们争取正当利益。我当时觉得为货方发声的机会太难得了,一旦错过可能就会是我的终身遗憾。

问:那您基于货方立场具体提出了怎样的意见呢?

答:首先在整体方面强调现在不是 20 世纪 20 年代,我国《海商法》应该比过去的运输公约更公平、前瞻一些,考虑好船货双方的利益。在立法过程中我一直强调我国的立法不能局限于《海牙—维斯比规则》,而应在《海牙—维斯比规则》的基础上吸收《汉堡规则》中较为先进合理的部分内容。我坚持采纳《汉堡规则》中的一些合理条款,例如:船方因管货、管船过程中的过失对货物造成损失,都不能免责。虽然这个建议未被采纳,但却成了后来货方要求船方同意对迟延交付货物承担责任的筹码。此外,我坚持要求船方对货方交付货物的时间负责,最后达成的共识是对货物交付时间事先没有约定的,船方不负责任。而对事前有约定的迟延交付,船方要负责任。另外关于《海商法》第 87 条⑧,我坚持不能取消"其货物"中的"其"字,船方一开始就要求去掉这个字,这样船方在收不到费用时便可留置船上所承运的任何货物,但这却严重损害了那些根本不欠船方运费且无任何过错,本就处于弱势的货方的利益。最后起草小组采纳了货方的意见,保留了这个"其"字。还值得一提的是对赔偿限额的规定,虽然我国船公司的提单条款规定每件或每单位的赔偿限额为 700 元人民币,但货方认为时代

---

⑧ 《海商法》第 87 条:应当向承运人支付的运费、共同海损分摊、滞期费和承运人为货物垫付的必要费用以及应当向承运人支付的其他费用没有付清,又没有提供适当担保的,承运人可以在合理的限度内留置其货物。

变了,要求我国立法采用《汉堡规则》规定的金额,将每件或每单位的赔偿限额提高到 835 个特别提款权,这遭到了船方的反对。最后船货双方达成的共识是将每件或每单位赔偿限额定为 666.67 个特别提款权。

问:您的意见来源是什么?

答:在会议中我之所以能提出一些意见,并不是因为我对海商法有多了解,也不是因为自己有多聪明,我的这些意见一方面源于自己处理海商海事纠纷案件的实践经验以及中外运法律处、海运处和租船处等下属公司处于业务第一线的同志们的意见,另一方面来自于我多次参加联合国贸易和发展会议航运立法工作组会议及其他国际会议,这些学习的机会给了我思考问题的多元视角。

举例来说,1981 年 10 月和 1983 年 10 月,我以中华人民共和国代表团顾问的身份,赴瑞士日内瓦先后参加了联合国贸易和发展会议航运立法工作组第八届会议(主题为制定货物保险国际标准条款)和第九届会议(主题为制定船舶保险国际标准条款),在这两次会议上与会专家要求对英国使用的保险条款进行简化,在此基础上制定出指导世界各国的 ABC 条款。一开始英方代表不同意,后来其他专家要求英方说出不能删减的理由,英方也说不出个所以然。相反,要求简化的专家们表示经过删减,发展中国家从事这方面业务的货主和船东也能较好地理解,最后英方代表做了一定的妥协。这给我的启示是什么?我们立法时也要通俗易懂,不但能使从事国际运输的人读懂,还要使普通人也能了解。

又如 1990 年 6 月 24 日至 29 日,我以海商法协会常务理事和副秘书长的身份,和司玉琢老师等人,赴法国巴黎参加国际海事委员会第三十四届会议。由于各国的利益和诉求不同,法律制度和政治文化背景亦不相同,对国际公约条款的要求与认可程度也存在差异,有时甚至存在很大的分歧,这说明制定一个能被各国认可、接受的公约,达成共识,实属不易。同样,我们制定一项国内法律也是很不容易的事情,要平衡各方利益,要经历漫长的实践过程,要学会相互沟通、放弃、变通、彼此妥协、协调,最终找到大多数人能接受的"词语"和条款。

19. 躬行实践，笔耕不辍（孟于群）

问：您觉得《海商法》立法工作中的困难有哪些？

答：拿《海商法》条款数目来说就变化了好多次，从 300 多条到 150 多条，再到 278 条，1992 年全国人大通过了这部《海商法》。我想说的是我们做什么事情都应实事求是，立法更应如此，应当根据我国的实际情况来决定条款的多少。当时我们很担心这部法律是否可以被人大通过，因为其法律条文数量比当时已通过的法律都要多，且专有名词和专业术语较多，一般老百姓不熟悉，故必须先对出席会议的代表进行说明解释，这个解释说明不好写，发言人表达能力要很强。此类的问题有很多，由于那时我只是一个小小的副处长，许多该考虑的点或者碰到的难点我还不知道。至于当时写作班子的办公条件与生活环境就更不用说了，既没有表扬，也没有吃喝，更没有奖金，只有大家的加班与付出，从不计较名利与金钱，有的只是积极、认真、负责。

问：您如何评价 1992 年《海商法》的出台？您是否感觉到法律出台前后的不同之处呢？

答：总体来说 1992 年的《海商法》不仅使我国处理海上运输纠纷案件有了法律依据，还健全完善了我国的法律制度，促进了我国海运事业和对外经贸事业的发展。很快，全国掀起了《海商法》的学习热潮。外运集团组织全体员工学习《海商法》，组织大家参加海商法协会和各单位举办的各种培训班、研讨会。1992 年我们曾邀请过朱曾杰、魏润泉、金正佳等专家、法官参加外运集团全国法律工作会议暨培训班，介绍和讲解我国《海商法（草案）》的有关内容。1993 年《海商法》生效后，朱曾杰、司玉琢、尹东年、傅旭梅、徐鹤皋、冯立奇、刘书剑、张为民等专家、法官也来我公司讲授过《海商法》。

我 1996 年去香港工作后，还邀请於世成和杨召南两位专家到香港华润运达保险顾问有限公司（现名华润保险顾问有限公司）讲授《海商法》。不仅是外运集团，法律出台后，全国交通系统、司法界和有关院校都掀起了学习和运用《海商法》的高潮。为了便于大家的学习，交通部组织出版了《海商法》单行本及《海商法》问题解释小册子。那个时候凡是召开与海商法有关的培训班或研讨会，包括在 2017 年的《海商法》修改审定会议中,你们都会看到一些与会老同志不时翻阅手中的一本小黄书。那是《海商法》生效后由大连海运学院出版社出版的单行本,封面是黄色的,没有任何图案,很薄,至今还有许多老同志随身携带。

此外,我真切地感觉到有法可依真好,过去我们处理案子只能根据政策、部门规章或者红头文件,甚至有时只能靠拍脑袋,在国际会议上往往只听到对方国家讲他们的法律是如何规定的而我们却很少发言,有法可依以后我们与国外的司法界朋友交谈底气足了,国际地位也提高了。

问:我曾听您提起《海商法》的出台使扣船程序变得大不一样,能请您展开说说吗?

答:以前扣船只能逐级请示至党中央,最后按国际惯例扣船。1967年,由于一艘希腊商船造成我方货损货差,在船方既不赔偿又不提供担保的情况下,我们拟扣船。4月1日,在国务院《关于拟在上海扣留希腊商船"爱琴"号的请示》上,周总理批示:"只要国际上有惯例即可扣留该船。"这相当于周总理亲自拍板按国际惯例扣留该船。同样,在1969年希腊某船造成我方货损货差,1975年塞浦路斯籍"菲利斯"轮因1000吨货物遭海水溶解产生货损货差时,同类性质的事故要申请扣船,上报到国务院、党中央,领导们均同意按周总理1967年的批示精神扣船。而《海商法》生效实施后,当事人可依法直接向海事法院申请扣船,无须逐级请示。1993年罗马尼亚的"柯兹亚"轮造成货物延误六个月,给国内货主造成了严重损失,船方既不赔偿损失,又不提供保函,于是货主和中外运向广州海事法院申请扣船。当时李鹏总理正在罗马尼亚访问,罗方总理请李鹏关注此事,要求广州海事法院立即放船。李鹏总理将此事交由外交部处理。我们向外交部书面解释,指出这只是一件普通的海事纠纷,正在由法院依法解决,如果船方认为自己有理完全可在中国广州海事法院,依照《海商法》通过法律途径解决。最后因船方拒不赔偿又未按时提交保函,船舶被依法拍卖,我国货主的合法权益得到了维护。

再补充一个小故事。中外运有一条租船,希腊四船东未付美国二船东运费,二船东要求中外运租船人重复支付这笔运费给他们。我们当时的回应是:"我们只与四船东有法律关系,而与你二船东无任何关系。根据我国《海商法》与国际公约,我们无任何义务再支付此笔运费,此笔运费应由四船东支付。"二船东毫不讲理,为了达到目的,他们采取的第一个伎俩是明目张胆地威胁我们,扬言要在船舶路过新加坡时扣留货物,然后卸货拍卖。我们据理力争,向二船东发出严重警告,依据我国《海商法》,即使中外运未付运费,二船东也无权扣留未欠运费的货物所有人的货物,否则我外运和货方就会申请扣船,在此情况下二船东没敢扣货,按租约条款将货物按时运往目的港天津。但他们贼心不死,采取了第二个伎俩。二船东明目张胆地对我和李啟泰说:"我们知道你俩都是共产党员,如再不答应支付运费,就告你们接受了我们的贿赂,向中纪委举报。"由于根本不存在这个事实,我们光明磊落,毫不畏惧,他们的诬陷遭到我们的迎头痛击。此举失败后,他们又施第三个伎俩:通过外交途径施压。我们向双方大使馆讲清了事实,强调这只是一件普通的海上货物运输经济纠纷,二船东完全可以向中国有管辖权的海事法院起诉。最后,二船东在此案前前后后所使用的伎俩都被我们一一识破,以失败告终。这几个案子让我深深地体会到《海商法》的出台带给了我们多少底气,这让我们这些法律工作者感到欣慰。

三、深切怀念:追忆朱曾杰先生

问:上次的访谈中,您和您夫人多次提到了朱曾杰先生,您能再分享一些关于朱老的故事吗?

答:朱老是海商法界的泰斗,也是我和震英的恩师和学习楷模。他老人家还在世时,给我和震英讲得最多的,也是最触动我俩心灵的有两句话:第一句是"现在是我们中国人讲话的时候了",第二句是即使在生病住院之时他还在说的"小孟、小陈,你们还年轻,应该把我国运输体系有关的法律法规制定与完善起来,特别是国际多式联运的法律。我列了一张有关我国运输体系二十一种法律法规的单子给你们参考"。朱老为制定我国的第一部《海商法》，从黑发到白发，花了整整半个世纪，坚持不懈，呕心沥血。他让我们切实体会到老一辈海商法人不畏艰辛、迎难而上的精神，这就是海商法精神。我这辈子感到最幸运的事情就是有机会主持海商法协会在2010年3月26日举行的"关于如何进一步完善中国海商法规的问题——专题研讨会"，这同时也是为了庆贺朱老89岁生日。在这个生日会上我打了个比方：研究海商法就好比攀登珠穆朗玛峰，朱老等前辈已至山峰，我们中的有些人正处于山腰，还有许多人正从山脚下往上爬。朱老是我们的领头人，让朱老带领我们大家，坚持不懈，竭尽全力，朝着山顶继续奋进。一转眼，《海商法》生效实施已有多年了，目前，我们做好《海商法》的适当修改工作就是对朱老最好的缅怀。我深知，海商法是一片知识浩瀚的海洋，要真正学好海商法，理解海商法，用好海商法，还需自己沉入海底，继续刻苦学习、认真研究、努力实践和总结提高。这是我现在心底里的声音。

采访最后，孟老师深情地说："小陈，访谈到这里我想说最后一句话，那就是我爱海商法，海商法给了我一个不一样的人生。"感谢孟老师对口述海商法史小组的支持，感谢孟老师愿意跟我分享那段岁月里的故事，祝孟老师及其家人永远幸福健康。

口述人：孟于群
记录人：北京大学"口述海商法史"小组陈楚晗
时间：2018年5月15日
地点：北京市朝阳区冠城大厦

20. 从中波轮船公司到国际海事组织

——余大经先生*访谈录

余大经先生

余大经,浙江宁波人,航运管理高级经济师。1964年毕业于复旦大学中文系,20世纪60年代至90年代期间,在新中国第一家中外合资企业——中波轮船股份公司上海总公司(以下简称中波公司)和波

---

* 余大经(1941年8月—2020年9月),曾任中波轮船股份公司办公室主任,中远香港集团办公室副总经理。

兰格丁尼亚分公司工作近30年,任翻译、总经理秘书、航运处文件科长、保险科长、法律办公室主任、办公室主任等多项职务。1990年至1995年期间,他在国际海事组织会议司任中文翻译科科长,是当时在该组织任职的级别最高的中国人。

由于分处京沪两地,我们通过电话和网络对余先生进行了远程访问。囿于时间,他仅仅向我们展现了自己30余载工作经历的一瞥,却足以使我们对中国航运事业的艰辛开局感同身受。

一、志向造船,结缘大海

问:您虽然毕业于中文系,但曾经立志报考电子与造船专业?

答:你的问题把我的回忆带到了20世纪50年代。我初中和高中都是在上海市复兴中学读的,这是上海建立最早的15所中学之一,原先是一家外国人开办的学校,一直到现在都是上海最优秀的中学之一,是一所以数理化见长的学校。我是1959年毕业的,一个班的同学49个人,大部分报考理工科大学,只有4人进了文科专业,我是在体检高度近视和平足不准考许多理工科专业后,才到文科班去复习,也就是被迫改专业的。

我原来选电子专业与参加学校的兴趣小组有关,在中学自己组装了矿石收音机,进大学时还带到宿舍使用。至于对造船有兴趣,是由于我出生在宁波镇海的海塘边,当年由于日本人入侵,我们从宁波城里逃到乡下姑妈处。从我的出生地望出去就是招宝山,该山被劈开一半,建成了北仑码头,我从小就看到大大小小的船舶在海里航行。20世纪50年代初,解放军就解放了舟山群岛,我小阿姨带我参加了宁波市的庆祝游行。记得大家对用帆船解放舟山非常兴奋,但当时小小的我想着,要有大兵舰多好,还可以解放台湾。

问:被复旦中文系录取后,您是否仍持续关注和了解当年想报考的专业的动态?

答:由于中学同学学理工的多,聚会时也会谈起电子专业和造

20. 从中波轮船公司到国际海事组织（余大经）

船,甚至造飞机的情况,我对于造船也很关注。工作后在中波公司,我曾去不莱梅哈芬参加新船交接仪式,还参与过东德建造的"新丰轮"在当时东德瓦尔门德船厂的两个月的保修工作。我还在1976年至1977年,以干部下船"三同"的名义做了近一年时间的远洋船员。①

问:大学毕业后,您来到中波公司上海总公司任职,您最终又是如何与大海结缘的呢?

答:1967年正值"文化大革命"期间,我进修英语的北京语言学院(原外国留学生高等预备学校,现为北京语言大学)是高教部直属单位,虽以教外国留学生汉语为主,但也被深深卷入了这场运动中。我所在的外语系(原称出国师资系)也停课了,学校领导和高教部派驻的工作组也瘫痪了。我们这些进修生也就继续自学外语。

当时正是中国航运事业大发展的时期,中国远洋公司虽然成立于1961年,但实际有实体公司开展业务要迟几年,正急需英语人才,交通部想到了我们这批学生,派人来北语接洽。由于远洋系统除了船舶运输,还有各地的外轮代理公司,因此,他们承诺,只要愿意到交通部工作,都可以回原籍,我因不适应北京冬天的干燥气候,老发荨麻疹,每天要吃苯海拉明,成天昏昏沉沉的,所以和其他四位同学愿意去交通部工作,北语也愿放行。当时没有毕业一说,我们每人发了一本结业证,然后直接去交通部远洋运输局人事处报到了。实际上,进修原定三年,在校已经三年又两个月了。据事后了解,用人单位都已派人到北京看过我们的档案,每个人去何单位,他们都已协商决定了。东北同学去了大连外轮代理公司,山东同学去了青岛外代,福建同学去了厦门外代,家在上海的,我去了中波公司,另一位去了上海外代。我能到中波可能是我高中和大学都学的是英语,英语成绩就比原来读俄语的占些便宜。也就是说,去了交通部,就要服从分配——没有"想去哪儿就去哪儿"的可能。

问:您是如何学习航运管理、港口作业以及与海商法相关的知

---

① 干部"三同"是1949年后,培养和锻炼干部的一种方法,机关干部定期或不定期被派到基层任职,与基层人员"同吃、同住、同劳动、不搞特殊化"的一种方式。

识的?

答:我是以英语翻译的职务从1967年开始在中波公司工作的,由于各业务处室工作人员英语水平参差不齐,很多中英文业务文件需要翻译,没有航运的专业知识是难以较好地完成翻译这些专业文件的任务的,如船长报告、轮机长报告、航次报告等。我要向老翻译学习,还要到业务处室向业务骨干学习,一点点积累,这是为了完成任务逼着自己去学。

问:您完全是通过在工作中勤奋自学才在中波公司站稳脚跟的?

答:进公司不到一年,前总经理秘书因受诬陷进牛棚,不到半天的匆匆交接,我就当上了总经理秘书,"逼上梁山"成了业务骨干。中方总经理是军队转业的军官,对业务一窍不通。"文化大革命"期间也没进修的地方,书也不好找,我只能多跑腿,向业务干部虚心学习,好在有总经理秘书的头衔,各业务处室都很配合。他们不配合也不行,不然总经理在文件上不签字,那就什么事情都干不成了。由于"文化大革命"中公司分了大小班子,一个100多人的公司只留下40多人干活,我所在的办公室从30多人,减到7人。除总经理秘书和秘书组工作外,我还负责英语翻译和打字及总收发的工作,成天有干不完的活。不懂的只有勤问勤学。这一段到1970年4月初到分公司任职都以在实战中学习为主。

到分公司后,我担任中方经理秘书,后兼任航运处文件科长。文件科的工作主要是核算公司船舶在停靠港的各类港口使费和装卸费等各类费用,我还负责在欧洲各港间货物的转运工作。这直接牵涉海商法的问题了,公司所有转运提单我都要签字。这期间,先是学习提单本身,然后搞清船东责任,货物交付中的各种情况,倒签提单引发的问题等。由于在欧洲港口中方和波方利益是一致的,压力比较小。关键是波兰港口的船舶使费和装卸费,我代表中方要把好关。波方科长是一位50岁左右的犹太人,很耐心,对我帮助很大。他为我找了英文的各类文件格式和内容,我也狠狠地啃了一段时间,中方航运处同事也给予了热情帮助。

20. 从中波轮船公司到国际海事组织（余大经）

二、中波公司三十载，中华命运紧相连

问：中波轮船公司是新中国成立的第一家中外合资企业，同时也揭开了新中国远洋运输事业的崭新篇章。您能否介绍一下当年中波公司的基本情况？

答：我们现在说中波轮船股份公司是新中国成立后的第一家中外合资企业，但严格来说，应加上"现存的"三字。据我查阅资料，第一家合资公司是中苏航空公司，第二家是在新疆的中苏有色金属公司，按建立时间说，中波公司是第三家。但由于前两家散伙了，中波公司就成第一家了。但中波公司确实是新中国成立后的第一家远洋运输企业。

中波公司是由当时的波兰总统贝鲁特主动向毛主席提出建立的，当时抗美援朝正值紧要关头，我国也急需运回炸药等军用物资和建设用的工作母机等机器设备，波方提出建立合资远洋公司是对我们友好的援助行动，得到了毛主席的积极回应，并请周恩来总理亲自关注此事，中波两国在1950年底前签订了创办中波公司的议定书，陈云同志亲自签发了营业执照。后来，毛主席还批示"好好办"。双方决定中波公司于1951年6月15日在中国天津和波兰格丁尼亚同日正式开业。

问：当时公司在船队规模、数量和船籍方面是怎么样的情况？

答：当时，中波两方决定各投入10艘旧船，由双方成立的小组确定各船价格。这些船是分别投入的，合计20多万载重吨，不少是二战期间建造的自由轮，也有几条油轮，大部分是烧煤的蒸汽机船，船员的工作条件非常艰苦。1967年我到中波公司工作时，由于台湾当局的阻挠，中国和波兰两国是中波公司股东的身份尚未公开，中波公司并没有打出自己是船东的旗号，当时使用的名称是中波海运公司总公司，对外称作波兰远洋公司在远东的总代理行。

在不公开船东身份的情况下，船舶全部悬挂波兰国旗，由波兰人

担任船长，在波兰船级社注册登记。其中好几条船有中国船员，如中方船员负责机舱工作的轮机部，则轮机长和下属人员都是中国船员；如中国船员负责驾驶和甲板工作，则大副以下全为中国船员，但船长是波兰人。为了利益对等，船舶在波兰国家保险公司和中国人民保险公司投保，但两家都有向对方和其他公司分包的。由于公司投入营运的船舶老旧，海损、机损事故不断，货物索赔案也不少。最大的沉船事故发生在亚历山大港附近，因配载不当，船装得两头重、中间轻，整个船体因中部断裂而沉没。波兰分公司波方第一任经理莲文，一个女犹太人因领导责任被捕入狱，出狱后去以色列发展了。

直到20世纪70年代，中方提出把几艘船从悬挂波兰国旗改为中国国旗，波方也同意了，才陆续开展这项工作。先完成了三艘船的换旗工作，记得是以上海的县名命名的，分别是嘉定号、松江号和崇明号，随后整个公司再恢复成中波两国签订的正式文件中的中波轮船股份公司的名称。

问：现在情况又如何呢？

答：由于公司建立时中波两方是陆续投入船舶的，所以公司最初营运时，只有4艘旧船，总吨位仅约4万载重吨。经过近67年的经营，现在已拥有20多艘现代化的远洋运输船舶，经营亚、欧和美国间的杂货班轮业务，其中多艘拥有几百吨重吊，有些船有特大舱口，适合运输大型机器设备，如上海地铁一号线最早使用的德国车厢等。

目前悬挂中国和波兰国旗的船舶原则上各半，但由于旧船退役和新船投入使用，这个比例可能会有轻微的差异。由于公司船舶在中波两国的国有保险公司投保，所有船舶运输业务中的问题都是经过保险公司处理的。总公司航运处设有保险理赔科，分公司有直属的保险科。公司的航运和机务管理业务一般通过电话、电报、电传处理，后来是使用电脑完成的，公司里收到的信件80%—90%是保险公司来的，发出去的信大部分也是给保险公司的，英文翻译业务主要的对象也是保险公司来函。公司遵守所有适用于远洋运输的国际公约和规则。在我国尚未恢复联合国合法席位前，由于波兰是联合国成员国，国际上的规定和惯例也是一样遵守的。

20. 从中波轮船公司到国际海事组织（余大经）

问：您在波兰分公司任职期间，从文秘、翻译转变为业务岗的骨干及负责人，这个转变是如何实现的？

答：我在分公司兼职做了航运处文件科长，后又兼过一年多的人事科长和几个月的保险科长，都是组织的需要。"文化大革命"期间对出国人员审查较严，分公司工作到期的员工要回去，接班的人去不了，造成人员脱节。中方经理身边有两个员工，一位是秘书，另一位是波语翻译，业务部门都用英语作为工作语言，一旦有空缺，能去顶替的只有各处其他人，或者是我。航运处是核心部门，工作繁忙，我只得两边兼任，真正是"赶鸭子上架"。大多数知识需要现学现用，不懂的事情有的问中方同事，有的问波方同事，困难很多，好在最后都硬着头皮顶下来了，没有捅娄子。当时还年轻，总想多学点什么，结果成了"万金油"干部了。

问：您属于"非科班出身"，在这个过程中是否遇到了什么困难？

答：非科班出身，还要做具体的业务工作，还作为科长与外方共同工作，困难可想而知，就好像一个学徒工要干专家的活。比如兼任保险科长，直接受公司领导的指挥，当时的经理是部队出身的，本来是搞思想政治工作的，所以就需要我来拿出对疑难问题的处理办法了。

在波兰找不到中文教材，我就翻阅英文的提单、报表、港口收费规定、码头各类费用的规定和收取标准、保险公司的各种险别介绍、公司与保险公司处理理赔案的档案等，学习得不系统，但在国外也是无奈之举。做过英语翻译客观上帮了我大忙，我就是在实际工作中成长起来的多功能"螺丝钉"，装到哪里，就要在哪里起作用。

问：您在中波公司任职近30载，您如何评价中波公司的变化以及公司对中国航运事业发展的贡献？

答：从1967年开始我在中波公司参加工作，到1996年初外派香港，公司开创时仅有4艘约4万载重吨的破旧船舶，如今发展到了拥有20多艘先进的杂货船、载重吨位达到了40多万载重吨，并开辟了亚欧和欧亚集装箱班轮航线，船舶平均吨位大了，经济效益好了，公司完全利用自身的利润和船舶折旧，无须中波两国政府投入新的资金就实现了不断淘汰老旧船、订造新船，扩大了船队规模，建设起了一支现代化的远洋船队。

对于中国航运业而言,中波公司是第一家名副其实的远洋运输企业,不仅是新中国第一家,对五千年的文明古国来说也是第一家,因为明朝郑和下西洋虽然到过东南亚和非洲东部,但不是外贸商业的远洋运输,不以商业海上运输为存在形式,更没有公司的概念。到民国时虽有过到东南亚的近洋轮船公司,但船舶吨位小、运量低,不是严格的远洋运输企业。中波公司的成立,代表了中国从此有了现代的远洋运输企业,航线从中国大连直到波罗的海港口,是世界上超过万公里航线的最长航线之一,这创造了中国历史。

更重要的是,中国职员参与了从基层到公司顶层的各个层次的工作。由于中波股权对等,中方等于有否决权,公司的任何问题均通过协商办法来解决。公司船舶上有中国船员,按船旗国法,在有中国旗船前,除船长由波兰人担任外,所有职务也都由中国船员担任。因而,中波公司对新中国后来发展自己的远洋船队和建立远洋企业,起到了"老母鸡"的作用。事实上,交通部单列远洋运输局时,有不少干部,包括领导干部是拥有中波公司工作经历的。中国远洋运输公司最早的船员队伍也是在中波中方的船员队伍的基础上发展起来的,后来有了大连海运学院、上海海运学院、集美学校②和武汉、南京等水运大学和中专,不少毕业学生补充了船员队伍,而担任水手和机工等职务的有不少是退伍的海军战士。

除了培养远洋干部和船员,中波公司建立后,为抗美援朝和抗美援越运输了大量炸药和其他战争急需物资,也为中国的建设运进了大量成套机器设备,还用油轮运回急需的石油制品,如果国家有功勋企业的奖励制度,中波公司理应是一家为国立下功劳的功勋企业。当然,公司也付出了牺牲船员的代价,不少船员,包括波兰船员被台湾当局非法拘禁。还遭遇过船舶和货物被抢劫等事故。

问: 在中波公司的经营过程中,海商海事相关法律扮演着怎样的

---

② 大连海运学院、上海海运学院分别是现今大连海事大学、上海海事大学,而集美学校指的是1972年重办的集美航海学校,并在1978年成为集美航海学院,现为集美大学航海学院。

20. 从中波轮船公司到国际海事组织(余大经)

角色？中波公司的经营活动又对我国海商海事法律的制定有何影响？

答：中波公司的经营活动，为我国制定《海商法》提供了中国自身的许多案例，种类丰富、覆盖面广。比如有自身沉船事故、撞船事故、撞沉渔船事故、撞码头和岸上建筑物事故，特别是还有少见的船舶和货物被劫持事件。在海损方面有全损、共同海损、货物积载不妥引起的大米等粮食因通风不好霉变、大量茶叶因与有味物品堆放过近引起的串味、特大件甲板运输遇台风而引起的索赔等。这样，我们在制定《海商法》时就不是盲目地参照外国的案例了，可以有对比和对照。

作为航运公司，我们是严格要求船舶船员和岸上职工遵守所有应当适用的国际法规、国内法规和惯例来行事的。《海商法》是我们海上运输船舶安全的保障，也是船员和货物安全的保障。守法是我们的本分。在制定法律方面，我们被邀请提意见时可以从实际运用角度提出一些可供参考的意见和建议，仅此而已，更多的贡献是没法做出来的。

《海商法》的实施看似给海运企业戴上了"紧箍圈"，但实际是有效的救生符。《海商法》于1993年7月1日起实施，公司组织陆上干部和船员进行了学习和考核。以船舶、人身安全和海上防污为重点的学习，使学习有规范、有标准。虽然介绍安全生产的先进事迹非常重要，但唯有法规在手，才有了严肃感，时时事事要按法规办事，逐步养成习惯需要一个长期的过程。

三、航运多风波，斗智又斗勇

问：中波公司主要从事远洋运输事业，您是否经历和处理过重大的海商海事争议？

答：印象最为深刻的是我司波旗船"莫纽斯克轮"被困越南海防港。1972年10月9日，当时的美国总统尼克松宣布封锁越南港口。美军行动非常迅速，几个小时，越南沿海都布下了各类先进水雷，这些水雷技术先进，事后听说周总理曾与基辛格交涉，基辛格明目张胆地说中国目前不具备扫除这些水雷的能力。我国派出换穿非解放军军服的海军扫雷大队的扫雷船扫不了这些雷,用潜水员先去摸,捞上一只,扫雷舰在开回时却引发了另一只深潜的水雷,扫雷舰翻了,人员全部落水,一位姓朱的战士牺牲了,其他人都骨折了,送回国内救治。另捞上一只送到苏联,结果他们同样好长时间也破解不了。据事后统计,投在海防港外的水雷有1000多枚,分浮、半潜和深潜三种,有26艘来自我国、苏联和东欧国家的商船被困在港内,我公司的船被算作是东欧国家的船。由于事发突然,而船上装有东欧国家支援越南的炸药和军火,都是越南急需的军用物资,不卸下,到其他港也不好处理,到想撤时也来不及了。

凡去战争区域,我公司都会投保战争险,作为机器和船壳险的附加险种,美军刚封港,我司投保的波兰保险公司就把战争险率提高一倍,然后形势越来越困难,最高费率提到六倍。公司中方急,波方更急,因为船上都是波兰船员。我在的保险科已经没有能力独立处理此事,只有报告中波双方经理,中方内部也请示总公司中方和交通部,分公司中波双方经理为此专门举行会谈。由于投保的是波兰国有保险公司,还分包给了中国人民保险公司,接受提高的战争险费率,总比保险公司拒保的风险小。由于是波旗船,船员安全等委托波方妥善处理。波方决定派分公司波方经理科瓦尔切克亲自飞到越南海防处理此事,因其处理此事有功,波兰政府授予了他三级勋章。后来,越南南北方达成协议,除我国派人和船扫雷外,苏联也派出了扫雷部队,海防港外的水雷,我国扫雷队伍共扫除了45枚,包括爆炸的1枚,在技术不够先进的情况下,也算是了不起的成绩了。我能做的只是尽可能多地收集各方各种资料,报送中方经理,在几次召开处科长以上办公会议时,尽可能详细地说明情况,请领导决策。

问:美军封锁越南事件真的是相当的惊险,您是否了解或经历过类似的海商海事风波呢?

答:实际上,在我司历史上,这还不是最难处理的事件。1953年10月4日下午,我司波旗油轮"工作号"(外文直译名"布拉卡号")在罗马尼亚康斯坦沙港装了8000吨煤油开回中国,在台湾南部海域被台湾当局劫持,船上46名船员被捕,其中中方船员17人,波方29人。

20. 从中波轮船公司到国际海事组织(余大经)

政委刘学勇在船将被拦截前要求船员销毁一切机密文件和所有会暴露身份的证件,包括日记和家信。船被劫持到高雄港,所有船员被捕后给关了起来,其中大陆船员无一屈服,20多天后被押解到远离本岛的火烧岛集中营(绿岛)。"布拉卡号"被劫持事件发生后,首先报告了当时的交通部长王首道同志,王部长又第一时间报告了周恩来总理和邓小平副总理。中国政府和波兰政府通过各种外交渠道救援中波两国船员,并向台湾当局索回船舶,但几个月未取得积极结果。1954年5月13日,中波公司又一条悬挂波兰国旗的"哥德瓦尔特"号,在台湾以南450公里的公海上,被台湾当局劫持到基隆港,船上有船员45人,其中波兰船员33人,中国船员12人,船上装有国内急需物资7000余吨。

问:没想到当时的航运环境竟如此凶险,两起劫持事件又是如何解决的呢?

答:当时,波兰政府以船舶拥有国的名义,向美国政府提出严正抗议,呼吁保证公海航行安全。波兰人民在首都华沙和格但斯克举行声势浩大的示威游行,波兰政府向联合国提交了抗议照会并在联大会议上广为散发,波兰政府还通过法国政府与台湾当局进行交涉,并请一位欧籍香港律师去台湾为船员辩护。在国际正义力量的影响下,台湾当局被迫释放了63名波兰船员。同时,在国际红十字会的协助下,放回了12名中国船员。其他船员中有3位壮烈牺牲,已被民政部追认为烈士,他们是"布拉卡轮"的政委刘学勇、二副姚森周和"哥德瓦尔特"号三副周士东。③ 台湾当局把二艘船收归己有,分别被重新命名为"贺兰"号和"天竺"号,货物也被没收。上述事件大大超出了海商法的范围。但又是海商法应管辖的范围,包括船舶和船员的安全、货物的安全。

我记得此事是因为,有个别船员被台湾当局刑满释放后,几经努力返回大陆,帮组织弄清了三位牺牲船员的情况。在此情况下,我们公司写报告给交通部,请他们向民政部提出授予这三位牺牲船员烈士

---

③ 根据余先生回忆,在"工作号"和"哥德瓦尔特号"劫持案件中,两船中方船员共计29人,其中12名被放回,3名牺牲,据后来回大陆定居的船员讲,所有人均被台湾当局判刑,刑期在两年至八年之间,但也有一些既非党员也非干部的普通船员被提前释放的。

称号的报告。当时,中波公司报交通部的第一稿,由于涉及机密,是我有幸在保卫处起草的,后来我被派往国际海事组织工作,事情一直是由保卫处和我公司北京代表处积极跟进的。事后知道,1999年10月民政部授予了这三位船员烈士称号,船员成为烈士也是极少的。其余船员几乎全被判了刑,刑期各有长短不同,听说有被关8年的。刑满后被迫留在台湾谋生,也找不到好工作。目前还活着的大部分仍留在台湾,只有少数人,在两岸关系缓解后返回大陆养老。

问:您在20世纪90年代后兼任公司法律办公室主任,是否又曾遇到过这样的争议?

答:我也曾兼任法律办公室主任,但事实上设法律办公室是政府的要求,是必须执行的,实际工作的是办公室下的综合科和档案科的工作人员,法律办公室主任只是一个空头衔,没有一兵一卒。不过,海商法的有关问题还是由航运处保险理赔科负责。我在做法律办公室主任时,主要解决的是公司改制登记的问题。在中国发布有关中外合资企业的各种立法和规定后,明确规定所有合资企业为有限公司。但我司是两国各占股50%的股份公司,两国政府的有关部门代表国家作为股东,每两年一次的股东会是中波两国有关部门指派副部长作为股东代表与会的,严格说是无限公司,不是有限公司,在重新注册登记时碰到许多问题。为了解决问题,需要寻找各种有说服力的原始资料。由于"文化大革命"中重要文件都送入了在三线的档案库,做事情很费事。后来经交通部的帮助,与上海有关领导和部门统一了思想,还是按"老公司老办法"的方法解决问题。每年公司的情况都要上报上海市有关部门,还要换领新的公司营业执照等,每季末、每半年末和年末事情都不少,但基本与海商法无关。

四、驻扎国际海事组织,译笔传播海事法律

问:您是当时在国际海事组织任职级别最高的中国人?

答:1990年,我被交通部向中波公司借调,由中国以会员国的身份

20. 从中波轮船公司到国际海事组织(余大经)

直接外派到国际海事组织任职,拿的是绿色封面的中华人民共和国官员护照。我于1月9日到位于英国伦敦的联合国下属的专门机构国际海事组织报到上班,并在人事处人员面前宣誓,仍然记得内容为忠于联合国,不得为原国籍国效力。

我担任的是国际海事组织秘书处会议司中文翻译科科长,"科"在英语里是section,可以译为"处"或"科"。人事处也是用的这个词,但习惯叫处,是由于有一段时期,会议司下设了一个翻译服务中心,领导是副司级的法国人,但实际上不起作用,各科遇到翻译上的问题都会去找英文翻译科长帮忙,不会找法国人,所以后来取消了,六个翻译科就直属司长领导了。实际按中国习惯司下是处,但中文习惯叫科,没改过来,其他文字倒没发生这问题。中文习惯叫科长,英语是head,head这词翻译起来可大可小,大到国家元首,小到一个领导几人的队长。

中文科有四个名额,其他国籍的人员是不得担任中文科成员的。可能由于我有复旦大学五年本科学历和在北京语言大学做外语系进修生的三年多经历,1988年又获得了航运管理高级经济师职称,我入职后职衔就被定为P5级,即Professional 5,专业5级,算是定得不能再高了,上边就是司级官员了。这里要介绍一下,联合国专业干部共分5级,都称official,即官员。大学毕业生进去从1级开始,4级相当于中国的副教授级,5级就是最高一级了,就是资深教授。在联合国不做司长、副司长,也只能是专业5级了。这一级是senior official(可译为资深官员或高级官员)的最低一级,上边还有D1、D2,即我们说的正司和副司级了。上边还有秘书长助理、副秘书长和秘书长,只有联合国总部有一位秘书长,各下属专门机构负责人为副秘书长级,国际海事组织秘书长的工资就按联合国的副秘书长级定。一般办事员为G级,有1—10级。扫地工是1—2级,我的秘书兼打字员是G6级,给另一位翻译打字的是G5级,但G级不是官员。

问:您所任职的会议司的职责主要有哪些?中文翻译科呢?

答:作为秘书处的工作人员是为大会、理事会及各专门委员会和分委员会服务的。会议司为各种会议提供服务,而其他各司则为相应的委员会服务。提出新公约和对原有公约提出新的修正案,都是会员国的权利和义务。所以我所在的中文翻译科的任务就是提供作为联合国六种正式文本之一的中文文本,虽然中文文本都是从英文翻译过来的,但中文文本与其他的英文、法文、西班牙文、俄文和阿拉伯文的文本具有同等法律地位。在中华人民共和国恢复联合国席位前,中文不是联合国工作语言,国民党以前窃占我国合法席位时是用英语发言的。在联合国恢复我国席位时,作为联合国的发起国和五个有一票否决权的安理会常任理事国之一,我国理所当然地提出中文应成为联合国工作语言,各种法律文件也应有中文文本作为正式文本。

联合国在1973年通过了这一决议,并且由于成员国中说阿拉伯语的国家提出要求,阿拉伯语也被增加为工作语言。严格说作为工作语言的是汉语,中文翻译科应为汉语(汉文)翻译科,但习惯上称汉语文本为中文文本了。为此,联合国和我国参加的各专门机构都加设了中文翻译科和阿拉伯文翻译科。大会和理事会增加了汉语和阿拉伯语的同声传译员,我国在国际海事组织有两位同声传译员,但他们是联合国临时雇佣人员,按国际海事组织每年约22个有会议需要同传的周数,分别与秘书处签订协议,不算秘书处正式员工。

问:您主要从事的具体工作有哪些?

答:制定国际海事方面的公约是会员的事,而秘书处做的是把某些国家的提议,经有关专业司如安全、防污、科技合作等司,组织专家讨论,并加工成为公约的雏形,提交相关委员会或先由直接有关的分委员会审议。凡草稿须送各会员审议的,事先就要提供六种联合国工作语言的草案了,也就是说,比如我要提供中文文本给需要的会员国和联系会员,必定要发的是中国和联系会员中国香港和中国澳门,东南亚和东北亚有些国家为了更贴切理解文稿意义,要比较各文本的,也会索要中文文本,如日本、韩国和新加坡等。这些文本也在提交大会讨论通过前发给同声传译人手一份。我们可以早一些看到草案的英文文本。中文文本说白了就是从英文本翻译过来的。但一旦作为正式文本,不管底本是什么,那就有法律上的认可了。

20. 从中波轮船公司到国际海事组织(余大经)

国际海事组织现有公约相对稳定,所以新出的公约极少,但修正案经常会出现。这些修正案也像公约一样,要各国政府代表签字的,签字代表要显示他所代表国家的正式授权书,但公约和修正案的签字都有宽限期,还有不同措辞来表示批准、接受、对哪些条款不接受或对不同意的条款专门作出声明。因此,很多时候,各国会让各国驻英国大使,大部分是特命全权大使另约时间到海事组织签字厅签字,届时,国际海事组织秘书长会迎送和陪同出席签字仪式。

我和全科同事就是要尽快翻译和打印好中文文本。在文件经大会通过,要作为正式文件由各国政府代表签字时,则要将其转印到联合国特有的、挺厚实的特制纸张上,并且把六种文本的文件装订在一起。我作为中文翻译科负责人,就是所有文件中文文本的最后审核者,责任是非常重大的,也是非常光荣的。由于海事组织的会议周就周一到周五五天,有重大会议开两周会的,签字就在第二周的星期五。因此,所有文件的正式文本打印在用于翻印到公约用纸的专用纸上,一定要在周五早晨6时前完成,不然会议司行政科来不及翻印和装订送大会会场供签字用。因此,周四晚上通宵加班是常事,就怕周四会议结束前对文字有大的修改变动,那就苦了翻译和打字员了。

问:您的工作只涉及英译中,没有中译英的么?

答:我在国际海事组织工作期间,我国贯彻韬光养晦的政策,我们倾听别国意见较多。但每次大会都有发言,不过发言稿都是在国内准备好的,也事先备有英文译文,方便我国派出的同声传译员使用,临时发言的,由同声传译员当场口译。国际海事组织秘书处的工作人员在任职时是宣誓过不得帮助原国籍国的,只能为联合国下属的专门机构服务。所以,我们是不参加中国代表团的各类正式活动的,因为身份不一样。

问:在翻译中,有没有词汇、术语比较难以翻译的情形?

答:在翻译工作中遇到难译的简略语和词汇是经常的事情。在我去国际海事组织工作前不久他们刚完成了海事组织有关缩略语的电脑查询系统,我办公桌上就配有一台显示屏,但只有查缩略语一个用途,没有其他用处。由于文件中英文缩略语的大量使用,这个索引系统给我的工作帮了大忙。

至于难译的词也不少,比如船舶和码头间应有一个区分开的问题,英文用的是"Interface",老的英汉词典查不到,问了海事处的航运专家也不清楚,我和另一个翻译就硬着头皮用了"界面"一词,这个中文翻译就逐渐为航运界所接受了。又如对发生的事故作出"Reply",英文的意思很明白,但中文用什么,用"回答"是不可能的,用"应付""反应"还是其他,当时也想了几天,最后选了"应对"。总之,常有为了一个词,几天不得安宁的情形,身边又没有能请教的高级翻译,只有自力更生,自己想办法解决。虽然那时曾担任过毛主席和周总理译员的中国驻英大使冀朝铸同志在伦敦,也不能为了这些小事去麻烦他啊!

问:现在国际海事组织公约或文件的中文文本中是否有翻译错误的情况?

答:我在国际海事组织工作期间,至少在我离开时,未发生过译文出错的情况。但发生过一件事,当时在周五要签字的文本打印装订前,周四晚上11时后才送来了有一寸厚的新英文文本。当时我们因加班已脑子发昏,且篇幅实在太大,要在周五早上6时前完成翻译和打字,这成了不可能完成的任务。要注意当时中文科用的是旧式用铅字的中文打字机,要一个字一个字打,打错一字要全页重打。

为了不影响周五的签字,当时只能先交出已完成但未及修改的中文稿,在事后向会议司司长作了说明,并发出了给各个会员国的说明函和正式中文文本,此信是以六种联合国文字发出的。不管客观条件如何,此事我应承担责任。这事给我的教训非常深刻,事后,我向国际海事组织打了报告,请求批准使用中文电脑打字机,并安排两位打字员先后在回国休假期间学会了五笔字型输入法,这是中文科成立以来,国际海事组织批准的最大一次投资,为今后更好完成打字工作打下了基础。

问:中国当时在该国际组织的地位和影响力如何?

答:我国在1971年恢复联合国席位后,陆续恢复了在联合国的各专门机构的合法席位,恢复国际海事组织席位是在1973年,其前身为

20. 从中波轮船公司到国际海事组织(余大经)

成立于1959年1月6日的政府间海事协商组织,1982年改为现名。我国加入后,被大会选为B类理事国,一直到1989年前连选连任,[④]而1989年始被选为A类理事国,当时A、B类理事国各8个,C类理事国16个,中国连选连任到现在。但在1993年大会时决定将A、B类扩大到各10个,C类增加到20个。A类为航运大国,B类为贸易大国,C类为代表世界主要地理区域的重要海运国家。

大会每两年一次,我国一般都委任主管海运的副部长作为代表团团长参会。1991年召开大会时,我国由交通部常务副部长刘松金率领中国政府代表团与会。由于我国只当过一次A类常务理事国,代表团除出席大会各项活动外,重点工作放在与各国代表开展交流活动,与有可能投我国为A类理事国的代表团团长和官员开展积极的活动,宣传中国的海运业的现状和已取得的巨大成就,效果非常好,投票前的紧张情绪被欢乐所代替。

国际海事组织的主要任务就是促进各国间的航运技术合作,鼓励各国在促进海上安全,提高船舶航行效率,防止和控制船舶对海洋污染方面采取统一的标准,处理有关的法律问题。在伦敦的秘书处有近300名工作人员,给中国的定额是中文科的4个,其他部门有合适人选可报秘书处,由秘书处决定录用,中国目前在其他部门工作的还有3人左右。另外的一般员工可在英国当地招聘,以前有两位中国籍员工,现在一位已退休,另一位升为P4级官员了,我离开时间长了,详情就不清楚了。

问:中国参与国际海事规则制定的实践如何?您对此有何看法?

答:我国自从1973年恢复了在国际海事组织的合法席位,就一直是该组织的积极成员国,按时派出相关专家参加各类学术性强的专题讨论会,每两年的大会一定会派出交通部主管海事的副部长或常务副部长与会,代表团认真听取其他代表团的发言,也提出我们的意见和建议。随着我国船队规模的迅速发展,我国的发言也越来越有影响力,而且我们提出的主张总是为广大发展中国家着想,长此以往,一直

---

④ 据前文沈肇圻先生所述,1981年我国主动放弃了竞选。

有良好的声誉。听说我国"一带一路"倡议的提出,更是为有关国家带来巨大的好处,我国为创建人类命运共同体出力最大,与美国提出的"美国第一"政策形成强烈对比。由于海事组织是以主管海上安全和防污染为主线开展工作的,技术性强,较长时期未发生过严重的政治性事件。我在海事组织工作期间,对于我国参加活动的情况听得多些,主动提出新公约建议似乎没有,别国也很少提出。我在五年里只翻译过一份关于海上飞行器管理方面的新公约草案,我离开时,尚未批准。目前情况我就不了解了。

五、国际组织经历视角独特,期待寄语海商立法研究

问:您在国际海事组织任职的五年,恰逢我国《海商法》起草完成、正式颁行的阶段,国际社会对我国《海商法》的评价是怎么样的?

答:在我国制定《海商法》前,我国在驻英大使馆内设有海事小组(后升级为海事处,并派出了我国驻外国的第一位海事参赞),听说他们曾向当时已经有成文海商法的国家驻国际海事组织的代表索要他们国家的海商法,以供国内制定《海商法》借鉴。由于我国是有关海事公约的缔约国,我国的《海商法》较好地结合中国实际,贯彻了国际公约的精神和必须做到的要求,并没有因为我们是发展中国家而自行降低要求。由于这是国内立法,我在海事组织期间没有接到过要主动向其他国家人员宣传的要求。各国代表也大都关心自己国家的事情,找海事处的多是非理事国的代表,希望中国投他们的票。国际海事组织当然希望各国通过立法方式来贯彻落实有关海事的积极做法。我国代表团团长每次拜会秘书长,交谈中秘书长对我国海运、国际贸易以及各类立法的开展是一直给予相当良好评价的。虽说有外交上的客套成分,但那几年,我们海运业的发展和外贸规模的急速扩大对国外带来的影响是非常大的。

问:您有没有接到过国内要求您提供公约文本等文件,协助起草《海商法》的任务呢?

20. 从中波轮船公司到国际海事组织(余大经)

答:国内制定《海商法》需要收集各种国际公约和有关材料作为参考,但中文科作为国际海事组织秘书处的组成部分,不可能收到国内的这类要求。据我所知,按照内外有别的原则,如有这类光荣任务也应是交给驻英大使馆海事小组来完成的,后来这个小组升格为海事处,这是我国驻外使馆中的第一个海事处,并派出了第一位国内级别为副局级的海事参赞。交通部下属的交通研究院也收藏有丰富的有关资料。

问:您在国际海事组织从事翻译工作,对海商法翻译有什么心得吗?

答:研究海商法,不可避免地要研究国际海事方面的各项公约。有很长一段时期,为了降低成本,国内有关单位使用的不是国际海事组织出版的公约的正式中文出版物,而是用国际海事组织免费发给会员国的出版物,或只向国际海事组织买了很少册数,回国后由有关部门组织,重新翻译出版。这样出版的书相当便宜,为普及推广提供了便利,但是丧失了准确性,因为这些公约的正式文本中只有国际海事组织正式出版的中文文本才是在法律上有效的文本。国际海事组织提供的中文文本由于时间紧、要限时完成,所以有时只能采用直译,甚至硬译的方法,但一定会尽最大努力保证与英文文本的一致性。我国研究者如果使用国内出版的中文文本,可能在文字上比国际海事组织由中文翻译科从英文转译而来的中文文本更通顺,但在内容的准确性上有所欠缺。

我曾看到一些海事公约的研究文章,作者看到公约的国内中文译本中用了三个排比式文字,认为公约对此处的内容特别重视,大大表扬了一通。后来,我查过正式中文文本和英文文本,看不出有特别的地方。我还曾看到文章对船舶排放物中应限制排放的有害物质要低于千分之几的某个标准,评论说这有很高的科学性,但实际上,很多在公约中或在修正案及附件中采用的类似数字,都是各会员国代表激烈争议后,折中的一个数字,没有什么科学性可讲。看到这类研究文章,我只能苦笑了。

所以国内的海商法研究者,对这些公约、备忘录、修正案及附件内容的研究,应当直接用英文文本,要用中文文本也应使用有法律效力的国际海事组织的文本。实际上,国际海事组织秘书处会议司管理出版物销售,有些工作人员对中国很少买海事组织出版物的做法是有看法的。但当时的会议司长、阿尔及利亚外交官出身的阿迪巴对中国很友好,他对我说,恢复中华人民共和国联合国席位的阿尔及利亚和阿尔巴尼亚的"双阿提案",就是他作为阿尔及利亚代表团成员亲自起草的,他从来没有提出过中国人很少买出版物这件事。

问:我们发现国际海事组织(International Maritime Organization, IMO)与《海商法》(Maritime Law)的英文中都用到一个词 maritime,但在前者中译为"海事",后者中译为"海商",大家也都习以为常。请问最初将 IMO 翻译成"国际海事组织"的是您吗?

答:据我所知,在 1971 年我国刚恢复联合国合法席位时,还没有关于 IMO 的中文翻译的问题,因为当时中文还不是联合国的官方语言,等到 1973 年联合国通过中文作为正式官方语言的提案后,中文翻译处成立并开始运作,才涉及其下属专门机构名称问题。当时中文翻译处就直接将"Inter-Governmental Maritime Consultative Organization"译为"政府间海事协商组织",因为政府间协商的都是大事,"Maritime"一词顺理成章会被译为"海事",而不会译成"海商"。1982 年政府间海事协商组织改组转化为国际海事组织,因为前一名称中已有"海事",这一说法就一直沿用下来了。所以 IMO 的中文名称是照搬原文,不是新的翻译。海协成立于 1959 年,由于当时联合国会员国资格被台湾当局强占,我国在 1973 年才进入海协,1982 年改名时,未听说过我国对名称提出过异议。你们可联系一下交通部外事司国际组织处已退休的杜大昌同志了解具体情形,现在我后两任的国际海事组织中文翻译科科长李友强已担任会议司司长,我在英国时他是同传,也可向他了解情况。

国际海事组织管辖的是海事事务,不仅仅是海商事务,这在范围上是有区别的。我国《海商法》的名称是否可以译为"海事法",与国际海事组织的名称一致,倒是可以斟酌。因为国际海事组织管辖的事务主要包括两方面,即海上安全和海上污染防治,只提海商,把全球和我国越来越重视的防污染问题放到不够突出的位置了。实际上像油轮对海洋大面积污染造成的经济损失,对海洋生物和依靠海洋存活的鸟类威胁巨大,这类问题是不能不多加考虑的。

问:对于《海商法》的修改,您有什么期待么?

答:1993年《海商法》的颁布实施,使我国在海商领域从无法可依到有法可依,这从无到有的意义非常重大,再怎么说都不会过头。20多年过去了,这20多年是改革开放的20多年,我国已经是世界上发展最迅速、名列前茅的航运大国和贸易大国。我国在海事领域的影响力和话语权不断提升,早就从"为了争取国际海事组织A类理事国的地位、还要做很多工作"的局面中走出来了。由于"一带一路"倡议和"人类命运共同体"的理念为越来越多的国家和地区所接受,我国的声望迅速提升,我国的海事司法工作也从没有一家海事法院到现在海事法院遍布港口城市,司法实践逐渐丰富,国际海事公约日趋完善,海商法涉及的各当事方的诉求也有了变化,如随着海运风险的相对下降,对船东的责任趋向严格等。进一步修订《海商法》是当前立法工作中应着手开展的迫切任务之一。

世界各国发展水平不同,对航运经济利益和对国际海事公约的诉求不同。例如,我在国际海事组织工作期间,各国对是否规定油轮必须有双层船壳争议很大,发达国家认为必须是双层船壳,但不少发展中国家反对硬性规定,因为这一规定将导致油轮造价太贵。虽然我国经济面貌发生了巨大变化,反映在新《海商法》中,但如果不考虑其他国家的实际困难,如不许非双层船壳的油船进港,会引起发展中国家特别是"一带一路"沿线欠发达国家的不满。所以在各类技术要求中也必须有政治考量。当然,这只是举例,可能不恰当。

与时俱进的原则是必须遵循的,我国应结合具体国情,参加和批准新制定的国际公约及其修正案,注意不光是公约本身,其后的所有我国批准的修正案和附件,都要一样对待。《民法总则》[5]与《海商法》不统一的地方,虽有特别法优先的规定,但应以尽可能协调为宜,除非

---

[5] 《民法总则》已于《中华人民共和国民法典》2021年1月1日生效后废止。

有特别需要。很期待在我国海商法专家们的努力下,早日见到新法颁布实施。

口述人:余大经
访谈人:北京大学"口述海商法史"小组包康赟、李家杰
时间:2018年5月下旬
地点:线上

21. "中威轮船案"半个世纪的索赔史

——陈经纬先生*访谈录

陈经纬先生与其父亲陈乾康先生的合影

---

* 陈经纬(1970年3月—),曾供职于上海市工艺品进出口公司、上海东浩兰生集团,从事外贸工作。

一、案情索骥

"中威轮船案"源起于1936年,当时"中国船王"陈顺通先生相继将"顺丰"轮、"新太平"轮两艘轮船出租给一家日本海运公司。全面抗战爆发后,日商不再继续履行两轮的租船合同,既不按时支付租金,又不按约定的时限归还两轮,在其运营下,两轮最终灭失。

在抗战期间,陈顺通先生就亲赴东京要求日商履行两轮的租船合同,支付租金,归还两轮。而日商以种种理由加以搪塞,而且完全不告知两轮真实的情况。抗战胜利后,陈顺通先生整理了该两轮的全部资料,请求国民政府向日方索赔,索赔金额合计近千万美元。1949年11月14日,陈顺通先生在上海过世,但该项索赔仍在进行,直至1952年。而后陈家人相继于1970年在日本东京、1989年在中国上海提起诉讼,该案最终得到解决。

"中威轮船案"是典型的租船合同纠纷,但又有"中国对日民间索赔第一案"之称。陈家三代人的索赔延续半个世纪,先后得到多位中国著名海商法专家的协助,在中国海商法史上具有重要的意义。为了尽可能还原"中威轮船案",我们以电话访谈的形式采访了陈经纬先生。陈先生现居上海,是"中威轮船案"船主陈顺通先生的孙子。

二、租船合同的缔结

问:陈先生,可否介绍一下与日本人缔结租船合同的陈顺通先生?
答:陈顺通先生是我的祖父,他于1897年出生于浙江鄞县,被称为"中国船王",他的一生都离不开这个"船"字。"中威轮船案"所涉及的轮船是"顺丰轮"和"新太平轮"。除此之外,我祖父还曾经拥有"源长轮"和"太平轮"两艘船舶。后两艘船舶在抗日战争期间被我祖父主动沉入长江"江阴"要塞、"宁波镇海"以阻挡日寇的进攻。魏文

21. "中威轮船案"半个世纪的索赔史(陈经纬)

翰、魏文达先生是我国海商法学界的泰斗,与我祖父是同时代的人,并且志趣相投,因此我的祖父与魏文翰、魏文达二位先生交往甚为密切。

问: 可以具体说说陈顺通先生与二位魏先生交往的故事吗?

答: 魏文翰、魏文达先生与我祖父年龄相仿,有诸多交集。我想列举几件事。

其一,魏文翰先生自中威轮船公司设立之时便是公司常年法律顾问之一。1930年中威轮船公司在上海成立。魏文翰先生作为公司的法律顾问,代表中威轮船公司参加了许多重要的会议,这在很多的会议记录中都有所体现。比如上海航运业同业公会的会议、1934年3月的全国航政会议。我想要详细说一说1934年3月的这次全国航政会议。它是由当时的国民政府"交通部"在南京召开的。交通部部长朱家骅、交通部的张道藩以及各主管、各航政局、交通部驻外航政部的主任都有出席。除此之外,吨位在3000吨以上货轮的轮船公司可以派一名代表参加,其中就包括中威轮船公司。这次全国会议的议题,其一是讨论收回内河航运权的相关事宜,其二就是会议后全国航业设计委员会的成立,该委员会共存11名委员,我祖父当选为航业设计委员会的成员。

其二,魏文翰先生曾经受我祖父的委托,代我祖父向交通部提交《海商法》的修改意见。1933年3月,国民政府颁布了《海商法》。其中个别条款对航运主体非常不公平,并且在实际上是不可行的。比如当时的第23条,内容大致是:失事的航船,如妨碍航行的,海关可以代为执行,一切费用由各轮的船东负担。当时,包括我祖父公司在内的一些航运公司认为,航运公司通常难以负担这样的巨款,并且,航运公司平时已经缴纳赋税,政府应当负担一部分金额。于是,便试图向航运公会提出修法建议,尝试是否变更为由包括政府在内的各方共同负担。最开始,我的祖父向当时的交通部口头提供建议,但是没有得到答复。于是,我的祖父陈顺通先生便委托魏文翰先生,向交通部提交修改条文的建议。

其三,魏文翰、魏文达先生参与了"顺丰轮""新太平轮"的采购、投保与索赔。我拜访过魏文达先生很多次,经常聊起关于"顺丰轮"与

"新太平轮"的往事。这两艘船也正是"中威轮船案"的主角。魏文达先生常说,他是这两艘船的租船合同的见证者。魏文翰先生与魏文达先生不仅参与了租船合同条款的制定,还对轮船的投保提出建议。其中,"顺丰轮"在当时的投保金额是66.7万日元,"新太平轮"的投保金额是40万日元。在"中威轮船案"的索赔过程中,魏文翰先生与魏文达先生皆为中威轮船公司的律师,为索赔提供诸多法律意见与策略。例如魏文达先生主要从诉讼主体资格、被告等方面为案件的起诉提出建议。

问:"新太平轮"和"顺丰轮"这两艘轮船是在何种情形下租给日方的?

答:20世纪20年代后,世界航运业由于经济危机几乎受到了致命的打击。为了应对危机,日本政府施行积极的海运政策。随着日本航运业恢复景气,对于船只的需求也日益增加,在国内造船供不应求的情形之下,日本航运业开始更多租用外籍轮船,其中就包括中国的船只。事情发生在1936年,6月16日和10月14日,中威轮船公司先后与当时的大同海运株式会社就"顺丰轮"与"新太平轮"签订租船合同。后来,大同海运株式会社又被新日本海运合并,新日本海运后来又和日本奈维克斯海运株式会社(NavixLine)合并,NavixLine又跟商船三井合并。这两艘轮船的吨位在当时中国各大轮船公司拥有的轮船中是名列前茅的。"顺丰轮"一天的租金是1.85日元/载重吨,新太平轮租金是1.04日元/载重吨。其中"顺丰轮"的载重吨为6725吨,"新太平轮"则为5050吨。这里需要说明的是,日元当时的汇率与美元是1∶1的,也就是说,两艘轮船每个月各需支付一万多美元的租金。

在当时,"顺丰轮"和"新太平轮"的租赁是一件大事。像这种标的额一百多万美元的船舶租赁合同必须经过航政局的同意,如果航政局不同意,就无法达成合同,毕竟这是中国公民的很大一笔财产向境外的转移。1936年4月和9月,我祖父就已经代表中威轮船公司分别向当时的交通部航政局申请登记。

21."中威轮船案"半个世纪的索赔史(陈经纬)

三、违约和索赔

问:请问您的祖父是从什么时候开始发现租给日本的船舶出现了问题呢?

答:在20世纪40年代,我祖父察觉到情况不对,日方总是不答复两艘轮船的使用情况。于是我祖父就屡次请求当时船公司的法律顾问魏文翰先生处理该事。魏先生受托致函日方,询问两轮的使用情况、租金支付情况。但是日本大同海运株式会社给中威的答复都闪烁其词,不愿意正面回答,一直都不如实相告真实的情况。包括我祖父1940年亲自到日本去讨要,通过往来函件进行联系,一直都没有结果。后来才知道是1937年卢沟桥事变之后,日本军方以战争为由把两艘船扣留,之后交付大同海运株式会社运营,后来这两艘船在该公司运营下沉没。

之后我祖父就开始了对两轮的追讨,过程中障碍很多。汪伪政府曾经向祖父提出,只要他出任官员就可以帮忙代为讨要船,但是祖父并不愿意低头,他认为让汪伪政府去向日本讨要,那性质就变了,他坚决不愿意为日本人办事。

问:您可以继续聊一下您的祖父在抗战胜利后具体是怎么样追讨两轮的吗?

答:抗战胜利后,我祖父陈顺通及其律师魏文翰先生、魏文达先生便整理、提交了两轮的全部中英文资料,即:两轮的船舶情况表、两份租船合同、两轮的船舶国籍证、日商就两轮情况给陈顺通先生的回函,以及两轮分别从1937年8月16日、1937年8月1日起截至1946年10月15日按国际租船市场不同时期的价格计算并扣除相关船舶运营费用后应该支付的租金资料等,委托国民政府向日方提出索赔要求:第一,归还"顺丰""新太平"两轮或同等级、同吨位的船舶两艘;第二,支付"顺丰""新太平"两轮截至1946年10月15日的租金,约六百万美元。两项索赔合计近千万美元。日方回函表示索赔要求不符合日方的意思,我祖父还是坚持按照他的索赔方案向日方索赔。

问:既然日方表示不符合要求,那么之后的索赔呢,又是如何进行的?

答:1947年2月15日,我祖父陈顺通在其律师魏文翰先生拟订的英文函上签字后,寄给时任驻日盟军总司令麦克阿瑟上将,表达自己的索赔要求。即使收到的答复未达到预期之效果,他仍然前往南京表示务必要按其提出的要求向日方索赔。当时国民政府积极配合父亲的请求,外交部王世杰部长、叶公超次长多次指示经办人员与日方交涉,办理归还两轮与追讨租金等事宜。

问:在解放战争期间,对日本的索赔和要求,会不会因为战争受到一定的影响?

答:从我各方了解到的情况,以及读到的台湾大学历史系萧明礼博士的论文来看索赔和要求未受到战争影响。

这里我突然想到一个当时东北亚局势的变化,对租金追讨有所影响。1947年,差不多是日方对中威这边索赔态度的一个分水岭。在1947年之前国际上是支持中国对日索赔的,1947年之后,政策导向就开始发生变化了。

问:请问您提到的东北亚局势,具体是什么样的情况呢?

答:具体来说就是美国。在那个时候,美国对于日本开始进行扶植,在那之前日本各方对于"中威轮船案"的态度都是很支持和配合的。但是1947年之后随着东北亚冷战格局的形成,政策就开始发生变化了。美国对日本内政进行干涉,举个例子来说,比如当时,日本海内和海外轮船的打捞费用承担问题,需要各方进行讨论,美国等国家在其中横加干涉,不同的国家之间难以形成统一的意见。这样的情况使得"中威轮船案"也受到了影响。

问:以后的索赔还在进行吗?

答:1948年11月,国民政府驻美大使顾维钧先生就盟国之间对于日本海外沉船打捞费用负担问题僵持不下的情况,提出两种方案以推动对日索赔之进程。方案一为日本外海之被劫沉船经要求国自行打捞,拖往日本港后,应由日方负责修理重装,并负责该项费用;方案二为盟国被劫之船舶,沉没于日本海外者,其所需打捞修理费用应就变卖无主劫物所得价款中抽出若干成作为修理费。

1949年2月,中国驻美大使顾维钧先生还就协调打捞费用的问题向盟军驻日司令部进行协调,希望可以尽快解决此事,不要拖下去。同时赔偿小组也正参酌各国提供之相关资料提出解决方案。

1949年4月,外交部仍旧以不宜搁置太久为由,训令驻日代表团在两日内向日本大同会社洽谈"顺丰轮""新太平轮"打捞事宜以及追讨租金之事。其后解放战争的局势日益明朗,但驻日代表团仍坚持不断地就船舶归还与赔偿问题向盟军总部交涉。

这就是大概的情况,对此我的姑妈说,其实历届中国政府在我家对日索赔的事件上都是支持的,这种坚定的支持跨越了时代的距离,印证了两岸同属一个中国的道理。在这种支持之下,我祖父更加没有放弃的念头。国民党当时撤退到台湾去,都带着很多资料,足以说明他完全没有放弃过索赔。

四、诉讼和解决

"为了抗战沉掉的'源长轮''太平轮',我不可惜;可租给日本人的'顺丰轮''新太平轮',我一定要把船和租金讨回来。"——"船王"陈顺通

问:可以看出您的祖父一直在和政府各方之间交涉,那么有没有过寻求法律途径解决的时候呢?

答:20世纪60年代,我们曾经与日方进行过调解,但是调解未能达成。1970年,大伯陈洽群(陈甫康)在东京提起诉讼。一开始进行得较为顺利,但是在审理开始不久后,东京法院突然刁难,要求提供亲属的公证。当时是在"文化大革命"时期,大伯找了香港交通银行,交通银行再发电报给上海中国银行。中国银行让我祖母戴芸香和父亲陈乾康于1971年11月11日去上海市高级人民法院办理了亲属公

证。在办理公证期间,祖母还表态说如果索赔成功,要将她及其他子女的赔偿金都汇入国内。1972年2月18日,这份公证办理完毕,当时的中国人民解放军上海市公检法军事管制委员会还有一份公函给外交部领事,其中写道:"本市居民戴芸香拟由其香港的儿子陈洽群向日本政府要求赔偿其父陈顺通在抗日战争时被日寇强占后之两艘轮船沉没事。"但是后来1974年东京地方裁判所以"时效灭失"为由驳回诉请,案件随后不了了之。

再后来就是向上海海事法院起诉了。1980年,在魏文达先生的提议下,大伯陈洽群向上海海事法院提起诉讼。当时魏老给了我大伯三个建议,第一是当时大伯陈洽群本想用香港中威轮船公司的名义起诉,魏老不同意,他说不能证明香港中威轮船公司就是三十年前上海中威轮船公司的延续;第二是建议祖父陈顺通先生的所有继承人都参加诉讼;第三就是这么多年了,大同海运株式会社的偿付能力不好,不如连同保险公司一起起诉,因为金融机构的偿付能力要远远高于航运公司。现在看来这三个建议都十分明智,可惜的是大伯三点都没有采纳,坚持以香港中威轮船公司名义进行起诉。

问:您能和我们详细说说这个案件在上海海事法院的处理过程吗?

答:首先是大伯起诉,后来我父亲请求追加原告。在案件处理过程中,我们曾经提出要处理一下遗产分割事宜,但是上海海事法院没有答复。一直到2005年11月18日,上海海事法院才给了回函,说明:"原告系船舶出租人及受指定行使索赔权的人,该案(中威船案)并不涉及除出租人之外财产所有人以及财产所有权的分割和继承。"后来在2010年9月,上海海事法院也曾让我父亲去面谈,表示要暂时搁置内部矛盾,先一致努力拿到赔偿。

这个案子从1985年开始准备,1989年立案正式起诉,1991年第一次开庭,2007年海事法院做出一审判决。判决主要围绕两个问题展开,一个是主体问题,因为当时大伯坚持用香港公司为诉讼主体,围绕着诉讼主体僵持了很久,日本代理人说"你没有主体资格我不跟你谈",也因为这件事情,这个案件从立案到最后作出一审判决花了很长的时间。二是租金计算问题。对方坚持两艘轮船的租金已经全部付清,大伯拿出我祖父的日记,证明两艘轮船从 1937 年 8 月 1 日起就没收到租金,"台湾国史馆"有陈顺通于 1946 年准备的用于索赔的租金表格。表格上面显示,"顺丰轮"从 1937 年 8 月 16 日起、"新太平轮"从 8 月 1 日起日商就没有支付租金了,这份表格是由船东交给驻日盟军司令部的,当时是多方审阅过的,这样日方就没的说了。关于我们中方这边的举证,日方就只能说自己已经全部支付了,没有其他有力的抗辩。

对于船舶毁损的时间,按照日记,两艘轮船都是在 8 月 1 号没了的,这个在"国史馆"有更准确的记录。两艘轮船的船舶国籍证,大伯一开始说找不到,结果 2003 年才找到提交。其实这些证据不是找不到,而是在 1970 年东京诉讼的时候就已经提交过了。这个船舶国籍证是为了证明船舶是陈顺通本人所有,现在还在"台湾国史馆"完整地保留着。

值得一提的是,海事法院历任审判长对这个案件都非常重视。

问:判决结果如何?您是如何看待判决结果的?

答:上海海事法院于 2007 年 12 月 7 日作出一审判决,日本三井和我们这边都不服,日方在 2008 年 1 月 4 日提起上诉,我们在 2008 年 1 月 7 日提起上诉,法院在 2008 年 3 月召集双方当事人进行了证据交换,2008 年 9 月 25 日公开审理了案件。

当时在审理时,因为涉案两轮的船舶所有权登记地为中国,所以适用了中国的法律,审理中的争议焦点有:①案件性质和法律适用;②原告主体资格和起诉是否经过诉讼时效;③商船三井有无拖欠租金;④对于船舶的毁损和灭失,商船三井是否该承担侵权责任;⑤孳息损失如何计算。最后得出结论:①两轮是陈顺通个人所有财产,其指定的继承人可以行使两轮索赔权;②商船三井没有能够举证证明已经支付租金的事实,因此应当向船舶出租人承担违约责任;③商船三井主张日本军方扣留两轮属于"捕获",但没有能够提供足以认定"捕获"性质的证据,故大同海运株式会社违反了合同约定的安全航线义务,使得船舶被军方扣留,构成侵权。最后法院还认为本案的诉讼时效已经中断,不存在已过诉讼时效的问题。孳息以日本战后物价指数1280为平均单位计算损失。同时虽然中日双方当时确实处于战争状态,但是双方实际上没有正式宣战,所以不能用战争灭失条款免责。所以最终他们按照合同应该还船,而且不能援引战争条款(War Clause)来宣布船舶已经灭失,继而不承担责任,最终这个案子判了2亿多人民币(29亿日元)。

其实这个案子有很深的年代背景,有学者将其与中日战争索赔的背景联系起来。但法院只在法律框架内将其看作一个个案来处理,判决非常专注地强调了法律问题的探究,实际上背后的历史背景、国际关系问题很复杂。但是这么复杂的问题就只需要抓住主要矛盾,最原始的事实就是租船合同纠纷。就是一个简单的违约问题,日方构成违约。同时日方对中国的船东还有欺骗的行为,就是这些案情混合在一起,让这个案子备受关注。我们对处理结果还算是很满意了,得到了一个说法。

问:请问这个案件最后执行过程顺利吗?

答:在执行期间家父陈乾康先生多次向上海海事法院提供日本商船三井的资产情况以证明其完全有足够的履行生效判决的能力,如各期的资产负债表、利润表,以及在英国(Lloyd'S Register)登记的船舶资料,商船三井2011年5月15日在上海沪东中华造船集团有限公司订购4艘LNG船,并于2015年至2016年间交付。最终2014年4月,上海海事法院以日本商船三井株式会社未履行法院判决为由,扣押其所有的"s.s BAOSTEEL EMOTION"号轮船:注册于日本的矿石承运轮船,迫使其向陈家支付赔偿金。

问:你们家在这一系列追讨中,得到赔偿的原因是什么?

答:从我家内部看,中威船案的推进是我家一致对外的过程,祖父陈顺通先生开创的对日索赔为我家之后的索赔打下了坚实的基础,祖父提交的证据最终成为陈氏家族对日索赔的关键证据;祖父陈顺通先生生前留下数百万美元遗产成为陈氏家族对日索赔的重要资金保障;祖母戴芸香女士与家父陈乾康申请办理的〔(72)沪高法证字第6号〕证明书更保证了我家的诉讼得以顺利进行。

21. "中威轮船案"半个世纪的索赔史(陈经纬)

总体来看,最终顺利得到赔偿的原因有两点:第一,我国法律的完善;第二,从表面上看就是普通的租船合同纠纷,但背后是国家的角力。一系列的索赔过程折射出的是中日两国的较量和中国在国际上地位的日渐强大。

五、船王的风骨

问:在您心目中,您的祖父是怎样的人?

答:我认为我的祖父是一个有气节、有胸怀的人,心怀民族大义。我想通过几个故事来讲。

首先,"顺丰轮"除了是"中威轮船案"的主角,在民国的航运历史上还扮演过一个重要角色,那就是负责承担中苏两国首次互航的任务。当时,国民政府与苏联签订协议,使苏联的商船得以往来于中国各大港口。苏联政府交通部和外交部屡次向当时的国民政府发出消息,希望中国也派出商轮驶向苏联,实现两国的互航。当时民国的交通部长屡次向我祖父表示可以进行互航。于是,1933年6月1日,中威轮船公司的"顺丰轮"便代表中国首航苏联。

在首航之前,我祖父特意叮嘱船长和船员,"顺丰轮"代表中国首航苏联,一定要体现出中国人的素质。船员务必要遵守法律、遵守货币管制条例,不要把中国的货币带到苏联去。在我祖父的再三叮咛之下,"顺丰轮"上的船员临上岸前都把货币兑换好了,在航行苏联的过程中时时遵规守矩。对此,上海《申报》和新加坡《海峡时报》都进行了报道。

其次,除了"顺丰轮"和"新太平轮",我祖父在中威轮船公司还有另外两艘轮船,分别是"源长轮"和"太平轮",前者3360吨,后者3350吨。"源长""太平"两轮为阻日寇,分别自沉长江江阴要塞、家乡宁波镇海。要塞自沉轮船这个发生在中国航运界的重大历史事件,反映了包括我祖父的上海中威轮船公司在内的中国各轮船公司深明大义,慷慨应征,为了拯救民族危亡,作出重大牺牲。

我姑妈陈爱棣女士曾经有一篇文章叫《忆父亲沉货轮阻日寇》，追忆了这些轮船的故事。

抗日战争对中国影响巨大，我家的四艘轮船都与这场战争有关。

问：从您的祖辈开始，整个家族的人坚持不懈地向日方讨要船舶与租金，是什么力量支撑着这一切？

答：我祖父被称为"船王"。船对我祖父来说，当然非常重要。可是陈家世世代代锲而不舍地索赔，绝不仅仅是为了"把船讨回来"。他曾经说过："为了抗战沉掉的'源长轮''太平轮'，我不可惜；可租给日本人的'顺丰轮''新太平轮'，我一定要把船和租金讨回来。"

对我祖父来说，被日本人抢走两艘轮船的确是最揪心的事情了。为此，汪伪政府曾经利用这一点提出"只要陈顺通先生出任汪伪政府的官员，汪伪政府承诺代为向其交好的日本政府讨要船只"的条件。

但是，即使心心念念着"顺丰轮"与"新太平轮"，面对汪伪政府的威逼利诱，我的祖父也并没有向汪伪政府妥协。他曾说："如果有一天我外出不能回来，那便是因为我不愿与汪伪政府合作。现在是国家的危难时刻，我的所作所为，一要对得起国家与民族，二要对得起祖先，三要让我的后辈能抬起头来。"

我想，正是我祖父的这样一种信念与气节，支撑着我们家世世代代坚持向日方索赔。其实对于陈家来说，赔偿金额的多少早已不再重要。1946年的1000万美元对于今天来说早已不是当初的价值，我们在意的是获得赔偿的意义。为了这个共同的目标，整个家族一代一代锲而不舍。

问：您对我国现在的海商法的发展有什么关注与建议吗？或者说，您认为《海商法》的修订应当关注哪些问题？

答：我知道，我国正在对《海商法》进行修订。我认为，海商法的操作性和实务性非常强。《海商法》的修订，应当与国际接轨。此外，还有两点是我认为比较值得关注的。一个是应对新型船舶有更大的关注，《海商法》的修订可以针对零排放船舶、能源环保型船舶进行立法上的倾斜；再一个是航运企业的财务年度问题，航运企业具有周期性变化的特点，对于航运企业征的税是否可以用更长的财务年度来衡

21."中威轮船案"半个世纪的索赔史(陈经纬)

量?比如一个财务年度是否可以不止 12 个月份。另外,对不同的航运类型企业规定不同的发展储备金要求,或许会更有利于我国航运业的发展。

后　记

一个家族,三代人,四艘轮船,乃至我国航运业的发展,都曾跟抗战的大背景紧密地结合在一起。跨越七十余年,"中威轮船案"总算落下帷幕。整理访谈稿件至此,感慨万千,下笔无言。

在整理此篇稿件的过程中,陈经纬先生为我们提供了大量珍贵的一手历史资料。陈先生身为船王的后人,身在江湖,饱经风雨,却始终还保持着赤诚与谦和的心。这样的气节与胸襟,让我们敬佩,更让我们觉得笔下的文字难以表达与承担这份沉甸甸的敬意。在此,再次向陈经纬先生及陈家表示诚挚的谢意与敬意。

口述人:陈经纬

访谈人:北京大学"口述海商法史"小组朱施洁、唐瑛培

时间:2018 年 5 月 30 日

地点:线上

22. 愿《海商法》听见长江的涛声

——周明达先生*访谈录

周明达先生

周明达博士,1942年7月生于广西桂林,新中国第一批律师、第一批以内河运输业务见长的海事律师。湖北省瀚海潮律师事务所创始人、终身法律顾问;中华全国律协海事海商专业委员会资深委员;湖北省法学会仲裁法研究会理事;武汉仲裁委员会首届仲裁员。主编《水路运输法教程》,发表多篇学术论文。

问:作为新中国第一批海事律师,您是如何走上这条道路的?
答:我有水的情结。主要分为三个方面。
首先是幼年经历。我出生在广西的桂林,桂林大家知道,是山水

---

* 周明达(1942年7月—),湖北省瀚海潮律师事务所律师、创始人。

22. 愿《海商法》听见长江的涛声（周明达）

甲天下的地方。我家在当年是资本家。我出生的时候，抗日战争还没有结束，幼年的时候我们到处颠沛流离，最后到了重庆。重庆有我们长江上游很有名的一条支流——嘉陵江，所以这个水的情结好像一直都在我的心里，在我的生活当中好像离不开"江河湖海"的概念，是这样一个成长经历。

其次是工作的经历。解放以前我还到过香江，也就是香港地区，在香港待了6年，我是武汉解放以后才回到内地的。"香江"是国民党时期的称呼，就是把它称之为"一个很美丽的地方"。如果你到过香港，就知道那里有很多沿海的港湾更加漂亮。维多利亚港就很漂亮、很美，珠江也和它相连。回到武汉就更不用说了，中国最大的内河——长江便流经于此，长江全长6300多公里，有3600条支流。一句话，尽管不像草原上的人们"逐水而居"，但我觉得我的生活始终和水有天然的联系。这是一个方面。

再有就是海事法院的成立。打倒"四人帮"以后，武汉就开始设立一个很特别的涉及专属管辖的海事法院，这个海事法院虽然设在武汉，但它不属于武汉，是属于全国的。这个海事法院就必然要审理在长江以及所有与海相通的可航水域发生的海损案件等海事海商案件。

总体而言，我在江边长大，看到川流不息的船舶，看到武汉三镇的人过江要坐渡轮。这样一种朴素的对水的情结，上升到法律职业上，就是去学习、研究、运用规制、调整水运和航运市场的规则，这是我基本的想法。海事法院是1984年成立的，1980年我已经是律师了，但那时候只是刑事律师，海事法院成立以后必然要有专业的律师进行配合与服务，因此我很容易就转换成一个海事律师了。

问： 您在1984年调入交通部中国长江航运集团职工大学航运法教研室，同时兼任武汉交通管理干部学院航运法的教师。请问您那个时候教"航运法"主要是讲哪些内容，和我们现在学的海商法有什么区别呢？

答： 那个时候是广义的航运法，准确说是航运法性质的规范性条文。主要是部门规章和规范性文件所组成的。改革开放以后的几十年时间，国务院、人大和原交通部系统有30余部关于水运的法规性质的文件,当然也包括部门规章,我们把它统称为交通部所认可的法规体系,所以说它不是严格意义上的法律。

当时的内容包括港口、航道、航政管理(现在的有关联能部门叫海事局,原来叫航政,后来叫港监,再后来就是海事局,它有一个演变的过程)还有水运市场调整。再有比如,船舶、船员、水运企业的设立等,还包括救助、打捞、清污,特别是水上交通事故处理。所以虽然我们把它叫作航运法,但是其中已经有这样不同的部门类型的规章制度的呈现,这就是我们讲课的内容,也相当于我们向不同单位普法的过程。

后来交通部就专门组织编撰了《交通法律顾问丛书》,我参加主编了"海河运输篇",从1984年开始,一直到三年以后才最终完成。这套书主要是对航运法规进行整理,或者说诠释、简述和修正过程。同时交通部在1987年于武汉组织首届全国交通法律顾问培训班,这个也是由我筹办的。

问:1985年您牵头成立了我国长江上的第一家海事律师事务所,您能不能给我们谈谈事务所筹建的过程?

答:这个事务所的筹建是非常幸运的。当时海事法院成立,需要很多与之配合的法律专业人士,也包括海事律师。司法厅也很支持,提供各种条件,所以我们就成为了湖北省司法厅直属的第一家湖北省经济法律服务中心海事律师事务所,也是长江海岸第一家。我们所里当时有教航运法的老师,还有港航部门具备专业知识的一些专家、顾问。

(律所)组建过程非常顺利,为什么顺利呢?第一个是社会需要,海事法院必须有跟它配套的法律人士;第二个就是国有体制办事情,一旦确立了就雷厉风行。当时所有的法律法规都是部门规章,特别是交通部有很多司法解释性质的内容,再加上《民法通则》和民法的基本原则,这就是我们办案的基本法律依据。

司法部和全国律协组织的第一次全国海事律师培训班,称之为中国海事律师高级培训班,是1991年在青岛举办的。那个时候我就感觉到,我这边事务所成立了5年,才有全国的会议。我个人认为,长江

22. 愿《海商法》听见长江的涛声(周明达)

上我们肯定是第一家,但在全国来说,1990年以前能够符合专业性要求的好像也就是我们湖北法律事务所这一家,我们应该是最先、最早的。1991年有了这个培训以后,在全国各地就陆陆续续地有这种性质的所(专业的海事律师事务所)成立,这是我了解的基本情况。

问:从1985年开始,您和海事法院打了有将近30年的交道,从律师的角度看,您认为现在的海事法院和那个时候比主要有哪些进步和发展?

答:我对武汉海事法院应该说最熟悉。非常有趣的是,它当时成立的批文都是我从最高人民法院带过来的。第一,从硬件来看,过去实际上是非常简陋的。最开始武汉海事法院是和港务局挨着,后来搬到武汉航空路(办公楼)的时候,跟船舶设计和检验部门在一起,连自己真正独立的办公地点都没有。第二,从审判人员来看,大量的人员都是从港航系统调过来的,比如原来搞驾船的和搞港口管理的。真正有法律专业背景的审判人员几乎没有,即便有也是学民法的,没有海事的背景。所以原来的海事法院从人员、硬件、水平等各方面来看,都处于初步阶段。我讲个笑话,那时候他们第一次开庭,居然审查我律师身份,问我的出生年月,还问我什么成分。这是真的,我当庭就抗议了。

30年以后,现在确实有很大的变化。首先硬件,现在的海事法院都有非常漂亮宽敞的,几乎是一栋独立大楼,武汉海事法院非常壮观。其次从人员来看,就不仅仅是原来的船舶航运部门的一些实务人员,现在有很多工作人员是从航运学院毕业的和海事大学毕业的,还有很多就是研究生。所以从某种意义上说,人员和设施的配备跟以前是大相径庭的,应该说是很大的一个提升和进步。

问:1986年,您在《法学评论》上发表了《开发长江水系要注重法制建设》一文,那个时候与海相关的法治理论研究是不是非常少?

答:在我印象当中好像没有第二篇这样的文章,我非常想探讨,但找不到一个人探讨。我做过葛洲坝的专项法律顾问,在葛洲坝时就意识到一个非常重要的问题。长江做了一个这么大的大坝,高峡出平湖,航行会受到阻碍:船舶从上游到下游,过坝时在航区要受到限制,航速要受到限制,船舶的吨位、船舶的行驶方式等都受到限制,还加上发电、水利、环境保护等,我感觉到这些问题需要有法律进行调整。因此我就谈开发长江水系要注重法治建设:长江的干流 6300 公里极具舟楫之利,它的支流有 3600 条,这么大的地方,要发挥它黄金水道的作用、发挥经济建设作用,必须要注重法治建设,要做到环保、注重经济效益、注重节能,还要注意到航行的通畅、发电和灌溉水利等的关系,这就是这篇文章的内容。

问:1994 年,您就提出来"海事法院应适当受理刑事案件"的观点,2016 年,国务院法制办公示了《论海事法院审理刑事案件的正当性》的研究成果,时隔 23 年,对您当年的呼吁作出了回应。能不能向我们介绍一下这段历程?

答:我认为海事法院里面必须要设立一个部门负责刑事审判。水上运输当中,或者说海商领域中有很多行为就是涉嫌犯罪,已经不是单一民事法律关系所能调整的了。比如我自己办的案件当中,有"黄沙大战",就是拼命地挖黄沙,把堤防破坏掉;还有"鳗鱼大战",就是在鳗鱼繁殖期间,去下游捕捞,不顾生态;再加上江盗,就是偷盗运输燃油等物资;碰撞里面同样也有故意犯罪,比方说他为了获得赔偿,自身人为把船碰坏掉,然后去骗得高额的保险,这样的事情很多。海事案件具有非常强的专业性,如果你对专业性的东西不理解,就无法准确评判有罪和无罪、此罪和彼罪,这是由海商法的特点决定的。我们现在社会生活越来越复杂多样,在陆上所发生的事情,同样也会发生在船舶上、海上,这些必须用刑法这个非常强有力的武器去对待它。

当年我觉得非常无助,因为我就是一个人声嘶力竭地呐喊,但没有应者,没有一个回应我的。23 年以后回过头,终于有了回应,虽然感觉到非常遥远、姗姗来迟,但还是很欣慰。为什么欣慰呢?国务院法制办把它提上议事日程,从理论上开始重视,这是第一点;第二点,宁波海事法院在 2017 年已经受理了刑事第一案。所以我感觉从理论上和实践上都已经对我 23 年以前的那篇文章有所回应了。这应该说是一种进步,但是我认为路还很遥远。因为这种意识、这种理念被接受

22. 愿《海商法》听见长江的涛声（周明达）

是要经过一个过程的，但是已经有希望了，希望在前头，这是我个人的想法。

问：30多年来，海事律师群体有哪些变化？

答：海事律师的人数、他们代理案件的数量以及办案的质量等都有显著的提升，特别是现在的海事案件因为涉及比较庞大的涉外法律事务，在涉外领域的拓展都有很大的进步。中华全国律协成立第一个专门委员会就是我们海事海商律师的，当时全国只有40多人，可见人才凤毛麟角，或者说这个领域太高端了。那么现在，海事委员会已经有几百人了，人数上扩大了。而且从学历上来看，他们有很多是研究生以上的，还有很多是从国外经过了实际操练和交流回来的，所以从人数、他们的学位、他们的资历、经办的案件来看，肯定比起以前有很大的发展和进步，但仍然是高端的甚至是稀有的，相比起其他委员会来说人数是最少的。全国不是有很多专业委员会嘛，但是所有的委员会中，海商海事委员会人数是最少的。

问：海事律师代理案件一般是怎么收费的呢？

答：收费方式各有不同。海事案件有强烈的涉外因素，因此，收费的方式有按时间来计算的，也有以工作量计算的。

另外一种就是对案件的标的进行一个估算，根据这个案件的难易程度以及风险价值评估，由双方协商去进行收费，这是几种最主要的方式。

问：与其他领域的律师相比，海事律师接的案件数量和收入状况如何？

答：这样说吧，第一点，如果你能够得到客户的信任或者委托，接到相应的海事案件，你的收费比一般的民商事案件都会要高一些，这是肯定的。但前提是别人信任你，把案子交给你，这是一个因素。

第二点，你工作的业绩、工作的成效，可以决定你收费的档次。所以我认为，一旦你真正进入这个领域，是超过一般的民商法律师的收费的。

第三点，作为海事案件，也是三种方式作为解决途径：首先是诉讼,再有是仲裁,还有据我了解,大量案件是通过非诉讼方式解决的。非诉比诉讼和仲裁比例要高,因此从收费的角度,这个就因案而异、因人而异了。案件数量多不意味着你收入就多,案件数量少也不意味着你收入就低。

问:那周律师您每年代理的案件数大概是多少呢?代理的都是海事案件吗?

答:这个问题非常有趣。律师行业我是从做刑事辩护起家的,所以我每年都有几个比较棘手的,或者说是难度比较大的刑事案件在手里。这些案件有些来自于我的学生,有些来自于我的同行,一般都是争议比较大的、具有挑战性的刑事案件。这是一方面,刑事辩护。第二个方面,海事案件我通常情况下也有,一审的案件不多,我有很多兄弟律师所的同仁,经常委托我做二审甚至是再审,或者联合办案的。第三方面就是参加研讨,对一些案件进行研讨,提出我的建议和意见。

我现在就在做一个比较棘手的二审的海事案件,关于船舶融资租赁的争议案件。这个案件难度很大,因为我们国家至今都没有船舶融资租赁的法律规范,不像航空领域,同样是融资租赁,飞机就有《开普敦公约》。另外还包括港口方面的,港口侵权当中所牵扯的法律责任问题,也交给我做,也是同行委托和联合做的。

也就是说,我现在做的案件的性质,既有刑事的,也有民事的,更有刑民交叉的,包括行政的,这就是我的情况。一般来说是我指导同行的案件,我真正出庭的不是很多,因为我还要写书、写论文,有时候还去大学里面客串讲课。我的工作基本上是分成三部分:原来是担任仲裁员,仲裁一些案件,还有就是作为律师办理一些案件,包括刑事的、民事的、经济的、海事的,再有就是在学校或者在论坛上、学术杂志上写文章、讨论。

问:就您处理的海事案件来说,您觉得发生纠纷最多的法律关系是什么?

答:案由非常多,因为航运上发生的事情就不是简单的民事或者行政能够概括的,也就是说各种水上法律关系发生的碰撞、交叉就可能形成案件。如果说分大类,侵权方面的就是碰撞,还有就是违约方

22. 愿《海商法》听见长江的涛声（周明达）

面的比如无单放货、货损货差。还有这两年，大量的船员劳工的纠纷，破产以后对这些船员的福利、待遇的处理等，非常复杂，涵盖面很广，还包括有涉外因素的。

问：从程序上来看是诉讼多一些还是仲裁多一些呢？

答：仲裁比例是很少的。当事人不选择仲裁有两方面的原因：

一方面大量的仲裁要去国外或者域外，最起码是香港或新加坡，还有就是在瑞典的斯德哥尔摩，所以一般当事人都不轻易选择仲裁，在条款里面也不这样轻易达成仲裁的协议。

另一方面，当事人认为现在仲裁并没有体现仲裁天然的优势，比如理论上仲裁应该比较快，它有"速裁"之类的程序，但是现在仲裁时间一般都比较长。还有就是收费也不像以前所说的那么低，现在收费也让当事人感到难以接受。多种因素导致仲裁在全国来说，所占的比例都比较小。

问：海事领域是否存在普通民商事领域存在的"执行难"的问题？

答："执行难"在全国所有案件中都有这个顽疾，但海事案件相对于其他民商法的案件，应该说执行的难度比它们小一些，从我观察来看有两个原因：

第一点，宣布破产以后它有一个清算程序，虽然清算程序当中船员利益、劳工利益保护得还不完整，但是进入破产程序后还有点希望。

第二点，海事案件中最突出的特点是有船舶，把它扣押后我就可以进入拍卖程序，可以成为执行的一个保障。加上还有姊妹船之类的，那么可以行使的清算的手段可以比一般的民商事案件中要多一些。

问：海事案件数量这30年来的变化，包括总体数量和变化趋势是怎么样一个情况呢？

答：最近厦门大学法学院何丽新教授的研究生做了一个大数据的分析，我赞同他们这种实证主义方法的研究和分析，具体的数字我没有记，我只从实证主义研究的方法来看，肯定是比以前的案件数量、类型等有所发展。但是变化得均衡与否，我个人认为有一个非常重要的影响因素就是国际贸易的发展情况。海商法的发展主要是源于国际贸易的发展,一个国家海运的发展是和它对外贸易的总量及发展趋势是相连接的。

所以这30年来总体上案件数量肯定是增加的,但是具体的变化趋势则是随着我们国家的经济形势、对外贸易的发展趋势和对外开放的程度起伏变化的。

问:对《海商法》的现状与此次修改,作为相对"远离大海"的海事律师,您有哪些观点?

答:我始终在呼吁,应该尽快把目前被冷落的,占我们国家水运市场大半壁江山的内河沿海这一大块纳入正在修改的《海商法》,作为它的一个重要章节。否则我们的海商法只是"姓海",而不是广义的水路运输,更不包括广义的内河沿海和远洋运输,那就是非常狭窄的。我认为如果我们以后把《海商法》改名为《水路运输法》,或者改成《航运法》,那么可能它就天然地会把内河沿海纳入它的调整范围,整个市场就活跃了。"长江一条线,沿海一片片","通江达海"是我们海商法的前途,是我们海商法发展的希望和目标。

长江航运对海商法是作出了很大贡献的,因为内河和沿海运输占了我们国家水运市场的85%以上,而现在所谓的海商法调整的对象占15%都不到。我个人认为应该利用海商法修改这个契机,更好地充实和完善我们的海商法。1992年《海商法》第四章谈到了水上运输,当时我们都很欣慰,觉得既然叫水上运输,广义的水上运输,就应该包括内河沿海和海上。但是实际上,第四章一开始就排除了我们内河、沿海,把它肢解开了。所以当时参加立法研讨会时我就有一句话,当时狂妄啊,我说"海商法颁布之日就是修改之时的到来",这么讲就是因为它冷落了,或者说根本没有把内河沿海运输作为重要的组成部分。它的法律制度是完全不平等的,把船舶人为地分为内河船和海船,就导致了法律适用上的差异,导致了法律效果的绝对不公平。

《征求意见稿》新增的第五章,我认为只徒具虚名,并没有实质性变化,就是把原来的节变成一个章了,并没有解决问题。没有真正地赋予内河沿海运输法律地位的平等性,那么有这一章也是非常脆弱的,没有实质意义。

22. 愿《海商法》听见长江的涛声(周明达)

某种意义上说内河沿海运输比现在的海商法更加复杂。比如内河当中原来有感潮河段、控制河段,原来还有川江。现在因为有葛洲坝、有三峡以后川江的航道改变了,还有信号台、绞滩机。内河航道的复杂性更强,险滩激流很多,再加上干支流交汇水域的避碰规则,避碰的方式等,都远远比海上的更加复杂,更加具有风险。所以现在再回过头来看,把船舶分成内河船和海船是错误的,只要还有内河船和海船的概念区别,从主体上就没办法真正平等对待。因为内河船从建造的规范、航行的航区、它的海上水上风险都是等同于甚至在某些方面超过海上的。我一贯的观点就是应该把内河沿海纳入海商法的调整范围,全方位地去"享受"海商法上的特殊的法律制度。

在采访的最后,我们对周律师的耐心回答表示了感谢,而周律师这样回应:

"这是应该的,因为我觉得这是一种责任,我要把海事律师的发展、它的演变告知后人,特别是像你们还有志于这方面。可能我讲的话有些偏颇,那就看你们怎么取舍了。但是我对我的这个讲话,愿意负责任,我讲的都是真实的,也是我发自内心的感受。"

再次向周律师致谢,致敬!

口述人:周明达
访谈人:北京大学"口述海商法史"小组王宥人、高瑞珠
时间:2018年6月12日、11月1日
地点:线上
(特别鸣谢国浩律师事务所方国庆律师
提供周明达先生的联系方式)

23. 改革开放后最早从事海事海商业务的律师之一

—— 高宗泽先生*访谈录

高宗泽先生与采访人合影

高宗泽,1939年12月出生于河北省唐山市,1961年毕业于大连海运学院①,于1978年考入中国社会科学院,成为恢复高考后我国首批硕士研究生之一,1981年获法律硕士学位②。曾在美国哥伦比亚大学、德国雷根斯堡大学法学院进修。1982年取得律师资格,曾任第

---

* 高宗泽(1939年12月—),曾任中国法律事务中心主任,中华全国律师协会会长。
① 即现在的大连海事大学。
② 文中"法律硕士"与现在所说的"法律硕士"含义不同,现在的"法律硕士"是1996年按照国务院学位委员会第十四次会议审议通过的《专业学位设置审批暂行办法》规定设置的专硕学位,高律师那个年代读的与法律有关的硕士学位也称为"法律硕士",没有细分到海商法领域。

23. 改革开放后最早从事海事海商业务的律师之一（高宗泽）

四届、第五届全国律师协会会长，国际律师联盟副主席，中国法学会常务理事，中国海商法协会副主席和最高人民法院特邀咨询员，并在国内外多家知名仲裁机构担任仲裁员。高律师从事法律职业工作40余年，曾参与多起涉及国家利益的重大案件，开创多项"第一"，如参与中国第一起反倾销案件、中国承揽发射的第一颗外国商务卫星"亚洲一号"卫星发射合同的起草谈判、中国民间对日经济索赔第一案中威轮船案等。

一、从本科生到研究生

问：我们了解到您毕业于大连海运学院，毕业后在外代公司工作过一段时间，后来又考取中国社会科学院研究生，能不能跟我们分享一下您这段时间的求学和工作经历？

答：1961年大连海运学院毕业后，我被分配到中国外轮代理公司秦皇岛分公司工作，一直干到1978年，干了17年半。在外代虽然也挺有意思的，但平常大多是处理一些非常事务性的工作，比如签发提单、打舱单、算运费、算速遣费等。但是搞运输真正关键的是要看租船合同，看哪些东西是你需要的，看费用如何分摊、提货单怎样递交等问题。"文化大革命"期间我在外代总公司也看了一些东西，我的法律主要就是从英国法，准确说是从英格兰法学起的。我看的最多的判例就是英国法官写的，英国人文章写得好，判决也写得好，英国的18位大法官我接触的有10位，Lord Denning（丹宁勋爵）当时还是18个大法官之一，他说英国法官是最寂寞的职业，跟任何人都不能接触；Lord Denning活了100多岁，我去英国访问的时候他还要请我去吃英式菜。

那个时候也没有海商法，比如我们处理装卸问题，都没有"装卸"的法律概念，虽然说是给公家干活，但是就装卸来说跟船方就是雇佣关系。那个时候用《国际贸易术语解释通则》（Incoterms），这个是20世纪90年代才翻译过来的。但是实际上1962年我就把它翻译了出来，在中外运输中就已经使用了。比如FOB，是船上交货，但是会涉港口的装卸费,我们国家有岸吊的港口很少,船上也不是吊车,就是两个杆,装两部稳车,然后将货物拉到船上,但是如果用岸吊,费用应该由谁承担,这也是个问题。再比如海上救助协议和共同海损分摊问题,就要看保险公司有什么样的保证,船舶保险还是货物保险,哪部分可以承保,哪部分是共同海损,这些问题都需要界定清楚。我们当时就是完全处于实务探索当中,几乎没有法律依据。

现在情况就好多了,我们的《海商法》就其调整范围而言,除了货物运输,包括海洋污染、海难救助也都有了法律依据,有法律就比较好办了。

我在中国社科院学习了一年就去了美国,当时也没有老师教,我都是自己看书。那个年代,大连海运学院的英语就是一门课,我的英文也是自己在国内学的,但是发音是受我的英文老师影响,他是美式发音;德文也是自己学的。

问:您回国后曾在中国社科院讲学,那为什么没有继续从事研究,而走上了律师这条道路?

答:我从德国回来后,中国社科院叫我做行政管理工作,我说我可不干。在贸促会做仲裁员的时候我就做兼职律师了,偶尔接一下案子,那个时候赚不了什么钱,做律师纯粹就是出于兴趣。后来司法部邹瑜部长找我,说要成立中国法律事务中心③,我和任继圣一商量,我俩就去了。最开始搞的都是中外合资企业等涉外案子,后来司法部跟贸促会会长说,可以开展香港事务,设个点,通过中国法律服务香港,让中国法律朝着世界发展,于是我就去香港组建这个了。后来由于一些私人原因回到内地,我就去了律师事务所,因为我还是喜欢处理一些具体的事务。

研究这东西是有用的,但是我们现在有个问题就是"天下文章一大抄"。我带研究生的时候,我跟他们说写论文不能抄,我把资料给你们,你们要有自己的观点和创新。比如我研究延期费、速遣费的法

---

③ 中国法律事务中心,成立于1985年2月,系一家由司法部批准设立,并由司法部直属的司局级单位。中国著名的律师任继圣、任国钧、段正坤、高宗泽等都曾先后为该中心的负责人。1995年8月,中国法律事务中心改制,转变为合伙制。

23.改革开放后最早从事海事海商业务的律师之一(高宗泽)

律问题,瑞典有人写过,但我没参考他太多,因为中国有自己的特点。我搞过调研,从租船合同缔结生效、租船合同和买卖合同矛盾等问题出发进行研究,这个在国内也就表现为这点问题,但是没有人写这个,因为大家既没有这个时间,也没有这个经验,所以没法弄。看起来很小的条款,但实际操作起来很麻烦,所以写论文的时候就应该"小题大做",像"国际货物买卖合同的法律问题",这种就没法写了,但是你可以从主体、客体、货物、交货、付款方式、运输、保险、风险转移、产品责任等这些小点出发去研究。

你们都是学国际经济法的吧?说"国际经济法"首先得搞懂什么是"经济法"。"经济法"这个概念是20世纪20年代德国提了一提,后来给删了,"经济法"这个概念就没有了。后来在1980年、1981年的时候中国社科院民法室对于应该保持"大民法"还是"大经济法"有一定的争论,但无论是"大民法"还是"大经济法",本质上都是商业交往,知识产权、无形资产这块已经从"大民法"中拿出去了。但是在商法这块,还有"Transaction"(交易)能与商法联系起来,没有"Transaction"这个世界就没有商业交往了。所以商业交往就是商业交往,不要说"大经济法","business is business",没有什么例外,除非是赠与、提成等,那是另外一种法律关系,非商业关系。只有交易,有"Deals"就是"Transaction"。商法中还有侵权,财产有侵权问题,人身权也有侵权问题,民法中人、债、物这三大块是相互的,没有人就没有交易主体,有财产就有物。除去自然人,公司法、债法、侵权法、知识产权法,都有"Transaction",国际经济法实际上应当是国际商法。《海商法》也一样,本质上就是一部针对海上的"Transaction"进行调整的法律。

二、《海商法》制定前后的航运实践

问:《海商法》出台之前我国的航运实践是什么情形?您能给我们讲一下吗?

答:《海商法》出台之前,我国海运事业其实还是有很大发展的,口述海商法史要了解我国海运事业的发展。以前在运输方面没有法律可以适用,那个时候我们的船也不多,20世纪70年代的时候大多都是贷款买船,我参与过,主要从德国、日本、瑞典、西班牙、罗马尼亚等国家买船,当时也没有太多外汇,所以都从美国的进出口银行、日本的输出银行④、德国类似的银行,再加上一部分(大概15%)商业银行贷款。中远的提单首要条款(Paramount Clause)⑤中没有说要用《海牙规则》,但是加入了《海牙规则》的主要航运国家的六大航运公司,都有首要条款来说明法律适用问题。中远的提单虽然没有说首要条款是什么,但是提单中很多东西都是抄的《海牙—维斯比规则》,比如责任的起始和完结,船舶的适航、适货问题,免责条款,责任限制。当时我们跟美国关系不好,责任限制也不用美元计价,好在《海牙—维斯比规则》给了用金法郎的机会,所以就可以避开美国。总的来说,在《海商法》出台之前,为了调整海上运输法律关系,在提单中就已经出现了若干与《海牙—维斯比规则》类似的条款,像前面说的承运人责任及责任限制等。

　　提单在承运人和提单持有人之间起到合同的作用,有一定的法律约束力,但问题是法院在处理案件时不能在判决书中说是根据提单的第几条作出的判决。再加上改革开放后我国包括中国船队在内的对外交往发展迅速,我们运输的不再是自己的货,我们将他国货物装上船之后,将提单交到收货人手中,此时法律关系也发生了变更,那么应该用什么样的法律来调整这种法律关系?所以说,一国需要有自己的海商法。我国《海商法》不适用于沿海运输,但也不是完全的国际海上运输,对香港地区、澳门地区海上运输也适用,因为香港地区、澳门地区也是《海牙—维斯比规则》的参与方,因此叫"对外海上运输"比较好一点。

　　海上运输还要面临一些其他的事情,比如漏油、失火、救助,出现

---

④　1951年成立,现已改名为"日本输出入银行"。
⑤　首要条款(Paramount Clause or Clause Paramount)是指在提单中约定本提单适用某一国际公约(如《海牙—维斯比规则》)或公约相应的某一国内法[如英国1924年《海上货物运输法》(COGSA)]制约的提单条款。首要条款目的是将指定的国际公约或其相应的内国法并入提单,使之成为提单条款的内容之一。

23. 改革开放后最早从事海事海商业务的律师之一（高宗泽）

这些情况的时候要怎么处理，没有《海商法》的时候就只能依据和船长签订的 Salvage Agreement、Average Bond、Jason Clause 或者参照国际条约。在没有《海商法》之前，我们也是比较多地参照国际上通行的做法。

我国《海商法》是在航运事业发展起来以后才出台的，其他国家也是这样。我国虽然晚，但却是根据改革开放后发展情况制定的，这是催生《海商法》的重要形势，此外我国对外贸易、航运的发展本身是催生海商法的重要因素。

问：您参与了《海商法》的制定吗？能不能给我们介绍一下这个过程？

答：我参与过《海商法》的讨论，中国社科院也有几位教授参与，我印象中有王家福、谢怀栻、梁慧星，现在年纪都比较大了，八九十岁了吧，但从头到尾真正参与的就是大连海事大学的司玉琢等人，其实参与制定《海商法》的人很多本科都不是学海商法的。原先与海商有关的法律还包括公法，比如港口管理，是国家强制性行为，但是海商法毕竟属于私法范畴，我们就想做一部纯粹的民法特别法，在制定的过程中也有过很多争论，比如航运单位（交通部所属单位）和外贸单位（原先外贸部所属单位）在有利于承运人还是发货人、收货人、提单持有人之间有过一些争论。后来我们的法律有很多妥协的东西，比如延期交货，这是一种妥协。《海商法》出台之后如何判定延期交货还是很难，如果是因为不可抗力延期交货，比如天气原因，便不能说是承运人责任。所以船长到了港口以后，要向港务监督交一份海事报告（Sea Protest）⑥，主要就是为了应对保险公司的货损责任，说明货损是由于恶劣天气造成的，应该由保险公司而非船方承担赔偿责任。至于说承运人与买方或者货方订立了什么样的保险合同，怎么保，这是另外一件事。所以说《海商法》经过好几稿才出来，这个过程非常艰难。为什么这么不容易？主要就是在船方利益和货方利益之间争论不断，最

---

⑥ 海事报告是指船舶在航行途中或停泊中遭遇碰撞、失火、触礁、搁浅海损事故等致使所载货物受损时，船长向主管部门、货主、保险公司等提交的申述船长和全体船员已采取一切力所能及的措施保护船货和货物受损状况报告。

后在基本原则方面还是借鉴《海牙—维斯比规则》，没怎么借鉴《汉堡规则》。现在生效的规则是《海牙—维斯比规则》和《汉堡规则》，《鹿特丹规则》大概10年内没有生效的可能，因为主要航运国家不承认。

最后《海商法》制定的基本原则就是根据我们国家的实际情况，参考了几个国际公约，也就是国际上通用的一些规则，包括海上货物运输的《海牙—维斯比规则》、旅客运输的《雅典公约》。当时魏文达说保险经纪、海上保险这一块可以参考一下英国1906年《海上保险法》，这个保险法其实不是英国的，应该是《英格兰保险法》，因为英国也是有不同法域的。总体而言，《海商法》制定就是这样一个情况。

三、海事律师实务

问：您应该是比较早期的一批海商法律师吧？请问您能不能给我们介绍一下您代理过印象比较深刻的案件？

答：1936年的那个"中威轮船案"就是我主导的，这个案子从1985年就开始准备了，1989年正式起诉，三四年前才执行了判决。这个案子我基本上都参与了，包括怎么找的合同、怎么立的案、怎么样开庭。事情发生在1936年，当时中威海运、大陆海运这些公司都是做期租船，陈顺通是船舶所有人，和日本海运签订两艘轮船的定期租船合同，租期是一年。但是1937年卢沟桥事变后，日本军方就以战争为由把这两艘船扣留，交给大同海运株式会社运营，后来这两艘船就沉没了，日本说因为战争沉没就不用赔了。所以这个时候档案就非常重要了，上海港务局居然保存了1936年签订的这两份合同，我们把它们找了出来，当时是新日本海运租的这两艘船，后来被大同海运株式会社合并，大同海运后来又和日本奈维克斯海运株式会社（NavixLine）合并，NavixLine又跟商船三井合并，他们都承认这两份合同，这就涉及公司法的问题，是合并不是破产，所以构成债务转移，所以这份合同一方现在就成了商船三井。我认为这个不属于战争中的捕获，中日双方当时确实处于战争状态，但是双方实际上在当时没有正式宣战，这就涉

23. 改革开放后最早从事海事海商业务的律师之一（高宗泽）

及公法问题了，所以不能用战争灭失条款免责。而且日本捕获船的程序也不合法，不是一个海军大尉就说了算的，日本有一个委员会决定此事，没有委员会的裁定不能捕获船舶。所以他们应该按照合同还船，而且不能援引战争条款（War Clause）来宣布船舶已经灭失，不承担责任，最终这个案子判了2亿多，2014年将三井的船扣在宁波执行，判决书我还存着。这个案件我是一分钱没拿，主要就是觉得应该争口气。

其实还有好多案件，都是国家派的任务。中国第一个反倾销案件也是我参与的，这是唯一一个不加关税的案子，到现在300多个案子都加关税。还有100亿美金的信用证诈骗案，中国承揽发射的第一颗外国商务卫星"亚洲一号"卫星发射合同等，很多。当律师就是这样，能够接触到很多案子，我现在离海远了，已经不怎么做海商法业务了。

问：那您对我国的海事律师行业有什么评价或者建议呢？

答：我带的学生有人做海事律师，这个行业状况还可以，像大连那边做得还不错，主要分布在深圳、广州和大连，北京也有。涉及的业务一般就是货损货差，业务量比较小，比较大一些的案子就是海上油污、船舶碰撞沉没这种，但是案件数量非常有限。所以我认为海事律师在中国最好不要超过500人，海事业务很窄，各国都是如此，多了就没饭吃了，再忙也没有饭吃。在其他国家也是，在美国、英国也不是有特别多律师专门搞海事业务。

问：您做律协会长期间，我国的海事律师业务发展得怎么样？大致有多少人？当时的海事律师业务与现在相比有什么特点呢？

答：那个时候专门做海事的律师在中国有，但数量远不如非诉律师多，全国律师近10万人，海事律师才几百人。现在有一定数量了，但是在整个律师行业里占比不大，再多就没饭吃了。也就船舶碰撞、海上油污这种案子比较赚钱，但是量又不多，出事又不多，只能做做货损货差的案子，没有船舶沉没、油污那种赚钱。在深圳、大连、广州的海事律师业务做得不错，离海远的（城市）也有在做的，比如北京。特点的话，主要是现在的航运业相比以前萧条，这是经济不景气造成的,上游的经济在缩,贸易量在缩,那航运业就缩了。我说过海事律师在中国最好不要超过 500 人,蛋糕就这么大,航运业又不景气,不能再多了。

问:您在从事海事律师业务期间大致处理过多少海事案件?都依据的是什么法律?

答:我处理的案件都是国家派给我的,也不全是海事案件。中威船案、"亚洲一号"卫星发射合同起草谈判、衡水信用证诈骗案,都是国家派给我的任务。我现在年纪大了,办了多少案子都记不大清了。那个时候哪有什么法律,我们完全处于实务中,没有海商法。20 世纪 80 年代《民法通则》出来了,可以作为依据。或者参考当时有关国际公约的精神,比如 1987 年的"约翰"轮案⑦,就依据当时国际上通行的海商法律制度进行辩护,法院也是根据有关国际公约的精神作出判决的。1981 年《涉外经济合同法》出来了,主要管外贸方面;再一个就是国内的《经济法》《产品责任法》《刑法》《刑事诉讼法》《民法典》《民事诉讼法》,最高的是《宪法》,这是马上就可以说出的几部法律,到现在已经有几百部法律了,我们的法治也是在不断地健全和完善。

问:入世那会儿,您是中华全国律协的会长,您能跟我们说一说入世对《海商法》有什么影响吗?

答:对《海商法》没有太大影响。入世是贸易问题,是关税问题。贸易问题实际上跟世界经济状况有关,现在航运业萧条的原因是欧洲经济在缩,贸易量缩小,欧洲现在很痛苦,因为经济发展不起来。不是因为入世那个时候贸易量才开始增长,是因为我们改革开放后贸易发展了,贸易量增长到一定程度,入世的时候解决了一些问题。我跟律师们讲过,实际上入世 15 年后应当承认我国市场经济国家的地位,但是人家不承认,主要贸易国家和地区,比如美国、欧洲、日本都不承认,甚至一些东盟国家也没认账。主要还是要发展自己,自己变强了什么都好办,如果变成"大力士",经济超过美国,什么都好办。是否有

---

⑦ 指 1987 年上海海事法院所判决的西班牙埃布尔莎石油有限公司诉中国五金矿产进出口总公司、江苏省拆船公司、南京市拆船公司、南京市栖霞山拆船厂所涉及的向"约翰"轮供应燃料油一案。

23. 改革开放后最早从事海事海商业务的律师之一（高宗泽）

发言权在于自己是否变强大，现在中国在各种场合都可以发言了。比如前段时间刚开完上合会议，我们这个组织看来是个合作组织，比如反恐、和平、经济贸易互助、将来财政经济合作等都可以谈。现在我们人民币在 SDR 也有了，但是量太少了，还是以美元为主，还是美国统治世界，美国人不行就印票子。我们为什么跟美国那么好，因为我们的货币跟美元挂钩，我们买了那么多美国国债。中美贸易战打不起来，因为中国手中拥有大量美元国债，中国与美国贸易关系很紧密，美国很多的产品都是中国制造，什么鞋子、衣服、衬衫都是中国制造的。我去美国超市买个衬衫 13 美元，条绒裤子 14.5 美金，都是 made in China，美国人穿的东西除了高档品以外基本上都是中国制造。我们的贸易逆差那么大，大量的外汇储备都是来源于对美国的贸易顺差。

问：您怎么评价现行《海商法》？现在国内又掀起修改法律的浪潮，你是否认为应该修改？

答：我认为现在的《海商法》没有必要进行大改，可以进行一些小修小改。大的规则，比如货运规则、提单等，没有必要修改，我们跟主要航运国家规则差不多，都是适用《海牙—维斯比规则》，世界上主要航运国家都没有修改，也没有引入《汉堡规则》《鹿特丹规则》等，贸然修改在适用上可能就会出现问题。但是可以进行一些小的修改，比如技术发展了，出现电子提单这个问题，我们在修改法律的时候应该把这个加上，法律也要适应科技发展。再比如江海联运问题，建议不要分段，不要给自己找麻烦，就是适用统一责任制，不要适用分段责任制。我们就用一个提单，要一个承运人承担责任，至于第二承运人、实际承运人和承运人的法律关系，集装箱到港口之后卸货、接货、场地责任等问题，都是合同问题，不需要在《海商法》中划分责任。

口述人：高宗泽
记录人：北京大学"口述海商法史"小组刘偲祎慧、王雅昕
时间：2018 年 6 月 13 日
地点：北京市朝阳区高先生家中

24. 海天搏击五十年

——叶伟膺先生*访谈录

叶伟膺先生与尹东年教授、吴焕宁教授的合影

叶伟膺先生从事海事仲裁、海损理算、海事律师实务和海商法研究工作50余年,期间曾在美国海特律师事务所和英国国际霍(海损理算)公司学习和工作7年多。他是中国海事仲裁委员会(以下简称"海仲委")的两位元老之一;他参与设立"海损理算处"和香港中英合资的"德理有限公司",办理海损理算业务;他参与中国《海商法》的制定工作、出席联合国贸易和发展会议和国际海事委员会召开的会议并在会上发言,参与对《约克—安特卫普规则》的修订工作;他于1982年首批取得律师资格,1994年被司法部评为一级律师;他于1992年被评

---

* 叶伟膺(1938年12月—2022年12月),曾任中国国际贸易促进委员会海损理算处处长、中英合资德理有限副董事长、中国环球律师事务所副主任。

24. 海天搏击五十年(叶伟膺)

为研究员和有突出贡献的专家,由国务院发给证书和政府特殊津贴。鉴于此,本篇的题目就定为《海天搏击五十年——叶伟膺先生访谈录》。

一、与海商法结下不解之缘

问:叶先生您好,谢谢您接受我们的采访。您是中国著名的海商法专家,请问您是怎样与海商法工作结缘的?您学习海商法和从事该项工作有何体会?

答:不必客气。我很乐意同你们年轻人聊天。有朋自远方来,论天下之精微,理万物之是非,不亦乐乎!我不是什么中国著名的海商法专家,只是一名普通的海商法律工作者。我是广东普宁人,1938年生。因为家里穷,故断断续续地从小学念到高中,成绩优异,老师们都希望我能考上名牌大学,但填志愿时,领导却只允许我报考师范学院。结果我考到华中师范学院,学习英语。毕业后本应去教书,但因工作需要,被分配到中国国际贸易促进委员会(以下简称"贸促会")法律部工作,成为该校第一批到中央外事机关工作的四个人之一。

1964年7月15日,我到贸促会法律部向邵循怡①副部长报到。两天后,海仲委高隼来②副处长(以下简称"高老")带我到北兵马司交通部港监局开会,见到许多领导和专家,如周启新、冯法祖等。会议由王承训船长介绍一起外轮碰撞我国渔船的案件以及处理意见。回采后,高老要我在一小时之内写一份600—700字的报告,呈送南汉宸③主

---

① 邵循怡(1913年—2007年),福建人。早年在哥伦比亚大学学习经济学。1952年至1966年,任贸促会法律部副部长,主管仲裁和其他法律事务工作。系国际经济法、仲裁法和海商法专家。
② 高隼来(1926年—2023年),浙江嘉兴人。东吴大学法律系毕业。海商法、仲裁法和经贸法专家。懂日语和俄语,精通德语和英语。1959年—1964年通读British Shipping Laws,即《不列颠航运法》百科全书。
③ 南汉宸(1895年—1967年),山西赵城人。全国人大常委会委员。原任中国人民银行第一任行长,后任贸促会主席。

席和其他领导。就这样,我与海商法结下了不解之缘,成为到海仲委工作的第二个人,并和高老一起从事海事仲裁、海损理算、海事律师实务和研究工作,至今已有50多年。这是工作的需要,在此期间,国家需要有少数人从事这几项工作。

因为我在学校没有学过海商法,毕业后又从校门到机关门,没有实践经验,"先天不足",故必须下大功夫补课:

(1)苦读魏文翰教授的《海商法讲座》《共同海损论》和中国后来出版的绝大部分海商法教科书。啃《不列颠航运法》和英、美两本关于共同海损(General Average)的权威专著。看不懂时就请教高老和邵副部长。

(2)到航运、保险和外贸公司、船检和商检局、港监和救捞局、修造船厂了解情况和学习,拜各行各业的专家、船长、轮机长、船员和工人为师。学会在海图上标出船舶的位置和航迹。懂得承运花生和花生仁,应根据"露点通风原则"进行合理通风等。

(3)到上海和大连港监实习,听胡伯康科长和林钧鑫同志介绍处理海事问题的经验。由陈晓明等三位港监官员带上船,先后从宁波到上海,从上海到大连,体验海上航行的生活和了解航海实况。

(4)赴国内外20多个港口(外国6个,不包括到罗得岛、悉尼、伦敦和利物浦等地开会和参观)调查和处理海损事故。经常到外锚地,攀绳梯登轮取证,上驾驶台、下机舱了解情况。

我的体会是:理论与实践相结合是学习海商法和做好有关工作的最佳方法。

二、参与海商法的制定工作

问:您很早就参与海商法的制定工作,能给我们介绍相关的情况吗?

答:新中国成立之初,我国政府和相关部门就参照苏联1929年《海商法》和一些国际公约着手起草《海商法》。1952年至1963年,

《海商法》草案九次易稿，邵循怡和高隼来同志参加该项工作。我到贸促会法律部工作时，看到《海商法》第九稿，并参加对该稿的学习和讨论。此后，由于"四清运动"和"文化大革命"的干扰，起草工作中断。1974 年，贸促会法律部任建新④部长率团出席在汉堡举行的国际海事委员会第 30 届大会，了解到国外海商法律、法规制定工作的进展情况。回国后，向有关部门提出加快制定我国海上运输法律、法规的工作，推动了中国《海商法》的制定进程。1975 年，在贸促会的建议下，由外交部、外贸部和交通部联合向国务院呈交请示报告，提出以独立自主、平等互利和参照国际惯例三项原则，整理和制定海商法规，由当时主持中央工作的邓小平同志批准。同年，成立《海商法》整理小组，由交通部远洋局和贸促会两家轮流主持小组的工作。1982 年，由交通部牵头，有关部门参加，恢复起草工作。后成立海商法起草委员会，由朱曾杰(以下简称"朱老")任办公室副主任，抽调上海和大连海运学院的尹东年和司玉琢老师以及交通部的杨文贵同志，协助朱老处理日常工作。《海商法(草案)》各章分给相关单位起草。贸促会负责第十章"共同海损"和相关章节，由我参照《北京理算规则》和《1974 年约克—安特卫普规则》的规定，执笔起草后，送朱老汇总。

1985 年 1 月，《海商法(草案)》上报国务院审核。由于《海商法》具有国际性等特点，故国务院对此事十分重视，专门成立《海商法》审查研究小组，花了 6 年的时间，邀请全国各有关部门和国内外专家、学者，多次开会，广泛征求意见，最后才基本定稿，这就是《海商法(草案)》，也称 1991 年 3 月 31 日《修改稿》。

为了慎重起见，在报请全国人民代表大会审议之前，国务院法制局又于 1991 年 5 月 21 日至 23 日，在北京香山未名山庄召开《海商法(草案)》专家论证会。会议由国务院法制局领导孙琬钟、顾问郭日齐和交通部副部长林祖乙同志主持，朱老负责具体的工作。为这次采访，除发现我所提修改意见的资料外，还找到一份名单，从中可以看到

---

④ 任建新，1925 年生，山西襄汾人。1946 年至 1948 年在北京大学化学工程系学习。1971 年至 1983 年任贸促会法律部部长和贸促会副主任。后任最高人民法院副院长、院长、中共中央书记处书记、中共中央政法委书记和全国政协副主席。

参加会议的专家如下：

中国社会科学院王家福、谢怀栻、梁慧星教授；对外经济贸易大学沈达明、黎孝先、赵宏勋教授；中国法律咨询中心魏家驹、徐鹤皋教授；中国法律事务中心高宗泽高级律师；中国贸促会邵循怡研究员、叶伟膺副研究员；中国远洋运输公司朱曾杰研究员、张常临译审；外交学院姚壮教授；中国政法大学吴焕宁教授；大连海运学院司玉琢副教授；上海海运学院尹东年、金祖光副教授；南开大学陈文秋副教授。

这次会议，除了涉及适用什么规则的问题外，主要讨论了我们所提出的两点建议：(1)对共同海损部分，进行补充，加进有关如何确定船舶、货物和运费共同海损牺牲金额的规定和其他修改意见；(2)在其他大多数国家没有改变之前，中国《海商法》还需规定：承运人对其雇员管船过失和延迟交货的责任，应该有所限制。⑤

经过三天的讨论和协商，最后所有领导和与会专家、学者达成共识，采纳我们上述的意见。会后，对草案做进一步修改，1992年6月7日提请全国人民代表大会常务委员会审议。

1992年9月18日，人大法工委在人民大会堂召开专家座谈会，研究《海商法(草案)》。我作为特邀专家和贸促会的代表，参加会议并回答了人大法工委领导提出的相关问题。同年11月7日，《海商法》由中华人民共和国第七届全国人民代表大会常务委员会第二十八次会议通过并公布，自1993年7月1日起施行。《海商法》由张常临同志翻译成英文。

问：您对如今修改中国《海商法》有何意见？

答：我的建议(仅供参考)如下：

(1)不要贪大求全，变化不要太快太大。要从《汉堡规则》和《2004年约克—安特卫普规则》不被海运界接受的情况中得到启示；

(2)"浪损"不是船舶碰撞，根据船舶保单条款，保险人不负赔偿责任；

(3)《海商法》应允许双方当事人将SCOPIC条款(船东互保协会

---

⑤ 详见叶伟膺：《海天搏击四十年——海商法文集》，中国商务出版社2012年版，第89—92页。

特别补偿条款)并入救助合同,并按约定支付酬金;

(4)"无效果—按约定支付报酬"的海难救助应适用《海商法》。

三、海仲委的两位元老之一

问:您在海仲委的工作是什么情况?办理过多少案件?有什么体会?

答:以前中国没有涉外的仲裁机构,在国际贸易和海运中发生争议需到外国仲裁,工作十分麻烦,费用也很高,而且我国的企业输多赢少,经济上吃亏,政治上影响也不好。贸促会第一代领导人南汉宸和冀朝鼎⑥同志见多识广,十分重视仲裁工作。1952年,就在会内设立仲裁部(后改称法律部)。

1954年5月6日政务院通过了《在中国国际贸易促进委员会内设立对外贸易仲裁委员会的决定》。据此,1956年4月2日贸促会设立了对外贸易仲裁委员会(以下简称"贸仲委")。

因海事纠纷有其特殊性和复杂性,有关单位,包括交通部要求贸促会设立海事仲裁委员会。1957年2月,港监局负责人来贸促会正式提出,要设立海事仲裁委员会,理由是随着对外贸易的发展,来我国沿海和港口的外轮日益增多,发生海难,签订救助契约时,外方不接受当时我国由"海事处理委员会"处理的做法。例如,1954年英国"查普林"轮在榆林港搁浅,我们派船救助,因当时我国没有仲裁机构,也没有救助标准合同格式,故外轮船长要求按国际习惯签订劳合社标准格式救助合同,发生纠纷到伦敦仲裁,否则拒绝救助,并要求由香港派船来施救。经交通部和外交部研究后,同意其要求。这种情况应尽快设法解决。

1958年11月21日,在周恩来总理的主持下,国务院全体会议第

---

⑥ 冀朝鼎(1903年—1963年),山西汾阳人。早年留美,获哲学硕士、法学和经济学博士学位。曾任中国银行副董事长,后任贸促会秘书长和副主席。第一位用英语在中央人民广播电台发表讲话的官员。

八十二次会议通过《在中国国际贸易促进委员会内设立海事仲裁委员会的决定》。据此，1959年1月22日，海仲委正式成立。同时通过《仲裁程序暂行规定》以及《救助契约标准格式》和《碰撞仲裁协议标准格式》。

1964年我到法律部时，两个仲裁委员会的业务人员很少，其中有邵循怡（法律事务部副部长）、贸仲委的董有淦（副处长）、王守茂、胡瑞孚（这四人都已去世）、徐士章、靳广华、海仲委的高隼来（副处长）和叶伟膺（我们四人也已到耄耋之年）。开始大家在一起办公，后来才慢慢分开，但还是经常在一起讨论问题。

凡事开头难，但大家工作都十分努力，收集了许多外国的资料，研究各国仲裁的立法、规则和做法。海仲委成立初期，就受理和裁决了"范雷特"轮海难救助案（1963年）和"青岛"轮碰沉"浙乐202"渔船案（1967年）。我们打破了外国对仲裁的垄断，国人为之振奋，欢欣鼓舞！

但事情并非一帆风顺，在"文化大革命"期间，仲裁业务受到严重的冲击，特别是1969年干部下放"五七"干校后，实际上仅留下我一人。而我的主要任务是开展和从事海损理算工作。

20世纪70年代初期，领导从"五七"干校调回来一批干部，并任命任建新同志为法律部部长，他尊重和爱惜人才，大胆使用干部，勇于开拓，仲裁工作才慢慢得以恢复和发展。

1978年，党的十一届三中全会作出决定，把中心工作从阶级斗争转移到经济建设上来。改革开放后，随着航运和经贸业务的不断扩大，海事和经贸仲裁案件也越来越多，中国的仲裁得到了更大的发展，在国际上也已经很有影响。任建新等领导和高隼来、邵循怡和唐厚志等仲裁员积极参加国际仲裁员大会和国际海事仲裁员大会，并参加联合国和国际海事委员会召开的会议和活动。高老还作为仲裁员，多次到斯德哥尔摩商会仲裁院和香港国际仲裁中心审理案件。有一次，他在香港审理案件，同庭的两位仲裁员是原香港律政司司长唐明治（Michaed Thomas）和按察司司长韩恩德（Neil Kaplan）先生。

1987年，中国加入了《1958年承认及执行外国仲裁裁决公约》。

24. 海天搏击五十年（叶伟膺）

从此，中国所作出的仲裁裁决，便可以在140多个国家和地区得到承认和执行。

1995年9月1日，《中华人民共和国仲裁法》施行后，各省市相继成立了263个仲裁委员会。但成立最早、规模最大、受案最多、主要审理涉外案件的还是海仲委和贸仲委。

我国仲裁的做法，基本与国际接轨：(1)依据有效的书面仲裁协议受理和审理案件；(2)当事人可以各自选定一名仲裁员；(3)仲裁庭以事实为根据，以法律为准绳，参照国际惯例，尊重双方当事人的约定，独立公正、公平合理地审理案件；(4)专家办案；(5)一审终局。此外，根据中国的国情和中华民族的传统文化，我们又独创了仲裁与调解相结合的做法，即经双方当事人同意，仲裁庭对争议进行调解。此一做法，在许多情况下既可以更好更快地解决争端，又能保持和增进当事人之间的良好关系，是成功的经验。但开始时这种做法不为国际社会所认可，外国人认为仲裁就是仲裁，不能与调解相结合。但经过多年的实践和我们做工作，现在已被接受，并被称为"东方经验"，许多国家也采用了这一做法。

我是两个仲裁委员会的仲裁员，办理海事和经贸案件。但因成立初期仍处于创建阶段，案件不多，后来我又有相当长的时间不在北京工作，故在仲裁员中我承办的案件数量不是最多的，而是比较多的，但是质量很好，公正性更是无可置疑。

从事仲裁工作，我比较深的体会是：

(一)公正是仲裁的生命线，必须永远坚持。否则，只要有一个案件裁决不公，在世界上的影响就很不好，当事人就不到中国来仲裁了。几代人通过艰苦奋斗建起来的大厦，一夜之间，就可能倒塌，所取得的成绩将付诸东流！

(二)保证裁决的质量。应认真阅读材料，听取双方的意见。查明事实，正确适用法律，裁决正确，说理充分，让赢者高兴，输者也口服心服。

(三)办案要快。效率是生命，时间是金钱，在保证质量的前提下，快速作出裁决，让遭受损失的一方尽快收回赔款。

四、开创海损理算业务,勇拓香港理算市场

问:请问您在北京和香港从事海损理算工作是什么情况?有什么不同,遇到过哪些困难?

答:1964年,我参加工作时,中国没有自己的海损理算机构,船舶在远洋运输中发生海损事故时,均由外国人理算,理算书用英语编制,中国很少有人能看懂,更谈不上审核。

随着我国国际贸易和航运事业的不断发展,应交通部、外贸部和中国人民保险公司等单位的要求,1964年,贸促会指定高老和我负责筹建"海损理算处"。1966年4月23日,刻制公章,正式受理案件。1968年6月30日和1970年10月1日,先后编制并发出"海东轮"和"Atticos轮"两份共同海损理算书。此举填补了我国在这一领域的空白,打破了外国的垄断,国人感到十分振奋和鼓舞!1969年1月8日,我们向国务院补呈了《关于在我国办理共同海损理算问题的报告》。

在北京从事海损理算工作非常不容易,因为:

(一)理算工作很难。理算人员必须受过长期的特别训练,具有丰富的专业知识。此外,由于海上运输涉及许多方面,所以要求理算师懂得一些海商法律、海上航行、货物运输、租船、海难救助、船舶碰撞、船舶检验和海上保险的知识。贸促会原来没有这样的人才。

(二)在中国,陈干青先生[⑦]做过理算,但他于1953年9月因患心血管病去世。1940年,魏文翰先生曾经编制过"民本轮"共同海损理算书,但我们没有见过。"文化大革命"期间,我到上海向其求教时,他

---

⑦ 陈干青(1891年—1953年)上海崇明人,吴淞商船专科学校毕业,是在远洋船舶当船长的第一位中国人。后长期在保险公司、引水和港监部门工作,处理过"江亚"轮爆炸沉船等重大海事案件,并且编制过共同海损理算书。其长子陈晓明曾长期在上海港监工作。幼子陈晓钟系台湾著名船长。1984年自美国回崇明修建"思蓼山庄",以纪念其已故的父亲。

24. 海天搏击五十年(叶伟膺)

正被当成资产阶级反动学术权威受批挨斗。"文化大革命"期间又不许派人出国学习,故我们在国内没有老师可以请教。

(三)人员严重不足。特别是 20 世纪 60 年代后期至 70 年代初,大批干部下放,实际上仅留下我一人,除理算外,还要兼管仲裁的一些日常工作,实在是分身乏术。

(四)未制定理算规则和法律,理算原则不明确。军代表不许我们参照国际规则理算。

直至 1971 年,任建新出任法律部部长后,才采取各项措施,花大力气,着手解决以上难题。他从"五七"干校调回来一大批干部,其中包括高隼来、邵循怡、唐厚志、戎洁心、许秀姑、许履刚、黎东发、徐士章和阎存厚等同志。高隼来负责理算处的日常领导工作。此外,还聘请人民保险公司的王恩韶[8]和周泰祚[9]同志以及交通部的冯法祖总船长等几位专家当顾问,大胆放手使用他们。这样,理算处的人员最多时有 18 位,可以说是"兵多将广"了。

有了人以后,接着便是对其进行培训。任建新把大家组织起来,取长补短,相互学习,并进一步查阅外国的相关书籍和资料,学习《1950 年约克—安特卫普规则》,参考许多外国编制的海损理算书。此外,对外开放,邀请一些外国著名的海损理算师来华访问,他们中有英国的 William Richards 和 Hudson 先生,瑞典的 Pinos 先生等。同时,积极参与国际上的相关活动。1973 年 10 月 8 日,任建新亲自率团,以观察员的身份,出席在西班牙马德里举行的欧洲国际海损理算

---

[8] 王恩韶(1921 年—2015 年)上海人。保险界著名人士王伯衡之子。1942 年东吴大学经济系毕业,后在保险公司从事分保和外联工作,曾到欧美考察和瑞士工作。1980 年,在华盛顿任国际货币基金组织中国副执行董事。1985 年任人保公司驻伦敦联络处首席代表和中国保险(英国)有限公司董事长兼总经理。著有《共同海损》(中国财政经济出版社 1979 年版)等书。

[9] 周泰祚(1910 年—2006 年)江苏昆山人。保险界著名人士项馨吾之外甥。早年就读于金陵中学和雷明大学(专科)。毕业后长期从事英文速记、分保和理赔工作。李志贤和王恩韶等先生称他是"中国保险英语第一人"。20 世纪 50 年代至 60 年代初,他就在上海和北京的中央财经学院讲授海上保险和海商法课。编著有《外贸英语函电》(与诸葛霖合编,中国对外经济贸易出版社 1981 年版)、《对外贸易运输》(与诸葛霖合著,中国对外翻译出版公司 1982 年版)等书。

师协会第七届大会,了解国际上的有关情况和发展动态。他还指示理算处致函许多国家的海损理算师,调查各国有关海损理算的法规和习惯做法。学习培训和调查情况的工作持续数年,大大提高了理算人员的业务水平,加快了办案的速度。

经过数年的办案实践,任建新又领导大家总结办案经验,并参照国际上普遍采用的1950年和1974年《约克—安特卫普规则》,制定《中国国际贸易促进委员会共同海损理算暂行规则》(简称《北京理算规则》),并于1975年1月1日经对外贸易部、外交部、交通部和财政部批准后公布。《北京理算规则》由王恩韶同志翻成英文,请程希孟、胡明正等先生提意见,修改后对外发布。

从此,所有的中国船舶和从外国租来的船舶发生海损事故时,均委请理算处理算。我们取得了很大的成绩,被评为先进集体。1977年8月4日党和国家领导人邓小平、叶剑英、华国锋和李先念同志在人民大会堂接见全国外贸系统先进集体和个人。我作为理算处的代表出席接见和合影。

20世纪80年代中期,我们又将目标瞄向香港。经领导批准,1985年7月15日,我带了2万美元的开办费,一个人飞赴香港与英国国际理霍公司合作办理海损理算业务。后合资成立"德理有限公司",高老任董事长,王德超先生和我任副董事长。

我在香港办理理算业务,更加困难,因为:(1)工作语言是英语;(2)共同海损、海上保险等业务,是英国人的专利;(3)市场竞争十分激烈,当时在香港有八家外国理算公司,要抢到一个案子,实在不容易。

因此,起初有些外国人认为中国大陆人做不了理算,不用多长时间,就得返回大陆。怎么办?首先是虚心向国外同行学习;其次是拼!天道酬勤,经过数年的艰苦拼搏,我们的业务不断增加,至1991年秋我回国时,除已办案件外,我们受理待办的案件有160多件,预计可以收取理算费数千万港元。工作取得了很好的社会效益和经济效益。更重要的是通过香港这一窗口,了解到国际上的习惯做法,提高中国的理算水平,使之与国际接轨。与此同时,许多外国理算公司却因案

24. 海天搏击五十年(叶伟膺)

源不足,纷纷倒闭,其理算师则返回本国或改行。

五、首批取得律师资格从事海事律师工作

问:除了海事仲裁和海损理算外,您能介绍一下从事律师工作的情况吗?

答:1957年,中国的律师制度遭到严厉的批判,律师被说成是"讼棍,无事生非,为资产阶级服务"。"文化大革命"期间,造反派更是无法无天,大叫"砸烂公检法"。

1979年中央提出恢复律师制度,贸促会率先成立了中国第一家法律顾问处,后根据司法部的要求,于1984年改称为中国环球律师事务所(以下简称"环球所")。

1982年我首批取得律师资格,司法部律师资格通知书为(82)司律通字第0020号。从此,我便作为环球所的律师承办案件。1982年至1983年,我到美国纽约海特律师事务所学习和工作一年。期间拜见了倪徵𣊻先生⑩、魏文翰⑪、王铁崖⑫、芮沐⑬、赵理海⑭和爱德华(哥伦比亚大学)教授⑮。

在美期间,我协助海特律师事务所的律师办理过不少案件。其中,有中国人民保险公司状告美国政府第一案:美国"George Washing-

---

⑩ 倪徵𣊻(1906年—2003年),江苏吴江县人。国际法学家。1947年9月16日,作为中国检察官顾问,在东京远东国际军事法庭上控告日本战犯;1984年11月9日,在联合国当选为国际法院法官。

⑪ 魏文翰(1896年—1989年),天津人。1923年就读哈佛大学。1927年获芝加哥大学法学博士学位。1928年至1938年在上海当律师,后任民生实业公司协理、代总经理。后来自开轮船公司。1949年任南北通航谈判首席代表。著有《海商法讲座》和《共同海损论》等。

⑫ 王铁崖(1913年—2003年),福建福州人,曾任北京大学教授。中国著名国际法学家。

⑬ 芮沐(1908年—2011年),浙江吴兴人,曾任北京大学教授。中国著名的经济法、国际经济法学家。

⑭ 赵理海(1916年—2000年),山西闻喜人,曾任北京大学教授。中国著名国际法学家。

⑮ 因受访者仙逝,已无从查证此人信息。

ton 核潜艇"碰沉日本"NishoMaru"货损案。⑯ 成功追回338万美元。

此外,通过阅读材料,我发现有几起案件,争议金额仅有三四万美元,远不够支付诉讼和律师费用,而且官司胜负难料。我立即建议跟委托人讲明情况,通过协商解决。美国律师听后,觉得言之有理,照此办理。

还有一起租船争议案件,因航行中遭遇恶劣天气,燃料不足,遂弯航避难港加油,船期损失应由谁承担?我帮美国律师找到一个案例(Hurbutv. Turnure, 81 Feb. Rep. 208 and the Abbazzia, 127 Feb. Rep. 495)。根据该案例,因船方没有加足燃料,以便完成下一段航程(另加20%—25%的安全系数),故应承当责任。美国律师听后非常高兴,认为胜券在握。从此,他便对中国律师刮目相看。

1985年至1991年,我到香港从事律师业务,是中国第一位外派常驻办案的律师。⑰ 1991年秋,我奉调回京任环球所副主任,1994年被司法部评为一级律师。当时环球所的业务发展很快,是中国第一大所,因为律师素质高,办案质量好,曾闻名海内外,许多客户都慕名而来。20世纪80—90年代,我本人接受中外当事人,特别是保险公司和航运公司的委托,办过不少海事、海商案件,跟外国海事律师交手的机会也比较多。例如:

(1)"罗浮山"轮共同海损分摊争议案。我替船东委请律师,并协助该律师与货方在美国打官司,历时三载。经三审,最后协商解决,在美国产生很大的影响;

(2)"恩宝""红旗138"和"金鹰1号"三轮碰撞案。我在中国与美方进行诉讼,历经三载,将美方的索赔金额从306517.81美元减至63000美元。更重要的是向世人展示了中国律师的水平!

---

⑯ 详见叶伟膺:《海天搏击四十年——海商法文集》,中国商务出版社2012年版,第210—212页。

⑰ 在国外,理算师仅做理算,律师只管打官司。在20世纪80年代至90年代的中国,专业人才奇缺,需要少数人既做理算,又从事律师工作。因不在同一案件中,无利害冲突,故各方不提异议。

24. 海天搏击五十年（叶伟膺）

六、国际会议上发言为国争光

问：谢谢您与我们分享这些办案经历。您多次参加国际会议，有什么印象深刻的事情吗？

答：我参加有关海商法的国际会议并不是很多，有国际海损理算师协会、国际海事委员会和联合国贸发会召开的会议。印象比较深刻的有：

（一）联合国贸发会航运委员会国际航运立法工作组第十三届大会

根据交通部和外经贸部的要求，我参加由中国常驻联合国日内瓦代表处（王天策）、交通部（俞天文）、外经贸部（孟于群）、中国人民保险公司（缪建民）和贸促会组成的五人代表团，出席1991年11月11日至18日在日内瓦召开的联合国贸发会航运委员会国际航运立法工作组第十三届大会。

参加会议的有来自44个国家的100多名代表。中心议题是改革现行共同海损分摊制度。会议第一天是一般性发言，第二天是专家会议。同往常一样，会议分为四组，苏联和东欧国家为D组。当时苏联正处在解体之中，寒冬难度。东欧国家也正发生激烈的变化，人心不定，故D组很少发言。以英国为首的发达国家为B组，他们表现得异常活跃。英国代表认为共同海损分摊制度已存在很长时间，运作没有问题，因此，反对做任何改革。英国代表一发言，其他发达国家的代表就纷纷响应，表示支持。77国集团的代表为A组，不同意B组的意见，认为共同海损分摊制度是发达国家设立的，理算规则也是由他们制定的。它偏袒发达国家的船东，损害了发展中国家作为货方的利益，属旧国际经济秩序的一部分，必须改革。甚至有人提出应当将它彻底废除，但却苦于提不出具体的意见，当天下午会上就没有人发言了。见此情景，英国代表得意洋洋地说："你们都说目前的共同海损分摊制度不好，主张改革，但却提不出具体的意见，那就休会，回去好好学习,准备好意见后,再来开会吧。"大会主席十分无奈,但也只好宣布:"暂时休会,明天再开。"

11月13日上午,中国代表团要求发言。大会主席和秘书处十分高兴,所有与会代表也很感兴趣,都想听听中国的意见,会场十分安静。这时,我作为中国代表站起来开始发言:"谢谢主席先生,中国代表团认为,同空运和陆运相比,海上运输存在着更大的危险,船舶在海上航行,遭遇共同危险,为了船舶和货物的共同安全,有意并合理做出的特殊牺牲或者支付的额外费用,由各受益方按其价值的比例分摊,这一原则是公平合理的。其次,共同海损分摊制度已有很长的历史,目前已为国际上的航运界、保险界和贸易界所接受,它的运作基本是良好的;如果不能找到比它更好的和可行的办法替代,那么,就不可以也不可能全面彻底地废除共同海损分摊制度。"讲到这里,许多发达国家的代表热烈鼓掌。

这时中国代表突然词锋一转,指出:"但是,任何一种制度都不是十全十美的,它必须随着社会的发展逐步改进和完善。大多数人都承认,在目前的海上保险制度下所进行的共同海损理算和分摊做法,有时是很费时和费钱的,并且给各方增加了不少额外工作。因此,我们可以相互交换意见,进行充分的讨论,积极寻找办法,以便简化共同海损理算和分摊的做法。"这时,发展中国家的代表热烈鼓掌。

接着,我们指出目前国际海上保险和共损分摊制度存在着不少问题,并提出了许多具体的改革意见。中国代表还特别强调,共同海损的发展方向和出路是简化。中国代表的话音刚落,会场即响起了长时间的热烈掌声。

接着,会议就中国代表的发言进行讨论。各国代表对我们的发言给予了很高的评价。认为发言"态度认真,观点正确,内容丰富,所提改革意见具体"。英国代表也表示:"要认真考虑中国代表团的意见。"

对此,我国常驻联合国日内瓦代表处十分高兴,说此次中国代表团的发言"为国争了光"!

(二)国际海事委员会第四十届大会

2012年,国际海事委员会第四十届大会在北京举行。为了简化,《2012 年约克—安特卫普规则修改草案》拟规定:对救助费用不超过共同海损总额 X% 的案件不进行理算。我请教国际海事委员会的一位负责人:"未理算怎么就能知道这个百分比呢?为了知道这个百分比,就需要先进行理算,那怎么谈得上简化呢?"他说:"我虽然在伦敦大学教共同海损,但从来没有做过理算,回答不了你的问题,反之,我应该向你学习。"英国教授如此谦虚,值得学习!

2016 年,国际海事委员会第四十一届大会在纽约通过《2016 年约克—安特卫普规则》,我立即将其翻译成中文,并写评论文章,发表在网上和多家杂志上,供大家参考。我翻译或者参与翻译《共同海损——一九七四年约克—安特卫普规则—美国法律与惯例》一书(General Average and the York/Antwerp Rules,1974-American Law and Practice By Leslie J. Buglass)和几乎所有的《约克—安特卫普规则》,2016 年大概是最后一次了。

顺便提一下,2000 年我退休后,不再过问理算处和环球所的工作,但继续办理一些仲裁案件,专心从事海商法的研究工作。同时,我还坚持读书、写短文并出版一本小书《海天搏击四十年——海商法文集》,对自己的工作做一个小结,它从一个侧面折射出我国海商法工作的发展历程。此外,我还应邀到航运、保险公司和相关院校讲课,为在中国普及海商法知识尽点微力。

问:谢谢您接受我们的采访,并介绍了这么多海商法的历史和您的亲身经历!

答:不客气。学海无涯,我的知识太少了!一生仅做一点事,办几个案件,惭愧!

最后,请允许我用苏东坡的诗来结束我们这次的采访:

"人生到处知何似?应似飞鸿踏雪泥。泥上偶然留指爪,鸿飞那复计东西。"

口述人:叶伟膺
记录人:北京大学"口述海商法史"小组寇梦晨
时间:2018 年 7 月 15 日
地点:北京市朝阳区西坝河叶老师家中

25. 坚持海事审判的"工匠精神"
——王彦君法官*访谈录

王彦君法官与采访人合影

王彦君,国家一级高级法官。1956年3月出生于黑龙江省海伦市,1982年7月毕业于北京大学法律系并获得学士学位,2002年5月毕业于美国天普大学法学院并获得法学硕士学位,在最高人民法院工

---

* 王彦君(1956年3月—),国家一级高级法官。曾任最高人民法院交通运输审判庭副庭长、民事审判第四庭副庭长。

25. 坚持海事审判的"工匠精神"(王彦君)

作期间曾赴加拿大多伦多大学法学院进修一年、英国伦敦大学研究生院进修十个月。自1998年起,历任最高人民法院交通运输审判庭副庭长、民事审判第四庭副庭长、中国海商法协会副主席、中国海事仲裁委员会副主任、国家法官学院兼职教授等职,主管"中威轮船案""渤海湾康菲漏油案"等诸多疑难案件的审判与组织协调工作,参与《海事诉讼特别程序法》的起草工作,组织起草了海上保险合同及行使保险代位求偿权的诉讼时效期间、无正本提单放货、船舶碰撞、海事赔偿责任限制、油污民事赔偿责任、海上货运代理、船舶扣押与拍卖等内容的海事司法解释。

一、结缘海商

问:您在1982年从北大毕业,本科期间您学习过海商法吗?

答:没有,那时候没有这门课,教的是国际贸易、国际商法等。我也不了解海商法。那时候我们在北大学的经济法也不是现在商法意义上的经济法,都带点行政经济法的意味,是公有制体制下的经济法,讲的是计划经济。

问:那您之后为什么会进入这个领域呢?

答:我1982年毕业分配到最高人民法院,先是到刑一庭华北组做书记员,华北组的审判职能分工主要是负责北京、天津、河北、山西、内蒙古五个省市自治区的死刑复核等工作。最高人民法院交通庭是后成立的,当时主要就是民刑两块审判业务,民刑里面还是重刑轻民。我在最高人民法院刑庭干了3年。

1985年成立全国法院干部业余法律大学(以下简称"业大"),主要是培养法官。因为当时全国法官的学历水平非常低,本科学历也就占百分之几的样子,有一些政法类大学毕业的,北大的也有,但本科真正学法律的很少,全国寥寥无几,大专学历的比例也不是太高。当时最高人民法院的院长郑天翔说得提高法官的业务素质水平,所以这时候就成立了全国法院干部业余法律大学,主要培养的是大专学历的人才。当时全国一批下来也有三万多人,实行远程教育,主要是看录像带。我是1985年过去的,先后担任讲师、教务处处长,曾经负责法律基础理论和宪法的教学工作。

《海商法》起草期间,考虑到业大主要是培训法官的,海商法不能缺口,所以任建新就请了朱曾杰和高隼来老先生牵头,由他们编写了《中国海商法讲义》这本教材。我就主要负责这门课的教学辅导工作,这时候我才介入海商法领域。当时业大的老师主要负责讲课、辅导、录制录像带。老师首先要把问题吃透,才能继续往下辅导。有一位叫魏文达的老先生,他写了一本很薄的《海商法》小册子,我当时所能接触到的教材就是那本小册子,小册子后面附了一些国际条约,基本的实质内容就很少了。应该说业大当时编的这本书是比较完整的,是改革开放后编写的第一本海商法教科书。在海商法课的教学期间,我还在1989年1月至1990年1月赴加拿大多伦多大学法学院进修一年国际商法,对开阔海商法的教学视野也受益匪浅。

问:请问您是什么时候进入交通运输审判庭的呢?

答:1994年,当时我在业大任教务处长。经组织安排就去了交通庭。开始在交通庭当审判员,任综合组组长。交通庭是1987年成立的,全称是交通运输审判庭,后来2000年时变成民四庭。

问:当时交通运输审判庭结构是怎么样的?和现在有什么不同吗?

答:我去交通庭的时候,当时主要有一个海事组、一个海商组、一个综合组、一个铁路组,每个组三四个人,加上庭领导,当时交通庭有二十几个人。

后来2000年变成民四庭的时候,原先交通庭负责海事的审判人员和原先经济庭涉外组负责涉外商事的审判人员的审判业务在相当长的时间内还是分开的,由庭领导统一协调。当时民四庭就我一个副庭长主持工作,涉外商事海事一把抓。后来任命了庭长,就由庭长管涉外商事,再后来任命了另一个副庭长,就由另一个副庭长分管涉外商事,我一直分管海事审判工作。涉外商事审判业务发展很快,由组庭时的一个合议庭,发展到后来的三个合议庭,海事这边依旧是海事

25. 坚持海事审判的"工匠精神"(王彦君)

和海商两个合议庭。开始时基本是海事海商合议庭就办海事的案件,涉外商事合议庭就办涉外商事的案件。期间也想过能不能打破这种分法,但是一直没有实现,因为如果法官办不熟悉的案件,最后不仅核稿累,也影响办案质量和效率。但最后还是下了决心,实行涉外商事海事审判业务互通,让法官全面掌握涉外商事和海事的情况,渐渐让海事审判人员也办涉外商事的案件,涉外商事审判人员也办海事的案件,不区分了。

问:除了合议庭的组成,海事审判在团队构成上还有其他什么重要的变化?

答:我在民四庭的时候还有审判长联席会,审判长联席会是研究性质的,如果合议庭对案子有不同意见,庭长看了以后觉得相关问题值得研究,就会拿到审判长联席会上由各个合议庭的审判长共同讨论,这是一个目的。审判长联席会的另一个目的在于统一标准。法院不像仲裁,不能每个部门出不同的标准,所以意见出现分歧的时候,就由几个合议庭的审判长一起坐下来统一标准。还有一种情况,如果合议庭意见一致,但庭领导觉得有点问题,并且合议庭的回复没有说服力,那么会拿到审判长联席会议上讨论一下。但审判长联席会不能强制合议庭改变意见,联席会议的意见只能供合议庭参考。其实即使现在实行主审法官员额制,在主审法官对案件某个问题没有十足把握时,通过类似审判长联席会这样的机制来让大家沟通交换意见,供主审法官参考,也不失为一个好的做法。

以前,庭、院领导对合议庭的案件有不同意见时,无权直接改变合议庭的意见,但可以由院长提交院审判委员会讨论,院审判委员会的意见是最终的意见,合议庭必须服从。这就是法院审理案件过程中防止案件审理结果发生错误的过程。我觉得这样的制度有它的好处,尤其是在法官水平参差不齐的时候,这是比较稳妥的制度。但是什么事情都不要走极端,在现实社会环境中,如果有些法院的领导、庭长脱离上述机制过多干预合议庭的决定,我们必须强调主审法官享有独立审判权,依照《法院组织法》,只有合议庭和法院审判委员会被赋予了依法独立的审判权。

二、海事法院的成立与发展

问:您了解的海事法院初期情况如何？听说海事法院开始是在交通部办公？

答:是,当时在交通部下成立了一个海法办(海事法院管理办公室),负责管理位列交通部管理名单的海事法院干部,编制和审核经费预决算、基建和物资装备计划,向最高人民法院和交通部提出设置派出法庭的建议,同时负责海事和海商方面的法制宣传,沟通、协调有关部门的关系等。

海事法院是《人民法院组织法》规定的我国法院组织体系中专门法院的重要组成部分。海事法院的前身是水上运输法院。1954年9月,第一届全国人大第一次会议通过的《人民法院组织法》明确规定设置专门法院,其中就包括水上运输法院。1954年10月和1955年7月,先后设立了天津、上海、长江(设在武汉市)三个水上运输法院及其分院和派出法庭,专门审理水运沿线的海事海商案件;最高人民法院也设立了交通运输审判庭。水上运输法院的上诉审法院为最高人民法院,后来经最高人民法院授权,改由上海、天津市高级人民法院为上诉审法院。1957年8月9日国务院第56次全体会议通过了《国务院关于撤销铁路、水上运输法院的决定》,最高人民法院交通运输审判庭、各水上运输法院陆续撤销后,海事海商案件改由地方人民法院受理。1979年7月1日,第五届全国人大第二次会议通过的《人民法院组织法》明确将水上运输法院列入专门法院范畴。之后中组部、国家编委、交通部和最高人民法院经共同研究后决定,再次在广州、上海、武汉、青岛、天津、大连6个港口城市组建水上运输法院,确定编制是300人;责成交通部在北京组建水上运输高级法院,作为水上运输法院的上诉审法院,并由国家编委专门给交通部下达350个编制。交通部为此成立了水上运输高级法院筹备组,从1980年开始组建水上运输法院的筹备工作。后来由于种种原因,组建水上运输高级法院工作并

25. 坚持海事审判的"工匠精神"（王彦君）

未开展。为适应海上运输和对外贸易事业发展的需要，1984年11月14日，第六届全国人大常委会第八次会议通过了《关于在沿海港口城市设立海事法院的决定》。最高人民法院于同年11月28日作出《关于设立海事法院几个问题的决定》，决定在广州、上海、青岛、天津、大连、武汉设立六个海事法院，水上运输法院自然就撤销了。海事法院与地方中级人民法院同级，其上诉审法院是所在地的高级人民法院。因为当时未明确提出设立海事高级法院，交通部水上运输高级法院筹备组也于当年撤销。1987年3月，最高人民法院成立了交通运输审判庭。

以后，最高人民法院根据海事审判工作发展的需要，又相继设立了宁波、海口、厦门和北海海事法院，形成了一套比较完整的一审海事专门法院体系。

问：您觉得现在海事法院的工作开展得怎么样？

答：海事法院一共是十家，整体应该来说还是处于发展状态，但是这两年的主要案件数量我觉得基本定型了，再增加也是一些非海商法的案件了。我们国家在《海商法》刚颁布的头几年，国际的、国内的行业市场不是太规范，案件和纠纷比较多，需要研究的东西也比较多。这些年行业也都比较规范了，企业各方面管理也都规范了，所以单一的海事海商案件，受案数量不会有太大的增长。这个我觉得是一个大的趋势。所谓增长，主要也可能涉及内河案件，或者非海事海商案件，比如执行或者行政诉讼这部分。应该说这些年从《海商法》颁布以来，从海事法院成立以来，我们国家在海商法这方面的发展在国际上影响是巨大的。

从教育资源上来讲，和老牌的国家包括英国比，我们的这两个海事大学每年出许多搞海商法研究的人才，更不用说我们这些普通的综合大学里面也有海商法的研究人才，应该说是很多的。虽然说海商法研究质量仍需要进一步提高，但是研究人员的基数在这放着，不缺人工作。

再一个就是，我们国家从程序法、实体法的层面把海商法作为一个专门法律提出来，并且还有一个专门的海事司法体制。我觉得我们的海商法从这三个方面来讲,成就在国际上是有目共睹的,影响力也与日俱增。甚至现在我们国家海事法院的一些判决,在国外也会产生很好的影响。

问:有学者指出,目前海商法的体系归属存在争议,因此司法实践中存在一种普遍现象,即海事法院的法官通常受海商法的影响更深,而高级人民法院的法官则更习惯用民法的一般理论来处理,您怎么看待这个问题?

答:以前有这种现象存在,但是在实务中海事法院的法官和民商事的法官是互补的关系,海事法院的法官在海事实体法这方面比较强,但是普通高院的法官更擅长程序法,海事法院的法官在程序问题上可能会犯低级错误。但随着时间的推移,海事法院和高级法院之间法官交流的不断推进,无论海事法院的法官在普通程序法方面,还是高级法院的法官在海事实体法和程序法方面的水平都将不断提高,相得益彰。

问:一直有成立海事高级法院的呼声,能介绍一下您对这个问题了解的情况吗?

答:过去我们也曾经提出过要成立海事高级法院。

一是设立水上运输法院的时候考虑过,只不过后来又搁置了。之前在组建水上运输法院的时候,也提出要让交通部在北京组建水上运输高级法院作为水上运输法院的上诉审法院。交通部为此成立了水上运输高级法院筹备组,从 1980 年开始组建水上运输法院的筹备工作。但由于种种原因,组建水上运输高级法院的工作没有开展。后来最高人民法院在 1984 年 11 月 28 日作出设立海事法院的决定的时候,因为当时未明确提出设立海事高级法院,交通部水上运输高级法院筹备组也于当年撤销了。

二是 1999 年从理顺海事审判体制的角度出发,提出设立海事高级法院的议题,出发点是人财物统一直管,成立专门的海事审判体系。当时最早成立的 6 家海事法院的司法行政关系都在交通部,但是存在的问题是,交通部本身是政府机关而不是司法机关。此外,6 家海事法院当时是由港务局、海运局等港航部门按照事业单位代管的,比如武

25. 坚持海事审判的"工匠精神"（王彦君）

汉海事法院由长江海事局管理，天津海事法院由天津港务局管理，但是法院在行政上本不应当归这些地方管。所以1998年就提出要理顺海事审判体制，将海事法院整个纳入国家的司法行政系统。1999年，中央机构编制委员会办公室、最高人民法院、原交通部和财政部联合下发了《关于理顺大连等6个海事法院管理体制若干问题的意见》，提出要理顺关系，将6个海事法院成建制地移交给所在省、直辖市党委和高级人民法院共同管理，彻底与原交通部及其所属企业脱钩。

但接着就出现了问题。当时海事海商案件的二审法院都是当地的普通高级法院，这样就涉及人财物的管理问题。因为海事法院按照《人民法院组织法》与地方行政机关是没有什么关系的，财政、人员的任命都与地方完全不一样。但高院对海事法院的管理也存在问题，因为无法可循。再一个，从专门法院的角度来讲，高院也只是个普通高级法院。所以大家开始考虑能不能成立海事高院，这样第一能实现人财物的直接管理，第二有了专门的海事高级法院，就能够从法律指导、司法等方面建立单独的体系。1999年院党组同意了这个意见，也进行了调研，当时是李国光副院长总负责这件事情，我具体负责此事。

总结来说，整个过程是这样的，为了解决海事法院体制中存在的问题，最高人民法院自1987年以来积极开展调查研究，提出设立海事高级法院建议，1990年1月19日，最高人民法院党组正式向乔石同志提出《关于拟建立海事高级法院的请示报告》，乔石同志于1月31日圈阅。1990年10月22日，最高人民法院正式向第七届全国人大常委会提交《关于设立海事高级法院的报告》，并代拟了《全国人大常委会关于在北京设立海事高级法院的决定》。全国人大内务司法委员会同意最高人民法院意见并协助修改报告。但因全国人大常委会法制工作委员会有不同看法，审议最高人民法院的报告被搁置下来。1999年，中共中央办公厅、国务院办公厅转发了最高人民法院、中央机构编制委员会办公室、交通部《关于理顺大连等6个海事法院管理体制的意见》，决定将大连、青岛、天津、上海、武汉、广州等6个海事法院正式纳入国家司法体系,即由所在地的港务、港监、航运等交通行政管理部门移交给所在省、直辖市党委、政府和高级人民法院共同管理,海事法院与交通部及有关所属单位彻底脱钩,较好地解决了海事法院由港务、港监部门,甚至航运企业管理所存在的弊端,也为理顺海事审判上诉审体制创造了条件。移交工作在1999年6月30日前陆续完成。为了进一步理顺海事法院体制,最高人民法院于1999年10月20日印发的《人民法院五年改革纲要》提出了对设立海事高级法院进行研究的改革任务。

不过当时的研究不宜对外公开,因为公开可能会影响各级高院对海事法院的人财物管理工作。一是担心会影响相关利益方的情绪,二是担心事情还没结果,影响各相关高级法院的工作积极性,进而"甩包"。我们作出关于设立海事高院的报告后院党组也同意了,之后就涉及全国人大方面的工作。当时全国人大分管的主要领导反对建立海事高级法院,因为当时人大的意见是专门法院的高院一律撤销,包括铁路高院和其他的一些专门高院,所以也不同意成立海事高院,最高人民法院也就没再做工作。

问:原来海事法院的经费都是由哪些部门划拨的?

答:当时海事法院都是由港务局、航运局、港监局划拨经费,比如天津就是天津港务局拨给经费。海事法院很"专",它们和行政脱钩,和地方联系不紧密。此外,因为海事法院是专门法院,所以有的情况要通过省高院来协调,这样就导致海事法院的院长对外边的协调和管理比较单一,受地方利益的影响比较小。以前没划归理顺的时候,他们受港航的利益影响很大。1999年以前最高人民法院民四庭只是海事案件的终审庭,人财物跟我们一点关系都没有,都是归交通部负责。实际上那个时候海事法院也不愿意被纳入司法体系中去,因为港务局、港监局给的工资要高很多,20世纪90年代天津一个海事法院院长一个月的工资都有五千多。直到1999年,最高人民法院才把海事法院纳回我们的司法体系。但是一开始海事法院很多人都不满意,因为工资一下子降低了很多,现在海事法院工资不如普通法院了。

25. 坚持海事审判的"工匠精神"（王彦君）

这也就导致当年理顺体制的时候六家海事法院的办公楼的改善问题没人管。我们后来协调的时候都要跟交通部谈"娘家人送嫁妆"的问题。现在也存在这个问题，海事法院没有"娘家"，找"娘"找不着，所以一些基础设施的建设没有稳定的机制保障，只能靠各海事法院各显神通。随着海事法院所属高级法院的强化管理，这一机制性的问题得到了缓解。

此外还有编制问题、人员的任命问题。体制理顺了之后，有的海事法院被分配到市里管，比如厦门海事法院的财物就由厦门市政府负责，但厦门市政府不接受，因为他们认为海事法院跟自己没有行政关系，厦门海事法院不是厦门市的海事法院，是国家的海事法院，不能光厦门市出钱。这有一定道理，因为除了国家海事局管辖的通航水域，其他水域都是归各省海事局负责，属于省的水域，所以海事法院管辖范围都是跨省的。最终就把厦门市海事法院划到福建省里面去了。此外，海事法院在人事管理方面也存在一些利益冲突。正因如此，才要搞一个专门的、独立的海事审判系统，人财物中央直管。我们当时做的报告就是这个意思，不然关系扯不清。

问：早期海事审判员主要是从哪里选拔的？有海商法背景的多吗？

答：早期的海事审判员很多是从港航系统过来的，主要是港务局，从民事、行政审判部门转过来的不多。特别是海事法院第一任海事审判员，包括院长和副院长，基本上都是从港航系统过来的。因为一开始成立海事法院的时候跟普通法院一点关系都没有，都是交通部直接安排人员。即便是海商出身的，也不是研究海商法而是从事海上实务的，比如来自国内的港务局、港监局、港务公司，做什么的都有。从掌握海事法律方面来说他们的素质肯定比一般法院要高，但是从法律基础底子角度来讲就难说了。

最高人民法院的情况也是这样，最早是从交通部海法办过来一些人到经济庭，后来1987年恢复设立交通运输审判庭的时候才把他们安排到交通运输审判庭。那时候交通运输审判庭庭长李国堂就是从交通部过来的，他原来是船上的政委。

问：您觉得现在要成为一名合格的海事法院法官要具备哪些素质？

答：当法官首先要业务基础知识和技能过硬，其次要具备社会责任感，基于社会责任感考虑社会公平。其实法官审理案件是"再创造"的过程，通过具体案件的裁判对现行法律进行解释，以此实现社会公平正义，这是最高价值目标。实际上就是法官得讲良心，不能找法律漏洞或者利用法律谋私，这是对法官最基本的要求，是非常重要的。

另外，海事法院对法官的专业性要求更高。由于海事案件往往具有"国际性""复杂性""专业性"的特点，对海事法官也必须提出相应的业务素质要求。最高人民法院曾提出过从事涉外海事审判的法官要掌握相关的国际海商法律知识、我国海事海商专业法律知识和相应的外语。

问：海事陪审员的选任工作有什么特殊性吗？有具体的标准吗？

答：陪审员是对海事审判力量的一个重要补充，特别是考虑到海事法院派出法庭审判力量非常薄弱。因为派出法庭长期离开海事法院本部，法官长期外驻存在问题。所以可以通过在当地聘请一些人民陪审员作为合议庭组成人员来补充审判力量，这样也方便当事人诉讼。

为此我们在 2011 年发布了《关于海事法院人民陪审员选任工作的意见（试行）》这个文件，当时的背景是最高人民法院颁布了《关于进一步加强和推进人民陪审工作的若干意见》，里面提到了人民陪审员的选拔条件、任命程序，《关于海事法院人民陪审员选任工作的意见（试行）》是对这个规则的补充。因为普通法院有基层法院以及基层法院对应的同级人民代表大会，但是海事法院没有基层法院，这就需要解决程序问题。因此我们规定海事法院陪审员可以通过海事法院所在城市的相关基层人民法院同级人民代表大会常务委员会确定名额并任命。海事法院派出法庭的人民陪审员也是在海事法院与派出法庭所在城市相关基层人民法院协商同意后，由海事法院派出法庭所在城市的相关基层人民法院同级人民代表大会常务委员会确定名额并任命。

另外我们也规定海事法院有权对人民陪审员名单进行预审查,因为海事审判太专业了,对人民陪审员也有一定专业性上的要求,没有专业知识是不行的。所以我们的出发点是选拔那些海事、海监、港监和港务部门方面的人员,比如海事协助执行员,来做人民陪审员。

三、行政管理

问:最高人民法院针对海事审判的特点,对海事法官做了哪些培训和指导?

答:我们曾经组织海事法官到英国交流,也曾通过交通部、商务部、贸促会、海商法协会等单位组团派海事法官出国参加一些国际会议。另外每年司法解释出台之后,庭里也要对海事法官进行例行培训。此外我们还通过法官学院不定期组织海事审判培训班。

之前为了解决海事法官缺乏航运实务经验的问题,我们曾经组织过全国海事法官分批上船实习,具体是由交通运输审判庭、中国远洋运输(集团)总公司负责执行。当时的组织形式为法官自愿报名,然后分配名额,上船前先集中培训,培训完之后给法官们办理临时的船员证。他们在船上的身份往往也与管理岗位相联系,这主要是为了便于实习法官全面了解航运实务流程。开始大家都愿意参加实习,因为当时出国相当具有诱惑力,当时报名的最高年龄限制为五十岁,毕竟年龄太大的法官可能很难适应海上环境,但实际上有一些年龄超过五十岁的法官也想报名,我们也给了他们机会。当时上船实习的最长期限约为一年,法官们有的被分配到散货船、集装箱船等货船,有的被分配到客船,有的是进行短期航线比如到日本,有的是往返欧洲三十多天甚至半年。其实一开始实行项目的时候状况百出。船上空间狭小,参加实习的法官一开始觉得新鲜,后来时间长了就承受不住了,客船和集装箱船还稍微好一些,但是有的船条件差,很多人受不了。此外还出现过年纪大的法官过了马六甲海峡,到了泰国就因为身体不适要上岸的情况。

我们每年组织几十位法官上船实习,当时大概办了四五期,派出法官大概一百人。但办了几期后大家积极性就不高了,也考虑到海上航运实务流程多发生在装卸港口,包括码头装卸、仓储、货物交接、报关和保险等实务操作,于是民四庭与交通部海事局共同商讨对这个项目进行了调整,改上船实习为派驻港口进行实习。由海事局在各派驻港口指定海事实务经验丰富的专业人员带队,和实习法官一起制订实习计划,到港口相关业务单位和港航企业调研,全面系统地考察学习海事和航运实务,实习期结束时每一位实习法官都要提交一份考察调研报告。这种培训实习模式对一些没有接触过海事和航运实务的法官来说受益匪浅,对提高海事实务认知能力,提高审判业务水平意义重大,收效显著。

四、审判实务:亲身经历的海商海事案件

问:民四庭一年审多少个案子?您自己每年审多少个案子?

答:民四庭每年审理的案件至少400件,申请再审的案件比较多。我自己也参加了部分案件的审理工作,但因为当时担任最高人民法院的庭领导以上的审判人员,不提倡亲自承办案件,这主要是考虑到审判分工和时间的限制,庭领导的主要审判职责是组成合议庭、组织和监督审判任务的完成、审核裁判文书,所以亲自承办的案件很少,一年也就一两件。后来司法改革要求庭长和副庭长一年必须审三个案子,我们都按这个指标来自己承办案件。至于我在合议庭里担任审判长的案件就多了,一般都是社会影响大、复杂疑难的案件由庭领导担任审判长,特别重要的案件还要组成五人合议庭,由庭领导担任审判长。

问:您参加过中威轮船案这个案子,当时是什么情况呢?

答:中威轮船案,原告于1988年12月30日向上海海事法院提起诉讼。在上海海事法院一审期间,出现了与该案相关的一些极为复杂的法律问题,因为该案发生在日本侵华战争时期,如何适用中华人民

25. 坚持海事审判的"工匠精神"（王彦君）

共和国成立后现行的相关民事实体法和程序法,具有极大的挑战性。这些法律问题本身都是前所未有的,没有现成的法律规定,如何根据现行法律精神准确适用法律,就不是一个海事法院力所能及的。上海海事法院只能根据当时法院内部存在的审判指导机制,即下级法院就法律问题向上级法院的请示制度来研究决定一些法律问题。上海海事法院在该案件审理期间,将遇到的法律适用问题逐级通过上海市高级人民法院请示到最高人民法院。最高人民法院交通庭、民事审判第四庭组成合议庭专门负责就该案件法律适用问题请示的指导。该案一审的时候就涉及很多法律问题,包括案件是否受理、诉讼时效和中断、诉讼主体的权利继承,赔偿标准和货币价值的变化等。与该案有关的一系列请示案件,经过合议庭讨论提出初步意见,经过分管的庭领导和院领导审核后,最终都要提交最高人民法院审判委员会讨论决定,因为最高人民法院审判委员会对法律适用问题有最终解释权。为了准确适用该案所涉及的法律,加强审判指导,最高人民法院就该案请示的法律问题,多次召开审判委员会讨论,也是历史罕见。这个案子一审完毕,说明该案所涉的一些法律适用问题全部得到了解决,审理该案的三级法院有了共识。因此,在2007年上海海事法院作出一审判决后,上海高院二审案和最高人民法院再审申请案也分别顺利地在2010年8月和2010年12月审结。结果是维持一审判决。

中威案之所以引发社会广泛关注并在国际上产生深远影响,主要是被告主张租赁船舶在日本侵华战争期间被日本政府征用,应当免责,否则就属于替发动战争的日本政府承担战争赔偿责任,并持续在该案审理期间和执行期间通过日本政府向中国政府施压,提出形形色色的要求。审理该案的三级法院始终坚持适用船舶租赁的民事法律来查明本案的事实,根据船舶租赁合同约定的双方权利和义务来确定日本被告方的责任。对日本被告应不应该承担责任、应该承担什么样的责任,这两个问题的判断,严格以事实为根据,以法律为准绳。三级法院在裁判文书中认定:日本被告未按照租赁合同支付租金,且未将两轮安排在安全的海域航行,反而将中国籍的两轮安排在日本沿海航行,致使两轮被日本方面扣留。日本被告商船三井株式会社的行为违反了合同约定,其违约行为与两轮的毁损和灭失之间具有法律上的因果关系,构成对两轮财产权利人的侵权。从法律关系的角度来说就是船舶租赁合同应完全按照民事法律关系的诉讼时效、主体、权利继承、民事诉权等法律规定进行判断,判决日本被告赔偿两轮相关损失费用约29亿多日元。

上海海事法院作出的判决生效后,商船三井株式会社与原告方就执行和解进行了多次协商,试图实现案外和解。只是因为双方提出的支付和赔偿数额差距较大,才未达成一致意见,执行和解未果。原告方申请上海海事法院强制执行。申请对日本被告所拥有的船舶执行保全,即扣船保全。当时,中日关系处于十分敏感的时期,日本政府将中威案这一普通的海商民事案件与战争赔偿挂钩,频频对中国外交部施压。在上海海事法院于2014年4月19日裁定并执行扣押日本商船三井株式会社所有的"BAOSTEEL EMOTION"轮时,日本内阁官房长官菅义伟称"深表遗憾",并担忧扣船的做法可能会"从根本上动摇"1972年中日邦交正常化精神。而中国外交部依据最高人民法院提供的答复口径给予日本政府坚定回应,称"扣押日本商船与中日战争赔偿问题无关"。为了对该船舶扣押案的法律性质在公众舆论上予以澄清,法院主动向知名法律学者提供中威案及其执行的扣船案的法律资料和背景资料,由国内知名学者依法客观地对中威案和扣押"BAOSTEEL EMOTION"轮案的普通民事案件的性质进行解读。为了防范被执行人商船三井株式会社对中威案的执行不予配合,上海海事法院在决定扣押"BAOSTEEL EMOTION"轮时就对该轮的市场价值、随船债务、市场运营前景及稳定受益等方面进行了评估。依照有关扣船的国际公约和我国《海事诉讼特别程序法》的有关精神,扣船的目的是让中威案的被执行人提供足额可供执行的财务担保,尽量避免给被执行人因扣船造成营运损失。如果被执行人拒绝配合,拒不提供财务担保,就要进入漫长的船舶拍卖程序,使一个原本正常的海事船舶租赁合同案件的执行工作搅进中日外交关系的敏感纷争之中。经过法院对"BAOSTEEL EMOTION"轮的评估:该轮是一条28万吨的新矿砂

25. 坚持海事审判的"工匠精神"（王彦君）

船，没有发现随船债务，与上海宝山钢铁公司有长期的铁矿砂运输合作合同，中长期运营收益有保障，船舶的市场价值和司法拍卖行情预期乐观。也就是说，一旦被执行人拒绝配合，进入司法拍卖程序，不难找到买家。为了及时了解扣船一线情况，应对突发事件，当时分管民四庭的副院长贺荣同志和民四庭庭长罗东川同志指派我到上海一线指导。在"BAOSTEEL EMOTION"轮短短一个星期的扣押期间，日本政府频频向我国外交部施压，甚至提出给个书面保证就放船的要求。最高人民法院的回复口径是必须严格依法执行扣船程序，否则会伤害申请人执行的财产权益。最后被执行人商船三井株式会社的股东从公司的长远利益、被扣船舶的价值和长远收益以及维护与中国市场的良好关系角度考虑，决定依照上海海事法院中威案判决中认定的赔偿款项和相关法定费用提供全额财务担保。记得我和上海高院的盛永强副院长在上海海事法院的办公室一直等到很晚，确认上海海事法院收到被执行人符合法律要求的全额担保后，才由上海海事法院办理解除船舶扣押手续，尽快放船。我连夜向最高人民法院领导写了扣押"BAOSTEEL EMOTION"轮成功取得中威案执行担保并尽快放船避免船期损失的基础报告，并修改了一份向社会公众发布的新闻稿。至此，从2014年4月19日扣船至2014年4月24日放船，仅六天的时间，中威案的执行工作成功地画上了一个圆满的句号。事后，据新闻报道，日本内阁官房长官菅义伟的口风也变了，承认中国法院的做法是符合国际惯例的。

问：您还有什么比较印象深刻的案子吗？或者有没有让您觉得比较困难的案件？

答：困难的案件有，比如发生在渤海湾的"蓬莱19-3"的漏油案，责任主体是美国康菲公司。康菲公司与中海油有合作勘探开发合同，按照勘探开发合同的规定，康菲公司负责油田开采作业，对外承担因采油而产生的民事责任。但是康菲对外承担责任之后，要与中海油根据合作开发的规定进行分担，双方之间如果有争议，应当提交瑞典仲裁。所以中海油非常着急，对这个案子也比较关心。"蓬莱19-3"漏油事故，可能引发两类环境侵权纠纷案件，一类是特定权利主体因漏油而产生的财产和收益的损失,比如渔业养殖户和当地旅游业经营者提起的民事损害赔偿侵权诉讼;另一类是漏油引起的海洋资源和海洋生态以及渔业资源的损失,这种损失属于公共利益的损失,也可以说是国家利益的损失。对这种损失,根据《海洋环境保护法》的规定,行政主管机关可以作为民事主体向漏油方提起带有公益性质的民事损害赔偿环境侵权诉讼。漏油事故发生后,一些民间环保组织跃跃欲试,积极探索作为诉讼主体向漏油方提起诉讼的可能性,但我国法律当时在公益诉讼方面还是空白的,没有法律依据。

"蓬莱19-3"漏油事故发生后,由于媒体的推动和漏油责任方康菲公司的美国背景,导致舆情激昂,民意沸腾。时任国家海洋局局长刘赐贵曾亲自带队到民四庭探讨向康菲公司提起环境侵权诉讼的可能性,当时最高人民法院副院长万鄂湘亲自接待。在非正式沟通中,我们提出的意见是,国家海洋局有权决定是否以诉讼的方式索赔,但是一旦进入诉讼,就要按照审判逻辑决定诉讼是否成功。按照环境侵权法律关系,索赔方需证明环境污染的事实、发生海洋资源污染的具体损失、环境污染与具体损失之间的因果关系,有关主体时通过诉讼承担这样的举证责任是否有胜诉的把握要进行评估,并且此类案件的性质决定了诉讼中需要漫长的举证质证时间,建议国家海洋局参考美国政府处理墨西哥湾漏油事故的做法,采取直接和漏油方协商环境损害的补偿方式。这种处理方式可能更利于受害方,更利于接近客观事实。我们的意见主要是基于如下考虑:渤海湾长期受到陆源污染,沿岸违法排放层出不穷,大家都往渤海湾排泄污染物,污染"一锅粥"。如果按照审判逻辑,"蓬莱19-3"漏油前渤海湾的海洋资源是什么样的品质,发生污染后有哪些变化,恢复原来的品质利用可知的工程技术需要多少资金投入,这些资金投入就是漏油产生的基本损失。环境污染侵权案件的主要救济措施是恢复原状,那原状是什么样呢?国家海洋局有日常的检测数据来对原状提供可信的证明吗?康菲公司漏油对渤海湾的现状会产生什么影响,有一个科学的使人信赖的评估吗?而恢复原状需要多少成本我们也不知道。我们到美国调研的

25. 坚持海事审判的"工匠精神"(王彦君)

时候,联系了美国民间环保组织 NRDC[①],发现美国的做法一般都是首先确定水域污染前水质如何,然后在油制品或者其他化学品泄入水域后立马进行水质评估,最后看恢复原状需要多大成本。美国关于恢复原状的进一步具体做法就是,针对恢复原状所需要的科学方法和科技手段,在社会上进行招标,招标结束后达成确定的对价,最后就按照这个对价进行赔偿,我觉得这个方法是比较科学的,也是我们的法律规定所缺乏的。对于"蓬莱 19-3"漏油这个案子,在如何确定海洋资源和渔业资源损失缺乏法律规范的情况下,承担这样的举证责任更加困难。既然对举证渤海湾的原状和恢复原状的成本没有把握,那还不如走政府协商的途径。海洋局最后不起诉了,农业部的渔业局也认同我们的观点,认为不可能起诉,所以选择了谈判。后来国家海洋局和农业部渔业局分别与康菲公司进行协商,就海洋资源和渔业资源以及渔民养殖损失分别签署了 16.83 亿人民币和 13.5 亿人民币的一揽子损失补偿协议。应该说,相对于"蓬莱 19-3"漏油事故公布漏油的数量和污染程度来说,两个行政主管部门充分保护了国家海洋资源、渔业资源和渔业养殖户的利益,为国家、社会和相关受害方做了一件好事。如果茫然诉讼导致败诉,在当时的舆情下,法院也会承担巨大的压力。

我记得农业部根据补偿协议,将补偿给养殖户的 3 个多亿人民币分发给了按照国务院联合调查组认定的渤海湾沿岸以河北为主的几个县区。但是国家行政主管部门依据补偿协议向污染区域的养殖户分发补偿款,并不能剥夺养殖户向法院提起诉讼的权利。政府在向养殖户分配补偿款后,绝大多数养殖户就不起诉了,但还有一些坚持起诉的。处于污染沿岸区域的河北乐亭县养殖户就向天津海事法院提起了诉讼,他们拒绝了行政补偿。他们提出的是环境污染损害赔偿之诉,同样要承担证明漏油污染与养殖物损失之间具有因果关系的举证责任。养殖户提供的取样环境和标本化验铅封要求都不能证明是在

---

① NRDC(The Natural Resources Defense Council)(自然资源保护协会)是当今美国最具成效的非营利环境保护组织之一。自 1970 年成立以来,NRDC 利用法律和科学研究,致力于保护环境、防治污染。

养殖区域、养殖时间提供的海水。漏油发生在夏季，图像显示取样人是穿着棉衣提取不明区域的海水作为标本。此外，对标本的铅封也不符合取证要求。综上，不能举证证明养殖物的损失与漏油污染之间的因果关系，当然法院也就不能支持他们提出的索赔请求数额。与"蓬莱19-3"漏油事故相关的最权威证据就是国务院联合调查组的调查报告，该报告证明的所谓污染程度只是在渤海湾沿岸几个县区的沿海水域发现了蓬莱19-3油田的油脂纹，对水质的影响并没有达到会导致养殖物无法正常生长的程度。根据这个调查报告，天津海事法院认定，虽然不能证明养殖物的损失与漏油事故之间存在因果关系，但发生油指纹污染是事实，比照农业部渔业局与康菲公司签订的补偿协议标准，也就是农业部渔业局具体发放到污染县区的补偿标准，判决康菲公司承担相应的赔偿责任。在因果关系缺失的情况下，养殖户仍能得到一定的补偿。这种做法虽然有些牵强，但是满足了社会公众舆论的预期。

  同时还有绥中县污染沿岸区域的养殖户到大连海事法院提起诉讼，大连海事法院干脆不受理，最后好像也熬过去了。山东蓬莱沿海的养殖户到了青岛海事法院起诉要求索赔，渔民们主张发生事故的"蓬莱19-3"油田地点在蓬莱，那蓬莱的渔民凭什么得不到赔偿？因为当时国务院联合调查组的调查报告认为，污染发生时海流是直接往河北、辽宁去的，虽然事故发生在蓬莱，但实际上没有污染到山东海岸，而且他们本身又拿不出证据。后来中央海洋权益工作领导小组办公室开会时，山东的一位副省长带队，几次提出赔偿要求，我也参加了这次会议，我的观点就是山东方面需要拿出证据，只要有足够的证据，法院肯定会作出判决，但拿不出证据，即使起诉到法院也无法得到支持。后来还发现，河北受污染县区政府在分配补偿款时，有的养殖户弄虚作假骗取补偿金，政府派公安部门介入调查，依法进行处罚。由于是群体索赔，核实实际损失工作量大，有的养殖户就浑水摸鱼，借机骗取补偿金。后来，青岛还有律师鼓动渔民去美国起诉，但是因为缺少证据，美国的法院也不可能判决胜诉。后来这个案子美国方面搁置了两三年，管辖权的问题就可以审两三年，那不得给拖死。

25. 坚持海事审判的"工匠精神"(王彦君)

问:"中威轮船案""蓬莱19-3漏油案"本身对海事审判有什么影响?

答:这两个案件的社会影响力都非常大,而且非常复杂,对最高人民法院来说也是新的挑战。比如"中威轮船案"是发生在中华人民共和国成立前的一个绝无仅有的案件,极具挑战性,应该说是对三级海事审判法院的考验。虽然该案是不可复制的,但我们成功地审理和执行了该案,证明了海事审判队伍的过硬法律素养。

通过审理"蓬莱19-3漏油案",暴露了我国海洋环境保护方面的法律缺陷。首先是缺乏科学的海洋污染损害评估技术规则标准,特别是对海洋环境资源损失和渔业资源损失的中长期评估标准;其次是公益诉讼法律制度的缺失,使民间环境保护组织不能在国家职能部门缺位的情况下代表社会公共利益向环境污染者提起公益诉讼,及时制止环境污染损害;最后是当时的海洋环境保护法律对环境污染者的处罚过轻,罚款额度过低,行政主管机关的处罚效果有限。通过审理"蓬莱19-3漏油案",我们深深地体会到,环境损害赔偿案件的一个突出特点是举证难度大、举证科技含量高,单凭个体的诉讼主体的举证能力有限,亟须探索符合海洋环境特点的科学证明评估制度,为海洋环境损害的证据取得建立日常监测数据积累。同时我还体会到,对一些跨国的国际河流或者海域发生的水域污染案件,往往不适合通过司法途径解决。比如曾经发生在吉林的化学品泄漏到松花江的严重污染事件,最后污染物通过松花江流入中俄界河黑龙江,产生跨国赔偿纠纷,类似案件只能通过政府间协商予以解决。对于这种涉及大规模群体的公共污染事件,只通过司法救济往往是不够的,只有通过政府动用行政资源解决才更加高效和有执行力。如果进入诉讼程序,不仅会使救济遥遥无期,法院最终执行也会受到司法资源和国界的限制。

问:根据您这么多年的审判经验,您觉得审理海事海商案件和一般的民事案件有什么区别?

答:海商法在我们国家的历史很短,主要是借鉴来的。《海商法》刚颁布的时候,很多人对海商法的理解都像是雾里看花,是阳春白雪,不食人间烟火。但《海商法》的适用必须与我国的民商实体法和程序法融通，海事海商案件最终还是要归入普通民商法的侵权或者合同违约属性，所谓专门特点也仅仅是特定场合下的侵权责任基础、赔偿标准、合同性质以及合同权利义务内容等方面与普通民商法的不同。脱离民商法律，单凭一部《海商法》是办不了案子的。《海商法》颁布之后，整个海事审判工作需要开拓创新的精神。如何适用好这部完全从国外借鉴来的法律，就是个挑战。有些程序上的问题，原来的民事诉讼法解决不了，最高人民法院就通过了几项规定，如扣船、卖船的规定、损害赔偿的规定，用这些规定加以弥补。法院刚开始审理这些案件的时候，大家最多也就有些国内民商法的基础，但民商法的基础对于海商法来说最多只是原则性、体系性的内容，用到海事案件中只能起到拾遗补阙的作用。海商法是特别法，特别法没有规定的时候才能回归到普通法寻找答案，如果特别法都有规定了，那还得在特别法的框架内解决。需要通过海事审判把这部《海商法》在坚持海商法的基础上，消化吸收到我国现行民商法律体系中来，消化吸收到我国民商法律规范和法律关系理念中来。但这在当时对我们审判界和实务界都是一个挑战。本来《海商法》颁布之后，最高人民法院就想搞一个海商法的司法解释，也就是关于适用《海商法》的若干问题的规定，结果搞了几年搞不下来。我认为主要原因是《海商法》刚刚颁布，没有充分的审判经验积累，搞整部海商法的司法解释条件不成熟，所以我们后来就放弃了这个想法。改为随着审判经验的积累，成熟一个专题就搞一个专题的司法解释。

长期以来，大家都强调海商法专业性比较强，而且非常复杂，又涉及国际性和涉外性的层面，这就容易给大家造成一个印象，即海商法和普通的民商法好像是完全割裂开来的。之所以会造成这种状况，首先还是因为大家对海商法没有消化、理解透彻，海商法究竟专在哪，哪些内容较之普通的民商法是特殊的，没有理清；比如我前面提到的开始要起草海商法司法解释，把当初参加《海商法》起草工作的这些同志叫到一起来，讨论一些借鉴来的海商法条文的原意是什么，即便这样大家都会有不同的理解，立法原意理解不一致，那司法解释就没法写了。其次是没有正确认识海商法和普通民商法的关系；海商法是我国

25. 坚持海事审判的"工匠精神"（王彦君）

民商法体系的重要组成部分，或者说是一个特殊的侵权法和合同法系统。中国海商法要完善、发展，不能脱离中国民商法体系的理论支撑，也不能脱离中国法律制度、法律土壤的雨露阳光。中国海商法要解决中国海事实践中的各种法律问题，就必须扎根于中国的法律体系和中国的法律环境。《海商法》颁布以来，最高人民法院把试图草拟的整部头的海商法司法解释分解成单行的、一个一个的司法解释，如船舶碰撞的司法解释、提单的司法解释，还有保险的、货代的以及责任限制问题的司法解释，成熟一个搞一个。这个过程是积累审判经验，从实践中吸取养分的过程，是领悟、消化和吸收海商法的条文的过程，是与中国法律制度、民商法律体系相协调的过程。经过这么多年审判经验的积累和研究，通过一个个单项的司法解释，我们把海商法从国际公约甚至外国法借鉴来的专门制度和术语消化吸收，转化为与我国民商法体系中侵权和合同法律关系相对应的、通俗易懂的海商法专有的侵权和合同法律关系。法官准确适用法律的前提是法律关系识别准确，法律关系界定清晰，而司法解释的主要意义就是对法律关系的要素进行界定和识别。应该说，经过一系列的司法解释，把《海商法》借鉴来的法律制度体系深深植入了中国的法律体系，适应了中国的法律实践，从陌生走向现实，使《海商法》在中国这片土壤上获得了新生。所以说，适用《海商法》就是一个消化吸收、把它和国内法进行衔接的过程。

五、法律适用：司法解释制定背景与思路

问：您刚才说我们当初想要搞整部头的司法解释，有这样的工作计划吗？

答：具体时间我记不太清了，《海商法》颁布后，就开始计划搞一个整部头的司法解释，经过一系列调研活动，草拟了许多稿，最后还是不行，意见没法统一。我们从外面请了很多人，包括起草人、法院的、实务界的，都叫到一起来，讨论具体的问题，大家意见都达不成一致。实

际上我们还进行了很多工作,但可惜条件不成熟,最后没有做成。

问:之后起草这些司法解释的主要思路是怎样的?

答:司法解释的目的主要是解决实践当中遇到的急需解决的法律问题。海事海商案件立案之后,如果遇到了具体的疑难法律问题需要司法解释,不解决,案件就办不下去了。解决的途径有两种,一种是对个案有疑难问题,下级法院可以逐级请示到最高人民法院,最高人民法院通过审判委员会可以通过具有司法解释性质的批复给予答复。另一种途径就是最高人民法院在审判实践中总结收集某一类的需要进行司法解释的问题,集中以一个规范性司法解释文件的形式,经过最高人民法院审判委员会讨论通过后颁发。迄今为止,最高人民法院颁发了一系列我前面提到的司法解释。最高人民法院的司法解释的起草过程中,一般要坚持两个原则,一是解释审判实践中急需解决的问题,坚持问题导向;二是有争议的问题不解释,成熟一个解释一个,所谓成熟就是大家对解决问题的方案基本达成共识。基于这两个原则,为了能够达成共识,我们现在的司法解释只能说是对一些框架性的基本问题予以规定的司法解释,把框架性的基本问题统一下来了。比如无单放货问题的司法解释,我们首先要解决的问题是无单放货是按照运输合同的违约来算还是按照侵权来算?按运输合同算,无单放货应该适用责任限制吗?这个问题争议很大,最后根据《海商法》的相关规定还是明确无单放货属于侵权和违约竞合,受害方既可提出侵权之诉,也可以提出违约之诉,但诉讼时效和赔偿标准都是一样的。再如承运人无单放货能否享受责任限制的问题,我们除了首先认定承运人无单放货不属于海上运输风险之外,还要做先期调研,如到保险公司或者保赔协会,了解到保赔协会对于无单放货根本就不赔,保险公司甚至就不保。为什么?因为这不属于海上风险,这是岸上处置的问题,这就验证了我们的研究结论是和航运实务相吻合的。

当时提单的争议很大,现在也是。一说到提单,大家就往运输合同法律关系上去套,其实不是这样。我记得上次来北大上课就讲到了这个问题,当时我们各个版本的教科书都只讲提单的三个功能,没有

25. 坚持海事审判的"工匠精神"(王彦君)

对提单的三个功能进行进一步的分析,这三个功能在法律上有什么意义?很少有这样的分析。上次我讲到,提单作为运输合同的证明体现的是运输合同法律关系,作为物权凭证那就是单证的法律关系,提单作为承运人收到货物的收据体现的是财产托管法律关系。承运人在运输合同法律关系里是承运人,在财产托管法律关系里是受托人,在单证法律关系里是物权凭证出单人,所以是哪个法律关系的事情,就按哪个关系的法律来处理。再比如无单放货,这是装前卸后的问题。在运输期间之外的装卸港口,作为承运人,有保管义务,你把货物放错了、放丢了,那就得全额赔偿,不能享受作为承运人的责任限制,只能按照财产托管的法律关系来解决这个问题。当然相应的司法解释里面还涉及单证转让的问题,我们学英国的法律,提单受让人的权利不能高于出让人的权利,什么意思呢?这就和汇票不一样了,汇票只要是真的,不管你是合法还是非法取得,银行必须兑换。提单就不一样了,如果上家是偷来的,或者是捡来的,你作为下家就没有权利了,哪怕你支付了对价也不行,这就是单证受让和转让的法律关系。还有签发提单的承运人被其他人拿着假提单把承运人给骗了,谁来承担风险?类似这些问题都是单证的法律问题。这些都是我们在实践中遇到的问题,往往是律师给我们提出的问题,我们就得一项一项地给人家作出法理意义上的解释,这种解释仅仅局限于一个运输合同关系是解释不清的。

还有如船舶碰撞,那时候争论船舶碰撞比例责任制应该怎么理解,大家一开始根本就达不成共识,包括海事专家、学者和从事海事审判的法官。美国历史上曾说可以先告双方侵权,改诉因,最后就把比例责任制给打破了。但最终我们还是按照英国的比例责任制来,为什么呢?因为比例责任制有海商法本身的基因,本船的货主向本船的船东求偿的时候,本船就说它受运输合同的约束。既然是提单运输,按照海商法,本船的驾船和管船过失免责,这是本船承运人法律上的权益。如果按照美国的做法,那不就把它给绕过了吗?类似的问题,大家觉得这是实践中普遍的、通行的做法,理论上争来争去也没啥意义了,所以最后大家基本上达成了一致。

还有船舶责任限制问题的司法解释,主要是解决船舶在发生海上侵权事故后,如何从程序上和实体上保护船东的海事赔偿责任限制权利的问题。无论《海商法》还是《海事诉讼特别程序法》都没有船舶责任限制之诉的问题,海事赔偿责任限制基金清偿程序中债权和请求权登记混同所带来的困境,都使海事赔偿责任限制权利的维护增加了难度。特别是当受害方在不同的法院或仲裁机构提起诉讼和仲裁时,如何在程序上通过相对集中的管辖权限制解释和对个别重要的请求权实行不同于清算程序的两审终审制,从而最大限度地维护船东的海事赔偿责任限制权利,就成了这个司法解释的主要目的。对于享受海事赔偿责任限制的主体应该怎么界定?现在实务界和理论界也有争议,如船舶海事赔偿责任限制的主体包括哪些?《海商法》包括最高人民法院的司法解释现在还是作出了一些限制,最起码得是和船舶运营有关的人、能掌控船舶的人。目前在理论界和修改《海商法》的讨论中,主张把期租、航租、舱租的人都纳入享受责任限制范围内的呼声不少,但我们当时在海事赔偿责任限制的司法解释后面做了个说明,这个说明就对主体作出了限制:一方面就是船舶所有人,其实后来涉及公共安全的旅客运输和海洋环境的国际公约在主体的界定条款上越来越严格,都限制到所有人这一块。另一方面就是光船租船人。光船租船人说白了就是二船东,是直接掌控、直接配备船员的人。而且不管是叫光船租船人,或是叫船舶经营人,还是叫船舶管理人,你必须是管理船舶、经营船舶的人,只有这些控制船舶航行的人才能享受责任限制。我们当时就讲经营运输的人是不能享受责任限制的,有些经营运输的业务就是负责揽货,虽然也叫租船人,但主要负责的是揽货、租船,与驾船管船、经营和控制船舶根本没啥关系。

类似这些问题,应该说我们在司法解释里面做了大量的工作。

问:所以理论界其实存在很多争议,但是鉴于实践中的通行做法,最后把那些理论上的争议问题都先搁置起来,而把通行的做法都归纳进司法解释是吗?

答:任何理论都要结合实践,科学地解决实践问题。首先强调问

25. 坚持海事审判的"工匠精神"（王彦君）

题导向，我们做司法解释必须要解决实践中存在的、急迫的问题。出现问题之后，我们写司法解释时就得进行研究，国内的、国外的审判案例和专家学者的学术成果，里里外外都得研究。比如我们写提单的司法解释，我们甚至利用国际交流的机会去澳大利亚联邦法院开了几次座谈会。油污损害的司法解释也是这样。首先我们要把条文本身的原意搞清楚才能做司法解释，如果大家对一些条款的原意都存在争议，基础不确定，怎么做司法解释？这是一个问题。

《海商法》里面有很多概念和术语是从国际条约中翻译过来的，有一些大家的理解是一致的，有一些翻译则有人提出异议，通过与以英文为母语的澳大利亚联邦法官，讨论油污责任公约里的一些问题，当然可以帮助我们消除一些翻译方面的失误，对我们正确理解公约更有信心。司法解释的目的，就是要让大家一看都能明白。直接把那些从公约翻译的原话拿过来，大家看着很熟悉，但从法律关系的角度来看，其内涵外延还是雾里看花，《海商法》本身就遗留了一些类似问题。

《海商法》是一个借鉴来的法律，它不是我们土生土长的，是把国际公约如《海牙—维斯比规则》《汉堡规则》里面有些东西拿过来以后形成的。我通过这么多年的审判实践有一个感悟，国际公约只要我们参加了，它在国内就有优先的效力，但是国际公约的语言结构以及对法律规则的表述方式还是不一样的。因为国际公约说白了就是一个合同，大家着重的是利益的分配和博弈，公约往往是各方利益妥协的结果，不像我们国内立法，会说这个规则体系应该放在哪里比较合适，我们会从立法、规范体系、法律关系类别来考虑结构问题，法律强调的是发挥社会行为调整器的功能，追求的是社会公平正义。但公约不是这样的。所以虽然《海牙—维斯比规则》有一些条文直接拿过来了，但是在审判过程中，需要转化为我们中国的法律语境，要把法律关系解释清楚、翻译清楚。我们是成文法国家，比如要对买卖合同进行界定，叫概念也好，叫定义也好，要把它的构成要件和内涵界定清晰，符合这些条件，那它就属于买卖合同，不符合就不是。其实判例法国家的法律也要讲法律关系，一个法律关系往往通过几个或一系列判例解释清楚。英国也好，澳大利亚也好，它对国际公约也有一个转变为国内法的过程,会通过每一个具体的判例形成判例体系。公约对他们来说是成文法,但它们通过判例,把成文法的解释转变为国内法,形成了一种解释公约的判例体系。它的判例对公约的解释,也是一个效力体系。写司法解释就是要有这么一个过程,要把国际公约转化为国内法的法律语境,通过国内法的法律关系,通过大家耳熟能详的东西,尽量用大家都明白的语言,而不是用翻译语言写出来,用符合我国法律语境的法律语言把《海商法》解释清楚。

问:您从1994年就开始做司法解释的工作了吗?

答:1994年我调入交通庭,任审判员,开始在综合组当组长,1997年在综合组工作期间,曾负责承办具有司法解释性质的批复的写作工作。后来到1998年,我出任交通庭副庭长,1998年10月去英国伦敦大学高级研究院高等法律研究院(Institute of Advanced Legal Study)学习,当时我们带着5个人去,加上我一共6个,都是海事法官,于1999年8月结束学习回国。从1999年回国到退休,我负责分管海事审判的司法解释工作。2001年《最高人民法院关于如何确定沿海、内河货物运输赔偿请求权时效期间问题的批复》、2003年《最高人民法院关于适用〈中华人民共和国海事诉讼特别程序法〉若干问题的解释》、2006年的《最高人民法院关于审理海上保险纠纷案件若干问题的规定》、2008年的《最高人民法院关于审理船舶碰撞纠纷案件若干问题的规定》、2009年的《最高人民法院关于审理无正本提单交付货物适用法律若干问题的规定》等,这些都是我分管并且直接参与的司法解释出台工作,当时根据审判问题的积累,一般计划是一年出一个,我当时在审判业务上除了负责监督和组织完成办案任务,基本把精力全放在出台司法解释工作上面。

我分管起草的司法解释不光是海商法的,有的还涉及程序的问题,如期间、小额诉讼的问题等。这些司法解释在我任职期间都要经过我手。司法解释的任务首先要分到不同的合议庭里去,但不管是哪个合议庭负责,其工作任务的分配、工作方案和调研方案的制订都要我来把关,起草文稿的上报审核,组织全庭讨论以及院外专家学者的讨论,最后都是我来负责。

25. 坚持海事审判的"工匠精神"（王彦君）

问：您能不能给我们介绍一下制定司法解释的过程，一般来说会如何确定要做司法解释？会做哪些事情？最后怎么拍板处理？

答：一般情况下，我们都是看审判实践中哪一类的问题比较多。比如有一段时间，海上保险的问题比较多，那最高人民法院民四庭在制订年度工作计划时，往往会把起草海上保险司法解释作为一个议题提出，然后在庭里讨论和评估。如果认为这些问题急需解决，有必要起草司法解释且条件成熟，就把这项司法解释工作作为一项任务列入年度工作计划，该工作计划要报分管院领导审核。

司法解释任务列入年度计划后，庭里要把这项任务分配到具体的合议庭负责承办这件事情，该合议庭就要列出一个起草司法解释的工作计划。这个工作计划里面包括：如何收集整理分析问题单，以及整理问题单的期限。首先各个海事法院要提供需要解释的问题单，并提供相关案件素材。有时因为民四庭的人手有限，还要办案，所以就需要把几个海事法院，甚至高院的这方面比较强的人抽过来，到民四庭相对集中一段时间，如果不需要集中，就给他们分任务。整理问题单工作往往和调研工作同步进行，到问题的热点地区去调研，听取一线同志的意见。在摸清问题单的基础上，看哪些问题需要发征求意见函来搜集解决意见，就发函征询；哪些问题需要大家集中起来讨论，就把大家叫到一起讨论这些问题应该怎么解决。首先要从法律理论和实践操作两个层面进行研究，拿出初步的意见。一般都是我们自己先内部讨论甚至争吵，有了相对一致的意见后形成内部的司法解释初稿，司法解释的内部初稿要充分征求学术界专家学者的意见，征求相关实务部门的意见，征求相关主管部门的意见。最后把这些意见一件一件地分析讨论，研究汇总，形成对外的正式征求意见稿。我们的正式征求意见稿要发给法院、学术单位，还要给各相关的国家机关，如交通部、商务部等，还有大型企业，都是与司法解释中涉及问题有关的。国务院法制办、人大民法室这些单位我们也要发。意见反馈回来之后，我们一般大的原则就是，大家意见一致那就保留，意见明显不一致的放一放。形成正式司法解释文稿后，再报送到人大法工委民法室或经济法室，看看他们的最终意见，还要把正式稿送到最高人民法院本院的各个庭室来征求意见,最后将送审稿连同说明一并经庭领导和分管院领导审核后报给最高人民法院的审判委员会讨论决定。所以说,司法解释的起草程序都是很严谨的。

其中有一些司法解释的疑难或重点问题,我们甚至会利用国际交流的机会,与国外专家开一些座谈会,或者有时候干脆就把他们请过来。比如油污司法解释,我们就把澳大利亚专家请过来,在广州和青岛研究这个问题,我记得名字的有澳大利亚联邦法院的首席法官James Allsop[②],还有Steven Rares[③],作为联邦法院的法官参与了研讨。他们联邦法院的法官搞海事的大概有四五个人,整个联邦法院的法官才三十多个人。当时油污的主要问题就是漏油船责任的讨论,船舶碰撞的时候发生的污染究竟让谁来承担? 国内说仅仅让漏油船来承担不公平。后来讨论中我们还是回到对公约的理解,最后一致的认识还是认为要漏油船承担污染的责任,谁漏的谁承担。海洋船舶污染法律关系主要是解决公共污染风险分担的问题,污染最大的价值取向就是公共分担,不能和船舶碰撞法律关系混为一谈。如果你要求一个在船舶碰撞法律关系中享有普通的海事赔偿责任限制权利且没有强制保险作为保障的船东承担损害公众利益的船舶污染责任,那相当于打破了损害公众利益的船舶污染责任人的赔偿责任底线。

问: 制定一个司法解释大概要经过多长时间? 长的多长? 短的多短?

答: 从前面的叙述可以看出,有时庭里一年就完成一个司法解释,这是效率比较高的情况。但也有以下两种情况:一种是没有按计划完成司法解释,但经过一定延长时间的研讨和调研,最终还是完成了司法解释任务;另一种情况是,列入工作计划,并按计划开展工作,但由于其他原因,司法解释工作被取消了。比如我们本来计划要

---

② James Leslie Bain Allsop(1953年4月—),澳大利亚联邦法院首席大法官,自2013年3月1日起任该职。他曾于2008年6月2日至2013年2月28日任新南威尔士州上诉法院院长。

③ Steven Rares于2006年被任命为澳大利亚联邦法院法官,他同时也是澳大利亚首都直辖区最高法院的增补法官与诺福克岛最高法院法官。

25. 坚持海事审判的"工匠精神"（王彦君）

和交通部国家海事局搞的海事调查证据方面的司法解释，还有涉及船舶登记的司法解释，都没搞出来，搞了两年也没出来，因为涉及部门协调的问题。再如原来要搞一个沿海内河的司法解释，但后来也没搞起来。

我们的司法解释历来是问题导向的，并且是中国海事审判面临的问题。我一直有个想法，什么叫理论创新？理论创新是在不违背科学原则的基础上，在这个框架里面，通过吸取审判实践中的养分，使理论更符合实际，可以使理论演化出更丰富的内容。但不能为了创新，把原来经过实践证明没有问题的东西甩掉了，重新另搞一套，这不是创新。我现在也参加海商法的学者们的研究讨论，认为搞海商法的必须有民商法的基础，否则思维逻辑容易颠倒，为什么？因为对于《海商法》中出现的问题，有民商法基础理论的人就会知道在海商法领域里能解决到什么程度，有民商法背景就会知道有一些方案是可以和普通民商法相协调的，有一些方案是无法和民商法协调的，不能说海商法特殊就可以不顾及与民商法的协调。当然，不该协调的也不能协调，不能为了与民商法协调而牺牲海商法的原则和特殊性。我们审理海事案件，海商法往往只是判案中适用的实体法的一部分。海商法只是一个特殊的规范体系，如果想要办理海商法的案件，有很多问题实际上还要回到民商法层面，比如主体资格、责任基础，尤其是船舶碰撞的侵权赔偿标准问题等。《海事诉讼特别程序法》也是普通民事诉讼程序法里的特殊规则、特殊制度。不特殊的话，那还是要回到民事诉讼层面。假如没有民商法的基础，那遇到海商法的问题就会觉得空间无限大，容易越界，别人对主体问题、责任基础提出质疑后才想起来到民商法里面找，其实就是盲人摸象。海商法是民商法体系中一个特殊的规范体系，虽然表现不同，但必须与民商法一道维护中国的整体利益价值理念，目光不能太过局限。

问：说到去澳大利亚访问的事，我们到国外或者请国外的专家过来，帮助我们起草司法解释，其他司法解释有这个情况吗？

答：不是帮助我们，我们就是跟他们研讨，来开拓我们的思路。主要就是油污和提单这两个问题。因为油污涉及对公约的解释，而提单的问题是我们国内没有提单法，争议非常大。虽然大部分国内海商法专家学者都对提单问题进行了讨论，但最后还是觉得，我们国家没有提单法，所以想看看国外是怎么规定的。我国无单放货的司法解释也受到澳大利亚法官的认可，后来澳大利亚法官 Steven Rares 判案时甚至直接引用了我们关于提单的有些司法解释，以及关于记名提单的凭证问题的规定，还把判决文本亲自给我发来。我们之所以这些年能把有关司法解释写出来，是因为我们积累了处理大量的案件的经验和体会，这是有实践基础的。零几年的时候，我们联系欧洲的律师和法官以及澳大利亚的法官进行了统计，英国一年海商案件也就一千多件，澳大利亚三百多件。我们那时候说是一万多件，但是把那些不是海商法的案件除去，四五千件总是有的。那再保守点说，我们的海商案件占世界的半壁江山，这样说也是可以的。在一次国际会议上，中美澳三国法官讨论对物诉讼的问题，对物诉讼这个起源于欧美法律的比较古老的问题，美国法官对这个问题的理解还没有我们深入。没有等我们问问题，澳大利亚海事法官就跟美国法官产生分歧了。不是说别人水平低，而是别人这方面的案件少，平常涉及的少，自然研究也没有这么深。所以我们有了大量的海事案件作为实践基础，海商法理论水平理应不断提高。

六、参与谈判：国际公约在中国的转换与协调

问：您作为中方代表团成员，曾参加过《2002 年海上旅客及其行李运输雅典公约》的国际会议。您能和我们介绍一下当时的会议情况吗？您作为代表团成员主要的任务是什么？

答：国际海事组织于 2002 年 10 月 21 日至 11 月 1 日在英国伦敦召开修正《1974 年海上旅客及其行李运输雅典公约》的外交大会及第 85 届法委会。会议的核心内容是讨论并通过《修正〈1974 年雅典公约〉的 2002 年议定书》。其目的是在 1974 年雅典公约中引入强制保险机制并提高承运人的责任限制额度。经国务院批准，我国派出了由

25. 坚持海事审判的"工匠精神"(王彦君)

交通部、最高人民法院、中远集团、中国船东互保协会及驻英使馆海事处等单位组成的政府代表团出席了会议。没记错的话,当时我是代表团团长。

这次会议的背景是,国际海事组织于 1974 年通过了《雅典公约》,并于 1987 年 4 月 28 日正式生效。1976 年和 1990 年国际海事组织对公约进行了两次修改,通过了 1976 年和 1990 年《议定书》。1976 年《议定书》未对公约进行实质性修改,只是将《1974 年雅典公约》中计算责任限制的单位"金法郎"改为"特别提款权"(SDR)。1990 年议定书将公约原有的承运人责任限制 46666 SDR 提高到 175000 SDR。由于发展中国家和发达国家对该责任限制存在较大分歧,有的认为过高,有的认为过低,致使 1990 年《议定书》一直未生效。随着社会和经济的发展,许多国家认为 1974 年《雅典公约》规定的承运人责任限额已不能满足现有的需求,为了保证受害人(旅客)能够得到充分的赔偿,国际海事组织从 1996 年开始草拟新的议定书工作,对 1974 年《雅典公约》进行修改:将公约原有的过错责任基础改为严格责任制与过错责任制相结合的双重责任基础;在公约中引入了关于承运人责任的强制保险机制;大幅提高承运人对旅客人身伤亡的责任限制额度。当时许多经济发达国家和缺乏远洋船队的国家对通过新议定书持积极态度,提高承运人责任限制额度和引入强制保险机制成了不可阻挡的趋势。

代表团参加会议前经过研究和批准,确定我国对《2002 年雅典公约议定书》的基本态度:经我国第八届全国人民代表大会第六次会议决定,我国于 1994 年 6 月 1 日向国际海事组织递交了关于加入《1974 年海上旅客及其行李运输雅典公约》及其 1976 年议定书的文件,并于同年 8 月 30 日对我国生效。同时,我国《海商法》第五章"海上旅客运输合同"也基本采用了《1974 年雅典公约》的规定。总的来讲,国际海上旅客运输在我国所占比重很小,主要集中在中日、中韩航线,2002 年议定书对我国旅客运输影响相对较小。因此,我国对即将通过的 2002 年《雅典公约议定书》的态度可以比较灵活,在关于承运人责任限制等具体问题上,考虑到我国经济发展水平、承运人的承受能力及国内法与国际公约的衔接问题,拟尽可能采取对我国有利的方案。特别是在承运人的责任限制和强制保险的具体数额上,我国采取支持国际航运业和保险业的主张,应在充分考虑保险市场长期承受能力的基础上制定合理的、切实可行的责任限额。对英国、挪威等国建议的严格责任制下承运人的责任限额定为 350000 SDR,我们认为这是《雅典公约》1990 年议定书规定的限额 175000 SDR 的 2 倍,也是我国海商法规定的限额 46666 SDR 的 7 倍以上。虽然我国占国际海上旅客运输的比重很小,但我国海上客运企业的经营状况普遍比较困难,过高的责任限额将增大企业的经营成本,加重企业负担。另外国际海上旅客运输责任限额过高对于国内水路旅客运输责任限额也会产生压力。因此,在承运人责任限制和强制保险限额的问题上,原则上我国代表团在会议上争取尽可能低的限额,视情况提出严格责任制下承运人责任限制和强制保险限额控制在 100000 SDR,承运人总限额控制在 250000 SDR 左右。若外交大会通过该议定书,我国则需权衡对我国海运的影响而决定是否加入。而新通过的《2002 年雅典公约议定书》否决了我国的主张,新采用的限额大大提高了。因为新的议定书满足了主张高限额的国家,决定加入该议定书的国家会增多,使该议定书生效的机会也增加了。

会议结束回国后,我曾经写了一篇《关于〈2002 年雅典公约议定书〉概述》,刊载在民四庭自办的审判业务指导期刊上。至于自己参加的其他国际会议,由于没有相关资料留存,仅凭记忆,难免失准,也就不谈了。

问:国际公约应当如何转换成国内法呢?需要在哪些方面进行具体协调?

答:从法学研究角度来说,对于我国参加的国际公约,要优先于国内法适用。在适用我国参加的国际公约时,我们不能对国际公约的概念、术语、思维模式亦步亦趋,有一个按照中国法下的法律关系的思维模式进行界定和转换的过程,也就是按照中国的法律表述传统和法律语境,以及成文法的思维逻辑和表述方式进行语言转换,使国际公约的法律适用更加通俗易懂的过程。国际公约也讲法言法语,也讲国际

25. 坚持海事审判的"工匠精神"(王彦君)

规则的严谨性和可操作性,由于世界各国的法律传统不同,法律制度和法律体系不同,因此法律语言的表述也不尽一致,都存在一个适用的转换过程。在适用国际公约的过程中,考虑到语言文字的差异,对翻译来的国际公约更不能望文生义。

国际海事海商公约往往是国际海事海商市场上的不同利益集团利用国际市场上的话语权,通过设定一定的规则体系进行利益分配的产物,是多方利益集团利益博弈和妥协的结果,对法律概念和法律关系的界定往往不那么清晰和具有严谨的逻辑性。我举个很简单的例子,如海事赔偿责任限制,本来国际公约里面的海事赔偿责任限制主要针对的是船舶所有权人,保险人其实也是依附于所有权人来给他一个责任限制。但是为了使救助人也像船东一样享受海事赔偿责任限制的权利,现在规定救助人有船救助,责任限额可以按照吨位计算,没有船也按照1500吨的船舶计算责任限额。换句话说,对于无船救助人,我就给你这么多限制。这从法律思维上来说本来是不可能的,因为海事赔偿责任限制至少是和船有关的,没有船我为什么要给你呢?但国际公约就给了这个利益,这并不是按照法律逻辑进行的规定,而是按照博弈的结果进行的利益分配,进而成为公约的内容。

现在的国际民事公约,不管是我们参加的还是没参加的,这些国际公约的制定往往是有一些国家出于自身利益的考虑,根据国际市场的变化进行推动,也有一些国际市场上的利益集团出于占有市场份额、垄断市场的考虑配合公约的制定和修改。比如,同样是救助、共同海损理算、沉船沉物打捞,往往都是相关利益集团在推动和掌控着。国际上有一个救助联盟,他们都会参加这些国际公约的起草工作。另外就是保险公司和西方国家的保赔协会,它们把海运相关的救助市场、保险市场基本都瓜分了。但从国内法律制定的角度来说,法律要讲究社会的公平、讲究法律关系主体之间的公平,不是讲保护哪行哪业的人,不是这个概念。所以在理解公约的时候,要透过现象看本质,不能因为一些公约的宣传语言就把这些规则背后体现的利益争夺给忽略了。所以,分析研判一个公约是否符合我国的利益,是否加入,就要分析这个公约是否有利于我国公民和法人在这个公约的规则体系中形成的国际市场上的生存和发展,对我国的相关行业是否有负面作用。

海商法在法源形式上虽然是国内法,但海商法是调整国际海运或与国际海运相关的国际民商事法律关系规范体系的总和。因此,适用我国海商法,要充分考虑到我国作为参与国际航运市场主体的、已被国际习惯做法和国际相关公约认可的权益的维护。举个例子。讨论《海商法》修改的时候,关于实际托运人这个问题,争得一塌糊涂,对FOB贸易术语下的海上货物运输合同的实际托运人的提单权利是否保护和如何保护的问题理不清。应该说,任何法律规范都是对相关法律关系的界定,包括对法律关系主体的界定、对法律行为的表现形式及其特征的界定、对法律关系权利和义务内容的界定,最终目的是平等公平地维护法律关系行为主体的权益。法律规范公平地在法律关系的框架下调整和平衡法律关系主体的权益,使涉及该法律关系的公民和法人的行为有了合法的预期和稳定的安全保障。规范利益是法律存在的生命线,无论司法还是仲裁,都是通过解释法律来解决公民或法人的利益纠纷,定分止争。我们国家的市场主体在出口贸易中FOB贸易术语用得比较多。大家知道,国际FOB交易模式意味着卖方在控制货物和收回货款方面承担更多的风险。有人可能认为不必要执着于FOB,直接用CIF就可以控制船舶。但这个问题并不是卖方想怎么样就怎么样,必须要有对价实力,是经济实力的问题。就像有钱人和没钱人,你要通过对价实力让他们形成一个公平的合同,那可能吗?面对这种贸易形势,我觉得我国《海商法》关于实际托运人这一条写得很好,就是在《海牙—维斯比规则》的基础上,强调契约托运人的权利,然后把《汉堡规则》关于实际托运人的规定纳入进来。即是实际向承运人交付货物的人,卖方作为实际托运人纳入提单运输法律关系,为保护卖方作为实际托运人获得提单并据以交单议、付货款创造法律条件。相当长一个时期内,我国的市场出口主体的交易模式基本上是FOB,有些主体货量都不大,像南方如浙江的有些出口商,他们觉得能把生意做成就行了。有了买家租船的FOB交易模式,提单上托运人肯定就是买方,但有的时候承运人签发提单会把提单签给把货

25. 坚持海事审判的"工匠精神"（王彦君）

物交给实际承运人的卖方。这个做法，不是买家发慈悲，也不是承运人发慈悲，这是一个国际商事合同下海事运输的惯例。为什么叫惯例？一般国际买卖合同有两个条款，一个是运输条款，一个是支付条款，通过这两个条款来保障交易的安全性。国际上都是单证交易，互相不见面，你不把钱给我，我敢把货给你吗？我把钱给了你，你不给我货怎么办？为了解决这个问题，与国际贸易相关的法律建立了两个信用基础，一个是提单作为信用基础，作为卖家的基础；买家的基础就是去银行开信用证，建立银行信用，两个基础互相保障。提单到了买家手中，承运人就必须按照提单载明的数量和质量把货交给对方。既然买卖合同约定了通过信用证付款，议付银行见到提单和随附相关单据，如果没有不符的地方就应该把货款议付给卖方。买方在这种FOB交易模式的情况下，就会让承运人直接把货物的提单签发给卖方，卖方作为实际托运人拿到提单，他不像契约托运人那样对提单有背书转让的权利，只是拿到了提单的质押权，之后通过控制这个提单到议付银行交单议付，买方到开证行付款赎单。通过这一整套流程，双方都有保障。这样的流程已成为了国际认可的习惯做法。只是后来我国的律师在帮承运人打官司的时候把这个问题提出来了：托运人是买方，为什么提单在卖方手里？货物放给买方后，卖方把提单拿在自己手里是合法的吗？卖方又不是托运人。这就是在审判实践中遇到的问题。所以我们在无单放货的司法解释里就要对在卖方手里的这个提单是不是合法取得进行解释。其实我们认为卖方是合法持有人，国际交易的惯例也是这么运作的，只不过律师提出了这个问题，就需要在司法解释里予以明确。英国早期提单法律也是说只有当提单持有人是所有权人的时候才能行使提单权利，后来改成只要是合法的提单持有人就对提单享有权利。这个修改是非常正确的，因为提单作为物权凭证，这里的物权不仅仅指所有权，放在信用证开证银行或者议付银行手里，就是对提单的质押权。同样，提单在实际托运人手里，他拿的也是一个质押权，就像我们讲提单课的时候也说到提单有融资的功能，在转让过程中会把提单质押出去，先把钱拿到手。那这个时候提单就可能在银行手里，或者在保险公司手里，他们拿着提单就是合法的提单持有人,不能说只有所有权人才能享有提单权利。所以我们对提单在实际托运人手里的合法性解释无论在理论当中还是实践当中都是没有问题的。

最后我们在货运代理的司法解释里面又做了进一步的解释。因为有人会说,承运人不把提单交付给实际托运人怎么办?难道货物交付之后连收据都没有吗?所以就规定在实际托运人受契约托运人的委托将货物交付给承运人之后,如果是依运输合同需签发具有可转让性质的提单,在实际托运人要求的情况下,承运人必须要把提单签给实际托运人。这是给实际托运人的一个选择性权利,即提出要求才给。但也意味着有一定的局限性,如果交货人要求的时候提单已经签给了买方,承运人就免除了向实际托运人交付提单的义务。

上述关于实际托运人提单权利的司法解释,也源自对我国出口贸易市场的大量调查,是从在提单运输法律中充分利用国际上认可的习惯做法来公平保护我国出口市场的主体权益出发考虑的。这个司法解释是在提单运输法律关系中对实际托运人持有提单的权利进行合法性的解释,并没有增加承运人签发提单的义务,也没有增加承运人凭正本提单交付货物的义务。所以无论在理论上还是实践上都是可行的。

问:国际公约和国内法立法目的和精神不太一样,是否会存在国内法中的规则与国际条约不太衔接的情况,这样是否存在外国的船公司不服判决,导致执行困难的情形?

答:一般不会。各个国家在司法过程中对于国际公约的解释没有一个统一的标准,各国法官对国际公约的理解也很难做到绝对统一。我曾经于2016年5月16日至18日参加由联合国国际贸易法委员会(UNCITRAL)在韩国仁川举办的国际会议,在国际贸易法司法全球化议题的法官小组上,就我国在司法领域适用国际贸易法律规则方面统一裁判标准的实际做法作了介绍。其中就谈到了通过司法解释、批复、最高人民法院审判委员会近几年发布的有普遍法律效力的案例,以及对法官的定期培训来统一裁判标准,尽量避免在一个单一的法域内裁判标准不一。同时也建议联合国贸法会能够尽快制定一个

25. 坚持海事审判的"工匠精神"(王彦君)

对国际贸易法律进行统一解释的规则标准,供世界各参加国的司法机构参考。各参加国司法机构对于国际贸易规则的理解不统一是一个棘手的问题,这次会议提出这个问题的目的就是想交流一下各参加国的具体做法。我国司法通过案例、司法解释来促进法官对贸易规则理解的统一的做法,受到与会者的关注和贸法会的肯定。但是目前还无法实现各国法官对该规则理解的统一,所以目前各国都是通过司法程序去解释条约,法院享有最终解释权。至于贸法会如何统一仲裁的解释标准,就没有抓手了。

问:中国当年选择不加入《鹿特丹规则》,当时最高人民法院的意见是什么?

答:当时讨论是否参加《鹿特丹规则》的时候,最高人民法院的意见是不参加。根据我的记忆,主要考虑以下几个方面:从这个公约的发展预期评估来看,一方面,《鹿特丹规则》比较理想化地统一了国际跨境运输,从法律规则体系的制定来看节省了很多的立法资源,确实简便了。但是另一方面,由于它将各国涉及跨境运输的海陆空国内法的立法调整权力全部抹掉了,各个国家的发展阶段不同,利益的关注点不同,也不能为了一个理想失去一个国家的自主立法权的灵活性。过去国际海事组织强调国际海事法律规则的统一,《鹿特丹规则》厉害了,要实现国际海陆空法律的统一,这个难度恐怕就大了。此外,具体就我国对国际海上运输市场的发展利益来评估:鹿特丹规则废除了承运人驾船管船过失免责的权利,承运人保证适航义务延长到整个航程。尤其是承运人驾船管船过失免责权利的废除,从根本上改变了承运人的责任基础,加重了承运人的责任,一旦发生海事事故,承运人在共同海损理算中将处于非常不利的地位。我国是航运大国,在国际航运市场上的船舶吨位名列前茅,对我国对外航运业的发展肯定不利。有人说,现代社会进步了,科技发展了,修改的都是过时的和不公平的规则。但是不能为了这种变化而由我国的航运业承担损失,由我国航运业来承担这种变化的成本。我前面说过,国际公约的一个重要属性是国家间利益博弈的结果。我们不能太天真,轻易放弃国际上已经认可的法律竞争优势,尤其在现在这个竞争日益激烈的国际社会。再一点就是《鹿特丹规则》对提单信用的削弱,承运人在没有收回正本提单的情况下就可以凭契约托运人的指示放货。前面讲到,我国是一个贸易出口大国,承运人可以凭契约托运人的指示轻易地免除付款赎单的义务,让出口卖方、开证和议付银行的货款失去保障,将对出口贸易安全产生巨大的影响。还有在装卸港外增加管辖权连结点的问题等。总体上给我们的感觉是,这是一个保护进口方的国际公约,我们不要急于参加。《鹿特丹规则》颁布后的参加国数量不多的现实也证明了我们当初的评估预期是对的。在对待国际公约的问题上,我们要向美国和西方国家看齐,坚决维护我国的利益。

七、身份转变:投身教学、研究与仲裁事业

问:您与司玉琢教授、关正义教授共同主编了《中国海事案例裁判要旨通纂》(卷一至卷五)一书[④],您当时为什么会想到要编纂这套书?

答:英国有一个劳氏法律报告,所以我们想中国也应该要有一个。一开始我并没有参与这次编纂,司老师、关老师他们通过联系各个海事法院收集了一些案例,并且联系了当时最高人民法院民四庭庭长罗东川,想和最高人民法院合作,罗庭长答应了,但一开始最高人民法院没有人具体负责此事。罗庭长调任后司老师又联系我,想让我负责这次编纂,于是我写了一个报告,向当时的主管副院长贺荣报告了此事。后来这事就由最高人民法院民四庭负责,由大连海事大学对案例进行挑选,然后民四庭组织审核,挑选合适的案例留下,最后出版了这套书。

[④] 《中国海事案例裁判要旨通纂》(卷一至卷五)精选598个典型海事案例,提炼1030条法官裁判要旨。由最高人民法院民四庭、大连海事大学法学院、海法研究院组织编写,并由我国著名海事法专家司玉琢教授、关正义教授和原最高人民法院民四庭副庭长王彦君法官担任主编,分为海事卷、船舶船员卷、海上保险卷、海上货物运输卷(上下册)和综合卷五卷,另附赠目录卷。本书旨在将我国从1984年海事法院成立以来所有海事海商案件系统地、分门别类地收集整理,精心筛选具有典型和代表意义的案件,并对其争议焦点和裁判要旨予以归纳总结。

25. 坚持海事审判的"工匠精神"（王彦君）

问：法官裁判的时候会参考学者写的论文吗？

答：遇到具体问题的时候，我们肯定要查阅相关的理论书籍，搜集和问题有关的学界观点作为参考。同时结合相关的法律和国际公约进行研究。

问：好像很少有法官写一些论文？

答：最高人民法院和下级法院也经常组织海事审判研讨会，很多法官会向研讨会提交论文，主办方通常将这些论文汇编成集，供法官交流参考。这些论文大多研究法律适用的问题，纯理论的论文比例少一些，所以在正式法学刊物上发表的不多。就我个人观察，世界各国的法官在职期间对外发表的论文数量也不多，往往都是在退休后发表一些论文。我在英国学习期间，发现英国的法官也是这样，在职的时候很少看到他们发表文章，都是在退休后把自己的判案心得上升为法学理论的书籍发表。这可能与法官的职业追求有关，即法官的最大成果应该是公正的判决书。另外，我有一个感觉，但不一定对，在职法官是行使国家审判权的一员，个人的理论研究观点在对社会公众发表后，一旦和以后法院裁判的案件发生冲突，会在社会上造成不必要的疑虑和影响，最好还是不要冒这种风险。

问：您对目前国内海商法的学术研究有什么建议？

答：我个人有个不成熟的认识，海商法的学术研究应该分为两个部分，一是海商法学理论研究，主要研究中国海商法应该建立或者维护的航运市场价值体系，研究海商法本身的社会现实意义和历史发展规律，研究海商法在我国法律体系中的位置和地位，研究海商法和其他民商法的关系，研究海商法在我国的社会制度和法律制度下的科学的运行机制等一些社会学、哲学以及相关基础理论，也包括各国海商法之间的比较法学研究。这些学术研究在认识论方面必须结合中国的社会实际。另一部分就是海商法适用研究。法律适用研究，不能脱离中国的法律体系，不能脱离构筑中国法律体系的不同部门的民商事法律关系体系，重点研究海事海商法律关系的各个要素，从不断解决的实践法律问题中积累经验，吸取营养，丰富和发展海商法的规则体系，更加适应和促进我国航运贸易的发展，使航运市场主体之间的权益得到公平的保护。

　　法律研究最终要建立社会价值体系的优先顺序，要在两个价值发生冲突的时候进行权衡。法律本身并不一定是绝对公正的，它也受到各种利益的约束，是一种相对公正。但是在进行法律理论研究的时候一定要追求终极公正的目标。而且理论研究要结合实际，要有问题导向，不能脱离现实，不能脱离法律所调整的利益关系。在研究海商法的时候，我们不能只研究国际公约，也要重视在司法实践中为了解决现实问题不断总结经验而制定的司法解释。如果一直用国际公约来否定国内法律的价值取向，或者对国内法律制度根本不屑于学习和研究，怎么能真正理解中国的法律？我们是在中国的法律体系框架内创造、发展海商法律的，而不是在国际公约的法律框架内，这是研究海商法的基点。

　　问：您退休后被聘为海事仲裁员，请问您对这一身份转换有什么感受？

　　答：我从2017年开始担任贸仲、海仲的仲裁员，有适应的地方，也有不适应、需要学习的地方。现在的仲裁在程序、仲裁员管理方面和审判不太一样，这需要我去学习和适应。仲裁实际上是首席负责制，由首席仲裁员写裁决书，边裁只参加开庭或者不开庭时通过邮件在仲裁员之间进行沟通。但是我认为仲裁庭在讨论案件的时候如果不见面只通过邮件沟通是不踏实的，比如要证明自己的观点，也不会在邮件中写出一篇论文来回应。这种感觉也是我以前搞审判的职业习惯造成的，审判最起码要合议，要做笔录，这对每个合议庭成员都有压力，要观点明确，言之有据，以后备查。但我想这就是仲裁的特点，仲裁是信用仲裁，程序本身比较宽松，一裁终局。另外在适用法律上，仲裁员在法律的框架下自由裁量的空间要大一些。其实这都是由仲裁本身的性质决定的，从纠纷解决成本来说，相比较审判，这都是仲裁的优势。

　　本来仲裁是基于信用的一种解决纠纷的机制，仲裁的优势包括专家仲裁、节省时间成本、一裁终局、当事人自动履行等，但现在社会变了，当事人也不讲信用了，仲裁时提出仲裁协议无效的多了。有的当事人违背仲裁协议到法院提起诉讼,另一方当事人就得提管辖权异议。现在仲裁后当事人也不自动履行,还是得申请法院执行,而且执行过程中也会有一方提出各种程序异议,所以现在的仲裁有时被折腾得优势尽失。即便如此,我个人还是坚持一个信念,仲裁是一个法治社会重要的纠纷解决手段,不能把一切民商事纠纷都拿到法院通过繁琐的诉讼程序来解决,维护和支持仲裁的社会信用和秩序,也是法院不容推辞的责任。

长期以来,最高人民法院不断总结审判经验,推动仲裁事业发展,维护仲裁信用和秩序。如最高人民法院为了保证充分尊重当事人之间仲裁解决纠纷的真实意思表示和国际仲裁裁决的效力,保证涉外诉讼中涉及仲裁审查的审判活动依法进行,在全国排除地方保护主义干扰,很早就建立了审查涉外仲裁和外国仲裁案件的内部报告制度,对下级法院在受理涉外经济纠纷案时认为合同仲裁条款无效,或者不予执行涉外仲裁裁决以及拒绝承认和执行外国仲裁裁决的应逐级上报最高人民法院审查同意。反过来说,如果下级法院认为支持仲裁条款的效力、排除法院的管辖权,或者决定执行涉外仲裁裁决或者承认和执行外国仲裁裁决,就不用逐级上报最高法院。这个内部报告制度实质上是为审判不能干预仲裁提供了司法保障。此外,最高人民法院负责起草的《海事诉讼特别程序法》也为涉外仲裁提供了仲裁前通过扣船取得财产保全的途径,而《海诉法》的司法解释为仲裁中的财产保全措施也给予明确支持。这样有关海事仲裁的财产保全措施就有了完整的法律依据。

八、总结展望:在实践中坚守海商特色

问:您能总结一下您这么多年来一直在最高人民法院从事海事审判第一线工作的感受吗?

答:我想我作为一个最高人民法院的法官,最大的优势就是时刻掌握着前沿问题,并且从更广的视角上对这些问题进行研究,但基层

法院就不会面临这种情况。此外，基层法院的案子可以上诉，但是最高人民法院不容许犯错，不然就可能导致永远的错误。这种压力就会逼着自己在审判过程中不仅仅思考海事海商法律问题、海商法内部的衔接问题，还要思考与其他法律比如与民商法的衔接问题，并且要考虑当前民商事政策，这样就需要付出更多的努力。

第二个就是，研究理论问题必须有实际问题作支撑，否则从逻辑到逻辑都只是想象的完美，并且这种想象的完美永远也不可能和别人达成一致，因为每个人的标准不一样。所以学者、专家在进行理论设计的时候，必须要结合实际。一个理论的真正成功之处就在于它能够经得住实践的检验，能把方方面面的问题解释、处理得严丝合缝，只有这样这个理论才是有用的、有生命力的。我在实践中遇到过很多问题，这些问题往往也都是疑难复杂的，否则也到不了最高人民法院，有的问题在社会上有很大的影响，能够接触和研究解决这些问题，给我提供了难得的学习机会。而每个问题在审判实务中的逐个解决，使我积累了知识，夯实了海商法理论基础。

对于我来说，北大的基本法学理论功底、多次出国学习海商法和国际商法的机会再加上最高人民法院这么一个平台，同时坚持理论和审判实际相结合，这些都是我一生受用不尽的。

问：我国当前已经确立了亚太地区海事司法中心的地位，并提出了建设国际海事司法中心的战略，您对我们未来的发展方向有什么想法？您觉得我们需要在哪些方面做出进一步的改进来加强我国在海商海事领域的影响力？

答：之所以说我国已经确立了亚太地区海事司法中心的地位，是因为我国已经成为亚太国际航运的中心。因为航运港口吞吐量基数大了，同样的纠纷比例，案件的数量也会相对增多，中国海事法院审理案件的数量占世界范围海事司法的比重就会增多，中国的司法功能客观上发挥了举足轻重的作用。但这不意味着我们的海商法理论和实践完全成熟了，我们距离像英国这样海事海商法律制度已经成熟到成为传统并能在世界范围内确立英国法的中心影响地位的国家还有很大差距。这种差距的弥补也不是靠完全对英国法的亦步亦趋实现

25. 坚持海事审判的"工匠精神"（王彦君）

的,因为英国法的发展和成熟是基于英国航运业发展的时代背景,与当时的社会经济发展水平、科技发展水平,人们对航海的重要性和社会价值的认识相适应的。随着现代科学突飞猛进的发展,现代生产方式的改变,航运模式的改变,我们必须通过研究适应新时代发展背景的海事海商规则、理论和航海市场的价值追求模式来使我国的海商法趋于成熟,使海商法的理论和实践趋于成熟,使建设国际海事司法中心的目标成为现实。

我坚持辩证唯物主义的认识方法,海商法的理论和实践只能随着中国和国际航运业的发展而发展,随着国际航运模式的变化而改变。必须不断对变化的航运市场和航运模式进行研究,从法学理论和法律实践的角度完善我国的海商法律制度。

现在跨境电商、跨国物流很热门,这二者是相互结合的。将来的跨国物流会有很大的变化,比如过去有邮局,送货上门的是信件,现在门到门送的是商品、消费品,通过一个个智能货物配送中心,就像邮局分拣一样工作。又比如,过去跨国货物单证买卖双方不见面,互不信任,所以用信用证、提单做基础,现在海运收货、发货都是一家了。如果跨国物流公司把集装箱运输的物流货源垄断了,船公司就只是给跨国物流公司打工。在这种不对等困境下,承运人还有能力维持驾船管船过失免责的权利和发生货损时责任限制的权利吗? 为了适应这种客观变化的需求,可能会有新的权利平衡模式和新的基于公平的价值取向内容。但海商法的社会稳定器属性在任何时候都应该滞后于航运的发展,尤其在竞争激烈的国际航运市场,任何行为规则都是在利益平衡和妥协中诞生,适者生存,只能是广受认可的规则、适应市场规律的规则才能上升到法律。在历史上,海商法公平价值的确立是基于当初航海业和科技的落后,人们很难对抗自然风险,所以就确立了船货双方共担海上航运风险的权利、义务内容,这和陆地法律权利、义务对等的公平价值实现途径是不同的。现在航海科技迅猛发展了,有一天发展到无人船舶运输的程度,现有海商法通过船货共同承担海上运输风险的公平价值取向会否发生质的变化? 基于这些思考,我认为可以提前作为哲学命题来判断。海商法是存在于一定历史时期的法律规范,有它的起源、发展,但最终会逐渐退出历史舞台。这一过程究竟需要多长时间,海商法在多大程度上退出,是由航运市场和航运模式的发展速度决定的。

我想强调的是,虽然时代发展很快,做海商法律研究还是应立足于当前,要坚持海商法的特色。一定要真正把海商法的特点搞清,并且要予以坚持,不能随波逐流,不能把普通法中没有特色的东西放进海商法里面。否则看似扩大了海商法的地盘,但实际上是把盐水变成淡水了。海商法在中国法律体系中毕竟是很小的一部分,如果把特色磨没了,总有一天海商法也会失去存在的意义,所以研究的时候必须要坚持特色。我每次在最高人民法院审判委员会汇报海商法案件的时候,都必须把海商法相关规定的特殊性讲清楚,否则按照普通民商法的思维就可能产生一些分歧。坚持海商法的特色研究,无论是理论研究还是实务研究,目的是使海商法的特殊性、海事海商法律关系的特殊性焕发出新的生命力。

口述人:王彦君
记录人:北京大学"口述海商法史"小组严曦冉、朱笑芸
时间:2018年11月9日
地点:北京大学法学院

26. 海商法的"旁观者"
——张永坚先生*访谈录

张永坚先生

张： 接到采访通知后，我给自己设定了一个题目，叫"海商法的'旁观者'"。我看到你们微信公众号里设计的这句话——"我们有咖啡，您有故事吗？"，觉得很有意思。在海商法领域，我一直是个学习者，一位观众，即一个旁观者。所以，不像你们已经访问过的那些有着丰富经历的前辈，我本身的经历平平淡淡，没什么故事。但是，我很喜

---

* 张永坚(1951年9月—)，曾任中国远洋运输集团总公司企划部总经理，中国远洋董事会秘书。

欢听故事，特别是你们写的那些故事我都有很认真地看。就你们的提问，我只能大致谈个人的认识和感受。

20世纪80年代起草《海商法》时，由司玉琢老师等人组成的起草小组曾邀我参加，但是当时大连远洋公司刚成立，工作千头万绪忙得很，公司不同意放人，所以我只能做旁观者。参加对立法草案的讨论不算参加立法。当时每次出差到北京，我都会去交通部黄寺招待所，去看望司玉琢老师、尹东年老师。那时的条件有限，夏天很热，他们光着膀子还汗流浃背的样子，至今仍历历在目。

一、与大海结缘

问："怎么与海商法结缘"这个问题可以说是我们故事的一贯开头，这次也不例外。您本科就读于上海海运学院，研究生在大连海运学院，您的教育背景可谓是"根正苗红"，所以想问您一开始便将海商法作为专业方向的原因是什么？

答：首先应该是与大海结缘，我从小喜欢海，对所有和海相关的事情都特别感兴趣。上小学时我参加了国防体育俱乐部航海模型小组，上中学时恰逢"文化大革命"期间学校停课，我把几乎所有的时间都用在制造船舰模型上了，后来我下乡去"北大荒"都是拎着两个船模去的。那时候周围人都知道我特别喜欢海。当时我根本不知道也没听说过海商法，幻想的是以后能建造舰船和航海。

在"北大荒"的时候，1972年国家招收第一批工农兵学员。那时候大家曾经推荐过我，但当时因为我连团员都不是，政治条件不合格，所以就没让我去。不过也算是幸运，当时如果去的话是去学医，很可能就与海无缘了。第二年的大学招生改成了"推荐加考试"的形式。当时考的内容很简单，我考试全科成绩都是优；政治上我入团后又入了党，所以各方面条件都还不错。上海海运学院远洋系属于涉外专业，按当时的政策可以优先挑选学生。当时农场场部招生办的人都知道我喜欢大海，极力推荐，结果我就被选中了。那个时候只要有机

26. 海商法的"旁观者"（张永坚）

会,大家一般都会争取从哪下乡的回哪去,所谓"上海青年回上海,北京青年回北京"。但我当时比较想到外地去看一看,志愿填报的是广州和厦门的学校,结果没想到去了上海。那一年我们农场去上海读书的十个知青,除我之外,其他都是上海知青。

到上海海运学院学习之后才知道有一门学科叫"海商法"。我是在学习的过程中逐渐对它产生兴趣。现在想来,我从来没有把学习和研究海商法当作职业,而是视其为事业。因为职业是谋生的手段,是可以退休的;事业则是要相伴终生的,是生命的组成部分。

我这辈子虽然没能从事舰船的研究制造和航海,但是最终能通过海商法和国际航运与大海结缘,让我感到自己仍然是幸运的,因为这是我喜爱的事业。

问：您在上海海运学院(1973年至1976年,当时的学制是3年)具体的学习内容是什么？有没有什么印象深刻的人或事？

答：我被上海海运学院录取到远洋系远洋运输专业。学习过程中英语所占的比重比较大,以前在中学我们学的是俄语,从来没有接触过英语,所以要从ABC这些字母开始学起。我们的英语老师都很厉害,很多都是圣约翰大学毕业的,个别的是归国华侨。英语课分得很细,有公共英语、规章英语、函电英语,并不单单与海商法有关。

学习的专业课则有远洋运输业务、船舶经营管理、航海大意、轮机大意、货物管理和配积载、船舶经济核算、外轮代理业务、外轮理货业务、港口管理、对外贸易等,学得挺多也挺杂。那时候学校经常会组织大家到各业务单位实习,甚至还到港口和码头与工人一起扛麻包、装卸船。当时海商法并没有单独成课,因为当时我们国家还没有专门的海商法立法,讲课时老师是把业务和法律糅合在一起讲,比如在讲提单、租船、班轮、碰撞、救助、共同海损、海上保险等业务的时候会贯穿讲其中的原理,这就有法律的味道在里面了。我的理解是,业务是讲如何做,法律则是讲为什么做。

本科的时候有很多讲业务的老师,如张既义(上课较多,讲概论、海商法)、尹东年(讲远洋运输业务、提单、租船合同)、常克信(讲航海、货物学、危险品、船舶油污)、王义元(讲远洋运输业务、单证)、毛侠(讲航运计划、船队管理、配积载)、宋东山(讲国际贸易)等,沈桂老师还专门教过我如何记读书笔记。

另外,魏文达先生对我帮助也很大。我们入学时"文化大革命"没有结束,当时各个学校都在反对"智育第一",人们以不学习为荣。我很珍惜重新获得的读书机会,常常是宿舍、教室、图书馆三点一线,我行我素地独往独来。我印象最深刻的是,当时教学楼下面有一个小书店,我经常去,但书店总是没什么顾客。有一次书店来了一套关于集装箱的小册子,我买了一套,正好魏文达先生也在那里买了一套,他便注意到我,说以后有问题可以问他,但不要在学校里面问,因为那时他还在被监督劳动。后来我很多问题都跑去问他,比如船舶碰撞中的期得利益损失怎么计算,他讲完之后我经过整理还撰写并发表过相关的论文。"文化大革命"之后,1979年他准备招收研究生,我很认真地做了准备,但是单位不给我开介绍信,不让我报名,把我派到中远/丹麦专家组。考试的时候我在考场外面转来转去,却没办法进去,心情非常难受。

问:那您后来去大连海运学院读研究生的契机是什么?

答:1982年大连海运学院开始招收研究生,那一年国家有了新政策,报考研究生不再需要单位开的介绍信,我就去报了名。也是在那一年,"文化大革命"以后的大学生(77级、78级)开始毕业了,我要和他们同时参加研究生考试,学校让我先写一个自学经历,再决定是否同意我报考。当年海商法专业的研究生只招一个,我很幸运,被录取了。开始单位不想放人,说交通部马上就要发文把我外派,那时候外派是大家梦寐以求的,但我还是想读书,就放弃了外派做航运代表的机会,去读书了。

我之所以选择继续读书,一是因为经过实践我认识到远洋运输业务和海商法的关系其实很密切,远洋运输业务是教你整个业务流程,应该做什么、怎么做;海商法则是告诉你为什么要这样做,如果不这样做会产生什么样的法律后果,是理论层面的东西。就像毛主席曾经说过的那样,感觉了的东西未必能够理解它,只有理解了的东西才能更深刻地感觉它。二是因为我经过学习,逐渐感觉海商法很有意

26. 海商法的"旁观者"（张永坚）

思,对它产生了浓厚的兴趣。读本科时,我国没有《海商法》,国内的内容讲的是中远的提单、外运的租船格式合同、保险公司的保险条款、1975年贸促会的《北京理算规则》等,除此之外讲的都是涉及海商法中各种制度的国际公约。我国最早是上海海运学院在远洋系开设的海商法课程,大连海运学院是在航海系开设的远洋运输方面的课程中穿插海商法的内容。

1982年大连海运学院的各个专业大概一共招了15名研究生,行政上我们是一个班,自然辩证法（政治课）和公共英语（英语课）在一起上。研究方向上基本是一个人一个专业,上专业课就是一个人一个班,当时想讨论专业问题都找不到人。

问：您在大连海运学院具体的学习内容是什么？有没有什么印象深刻的人或事？

答：我研究生的专业是海商法和国际海事处理,学位论文的研究方向是共同海损。由于海商法的其他内容都是相互贯穿或有联系的,要深入研究其中的任何一种制度,都需要了解这门法律中其他各种制度,需要从整体上把握。所以,研究生阶段的学习使我开始系统接触了海商法体系。我感觉在海商法体系中最基础、处在最核心地位的还是海上货物运输法,其他制度都是在此基础上派生出来的,或与它相衔接,或是服务于它。

我研究生时期的导师是黄廷枢先生,司玉琢老师和洪惠岭老师协助黄先生共同带我。黄先生毕业于英国皇家海军学院,还在德国留过学,做学问认真严谨,做事一丝不苟,为师和做人堪称楷模。那个时侯导师给我上课没有学时的概念,从我入学一直到毕业,他大概按照每个星期两个上午的频率以讨论方式给我上课。当时选用的教材是 *British Shipping Laws* 中的两部著作,一部是 Carver: *Carriage by Sea* 的上下册,这部书从最早的普通法的沿革讲起,然后讲提单和租船的法律；还有一部是关于共同海损的 Lowndes & Rudolf: *The Law of General Average and the York-Antwerp Rules*,因为我的研究方向就是共同海损。那时候书很少,没有什么资料,这些书都是复印下来自己装订的。当时国内没有海商法的书,上课没有教材,司老师找到一本 *Business &*

Law for the Shipmaster，我们一起翻译此书。当时还没有电脑，后来我在香港研修时，将中译文一个字一个字地誊写在稿纸上，1988 年出版了《船长业务与法律》这本书。还有，司老师和黄先生一样对我的学习倾注了大量的心血，帮我确定研究方向和修改论文。在学习期间我们合作写过几篇小论文，比如《论转换提单》《沿海运输不存在共同海损吗》这些文章。

除了学习海商法的相关课程，我还学了法学概论、国际私法、国际海事私法、民法、船艺等十几门课程。我记得教授船艺课的是王逢辰教授，尽管课堂上只有我一个学生，他也非常认真，在黑板上画船舶转圈时候的回旋轨迹，讲船舶的操纵、各种区域的航行、停船时候速度与船长的关系等。这门课考试完毕之后，黄先生说还不行，让我在寒假时上学校的船去学习一下靠离码头操作，实际体会和消化一下课堂上老师讲的东西。

我研究生毕业论文的题目是《论共同海损的发展趋势》。选这个题目的原因是，当时联合国通过了《汉堡规则》，它所适用的是与《海牙规则》完全不同的责任制原则，废除了航海过失免责。当时比较普遍的观点是认为《汉堡规则》下不再需要共同海损制度了，所以我的导师就让我论证一下这个制度未来会怎么样。为了这项研究，我其实写了两篇文章，另一篇是关于共同海损的历史——《共同海损的沿革及特点》，这是作为自然辩证法课程的结课论文，我在这篇论文中提出了把共同海损的历史划分为四个阶段的主张，总结了各个阶段的特点，这篇论文相当于是在为毕业论文作准备。其实，我一入学，在研究方向确定之后就开始准备写毕业论文，现在我对学生的要求也是这样，入学时就应该尽快确定研究方向，然后就可以有意识地搜集和准备素材，准备论文的写作。这两篇文章后来都在《大连海运学院学报》上发表了。

问：您本科和研究生分别在这两所中国最著名的海运学院学习，它们在学习内容和风格上有什么差异？

答：我本科在上海海运学院学的是远洋运输业务，海商法基本是与远洋运输业务掺和在一起上的，远洋运输业务和国际航运管理的内

26. 海商法的"旁观者"（张永坚）

容比重多一些。而研究生在大连海运学院时则专攻海商法，所以我在这两个学校学习的侧重点是不大一样的。

其实这两个学校历史渊源很深，上海的老教师不少是从大连调整过去的。1958年院校调整时，当时中国有三个主要的涉海院校，分别在大连、武汉和上海，形成了这样的格局特点：大连以海上专业为主，上海以海运经济和管理为主，武汉以船舶修造为主。当然，现在随着各个学校的发展，那种格局就又被打乱了。就海商法专业而言，大连和上海实际上没有太明显的差异，上海比较早，教师多，比较传统，远洋运输业务和商业化的氛围可能更强一些；大连后来专门设置了海商法本科的专业，开始教师少，但是发展快，现在比较活跃，其中有航海技术教育背景的教师不少。

问：看您简历，您还参加过一些培训班，能给我们讲讲这些经历吗？

答：我在1979年至1980年参加了交通部干部学校驻外干部培训班。当时中国划分两个市场，海运局是搞中国沿海运输，中远一成立就是搞国际运输。中远驻外机构很多，当时需要大量的驻外干部，所以选了一批人去交通部干部学校培训，主要的培训内容是外语，是为派出去工作做准备。

我在1982年参加了上海海运学院远洋干部进修班。这其实是对工农兵学员的一次补课，学了整整一个学期。入学时先进行摸底考试（英语考试），我获得了英语免修资格，这样我就可以不用上英语课了，省了不少时间。这期间我报名参加大连海运学院研究生招生的考试，为此请假一个月回大连复习和参加考试，考完试又回到上海继续上课。在培训结束前我收到了大连海运学院的录取通知。

1985年学校派我去香港Stevens Elmslie & Co.海事顾问公司研修一年。为此，学校让我提前半年于1984年底便进行了研究生论文答辩。Stevens Elmslie & Co.是英国最老的海事顾问公司之一，主要搞海损理算，杨良宜先生当时就在这个公司，他争取了两个名额，希望国内派人过去。我在那边主要是看书和研读案卷，也做了不少笔记。我在那第一次看到有那么多海商法的相关书籍，我回国时也带回来一大批书。他们公司的一位资深的海损理算师 R. B. Foulkes 先生给我提供了一套英国考 AAA（英国海损理算师协会）理算师资格的题，我试着一道一道往下解答，1995 年我被免职后便得空把这些资料整理出版了中英文对照的《英国海上保险问答》。

1992 年我参加的是交通部委托上海海运学院举办的全国大型企业厂长经理培训班，因为 1991 年交通部任命我做公司副总经理，当时好像规定局级干部都要轮训一遍。学习内容包括财务、经营管理、政策等。我参加的这个班是港航系统的，所以也会讲一些港航方面的内容。

问：您有想过去国外继续深造吗？

答：1985 年我从香港研修回来时，纽约大学已经与我联系好，并且可以给我提供攻读法学博士的全额奖学金。当时的公司总经理得知消息后，找我谈话说现在公司正是经营最困难的时候，需要大家共克时艰，努力劝说我先不要去，所以我失掉了这次机会。后来还有一次准备让我去英国做驻国际海事组织的代表，交通部都已经准备下批文了，但由于当时儿子生病和居无定所等家庭困难也就放弃了。诸如此类的事情还有很多，所以人这一辈子的路不知道怎么走，中途的岔路很多。

二、在中远的 30 余年

问：您在本科毕业后便开始到中远工作，一直到 2012 年从中国远洋控股股份有限公司董事会秘书的位置上退下来，可以说时间很长了，能跟我们聊一聊您在中远做过哪些工作吗？

答：我在中远前前后后工作了很长时间，从 1976 年一直到 2012 年，除了中间三年在读研究生，还有一年去香港研修。我还记得中远给我发过一个大铜牌，证明我在中远工作了 30 年以上。1976 年毕业时大连远洋运输公司在筹建，我被分配去了，开始是在干部处，没干几天我就要求调到了业务对口的航运处，当时具体做的是保险理赔。我

26. 海商法的"旁观者"(张永坚)

中间去广州远洋公司学习,当时带我的导师是史贤训,其实杨良宜先生最初的书有的就是出自他手,由他翻译或根据录音整理的。他这个人水平很高,英语很棒,是中远系统最资深的保险理赔专家,他总结了很多案例,2018年时已经85岁了。

我在中远比较重要的经历包括1978年到1979年被派去中远/丹麦专家工作组。当时交通部责成中远搞航运现代化,实际上就是中国要发展集装箱运输。因此,从丹麦的宝隆洋行请来了一批专家,这些专家来自负责港口、法律、商务、运输等各个领域,然后再从中远下面的"广大上青天(广东、大连、上海、青岛、天津)"等分公司,一个公司派一个人,组成了这个工作组。工作组的工作地点在当时的上海外滩中国银行12楼,组长就是后来的交通部部长钱永昌。这些专家上午来进行会谈,下午我们自己再消化上午的内容。

当时中国没有集装箱运输,顶多用普通的货船在甲板上装几个集装箱,用T卡写上箱号,然后把卡片插到T卡板上移来移去地进行追踪,不像现在最大的船大概能够装载两万个集装箱,离开电脑根本无法进行追踪。各种各样的单证都是那个时候制定的,比如在制定集装箱提单时,外代有位杨先生还有尹东年老师也都参加了有关活动。当时中国公路桥梁的数据我们没有掌握,所以为了实验集装箱的门到门运输,大家和洋专家们从工作地点到码头这一路上,对厂门和所要通过的各座桥以及横跨马路的电线等的净空高度、通过能力等需要进行实地测量,就是这么一点一点做起来的。1978年9月26日中远"平乡城"从上海港起锚,开启了中国第一条集装箱航线的处女航。

原来计划这个工作组需要工作三年,结果仅进行了大半年,不到一年就结束了。这时丹麦专家的系统介绍也差不多完成了,差的是之后的具体推行。当时丹麦专家认为中国搞集装箱是最有优势的,因为集装箱需要网络化系统,需要把陆路运输、港口和海上都串联起来,西方是通过企业的兼并、重组这种资本联合的途径才能实现这一点,而他们认为中国只需一个命令就可以搞定,计划经济嘛。但是没想到中国推行这个更难,就连中远内部也需要从人事到业务流程进行大范围的改革,而这种改革是很难的,所以专家组的工作后来就搁置了。

这项工作结束以后,我回到大连远洋运输公司开始做油轮船队的计划调度工作。等到我研究生毕业和从香港研修回来后,曾先后被任命为航运处副处长兼调度室主任、航运处处长、公司副总经理。

1996年至2002年我开始到中远香港集团工作,因为在集团总部工作,这个时候离航运的具体工作就远了,我开始负责中远香港集团的战略规划、企业整合、管理、考核、法律、审计、信息和综合研究等方面的工作。

总的来说,我从普通的业务员开始做起,随着岗位的变化,对海商法的认识也在变化,我认为公司的管理者应该重视法律。我是很幸运的,因为这一路走过来基本上算是比较平顺。我认识了很多在中国现代航运史上很有故事的人,他们给了我很多帮助。比如大连公司首任航运处处长王福雷,我非常敬重他。他是一位对国际航运业务非常精通的专家,可以说是航运业务的百科全书。他在我翻译《船长业务与法律》这本书时曾给予我极大的帮助,我在翻译时每逢遇到问题,都会跑到他家去请教,他总能及时地给予帮助和解答;广州远洋公司的史贤训,他是一个工作狂,做事情很快,对我工作习惯方面的养成影响很深;还有当时大连远洋公司的总经理方枕流,你们看旧版五分钱纸币上的那条船——"海辽号",他是该船起义时候的船长,在我行将去大连海运学院报到的时候,他找我到他的办公室做过一次深谈。他跟我讲他的经历,还说他年轻的时候很喜欢海商法,但是这一辈子总是没有机会,他对我能去攻读海商法很是羡慕;还有在我被免职的时候,北京总公司的赵克老师(现在已经100多岁)和朱曾杰先生(95岁时去世)常打电话鼓励我。

问:关于您1995年被免职的这件事,应该算是您工作中遇到的一次比较大的困难吧?

答:这个也不算是困难,应该是一次人生经历,这也是我自己要承担的责任。1995年1月29日,大连远洋运输公司所属"江永关"轮载运硫精矿,遇风浪导致货物发生移动,船倾覆后沉没,两名船员失踪。这是一起重大的海难及安全事故,对公司影响很大。我原来负责的是公司的生产经营、船员管理、计划统计、货运、监察等方面的工作;公司

26. 海商法的"旁观者"（张永坚）

主管安全的副总经理调走之后，他分管的安全和海事监督的工作划给我兼管，所以我需要对这起事故承担领导责任。

事故发生后，集团总公司点名要我到北京开会。会前集团领导找我谈话，说要将我免职，我说应该。接着他问我有什么想法和要求，我说没有。整个过程很简单。之后的那段时间，你可以感受到人生百态，但是感受更多的还是来自方方面面的关心，那是一种别样的温暖，其中有来自我的老师的、周围同事的、其他外单位的，大家对我很关心。其中最令人感动的是公司的黄玉山副总经理，已经临近退休做了巡视员，本可以不用上班。但是他天天到公司来陪我聊天谈心，他像个导师，我好像又读了一次人生的大学，从他那里，我获得很多的人生感悟，受益终身。

后来，集团就准备派我去香港。开始我很犹豫，因为当时有几个中远之外的方向可以选择，为此还挺纠结的。后来，集团的一位负责同志从北京来大连找我谈话，动员我去香港，希望我留在中远，并再次为我办理了去香港的护照（因为那时香港还没回归）。在免职的这一年过渡期，我整理出版了中英对照的《英国海上保险问答》，协助司玉琢老师和吴琦老师完成了对《海商法大辞典》原稿的全面校阅和修改。

到香港之后，我一下子进入了一片新的业务领域。当时中远香港集团的总裁是张大春。他手不释卷，很有才华，能力超强，工作效率极高。他的波兰语和英语都很棒，文字功底非常好。在香港工作时，除了我所分管的工作，他还委托我负责对集团文件的文字把关。他对文件内容非常讲究，要求很严格，甚至到了字斟句酌和咬文嚼字的地步，并且会区分文件传递对象进而要求文件具备不同的行文风格。他的严格要求和训练对我有很大帮助。跟他共事，极大地开阔了我的眼界。

在当时的那种情况下我仍被委以重任，这不能说是一段困难的经历。我在中远的最大收获是见识了这么多的人和事，最大的感悟就是像中远这样的国际化企业的确藏龙卧虎，我遇到了那么多的水平高、能力强、经历丰富的优秀人才。他们中的很多人未必发表过文章，但是他们的实践经验和工作成果对我国的国际航运事业和海商法体系的形成与发展起到了不可或缺的作用。和他们相比，我算不得什么。

三、海事仲裁

问：我们了解到您至今还在海仲担任仲裁员，您是从什么时候开始做这份工作的？

答：开始时间应该是20世纪80年代后期。我没找到第一份聘书，但是我对第一次参加开庭的印象很深刻，因为那个案件的首席仲裁员是高隼来先生，当时我什么都不懂，他开庭之前先跟我们介绍他的思路和那个案子的情况，分析几种可能性和应对的预案。在整个开庭过程中他对程序的把握，包括询问当事人和试图调解的方式和语气，对我而言，都像是在观摩教学一样。可以说我是从他那里开始学习如何仲裁的，不但了解程序方面的知识，还学习他的行事风格。他资历那么深，但是又很谦虚。我记得庭审结束之后他说我有几个关于海运的问题要向你请教。他的态度谦和、诚恳，令我既感到亲切，又觉得惶恐。

问：您主要处理了哪些类型的案子？有没有印象比较深刻的？

答：后来参与的一些仲裁案子，我做首席的居多，其中所涉及的合同多种多样，有运输合同、拖带合同、救助、造船或修船合同、外派船员劳务合同等，双方当事人都是中国的居多。我还有过和朱曾杰先生及尹东年老师组庭的经历。尽管那几次他们是被当事人选定的边裁，但是他们认真阅卷，积极的配合，及时提醒我注意一些问题和细节，对我帮助很大，跟他们在一起我学到了很多东西。

至于印象深刻的，我觉得主要还是我在如何做好仲裁员方面的体会。我在博客[①]里有写过两篇关于这方面的博文，有兴趣可以看一下。

---

① 参见张老师个人博客：http://blog.sina.com.cn/zyjsea。

26. 海商法的"旁观者"(张永坚)

一篇是"仲裁员的基本素质",这篇博文的缘起是,在一次案件审理时,仲裁庭双方争议不下,我发现仲裁员有时候会把自己放在了辩护律师的立场上,故有感而发写的;还有一篇是"担任仲裁员的体会(发言撮要)",是我应邀在海仲对仲裁员的一次培训会议上做的演讲提纲。

问: 您刚刚提到了中国海事仲裁绝大多数都发生在国内当事人之间,您觉得中国海事仲裁今后应该如何发展或者走向国际化呢?

答: 我所接触的案子中,国内当事人多为地方公司,一般是中小船东、贸易商或地方船厂的居多,真正的大型国有企业相对较少,因为这些大企业中的专业人员较多,处理案子的能力较强,而且自己有保险理赔部门,真正能够提交到法院或者仲裁的并不是很多。

还有就是中国公司对合同中的争议解决条款重视不够,公司里法务和经营之间常常存在脱节情况。经营的人因为注重市场,所以很多合同是沿用以前的版本,而且在交易谈判和缔结合同的过程中,往往不太注意后面的那些争议解决条款,而是根据市场的波动情况来关注运价这类条款。因此,一旦出事之后,回过头来看合同的规定,才发现有的合同中所规定的是在英国解决争议。我记得曾经有一个发生在两个国内当事人之间的长期包运租船合同(COA,Contract of Affreightment)争议案,后来出现了争议,需要找争议解决条款。但是一个合同的版本,往往是几届人都在沿用,合同修订采取"参照之前合同"这种形式,后来发现最早的合同约定争议是在英国解决,当时两个中国的大企业还跑到英国去解决纠纷,是闹笑话的。另外,还有大量造船合同约定的争议解决地点是在英国,因为国际上最常用的标准造船合同范本中的仲裁条款常常是规定在英国仲裁,在采用这类格式合同时应该注意,争取将仲裁地改在中国。当然这需要合同双方的约定,好在大家现在已经注意到这个问题,并且在逐步地改变。

另外,中国公司在承运别国的货物时,这些国家总是考虑找一个中立第三国作为争议解决地会比较好,因为他们担心如果在口国解决,当地会比较保护中国当事人的利益,而英国是一个比较传统的航运国家,它的法律为世界航运界所熟悉,英语又是得到广泛使用的语言,所以往往选择第三地时都会选在英国。虽然现在挂英国旗的船已经很少了,但是英国仍然是航运大国,因为它已经升级成"智慧型"的国际航运中心了。我之前写过一篇发表在《文汇报》上的关于香港如何成为航运中心的文章,专门论述了香港如何向"智慧型"航运中心转型的问题。英国的优势有如下几个:一是法律比较明确;二是语言有优势;三是保险市场和金融市场成熟完善;此外还有波罗的海交易所及其每日公布的运价指数,以及海事律师、中介机构等。英国做的是国际航运市场中高端的"智慧型"业务,这是值得借鉴的。

中国内地之后也要往这个方向发展。现在中国已经是国际航运和贸易的大国,中国内地的法律也在不断完善和透明,人们的海洋意识也越来越强。现在无论是业界还是学界的年轻一代都已经迅速成长起来了,他们在各方面都比当时的我们强得多,所以未来肯定会越来越好。

四、教学相长

问:您不仅涉足海商法公司实务、仲裁和学术,还在多个大学兼职教学,可以说您是不折不扣的海商法"斜杠"人士②,请问您是因什么契机进入教学领域?

答:我真正走上讲台,学习讲课,最该感谢的人首先是北大郭瑜老师。是她邀请我去北大讲课,可以说我的海商法教学正是从北大开始的。那时大约是2002年或2003年,我刚从香港回来到中远集团总公司任职。郭老师不仅信任我,而且认真与我讨论如何准备教案、掌握上课节奏、与学生互动交流等,课后还会向我反馈学生的意见。还有

---

② "斜杠"一词来源于英文"Slash",是《纽约时报》专栏作家麦瑞克·阿尔伯撰写的书籍《双重职业》中提出的概念,意思是拥有多重职业和身份的多元生活的人群——他们可能有份朝九晚五的工作,而在工作之余会利用才艺优势做一些喜欢的事情,并获得额外的收入。

26. 海商法的"旁观者"（张永坚）

吴焕宁老师、赵桂茹老师，她们也曾陪同我上过课，听我的讲座，然后认真研究和点评，建议我调整讲课内容的顺序，教我如何改进。这些对于我这个老年的新教师真是受益匪浅。

现在我每次上课之前，仍然都像是要面临大考，很紧张，反复准备，仍觉得不行。上完课，就很兴奋，有如释重负的感觉，而且总会止不住要不断地复盘，总觉得有些地方讲得不够满意，或者有所遗漏。自我感觉基本没有一次课讲得是我满意的。

问：您在这些学校讲授的课程有哪些？具体内容是什么？

答：开始我在北大是给研究生做一些关于国际运输方面的讲座，我的《国际海运公约》这本书就是在授课讲义的基础上完成的。后来也正式讲授海商法课程，本科和研究生都有，涉及的内容有国际海上货物运输和公约、共同海损、多式联运、海事仲裁、《海商法》的修改等。

除此之外，我在大连海事大学的海商法教学是自2012年起，讲授国际海运公约概论，这是海商法专业研究生的课，共36个学时2个学分。

此外，我在中国政法大学为MBA班的学生讲授过董事会运作和公司治理，这应该是公司法和上市规则方面的内容。在我指导的研究生中分别有大连海事大学、北京大学和华东政法大学的学生。

总的来说，现在的学生，比我们那个时候的基础、水平和能力不知道强多少，跟他们在一起交谈对我启发特别大，他们会从许多不同的角度去思考问题，和他们交流大大地开阔了我的视野。记得Tetley教授曾跟我说过，他对学生提出的每一个问题都不放过，都会认真琢磨和记下来，所以他的著作才能膨胀起来。我对此有同感，从与学生们的交流中的确可以发现不少值得研究的题目，正所谓"教学相长"。而且我现在的状况基本是"一年不讲话，讲话管一年"，因为平时在家看书写字，说话的机会不多。所以跟学生聊天时能够知道不少外面的情况和你们的新名词，但是你刚才说的"斜杠"我就还没听说过。

五、海商法高产学者

问：在采访您之前我们检索了您已经公开发表的著作和论文，发现真的可以列相当长的一大串，想来在学术方面您可以聊的有很多。

答：讲到学术，首先我觉得海商法领域内有三个重要的出版物值得大家记住，它们是《远洋运输》《海商法研究》和《中国海商法年刊》。

《远洋运输》是上海海运学院远洋系张既义老师负责主办的，从第二期开始就变成每年出四本，是中国当时唯一的一个可以发表海商法专业文章的平台。当时海商法和远洋运输还合在一起，这本刊物在我国《海商法》起草的过程中发挥了很大的作用。比如 Maritime law 怎么来理解？是叫海事法、海商法还是航运法？海商法应包括哪些制度？在这本刊物里面就有过很多有关文章。像魏文达先生的《1906 年英国海上保险法解释》也在此刊进行过刊登。我在此刊发过三篇文章，一篇是我在专家组时写的《集装箱的运价结构》，一篇关于沿海运输是否存在共同海损的问题，还有一篇好像是关于转换提单，这个期刊一直没有正式刊号，大概到 1986 年、1987 年停刊了。

《海商法研究》是北京大学海商法研究中心主办的，现在为止出到了第十三期。这本刊物虽然存在时间不长，但发表了许多非常不错的文章。我们国家没有一部法律像《海商法》这样特殊，它一公布出来就开始有人主张要修改它。你们看海商法的论文，基本上分为两大类，一类是释义，即怎么理解，另一类就是关于如何修法的建议。《海商法研究》发表的论文涉及领域要宽一些，可以算它的一个特色。可惜现在没有继续出了。

《中国海商法年刊》是海商法协会与大连海事大学合办，由司玉琢老师任主编，里面有很多有用的历史信息，比如哪一年召开了哪些国际和全国性的相关会议，出台了什么公约或法律法规，有什么司法动态和典型案例，以及中国海商法界对外的交往等。除了大量理论性的

26. 海商法的"旁观者"(张永坚)

文章,实务性的文章也不少。此刊后来改名为《中国海商法研究》,是现在中国海商法领域比较权威的期刊。

问:您的学术成果很多,您觉得其中值得推荐的有哪些?

答:除了《国际海运公约》[③]和《中国海商法注释》[④]这两本书,应该是五部译著。

第一本就是我前面提到的《船长业务与法律》[⑤],后来很多年都被大连海运学院航海系作为教材使用,在社会上流传也很广。

第二本是《海上货物索赔》[⑥]。它讲的是海上货物运输法,用了比较法学的研究方式介绍了海牙、维斯比和汉堡三大规则,然后又选取了加拿大、美国、英国、法国和中国这几个典型国家,说明同一个制度在这些国家是如何被理解和规定的。所以,这本书对学习海商法其实挺有帮助的。

第三本是《装卸时间与滞期》[⑦]。国际海运公约主要调整的是关于提单的法律制度,但是海上大量的货物实际上是通过租船的方式运输的,而租船运输中的典型条款其实就是装卸时间条款,就是如何计算滞期费、速遣费,对合同中一些特殊的词如何理解,比如"日历天""晴天工作日"等。如果想要研究租船运输合同,这本书是比较经典的。

第四本是 Tetley 教授的《国际海商法》[⑧]。这本书对国外海商法作了比较全面和系统的梳理,涉及海商法几乎所有的制度。这本书的特点就是把海上油污责任也放进来了,而且这本书里 Maritime law 与 Admiralty law 基本上是共用的,二者的界限已经消除了。作者在选取

[③] 张永坚:《国际海运公约》,法律出版社 2018 年版。
[④] 司玉琢、张永坚、蒋跃川编著:《中国海商法注释》,北京大学出版社 2019 年版。
[⑤] 〔英〕F. N. 霍普金斯:《船长业务与法律》,张永坚、司玉琢译,大连海运学院出版社 1988 年版。
[⑥] 〔加〕William Tetley:《海上货物索赔(第三版)》,张永坚、胡正良、傅延中等译,大连海运学院出版社 1993 年版。
[⑦] 〔加〕John Schofield:《装卸时间与滞期(第三版)》,张永坚、赵雅、时琳译,大连海事大学出版社 1998 年版。
[⑧] 〔加〕威廉·台特雷:《国际海商法》,张永坚等译,法律出版社 2005 年版。

典型国家的法律时,增加了瑞典的法律。

还有一本是我做监修的、箱井崇史所著的《日本海商法》[9]。我当时的考虑是:中国一讲海商法都说受日本海商法影响很深,因为1929年《中华民国海商法》就是从日本移植过来的,但是我们对日本海商法缺乏整体的了解。当年樱井铃二先生来中国办讲座,对中国震动很大,那是一个里程碑式的事件。所以我建议箱井教授,应该把他送给我的《日本海商法》翻译成中文,介绍给中国的读者。他很赞同,请我做监修,他的三个中国研究生每翻译完一篇就发过来供我修改。因为需要变成中国海商法的语言,所以修改的地方不少,改完之后他们再澄清,然后我再统稿,当时形成了一个有效的工作机制,很有意思。日本海商法的结构和我们的不一样,它是分散在商法典和单行法之中的,比较凌乱,通过这本书能够比较系统地加以了解,进而有助于探寻中国最早海商法的渊源。为了便于区别,箱井教授接受了我的建议,将本书中文版命名为《日本海商法》。

问:您是怎么能在繁忙的工作之余完成这么多学术研究的?

答:工作是一定要认真去做好,且不允许出差错的。除了完成日常工作,我基本上所有的业余时间,包括节假日,都在读书和写作。司老师曾经评价说,我的正常工作相当于我的"副业",我业余时间做的相当于我的"主业"。

我们上班时间是早上八点钟,我一般是六点半之前到办公室,可以说是当时长安街上亮灯较早的办公室,这样做可以让我在工作开始前有空考虑些事情。我有一个习惯,就是我办公室的桌子上不留一页纸,所有文件当天全部签完、清光。我之前看过一本书叫《蓬皮杜传》,书中提到蓬皮杜就有这么个习惯,这是向他学习的经验。至于下班以后的时间,如果没有特殊紧急情况,我一直都是待在书房。我还喜欢在床头放一沓纸和笔,有时半夜突然想到东西了赶快记两笔,事后很可能会把这个临时出现的念头扩充成一篇文章。由于我好像始

---

[9] 〔日〕中村真澄、〔日〕箱井崇史:《日本海商法》,张秀娟、李刚、朴鑫译,法律出版社2015年版。

终处于时间紧缺的状态,所以养成一个习惯,即凡事不能拖,要讲求效率,想到的事就必须马上做完。否则,就不踏实,说得文言一点就是"寝食难安"。在飞机上和候机的时候也都有不少可以利用的时间。零散的时间比较适合翻译、看书、记个札记或撮要之类的东西,大块时间则可以静下心来研究问题和写论文。

我记得我在香港工作的时候,香港《商报》曾为我开设了一个专栏来系统介绍中国海商法,前后写了差不多有一百来期。当时我还不会打字,每个星期为了赶下一个星期的稿子,我先将手稿交给秘书,拜托他帮我打成电子稿,我改完之后再寄给报社,最后在我即将离开香港时,发现已经积攒了满满一大瓶的铅笔头。那时候我一到节假日,就提前把冰箱武装好,然后就关上门不出去,一直写到实在撑不住,就跑步上太平山顶,浑身都湿透了,回来冲个冷水澡,喝上一罐冰镇可乐,觉得挺有意思的。

其实,退休之前我做学问的心理压力比较大,虽然那是提高业务水平和做好工作所需要的,但是仍然唯恐给人造成不务正业的印象。我退休之后便有了一种彻底解放的感觉,可以全天候和全身心地将所有的时间和精力投入到自己喜爱的事业中去,在表述观点时也不用顾忌各方利益或影响。

六、国际交流

问:您的《国际海商法》等书翻译的是加拿大麦吉尔大学海商法教授威廉·台特雷(William Tetley)的著作,您和他是怎么认识的?

答:其实我翻译的几本书的作者对我国都是很友好的,我到现在为止都没有付过他们版权费,Tetley教授甚至还主动帮我去联系国外出版商和自付版权费,每次写的序言都热情洋溢。我是20世纪80年代末开始跟他联系,当时是用Telex(电传)进行沟通,后来是电报和电话。开始翻译的时候,我对他书中有些地方的表述理解得不一定很准确,我就会常常询问他,即使有时差,他每次都会很耐心地解释。

我们直到 2008 年才真正面见彼此,当时我去美国和加拿大路演,路过加拿大的时候特意去拜访他,他很早就在他们法学院的门口等着我,我送他一个船模,他一直抱在怀里,领着我去看他的办公室和法学院,从他们的校长一直到大学生活动中心的工作人员,每个人他都向我介绍,并告诉他们我们是 20 多年的老朋友,今天是第一次见面。

2012 年 CMI 北京会议之前,我还曾将提交会议的文章传给了 Tetley 教授,这就像是刚过去不久的事。后来因为一直在忙忙碌碌,到了 2015 年想起来有一段时间没有与他联系。某一天为了查阅他的博客,结果却从他们大学网站上惊悉他已于 2014 年 7 月 1 日去世,遂与他的夫人 Rosslyn Tetley 女士通了电话,向她表示哀悼和慰问。他是我非常敬重的良师益友。

问:我们了解到您还有一个身份是早稻田大学海法研究所国外特邀研究员,请问这一职位具体是做什么的?

答:箱井崇史教授现在是早稻田大学法学部部长兼海法研究所所长。⑩ 他很勤奋,注重中日两国海商法学界之间的交流,他先是和大连海事大学、上海海事大学进行交流,后来听说了郭瑜老师的大名,也想和北京大学进行交流。郭老师邀请我作为北京大学海商法研究中心的代表之一,同她和张守文教授一起在北大接待了箱井教授一行。后来我曾先后分别作为北京大学海商法研究中心的代表和大连海事大学法学院的代表,两次去早稻田大学做过讲座和演讲,并和他们请的东京法官、律师进行交流。一次是谈我对《鹿特丹规则》的看法,同时了解他们的观点;还有一次是日本开始修改海商法,他们也想要了解中国《海商法》的修法动态,我前去做过一些介绍。

还有就是《日本海商法》这本书,为了这本书,他中间专程来过北京几次,我们共同策划如何进行翻译,研究和确定需要遵循的一些原则以及这本书的体例编排等。大家合作得很愉快。

---

⑩ 据早稻田大学法学部官网显示,截至 2023 年,该校法学部现任部长为田村达久,箱井崇史教授已卸任该职。

26. 海商法的"旁观者"(张永坚)

七、展望未来

问：现在全球航运业都不太景气，您觉得未来中国航运业的发展前景如何？

答：可以说全球航运市场以船东为主导的最赚钱的时候已经过去了。中国一开始发展船队是买二手船，那个时候从欧洲拉一船货回来，这样几乎就能把船价给赚回来，现在肯定是不可能了。历史上因为石油危机，苏伊士运河关闭而使船队需要绕道好望角，加上造船能力还没那么强，导致世界运力紧张；而现在造船能力很强，以前造万吨轮要几年时间，现在一年就可以造几十条几十万吨的船，而且现在的船舶向大型化、高速化、现代化、专业化、节能和智能化的方向发展，海上运输能力大大增强。现在的国际贸易结构也在变化，公司将专利和技术出口到当地，在当地就地取材、加工和销售，所以整个航运市场结构的供需关系以及航线都发生了很大的调整，话语权已经倾向于货主一方，现在是船东在求着货主过日子。

关于发展前景，我觉得对钢铁、矿石、石油、天然气这种大宗商品的货主而言，应该把运输和生产有机结合起来，使运输成为产业链中的一个环节，在利润和运输成本之间达到平衡，这样大家都能过得去；而班轮运输的客户分散，应该注重市场的维护。此外，船公司应该从安全节能、环境保护等大趋势上谋求发展，再有就是增强市场意识和法律意识。

问：最近交通运输部开始就《海商法（修订征求意见稿）》公开征求意见，您对《海商法》修改或该意见稿有何个人观点？

答：具体意见还在征集中。在几次专题会议上，除了具体意见，我曾提出关于修法应坚持的几个原则的意见和建议。

概括地讲，一是要坚持补充完善和保持稳定的原则；

二是坚持问题导向的原则，能够作为导向的问题是指司法实践中发现的法律瑕疵和空白；

三是坚持避繁从简的原则;

四是坚持重点聚焦强制性条款的原则。

除此之外,还要注重保证船员的利益、船长的权利、慎重参照国际公约等。

问:您很早就认识到要抢救中国的海商法历史,并且对我们"口述海商法史"项目一直非常支持,我们对此向您表示衷心的感谢,请问您对我们的项目有什么建议吗?

答:以前我所接触过的一批老一辈专家学者,大多在老的国有企业中,比如外轮代理公司、保险公司、远洋公司、中外运公司等。他们中有好多一流的专家,学识渊博、经验丰富,但是因时代所限,留下的著作、文章很少,而且有的相继辞世,他们的业绩,甚至名字都逐渐地被湮没了。另一方面,年轻的专家学者迅速成长,海商法从原来一片荒芜的、待开垦的处女地已经成长为比较热门的学科,但是新生代对老一辈人和他们的贡献缺乏了解,有的场合甚至出现以讹传讹的情况。

一个如今如此活跃发展的学科,其历史居然是一片空白,这种状况令人着急,还原历史非常重要。因此,撰写一部中国海商法史,曾经是我多年以来一直想做的事情,也是退休之后希望马上做的事。但是后来发现,这项工作仅凭一己之力实在难以实现,为此我曾在多种场合及私下交谈中呼吁过,要重视这件事。后来我利用博客宣传这一想法,希望能够引起有志于此的人们的关注。

大连海事大学法学院曾为此设立过专题项目,司玉琢海商法教研基金还曾资助过那个项目。他们也为此做过大量的调研工作,从私人保存的资料处和交通部档案馆收集整理了新中国成立以来历次海商法起草的文件、草案。这些材料对于研究我国《海商法》条文的历史演变过程极具史料价值。

北大的口述史团队则从史记的角度,用大广角镜头在收集记录中国海商法法律、学科、应用的历史事实和沿革。只要有实际行动,只要做了,就不会白费。你们是在抢救中国的海商法历史,你们在做的是一件功不可没、利在千秋的大事业。相信随着时间的流逝,你们所做

26. 海商法的"旁观者"(张永坚)

的这项工作的意义会愈加明显和重要。

现在的"口述史"所访谈的对象,他们的介绍还局限于新中国成立后中国大陆的情况,这部历史记录的不是中国近代海商法的完整的历史,还缺港澳台地区的部分,所以说横向有很大的拓展方向,纵向有很大的发展余地。

当然,这件事你们已经做得很好了。至于我的建议,我认为,口述史就是力求还原历史,应避免造神。它应该成为中国海商法发展的历史记录,而不是为个人树碑立传的宣传材料。

问:您对想要或正在学习海商法的同学们有什么忠告吗?

答:现在同学们的基础和能力都是我们当年无法比拟的,我很羡慕你们。其实同学们根本不需要我的什么忠告,我希望能和大家一道坚持学习,共同进步。

从对那些成功者的观察中,我非常赞同"天下没有任何成就是偶然的,只不过一般人只看到别人的成功而往往忽略了背后长期的努力和付出"这句话。在学术道路上,寂寞过的人不一定都能成功,但是成功的人一定经历过寂寞。

芮沐先生曾写过这样一段话:"'不受虚言、不听浮术、不采华名、不兴伪事',这是做人的金玉良言,也是做学问的朴素道理。"我很喜欢,把它当作座右铭。

此外,要遵守学术道德,保持批判精神,勇于自我否定。

以上与其说是对同学们的忠告,不如说是自省和自勉。

口述人:张永坚
访谈人:北京大学"口述海商法史"小组杜彬彬、寇梦晨
时间:2018 年 12 月 8 日
地点:北京市海淀区张老师家中

27. 从《海商法》起草到践行
——杨文贵先生*访谈录

杨文贵先生

杨文贵律师毕业于上海海运学院，先后获得经济学学士、法学硕士学位。1986年，杨律师被分配到交通部工作，1990年任交通部政法司法律处副处长。1989年至1992年，在国务院法制局作为《海商法》起草审查小组主要成员之一，专门从事《海商法》起草工作。1992年在美国路易斯安那州图兰大学法学院做访问学者。回国后，参与组建交通部交通法律事务中心，并任中心副主任。1997年，作为创始合伙人，与其他几位律师共同创建海通律师事务所，并任主任。现任中国海事仲裁委员会仲裁员、中国海商法协会常务理事。

---

* 杨文贵（1958年2月— ），曾任交通部政法司法律处副处长，海通律师事务所律师、创始人。

27. 从《海商法》起草到践行(杨文贵)

2018年12月11日至12日,我们在北京海通律师事务所杨律师的办公室对他进行了访问。

一、初入"海商法门"

问:您能谈谈您是怎么开始学习海商法的吗?

答:我本科是上海海运学院远洋系,学习远洋运输业务专业,拿到的是经济学学士学位。当时是刚恢复高考的第二年,一开始也不知道这专业具体学什么,到高考招生办公室领取录取通知书时,还有人说这个专业是捕鱼的,以后我有鱼吃了。后来我本科毕业时因为成绩很好,作为福建生源我被分配到集美航海专科学校(现集美大学航海学院)当了一年老师,然后在1983年时我考回上海读研究生,师从张既义老师,开始学习海商法。

问:您是从上海海运学院毕业后直接进入了交通部工作的吗?是因何契机?

答:我毕业后,原本打算去中国远洋运输总公司,因为那时上海海运学院出了一本《远洋运输》的杂志,是当时唯一的一本讨论海商法实务的杂志,上面经常看到朱老(朱曾杰先生)参加国际会议后撰写的有关海商法方面的文章,很有兴趣,所以想去那里工作,当时基本上也定了。但是,我毕业前不久,海运学院的金祖光老师到交通部出差,当时交通部正在起草《海商法》,急需这方面的毕业生,金老师向后来成为我的领导的交通部法律处处长张忠晔先生推荐了我。于是,他给部长写了签报,把我给截留了。因此,最后我就没去中远,留到了交通部。这事是我到交通部工作后才知道的。

二、在交通部政法司参加《海商法》制定

问:我们了解到您在交通部任职期间正好是中国《海商法》制定期

间,并且您也承担了制定中的许多具体工作,因此特别想请您谈谈这一段经历。您能先聊聊您参与之前《海商法》的制定情况吗?

答:我是1986年8月毕业后直接到的交通部。之前,因为中国远洋运输总公司原来是属于交通部下属的一个远洋局,所以《海商法》的起草组织工由其负责,卷宗和相关资料都在时任起草委员会办公室主任的朱老手中。我到交通部之后,根据领导的安排,朱老就将这份工作转交给了我。因为当时研究海商法这一领域的人并不是很多,所以我到交通部没多久就把《海商法》的起草组织工作承接过来,《海商法》从20世纪50年代开始起草,整个卷我都有拿到,看到上面有周恩来总理的签字,有第一届起草委员会的名单,等等。

"文化大革命"之前是起草到第九稿(1963年完成),然后交通部在1981年重新启动《海商法》制定工作,在我到交通部之前也就是1985年,交通部已经把送审稿报到了国务院,是由国务院法制局下的工业交通司负责审查,到我接手的时候《海商法》起草先后已经有了十四稿。

问:您在交通部政法司期间参与《海商法》送审稿的审定时,具体负责哪些工作?

答:1986年底以国务院法制局的名义在中组部的招待所开了一个专家会议。参与的专家有李浩培、高宗泽、任继圣等。当时国务院负责《海商法》审查工作的王世荣副局长主持了会议,提出的主要观点是立法要简单,要明了,要老百姓看得懂,不要很复杂。但是当时有的专家提出不同意见,因为《海商法》确实专业性比较强,不可能让所有的老百姓都看得懂。

这个会议开了两天,本来打算逐条讨论,但是单单总则一章就讨论了一天,后来因为没太多时间,总则好像也没讨论完。会议焦点主要包括《海商法》的调整对象是什么,用什么词(海上运输关系、船舶关系,但是对什么叫船舶关系产生了争议),适用范围(根据主体来适用,还是根据地域来适用)等,讨论了很长时间。这个会议之前的稿子有两百多条,但是可能与会议指导思想有关,之后1987年的稿子就压缩到了144条。

这次会议之后交通部也开了几次会,会议对象包括海事法院法官和交通部系统的人。但是这期间交通部主要是在等国务院的审查,配合国务院的工作,所以 1987 年的送审稿报去国务院之后就没有再出新的稿子。

我在交通部的那两年不仅负责与《海商法》的制定相关的工作,还负责了其他的工作,例如"国际海运集装箱运输管理条例"的起草等。但我真正完全参加《海商法》的起草工作主要是从 1989 年 2 月到 1992 年 2 月。因为 1987 年稿子送审后在国务院法制局搁置了很长时间,之后改革开放 10 年之际要发展海运业,所以到了 1989 年的时候,国务院法制局决定启动这个工作,就把任务交给了当时刚从副局长职位退下来的郭日齐先生,我也从那时真正开始全面参与《海商法》的起草。

三、在国务院法制局参与《海商法》审核

问:您在国务院法制局参与《海商法》审核的情况是怎样的?

答:我是 1989 年 2 月由交通部借调到国务院法制局的。由于海商法专业性很强,之前缺乏专业人才,送审稿在法制局搁置了很长时间。1989 年 2 月,国务院法制局正式成立《海商法》起草审查小组,由郭日齐先生担任组长,工交司副司长钱辉担任副组长,组员包括工交司的叶安明,他是 1982 年从西南政法大学毕业的;财贸外事司的吴昊,他是 1985 年从北京大学国际法专业毕业的,还有我,一共 5 个人,组成小组,后来钱辉不再参加。据我所知,国务院法制局是第一次就一部法律的审核起草设立专门的小组。

当时郭老重新定下了起草原则:一是国际性与先进性,要符合国际公约、国际惯例,把国际上最新的东西引进《海商法》,与国际接轨;二是要有可操作性,要细化,要可用。我认为《海商法》最后能以比较高的质量颁布与郭老当时确定的原则密不可分,此外,郭老对工作兢兢业业的精神也令人钦佩。

当时海商法的书籍很少,一本是魏文达的书《海商法》,一本是我的导师张既义等编著的书《海商法概论》,所以我们还多次专门去北图

找资料,借阅国际海上运输、保险法等外文书籍。

问:你们小组当时的工作方式是怎样的?

答:小组的工作由郭老全盘负责,第一遍就是过稿子,把原则先确定下来,根据原来的稿子,讨论哪些内容可以保留,哪些需要增加,所以一开始是一起逐条讨论。因为叶安明熟悉民法、吴昊熟悉国际法、我熟悉海商法,所以大家可以相互补充。讨论时如果对某个问题有争议,工作时间内可以解决的,就尽快解决;如果大家对某个条文有意见,上班时没解决,郭老就会要求大家下班后再研究,第二天每个人要各自拿出意见再进行讨论。郭老从不敷衍,他对工作的认真态度令我受益匪浅。

最开始的稿子包括了行政管理的内容,如船舶检验和船舶登记内容。后来小组确定《海商法》只调整纯粹的民商事法律关系,不调整纵向的法律关系,所以就去掉了。

最后确定一人负责五章,我当时负责的是第一章总则、第四章海上货物运输合同、第五章海上旅客运输合同、第十一章海事赔偿责任限制、第十四章涉外关系的法律适用。第二章船舶、第五章船舶租用合同、第七章海上拖航合同、第八章船舶碰撞和第十三章时效由叶安明负责。救助、保险等其余五章由吴昊负责,后来保险那章我和吴昊一起讨论。大概的工作方式是:大家先讨论确定每章的基本原则,然后各自草拟自己负责的章节,逐条起草后大家再一起讨论。比如第四章,当时确定的基本原则就是以国际上绝大多数国家适用的《海牙—维斯比规则》为基础、参考《汉堡规则》的部分条文,然后参考一些原先的稿子。最后我们讨论起草了三百多条条文。

经过大约半年的集中工作,1989年8月小组做出一份征求意见稿,共268条,这是第一次形成一个大稿。我们把稿子发到国务院的相关部门,包括公安部、原外经贸部(商务部前身)、法院和航运公司、保险公司等单位,大范围地征求意见。之后以国务院法制局的名义到各地开了很多会征求意见,如1989年9月到广州、深圳现场开行业的讨论会,把航运系统、货主系统的人召集在一起讨论,也和广州海事法院、广东省高级人民法院开过征求意见会。10月又在上海,找了船公

27. 从《海商法》起草到践行（杨文贵）

司、货主、法院系统开会，同时把资料寄到有关单位，我们回来之后就写报告，并把回收的各界意见根据条文顺序粘贴汇编成册，对每一条提的意见都进行整理归纳，以便后期进行讨论修改。

第二次是1990年10月有一个修改稿，然后1990年12月31号又有一个修改稿。这也是根据发出去征求的意见，或者找一些专家征求意见，回来讨论后对某些条文又进行了局部修改后形成的稿子。

第四次是1991年3月31号的比较大的修改稿，形成了"草案"。1991年5月底在北京西郊的未名山庄开了第一次全面的论证会，为将"草案"报送全国人大做准备。当时，船货双方对"草案"中针对航行过失要不要免责、延迟交付和船东责任限额如何确定等问题争议很大，国务院法制局领导想当面听听大家的意见，以便最后报国务院领导确定。当时主要还是计划经济，政企不分，外经贸部直接管理了中粮、中化、五矿、中纺和土畜等外贸企业，故而站在货主的立场。交通部管理了中远、招商局和海运局等航运企业，所以站在承运人立场。两个部在开会前分别召集了各系统内的精兵强将到北京，会前先各自召开了内部准备会，在正式的会议上双方短兵相接，对上面提到的几个问题展开了激烈的争议。会后的8月8号我们根据会上收集到的意见又做了一个稿子。后来，上面提到的几个主要争议的问题，经过当时的国务院秘书长罗干的协调得到顺利解决。

最后在10月又有一个第六次修改稿（主要是局部修改），1992年6月把稿子正式报到全国人大。在这三年中，我们四人小组先后做了六个稿子。

在整个起草的过程中，我们会不定期地就起草中遇到的海商法问题咨询朱曾杰、张既义、司玉琢、尹东年等专家的意见；就《海商法》中涉及的民法问题我们征求了社科院法学所谢怀栻、魏家驹的意见；就共同海损一章的问题我们专门到贸促会征求了高隼来先生的意见；就海上保险一章我们也不止一次地到中国人保总公司征求了李嘉华、王海明等先生的意见。同时，这中间除了征求国内各界的意见，也去了英国进行考察，以及把美国的相关专家请到国内来讨论咨询。

问：当时立法中在国际层面上征求意见的情况常见吗？能谈谈你

们做的具体工作吗？

答：考虑到英国海商法的影响，1990年5月下旬，起草小组四位，加上全国人大法工委的安建处长、最高人民法院交通庭（后改为"民四庭"）的张进先法官和时任青岛海事法院副院长的冯立奇法官，一共七人前往英国考察，与一些专家讨论问题。我们去之前专门请中远总公司的张常临先生把稿子翻译成英文稿，把相关起草中遇到的、需要从英国专业人士处了解的问题整理成了有数十个问题的问题单，提前通过英国的使馆交给一些英国专家。

在英国开了几个座谈会：

第一个是跟英国的五位资深大律师（Queen's Counsel），其中包括后来成为英国高等法院法官的David Stone先生，在伦敦中国大使馆开了一个会。印象中英国大律师提出了一些比较好的意见，比如对海上保险这一章，几位大律师都建议我们不要规定"可保利益"或"保险利益"。我们当时感到很惊讶，因为去之前大家都说可保利益这一原则很重要，稿子中也有规定。英国大律师说英国1906年《海上保险法》之所以规定可保利益原则主要是为防止赌博，但这导致了大量不必要的纠纷和诉讼。我们当时认为很有道理，接受了英国专家的意见，回来之后就把送审稿里的可保利益删掉了，没用这一条。但是后来因为保险公司不同意，认为保险法需要规定这一条，在起草《保险法》的时候又放进去了。我后来又专门研究过这个问题，也阅读了当时澳大利亚和新西兰保险法的改革报告，报告中也认为在财产保险中"可保利益"原则是不需要的，只有在人身保险中有必要保留。

第二个会还是在中国大使馆，与南安普顿大学海商法教授Robert Grime先生和一位海商法讲师开了一个会。

第三个是到伦敦劳合社保险公司，和从事海上保险实务的专家讨论了相关问题。

另外我们还去了英国的两家海事律师事务所Ince&Co.和Richards Butler，请专业的律师提意见。

最后还到了国际海事组织IMO，与里面的一些专家，包括法律委员会的负责人和他的一些同事，讨论相关问题。例如对海船（Seagoing

27. 从《海商法》起草到践行(杨文贵)

Vessel)的定义,这也涉及《海商法》的调整范围,如长江哪一段应该由《海商法》调整,哪一段不用,后来《海商法》就以海船(Seagoing Vessel)能航行到的地方作为调整范围,对此我们很受启发。

在英国考察期间,在我们去之前准备的问题都得到解决之后,我们在英国经过讨论又准备了一个新的问题单,咨询英国专家的意见。

除了到英国征求英国专家的意见外,我们还邀请了美国海商法的专家到中国。1991年5月25号,通过美国福特基金会的赞助,美国海商法协会组织了五位专家,包括三位前任美国海商法协会主席和两位海商法教授[①],来中国讨论《海商法》制定过程中的一些问题,对草案给出意见。

另外我们也征求了国际上一些著名的海商法专家的意见。如意大利的一个海商法教授,当时的国际海事委员会主席Berlingieri先生也对一些问题提出了宝贵建议。1990年年中,我们通过朱老事先把稿子和一个问题单寄给他,他在8月先提了一个书面的意见,然后1990年9月,这位老先生正好来北京开会,于是我们小组和朱老一起在中远总公司的办公室和他当面就《海商法》起草中遇到的一些问题进行了讨论。他回到意大利后又把整理的意见稿通过电传发给我们。

问:您还记得起草过程中有哪些重大争议吗?

答:在起草过程中当然有不少大的争议。例如第四章,当时原则上确定以《海牙—维斯比规则》为基础来确定承运人和托运人的责任,同时要把《汉堡规则》一些可行的条款搬进来,那么要在多大程度上采纳《汉堡规则》的条款,存在很大争议,特别是承运人航行过失免责是否要删除、是否完全适用《汉堡规则》"延迟交付"的概念。最后,"航行过失免责"保留了,"迟延交付"部分采用了《汉堡规则》的有关规定。此外,第四章还有不少条款参考了《汉堡规则》的规定,例如第42条"承运人""实际承运人"的定义、第70条托运人的责任,这些条文《海牙—维斯比规则》都没有,都是对托运人比较有利的规定。如

---

① 五位美国海商法专家分别是David Sharp、Herbert Lord、Kenneth Volk、Richard Palmer和Robert Force(按姓氏排名)。

何平衡船货双方的利益,在整个起草过程中一直存在争议。

还有现在《海商法》第 55 条,关于货物在运输中受到损害或灭失的赔偿问题,我对这一条印象很深。因为《海牙—维斯比规则》是说按照货物卸货地的市场价格来赔偿,没有市场价格,按照当地的交易所的价格来赔,我一开始也是这么写的,因为这是国际上流行的。但是讨论的时候碰到问题,因为当时 20 世纪 80 年代末,中国的主要商品几乎没有市场价格,还是受计划经济的体制影响,主要商品的价格是国家确定的,也没有交易所,那这条规定如果按照《海牙—维斯比规则》,在中国当时是不可行的。后来朱老提议按照 CIF 价来计算,就被接受了,尽管我认为不太合理。

总的来说这一条就是在当时与国际上不一样,结合了中国的国情。后来这条在海事审判中产生了很多争议,现在看来有很多不合理的地方,但是这条是适合当时的国情的。这次《海商法》肯定会修改,最新的草案已经改了,因为根据现在我们国家市场经济发展的情况,已经可以按照《海牙—维斯比规则》做类似规定了。

再如关于船东赔偿责任限制的规定,沿海运输是否按海事赔偿的一半来赔,也存在争议。其实这也体现了当时计划经济的模式。因为当时我国外贸运输都是交给中国远洋运输总公司,按照国际市场价收运费,可以收外汇,而内贸运输是交给各海运公司,运费只能按照国家定价,运费较低。所以,如果按照《海商法》统一的责任限制赔,从事内贸运输的企业可能赔不起。因此,当时交通部负责沿海运输的部门和其他从事沿海运输的企业强烈反对适用统一的船东赔偿责任限制。最后《海商法》被授权给交通部制定有关规定,国内沿海的船东赔偿限额为国际运输的一半。这其实也是体现了当时计划经济历史背景的条文。

问:国务院送交人大常委会的草案和最后颁布的《海商法》有哪些重大区别?

答:没有太多改动。1992 年 2 月在国务院法制局对《海商法》起草审查的工作基本完成后,我就去美国做访问学者了。交通部临时抽调了上海海运学院的於世成老师和大连海运学院的胡正良接手我的工作,协助交通部处理《海商法》草案在人大审理过程中遇到的问题。

像《海商法》这样比较专业的大法,全国人大常委会通常会用两到三年或更长的时间经过几次审议才会通过。我原先预计我在美国学习一年后回来还赶得上人大的审议,没想到《海商法》草案从国务院1992年6月送审到11月7号人大常委会通过,才约五个月的时间。这是因为当时的全国人大法工委副主任邬福肇一直很信任郭老,对经过郭老把关的法律草案放心;二是他本来是中波轮船公司的副总经理,懂航运,明白航运市场对《海商法》的需求很迫切,所以这也是当时《海商法》作为这么复杂的法律出台却很迅速的原因,而且条文基本没有太大的改动。

问:您在整个参与《海商法》起草立法的过程中重要的感受有哪些?

答:一是我感到自己很幸运,有机会参与了《海商法》的起草过程中最重要的阶段,而且,这段经历对我后来做海事律师颇有助益。

二是1992年的《海商法》反映了当时我国海商法的研究和立法水平。我1986年毕业时,全国海商法毕业的研究生只有十多位,其中约有三分之一毕业后就出国了,另外三分之一去了企业,大概只有三分之一从事教学和研究。海事法院审理海事案件也只有五六年的时间。尽管当时基本上所有从事海商法教学、研究、审判的人士都参与了《海商法》起草过程,而且还有民法等领域的专家也提出过宝贵的意见,外国专家也做了贡献,但在今天看来《海商法》还存在不少问题。

另外当时中国改革开放刚10年左右,基本还是计划经济体制,所以《海商法》的一些条文,如第55条,都带有时代烙印。现在的使用者需用历史的眼光看待这类条文。

尽管现在看来《海商法》还存在不少问题,但是,当时《海商法》出台时在国际国内上都受到了好评,因为立法技术先进,国际化色彩鲜明,把一些国际上的公约都放进去了。此外条文也很细致,实用性较强。通常人大颁布一部较大的法律后,最高人民法院一般都会再制定一个完整的司法解释,但《海商法》却没有制定一个完整的司法解释。最高人民法院在《海商法》颁布后不久曾经试图搞过统一司法解释,但放弃了。其中一个原因也是由于《海商法》本身规定得比较细,可操作性也比较强,在国际上比较先进,所以没有太大必要。后来,最高人民法院只是根据多年的司法实践分别制定了几个专门司法解释,如无单放货、船舶碰撞、海上保险等。

问:您曾经深度参与《海商法》制定,您对当前的《海商法》修改有什么看法吗?

答:关于《海商法》修改的讨论了至少有 10 年了,自 2018 年以来修改的进程加快了,我也参加了一次专家征求意见会。我认为确实有修改的必要性,因为很多新的公约、国内法律相继出台,故而需要对《海商法》进行一定程度的调整。此外,《海商法》颁布以来中国的市场经济也有很大的发展。我觉得《海商法》增加船舶污染那章没有问题,除了个别地方外,沿海运输和国际运输可以统一放在一章,但是并入内河运输我个人认为有很大难度,因为内河船舶和海船从船舶设计、安全管理等方面,不论国际公约还是国内法律的规定来看,差别都太大了。另外,《海商法》的修改需要有几位专家沉下心来,专心致志,要有工匠精神。

四、海事律师生涯

问:您 1992 年去美国是在哪学习?

答:我是在图兰大学(Tulane University)做访问学者。在起草《海商法》的时候,交通部有两个学习的机会,一个是 British Council 奖学金,资助去英国学习,另一个就是图兰大学的 Robert Force 教授主动邀请我去做访问学者,并且提供我第二年的奖学金。后来我就去了图兰大学,这个奖学金确实也给我了。图兰大学的海商法在美国是最强的,主要是 Robert Force 教授在主导研究,还有另外一个教授。不过我觉得学海商法还是要到英国去,英国是国际海事争议解决的中心。

美国的海商法有其独特的地方,比如对人身伤亡赔偿很重视。在美国学习的课程中有很多有关人身伤亡的内容;他的很多法律如

27. 从《海商法》起草到践行（杨文贵）

Longshoreman and Harbor Worker's Compensation Act 都涉及这一方面。在做访问学者的第一学期，我当时的体会就是美国海商法和国内的重视点不太一样。在 20 世纪 90 年代的中国，一个渔民死亡了也就赔个几万块钱，赔得很少，美国完全不同。我当时在美国律所中看到，就算只断两个手指可能都要赔将近七八十万美元。当时中国的《海商法》关注的比较多的是货物的灭失损坏、船舶碰撞、污染等领域。我感觉在那里学到的和我们在国内起草《海商法》过程中碰到的问题还是不太一样。所以我在图兰大学待了一学期，总共是三个月左右后，就到纽约的律师事务所实习去了，后来又到费城、西雅图的律所实习，相当于转了美国一大圈。在实习的过程中，Robert Force 教授通知我图兰大学可以给我提供 13000 美元左右的奖学金，供我攻读一年的海商法硕士学位。后来考虑到出来前并未向部里报告读书的事以及其他个人原因，我还是放弃了。Robert Force 教授感到非常惋惜，他告诉我在美国读法律很难获得奖学金。

问：所以您从交通部这样一个体制内的工作转到律师行业纯粹是一个机缘？

答：也不纯粹是，因为我当时在美国的律师事务所实习时接触了一些当地的海商法律师，就像我说的，我在纽约、费城、西雅图的律师事务所实习过，虽然我在美国没怎么学过法律，但他们带着我一起研究，讨论一些案子，并带我到法庭观看庭审，我就突然觉得做一名律师（诉讼律师）其实挺有意思的。我是 1992 年 2 月出去的，差不多 1993 年 3 月左右回国，历时一年左右。回国以后，刚好交通部正在组建"交通法律事务中心"。组建的原因是中国经过改革开放十几年，沿海经济发展很快。当时的经济体制是，各部委下面都有许多直属企事业单位，交通部下面的中远、海运局、港口等许多大型国有企业都是交通部直管的。交通部下属的企业经常会碰到一些疑难的案子，或者碰到一些他们认为不公的案子，就会反映到部里，看能不能通过上级单位去和最高人民法院、最高人民检察院及相关部门协调、解决这些案子。当然不只交通部，还有很多部委都设立了类似的法律事务中心。它不是公有单位，属于事业单位，交通部借了我们 19 万人民币开办费。当时青岛海事法院有个副院长,姓冯,叫冯立奇,他就到北京来做主任,我刚好于1993年回国,就做副主任。因为我1990年在交通部就是副处长,回来以后中心也是一个处级单位,我就理所当然地做了这个中心的副主任。当时正好《海商法》颁布不久,并将于1993年7月1日实施,我又参加了《海商法》的起草,我和冯立奇就到交通部的一些港航企业去宣讲《海商法》。在宣讲的过程中,有些企业就会将它们单位遇到的争议拿来咨询我们。我们就边宣讲,边接手一些案子,我就是这么开始做海商法律师的。我在中心工作到1997年,1997年7月我和其他两位律师一起成立了海通律师事务所。可以说,我做海事法律的律师就是在这个交通法律事务中心起步的。

问:那现在这个交通法律事务中心还存在吗?

答:现在没有了,体制改革之后,它就和其他机构合并了。我现在还有一个合伙人当时也是和我一起的,他当时是在中远的法律部。还有几个人我们就一起成立了海通所,然后一直工作到现在。

问:您觉得现在海事律师业务如何?是否会有海事律师"吃不饱"的问题?

答:我个人觉得中国海事律师趋于饱和,这主要是因为中国有好几个海运院校培养了大量的海运人才,这在全世界是少有的,有大连、上海两所海事大学,集美大学有一个航海学院,武汉理工大学还有个航运学院,不少大学还开设了海商法课程。当然,海事律师主要还是来自于上海海事大学和大连海事大学,现在全国主做或兼做海事的律师有约二三百人,但是真正做大的只有那么几家。有几家主要代表船东,还有几家主要代表货主、货运代理,或者代理其他边缘性的海事海商案子,完全以海运为主业肯定是"吃不饱"的。

但现在完全做海事海商案件的律师可能不会很多,不少律师可能会以海事为主业,也兼做些其他业务,比如做保险、海运反垄断、船舶买卖、船舶融资、国际贸易等,这些业务与海运都是关联的。做过海事海商业务的律师再做国际贸易等业务就比较容易了,因为海事海商案件是相对复杂的。做海事律师,法律是最基础的知识,英语还要好,还要懂海运业务。为什么很多海事律师基本都来自于大连、上海这两所

27. 从《海商法》起草到践行（杨文贵）

大学，就是因为它专业性很强。现在不少律师因为"吃不饱"就改行跳槽去了其他的行业，因为海事大学英语学得比较多，英语基础比较好，再转做别的相对会容易一些。

问：最后，您对海商法方向的学生有什么寄语吗？

答：如果你热爱大海，海商法这个专业肯定是不错的选择。在20世纪80年代末至90年代初，上海海事大学的远洋系（现在应该叫交通运输学院和法学院了）下属的远洋运输专业，还有海商法专业，都是非常热门的专业。我不知道现在的高考制度怎么样，当时的专业会拼分，就是说这个专业在整个上海海事大学的分是最高的。因为它分配得比较好，学海商法和远洋运输业务的毕业生绝大多数都分配在沿海城市，如中远公司或国有进出口公司、贸易公司这些好单位。我1978年考入远洋系时，还要政审，就是家庭出身不能有太大的问题，因为是涉外专业。所以这个专业在很多家长看来，对学生的择业有帮助。但据我所知海商法专业前些年在航运市场好的时候找工作好像都没什么问题。这几年航运市场不太好，我不太了解这个专业的就业情况。从择业角度来说，如果你要做海事律师，可能男生会更合适一些，因为要到现场、到船上去，所以从方便的角度上讲，可能男生会更合适一些。当然女生可以到公司去做法务。

因为我们赶上了中国大发展的时代，所以我开始做律师的时候，不用去做 marketing，因为不需要做。那时海事律师少，案子多，在办公室接的案子就忙不过来。现在情况不一样了，现在要做海事律师，当然不能只掌握这一门业务。比如学了海商法，最好再把海商运关联的一些业务，如国际贸易、保险、船舶融资等，再掌握一门，这样对就业会更有好处，因为众所周知，海商法是一门特别窄的学科。

口述人：杨文贵
访谈人：北京大学"口述海商法史"小组白雪、方傲兰、杜彬彬
时间：2018年12月11—12日
地点：北京海通律师事务所

28. 中远海上保险元老
——史贤训先生*访谈录

史贤训先生

  史贤训先生曾参与创建广州远洋运输公司,并在此一直从事船舶保险投保、事故处理、保险索赔及非保险事故处理工作达 40 余年,经手处理的事故不下数千宗,积累了丰富的实务经验。作为中远从事保险的专家和元老,他参与、经历和见证了中远系统海上保险事业的发展历程。2018 年 12 月 23 日,访谈人利用在广州实习的机会,来到史

---

 * 史贤训(1933 年 9 月—),中国远洋运输总公司高级经济师。长期在广州远洋运输公司从事船舶保险投保、事故处理、保险索赔及非保险事故处理等工作。

28. 中远海上保险元老（史贤训）

先生的家中,见到了这位年逾八旬依旧精神矍铄的老前辈,一个上午的时间,史先生的娓娓道来向我还原了我国远洋运输业发展的历史。访谈过程中史先生多次向我确认细节是否有遗漏,访谈结束后又亲自对访谈稿进行修改,从史先生的身上,我看到了我国远洋运输实务界第一批元老工作人员的严谨和认真。

一、在远洋公司工作 50 余年

问：史老您好。请您简略介绍一下您的个人经历,可以吗？

答：我从福州鹤龄英华中学和厦门英华中学毕业后考入集美水产航海学校航海科 26 组,学的是驾驶专业,于 1953 年毕业。当时的福州鹤龄英华中学是著名教会学校,学习风气浓厚,对英语的要求很严格,这对我打好英语的基础起了很大作用。1953 年毕业之后我被分到汉口长江航运管理局劳动工资科工作。1954 年我被长江航运局被选派,进入大连海运学院英文班学习英文和远洋业务管理。1956 年 9 月结业后我被分配到交通部远洋局国际业务处工作。

那时候国人没有海商法概念,Maritime Law 是没有人听说过的,航运学院也没有教此课的老师。那时候远洋航运业才初建不久,我应该算是第一批远洋的年轻职工了。

1958 年 8 月交通部在广州建立远洋局驻广州办事处,我在 1960 年从北京调往该办事处工作。毫不夸张地说,我大概是国内从事船舶保险工作的第一人,从事这项工作 40 多年,使我积累了一定广度和深度的经验。

1978 年国家实施改革开放,开始引进国外知识。我喜欢读英国出版的《世界航运周刊》,当时杨良宜先生是香港著名的仲裁员,在该周刊上连续发表数篇有关海商法的文章,我就常常阅读它们,觉得这些文章对国内的航运业务很有用。我边学习边翻译这些文章,翻译了 20 多篇,汇总起来出版过一册关于杨良宜先生的海商法论文集,向国内有关航运单位征订出售。后来杨良宜先生经常被国内院校及单位请到内地讲课,对增进和扩展国内远洋从业人员的海商法知识起了引导的作用,功不可没。

自从在北京办事处工作,我就在做船舶保险工作,向人保投保,向人保索赔。我可以自豪地说,我是在这个岗位上做得最久的工作人员了。后来公司为培养年轻的理赔接班人,把我抽调离开了这个岗位,调往坦桑尼亚的达累斯萨拉姆以及新加坡在中远的合资远洋企业工作。我在远洋公司工作的 50 多年当中,都在做处理事故,聘请律师,和国外打官司,向保险公司索赔,和索赔人直接处理案件等工作。我深深感到,学海商法并做我这项工作,英语一定要好。对外联系、往来信件和电报等阅读起来才能正确理解,不会出差错。尤其当国外来索赔时,要联系打交道,如果不赔,理由是什么,这些都要靠写英文电报、信件来辩驳,大概在远洋公司里面运用英文最频繁的就是我所负责的这摊子事了。

问: 您曾经在处理一起船舶危险品案件时受到过交通部表彰,能不能请您具体介绍一下呢?

答: 我还记得我与事故处理工作组人员一行四人,在航班飞行中度过了 1970 年的元旦之夜。当时我们是经由香港出去的,到了香港再飞去土耳其,赶往事故发生的地点土耳其马尔马拉海,处理"广水轮"的碰船事件。当时"广水轮"被碰以后,连接两个船舱进水。船上装的是从罗马尼亚进口的电石,所以船舱进水后和电石发生了剧烈化学反应,产生大量的乙炔气体,像是臭鸡蛋的味道。这个气体很危险,如果遇到火花,就会全船爆炸。远洋公司派了我们四人小组来协助船员处理这个事故。到了现场以后,经过与全体船员的共同努力,将船舱破口用货物的框架及买来的床垫做成一个大平垫板堵上,然后驾船慢慢航行,一边朝向着西面希腊的一个小港航行,一边清除船内的石灰水以便创造可以用明火修船的条件。当时天气很寒冷,我们和船员一起轮班,日夜不停地作业,忍着下肢烧灼的伤痛,最终到达该港口,进行下一步的修理工作。最后使此船以最小的经济损失避免发生推定全损,还修好了船,这条船通过自救安全地驶回了上海港,得到了交通部的表扬,工作组成员也得到了不同程度的嘉奖。

28.中远海上保险元老(史贤训)

二、广远公司的筹建、发展

问:听说我国是先有广远分公司,后有中远总公司,很多年后才陆续成立其他远洋公司。能不能请您介绍一下当年筹建广远分公司的情况?

答:我1953年从集美航海专科学校驾驶科毕业。读了三年,本立志上船当远洋船长的,但是我刚毕业的时候,中国没有挂五星红旗的船。国内的航运公司体制还没建立,更谈不上有远洋船队。我在大连学了两年英文后,从大连海运学院外文班,分配到了交通部远洋局。当时为打破美国和国民党当局的封锁禁运,中国准备成立自己的远洋船队,故开始培养远洋的职工和干部。因为我是学驾驶的,又学了外语,所以有幸成为我国从事远洋运输事业的一员。当时进入远洋广州办事处的还有大批海洋转业干部,他们成为船舶的政委、公司各部门的领导。还有从华南各港口、公司的经理转来的干部以及从上海、武汉、大连海运院校分配来的毕业生,他们成为了分公司岸上、海上的职工和业务骨干。

从1958年远洋公司驻广州办事处到1965年10月成立分公司,中间过了七年,我们就有了几条悬挂五星红旗的、真正属于中国远洋船队的船了。我也是从1958年开始做办理这些船舶的保险理赔工作的。

问:您刚刚提到广远公司成立前是远洋公司在广州的办事处,请问是怎么样的一个契机下才有船的呢?

答:大概是从1959年那个时候,中国在国外买了一条快要报废的老旧的法国客轮,这条船算是新中国远洋船队的元老了。后来还有波兰、东德造的船,即通过买旧船、造新船,来发展中国远洋事业。买船是由中国机械进出口公司出面在国外买,由该公司交给交通部,再由交通部交给远洋公司来经营管理、调度指挥。买船的钱来自国家银行的低息贷款。因为当时国际市场船价很便宜,正是大量购买二手船的好机会。几年之间,中国就买了大批的老旧船,最多时曾达到150多艘。新中国就这样成立了自己的远洋船队。

除了这批五星红旗船之外,还有一批合资船,由合资公司经营,如中波公司,后来又有中捷海运公司、中国—坦桑尼亚海运公司、中国—阿尔巴尼亚联合海运公司等合资企业。这几个公司都对中国远洋的发展起了一定作用,培养了大批船员和管理干部。我也曾在后期外派到中国—坦桑尼亚联合海运公司工作了两年。

中国首批自己的远洋船是从广州开始有的。因为那时候美国和国民党当局对中国施行海上封锁,以致南北线不能通航。广州分公司成立运作了一段时间后,国家陆续成立了上海、天津、大连和青岛分公司,并从广州抽调了一批船到这些分公司去,船员和干部也抽调一部分去帮助这些分公司发展。所以广州是中国远洋运输事业发展之摇篮。现在中国的远洋运输船队,听说是世界上综合性最大的船队,有杂货船、油轮、半潜水式船、集装箱船、特种运输船等。2018年8月是广州办事处成立60周年,还开了一次纪念性座谈会。

三、广远的航运保险业务

问:请问广远是基于什么考虑来安排船舶的保险的,保险公司、投保的险别、保险条款又是什么情况?

答:船在海上航行时会遇到各种各样的危险,一定要天时、地利、人和再加上成熟正确的技术力量才能顺利航行,否则触礁、搁浅、碰撞随时都可能发生。因为每条船都可能值上百万美元,甚至上亿美元,都是人民和国家的财富,所以需要投保。但是航运风险那么大,不能把这样的风险全留在国家自己的手里,否则一旦损失就是国家的损失。要把这些可能的风险通过国际保险市场分散出去,分到外国保险公司手里去。所以就有了再保险(re-insurance)的概念。

关于分保,各公司有各自的政策。中国的远洋船队是由国家成立并指定由中国人民保险公司做保险人。但是保了之后,要把风险分出去一大部分。比如一艘船价值 100 万,中国保险公司可能只承担 60—70 万元的风险,剩下 30—40 万元就拿给外国保险公司去承担。如果这条船沉掉了、全损了,中国保险公司要赔 60 多万,从国外再拿回 30 多万,这条船的损失就全补回来了。这样国家和远洋公司就不会受到因大事故造成的实际经济损失,企业发展也能够得到保障。

问:请问当时有什么样的保险公司呢?

答:保险业是一个很赚钱的行业。人寿险和财产险是两大项目。另外还有特殊的,如放卫星、造飞机、海底探险等也有保险。船舶建造好了之后就要派一组人上船,接船的船员应当在接船当天立即打电报通知广州分公司,这条船的风险就从接船的那天零时开始由广远来承担了。广远接到船上电报以后,要马上向人保的广州分公司投保。

广远的船投保找的都是人保广州分公司。虽然当时人保公司在上海有、青岛有、大连有,天津也有,但是中远在那些地方还没有成立分公司,也就没有自己经营的船,所以那时这些城市的保险公司没有承保船舶险的业务。

问:请问当时广远的船都怎样投保保险的?

答:我记得都是投保全险(All Risks)、附加 1/4 碰撞责任以及不保油污责任,这样投保既能保障风险又能节约费用。承保之后,保险公司再发保单给我们。

当时投保险有个免赔额,比如定为每起保险事故免赔额为 500 美元或者 1000 美元,就是说船方发生了保险事故,要自己承担 500 美元或者 1000 美元的责任,剩下的由保险公司赔偿。有的是超过一定额度就全赔,赔的时候就不扣了,把损失全部赔给你。也就是说在损失额以下的,有两种索赔和赔付办法,一种是索赔额是合理的,人保要全赔;一种是人保扣除免赔额后再赔付。比如一次保险的损失修理费 3500 美元,我定的免赔额是 500 美元,我向人保索赔 3500 美元,人保可扣除这 500 美元后赔我 3000 美元。也就是说,小金额,即在 500 美元以下的损失就不用索赔了,这一免赔额大小在每年投保时都可以谈,根据前年船队损失的案件数量、金额大小等重新确定免赔额。可能今年 1500 美元,明年 2000 美元,免赔额越大,保险费率就越低,免赔额越小,费率就越高。这样规定是为了让船东有利可图,鼓励船方改进安全状态。

问:当时的保费是多少呢?关于分保的情况能否再详细介绍一下呢?

答:保费按照美元计,一般是按船舶投保时的市场船价作为投保船的保险金额,一条船所需付的保险费要几万美元。但在实际操作上,船的投保金额基本不变,除非市场价出现大变动。

分保可能是船队的或者单独船只的投保金额拿到伦敦市场上去分保。比如说一条船值100万美元,拿出100万的其中一部分到保险市场找分保,可能有一家,也可能有几家,来一起分担这个风险,他们各自评估此船的风险,有感兴趣的就做保险人。一条船的风险除了国内负担的之外,剩下的都分担到国外。中国远洋船队是国际保险市场上一块很大的肥肉,当时远洋船队管理比较好,损失比较小,有赚头,所以分保人都愿意承接中国远洋船队的分保业务。这样对中国的保险事业也有好处,中国保险业要发展,也必须要分保,这样才有国际间的交往。我经常和船员谈保险的事情,船长和船员其实只知道有这回事,但不了解具体情况,他们认为出了事故报告公司就行了。

当时主要是通过中国的保险公司去分保,保险公司专门有个分保部。国家有规定,不允许我们自行去接触国外的保险公司。但国家也认为想要中国的保险打到国际市场去就必须要分保,这样才能与国际保险市场有联系。可如果不找中国保险公司投保,它没活干了,国内国外就没有联系,中国的保险公司就得不到发展了。

问:据说1973年之前中国曾经有一段时间停止了船舶保险,这段时间是通过什么措施来对抗和分散船舶海上风险的?后来为什么又恢复了海上保险?

答:"文化大革命"的时候不投保了,当时的观念就是说为什么要交保险费,可以不交保险费的,把这笔钱留在公司账里来应对事故损失,风险就全部由公司来承担。出现这种情况的原因主要是"文化大革命"时思想受到了干扰。但是不投保了,保险的业务在国际上就没

28. 中远海上保险元老（史贤训）

了，会影响保险业的发展，所以"文化大革命"之后一切恢复正常，保险也恢复正常。就重新按原来的安排投保了。

问：当时是否与国外的保赔协会有过业务交集，情况怎样？

答：保险和保赔协会是两码事，当时中国没有保赔协会，是经过外国的保赔协会人员介绍后，我们才知道需要有保赔协会。主要是承保保险公司不保的风险，所以也叫作船东互保协会。有了保赔协会，船东所面临的经营上的风险就得到了完全的保障。保赔协会对当时的中国来说是一个新事物，几年以后，我们也发觉，既然中国有船，为什么不能通过组建自己的保赔协会来承担保险人不承保的风险呢？后来就在远洋总公司的牵头下，召集了各个分公司开会，大家都同意成立自己的保赔协会，最终在北京的一个胡同民居里成立了中国保赔协会。当时各个远洋分公司都派人参加表示支持，所以中国也有了保赔协会。

问：您一辈子都在从事海上保险理赔的工作，见证了新中国海上保险发展的历史，能否请您谈谈中国海上保险发展历史沿革的大致脉络？

答：实际上我刚刚也提到过一些。最初外文班结业之后我被分配到交通部远洋运输局，那个时候我是跟中国人民保险公司北京总公司联系，总人保只有一个姓张的老职工和我联系船舶保险业务，这是船东和保险公司发生业务联系的开始。估计这位老先生从新中国成立前就从事保险业务，是从旧社会过来的老保险人员，他也是承接保险业务的第一人。旧社会也有保险公司，做各种财产险、人寿险等，但是新中国没有船舶险，国家没有船哪来的船舶险？后来我又和人保总公司的年轻的保险人员联系，绝大部分时间我都是和广州的保险人员联系。那个时候没有人懂这项财产险，这些人有些是从外语学校毕业的，有些是中山大学毕业的，大家都是在实务中慢慢学，边工作边学习，逐步熟悉，逐渐成熟起来。就连海事法院的人也没有海事这方面的专业人才，都是从海运学院分配去的，慢慢开始处理海事业务，成为了法官，中国的海事立法司法就是这样逐渐发展起来的。

问：在您从业生涯中，广远船舶险投保的情况有发生什么变化吗？

答：从"文化大革命"之后恢复投保，一直到我退休为止，广远船舶保险业务都没有太大的变化，一直在中国人民保险公司广州分公司投保，保险条款也没什么大的更改，比较适应实务中的发展。以后的天津、大连、青岛也有了各地的远洋公司和当地的保险分公司，它们主要开展当地的船舶保险业务。

问：您职业生涯中处理过大量船舶和货物的保险理赔案件，有哪些印象深刻的大案、要案？有什么感受和体会？您是如何总结经验教训来做好这项工作的？

答：虽然我现在已经退休了，但几十年的船舶保险经验让我感觉到：第一，要喜欢这项工作，知道你所做的一切都是工作的需要，远洋发展的需要。其实保险这项工作在远洋业务中不是最重要的，只是补救、补偿，技术保障、调度管理都比它重要，所以我们只是补偿损失的专业。此外，这项工作的性质决定了你要涉外，要使用到英文，要能说、能写、能辩论，才能有坚实、良好的工作条件和基础。还要身体好，因为随时可能发生事故，可能48小时内就要出发赶赴现场。案件处理中最复杂的就是船与船的碰撞。如果是在中国的领海内发生碰撞，那么中国法院有管辖权；如果是在欧洲沿海印度洋大西洋发生的碰撞，那么中国法院管不了。比如，在碰撞以后，如果最近的港口是伦敦，双方就协议在最近的伦敦法院进行处理，选择伦敦法院享有管辖权。在其他任何海域发生碰船也可协商都由伦敦法院管辖此案。碰撞比较复杂，公司工作人员又无法迅速方便地前往，这时就要聘请当地的律师或者英国的律师与对方协同处理。

问：大概都是去哪个法院处理得比较多呢？处理结果一般都是怎么样的？

答：去英国处理的情况多，毕竟是老牌资本主义国家，拥有几百年的海上大国的历史，对碰撞案件有处理经验，航运界一般认为它也比较公道。有些大案子基本都是律师替我们处理的，让当地的律师与我们协商后做重大决定。出庭方面，我们能去就去，不能去就不去，全程委托英国律师处理，通知我们结果就可以了。

案件的律师费用应由公司来支付，但实际上因为船舶有保险，所以都由保险公司支付。律师费用也可以分保出去。当然,请律师也需要保险公司同意,需要和保险公司保持沟通。

碰撞案很少出现100%由对方承担责任的处理结果,我方多多少少也要承担一定责任。即使是你停在那里,也很难说百分之百没有责任。因为你有守望人员,要注意来船动态并发出警告,放锚链,采取措施避让往后退。责任分摊比例一般是三七开、四六开或者平分。

问:关于碰撞等航海事故的处理您有什么经验总结?

答:我写过几宗船舶保险案件的处理报道文章,在航运月刊《远洋运输》上发表。如一旦发生碰撞,船长紧急处理之后应打电报或电话报告公司,报告事故地点,对方船名船籍。如果对方逃逸就报告当地的司法机关,马上请伦敦的律师,到事故地点或事故后第一个靠港向船员了解现场情况,记录口供。

请英国律师除了考虑律师行之外,主要是要考虑请优秀的律师,特别是为我们办过案件又有赢过的经历的,就连续委托。船舶碰撞的地点各不一样,英国律师可以立刻飞过去。他们没有国家审批问题,大概他们受命后一到两天之内就到了。律师会现场登船向船长录口供,收采有关的航海日志方向仪以及海图轮机日志车程记录等实物。除了船长之外,任何人上船都不能向他们暴露有关情况,对陌生人一律不可以讲,只能是向我方的律师讲。

问:《海商法》实施前,保险理赔的争议案件是依据什么规范来解决的?工作人员的知识来源主要是什么?

答:主要是按英国的普通法(Common Law)、避碰规则、救助条约、提单相关条款和有关的海事处理案例等规范来处理。因为是世界公认的普通法,大家都遵守。《海商法》颁布之前,从业人员的知识主要来自于实践,尤其是在和外国律师接触的过程中学,逐渐地对救助案件、碰撞案件货物理赔等有所了解。通过经验的积累,外国律师在处理案件的时候,我们也会进行监督。记得改革开放之后,建立了广州海事法院,广州海事法院初创时还邀请我们商务科领导去做顾问,以后他们自己通过处理各种海事案件也有了经验,逐渐成熟起来,现在已经是很有威望的海事法院了。

四、对海商法的看法、对年轻人的寄语

问:中国《海商法》实施后,对您从事的海上保险工作有什么影响,感觉与以往相比有什么不同?

答:《海商法》及一系列有关海运工作的法律颁布后,就感觉法律概念更加清晰了。比如,会在工作时立马想到提单条款,我们有没有责任,有没有可以引用的免责条款,可以免责。以前没有读过碰撞规则,现在要迫使自己懂航业规则,对应负多少责任心里有准备。有这个概念了之后谈判起来也更加方便。

问:您参与过中国《海商法》的制定、讨论等方面的工作吗?有什么值得回忆的经历?

答:没有参与《海商法》修改的讨论,只是当时参与过保险公司保险条款的讨论。总的原则是条文必须要合情合理,平衡各方的利益。

问:听说您以前发表过不少专业文章,可以介绍一下吗?

答:大概是一个上海海运学院的刊物,叫《远洋运输》的,我在那发表过几篇关于船舶碰撞案件介绍的论文。主要内容为:介绍事故发生的时间、地点、原因,如何打官司,如何请律师,律师的案件分析思路,我们的责任在哪里,我们的过失在哪里,应当承担多少责任,经过努力之后,最后的结果是怎样的,等等。实际上这些文章既给船上驾驶员看,也给海运学校的学生看,因我未想过要留这些文章,故而现在找不到了。

问:退休后您在律师事务所做过哪些工作?对现行的《海商法》或海上保险业有什么想法和建议?

答:我从中远公司退休之后又在海事律师事务所工作了14年。70岁以后因年纪大了,没有资格领取律师执照,故不能任律师,所以没有出过庭,只是担任英文组长,给律师事务所里面的年轻律师助手们把关英文文件的质量。

改革开放的初期,当时的律师事务所如雨后春笋般多了起来,从

28. 中远海上保险元老（史贤训）

业人员也开始多样化。海事案件所涉金额往往比较大,有几十万美元或上百万美元的,律师办一个案子,报酬能拿个十几二十万美元都是可能的,油水很大,所以大家都愿意干,随着从事相关案件的律师多起来,蛋糕也被瓜分殆尽。

就海上保险业而言,我的想法是,要讲国际平衡,不能够太抠,不能够太严格的免责,什么都免责是不行的。船要往国外跑,提单也就要按照国际上的标准来制定,大家说承担的我们应该承担,大家说免责的我们也应该免责。比如国际上要求事故发生后,必须在事故发生一年之内提出索赔,如果规定半年就必须提出索赔,否则就丧失索赔权,自然与国际规则相悖。大家都承担的责任你要承担,大家都一样才能走向国际市场。

问：那您觉得在海商法当中哪一方的利益更值得保护呢？

答：我认为在远洋运输责任方面,国际上更偏向保护承运人的利益,因为海运业是风险极大的事业,无法保护承运人的利益,海运业就会立即衰败、萎缩。若保险公司对自己保护过度,那大家就不会到这里投保,会找另外的保险公司。现在不止人民保险公司一家了,有好几家,谁都愿意吃这块肥肉,市场会自动起制约和平衡作用。船方也是一样,你这里不负责那里不负责,人家就不会选择这家公司,会去找其他船公司来运。

谈到这里,我要说一说"海事声明"(Sea Protest)一事。我发现船长普遍想用预先提交"海事声明"即"Sea Protest"的方法来免除应负的货损责任。实际上,打起官司来,依然是无法免除责任的。中国南海海域每年6月到10月均有强烈的季候风,从北向南吹。船在此季风季节经过相关海域,会遇上大风大浪。大浪如山,海浪会越过驾驶台,冲击船口盖板,海水会从船盖缝隙及通风口涌入舱内,造成货物位移与浸水。因为这是规律性的现象,船方是预先知道的,所以在开航前就要采取各种防范措施避免发生货损。发生了货损则表明所采取的措施不能克服已知的风险,船方就应该负责。除非风浪是通常在这一季节不会遇到的特殊大风浪,属于"不可抗力",这样才可免责。船长们常说,大家都是这样干,我也这样干,这显然是无效的。

问：您对现在的从业人员有什么意见和建议？

答：首先要有事业心。要把这个业务当成自己一辈子的事情。以我自己来说，我是在集美航海学校学驾驶的，是立志要当远洋船长的，但却被分配到航运公司工作，航运公司又派我在岸上做管理工作。没有上船，这算是我一辈子的遗憾。但是我服从公司安排，因工作需要，要我在机关干，我就一直干到退休。有事业心你才有兴趣干，没有事业心，整天混饭吃，就不会努力去学。干保险理赔这一行要钻进去，而且英文要好，英文好才可以看懂国外的材料。国外的报刊和国外的案例国内很少有报道的，如果能够看到国外的报道，把眼光放长远，视野广阔，增加知识，也就提高了自己的能力。我估计现在的保险理赔工作因船型设计的原因，肯定比我当时做的要困难，所以现在的从业年轻人要更加努力工作，既要处理好案件，更要会总结经验。中国共产党人就是极好的榜样，他们从战争中学习战争经验，最终解放全中国，现在又进入了中国特色社会主义新时代，开始了第二个百年奋斗征程，未来的中国一定会在中国共产党的坚强领导下取得新的业绩。远洋运输正是践行"一带一路"倡议的主要力量，一定大有可为。

口述人：史贤训

访谈人：北京大学"口述海商法史"小组朱施洁

时间：2018年12月23日

地点：广东省广州市番禺区史先生家中

29. 我与海上保险和《海商法》

——王海明先生*访谈录

王海明先生

王海明先生,现为中国海商法协会顾问。1978年毕业于北京外国语学院(现北京外国语大学)英文系,而后进入中国人民保险公司从事海上保险(水险)工作,历任副处长、处长、国际部副总经理、船舶保险部总经理、船舶货物运输部总经理、公司总核保师、公司资深专家;同时兼任中国海商法协会常务理事、中国海商法协会海上保险委员会主任、中国船级社协会常务理事和中国船级社船舶入级委员会委员、英国西英船东保赔协会董事等职。曾被大连海事大学聘为客座教授,还长期担任中国贸易仲裁和海事仲裁委员会的仲裁员,拥有丰富的海

---

* 王海明(1952年6月—),曾任中国人民保险公司船舶保险部总经理、船舶货物运输部总经理。

保险实务工作经验以及深厚的海商法理论研究造诣。

一、进入海商法领域

问：1978年您毕业于北京外国语学院（现北京外国语大学）英文系，之后获得对外经济贸易大学的EMBA硕士学位，您在校期间接触过海商法相关课程吗？

答：我是1978年从北京外国语学院英文系毕业后分配到中国人民保险公司工作的。2006年在对外经济贸易大学获得EMBA硕士学位，说起这件事还挺回味。那几年，我感到经济学里外来的理论引入太多，新的词汇爆炸式地涌出，什么"蝴蝶效应""大象转身""水桶理论""边际效益""集约化"和"扁平化"管理等，他们与我们的抓点带面、典型推广、择优选用、效益经营等到底有多大区别，内涵是什么？感到作为一个从事（保险）经济的经营者和管理者，不了解和学习这些新的东西，充实自己，提高认知能力，就不能赶上新的形势去务实地工作。此外，我也想了解一下当时学校的真实教学情况。也就产生了找机会上个学的想法。2005年对外经济贸易大学招第二期EMBA研究生，我就自费报名参加了。在读EMBA时没有接触到海商法的相关课程。

问：您最早是从什么时候开始接触海商法、海上保险实务的呢？

答：我是1978年进入人保总公司的，当时分在国外处船舶摊（当时没设科，也不叫组）工作。当时船舶摊仅有三名同志，程万铸（后任国际部总经理、公司副总经理）、邓季秋（后任国外一处副处长、国际部副总经理）和我。可以说正是在他们的引导下，我才开始步入我为之奋斗一生的与海商法有着紧密联系的海上保险事业。说实话，对我来说毕业前从没想过搞保险，甚至连什么是保险都没听说过。人保公司是随着新中国的成立而由国家组建的保险公司，经过回收和公私合营改造，还管理香港和新加坡的中国保险、太平保险、民安等几家保险公司。20世纪70年代以前，当时的人保公

29. 我与海上保险和《海商法》(王海明)

司仅承办涉外业务,也就是进出口货运险和远洋船舶保险业务,外加经办各国驻华使馆的财产险业务,业务规模大约在三四千万美元。主要的分支机构,都在我国有对外进出口贸易业务和有远洋船队的十几个口岸公司。除总公司编制在人民银行总行外,分支机构的编制在当地的中国银行之内。

为了适应工作需要从而能够尽快胜任工作,大约有一年半的时间,除了完成日常工作,熟悉船舶保险条款和实务工作流程外,我一直扎进案卷和资料堆里翻阅学习与海上保险有关的知识,无数次翻阅中远公司资料室翻译印制的《国际海上公约》,学习领会与船舶保险相关的公约,同时还要理清它们与当时国内相关规定的区别。此外我还仔细阅读了英文版的《阿诺德论海上保险法》(第四版),这阶段除了睡觉以外,我基本都是在办公室度过的。由于当时公司资料室收集了一些英国劳合社市场出版的关于航运、保险的书籍,在资料室还认识了正在查阅资料的上海海院①的魏文达教授和张既义教授,也见过大连海院②的司玉琢教授。尤其魏文达教授开玩笑地对我说:"你这个名字好,海上的事情,一看就明白了!"也可能真是老天让魏老向我转达这句话,我也就顺天意干了一辈子海上保险。也就是说,我从1978年进保险公司开始就接触保险实务了,同时也接触了海商法律与法规。

由于船舶保险涉及面很广,一旦发生海上事故或造成各类损失,处理起来所涉及的法律法规众多。因此这就迫使从事船舶保险的人必须要了解与船舶相关的法律法规,才能做好保险理赔服务与防灾防损等各项工作。诸如《1972年船舶避碰规则》《船东责任限制》《救助公约》《共同海损理算规则》《碰撞公约》《船舶建造规范》,还要时刻注意世界保险市场战争险战区的变化、世界冰区的大体情况、海上养殖区的规范情况等;还要熟悉保赔保险所涉及的《海牙规则》《海牙—维斯比规则》《租约》、1974年《国际海上人命安全公约》《国际油污损

---

① 上海海运学院,现上海海事大学,简称上海海院。
② 大连海运学院,现大连海事大学,简称大连海院。

害民事责任公约》《油轮船东公约》《1971年设立国际油污损害赔偿基金国际公约》《银行跟单信用证统一规则》的有关规定;从事货运险的人,还得知道与空运有关的一两个《华沙公约》等。

一提到接触海商法的经历,我就不得不提当年我认识的一些为中国海商法领域作出过卓越贡献的老同志。在20世纪70年代末期到80年代中期,在北京,除贸促会、交通部港监局、中远公司和我们保险公司有几个人因工作职责所在之外,没多少人对海商法作综合性研究。当时中远和外运公司研究的侧重点以提单运输、碰撞、租约等内容为主;交通部的港监局和打捞局也是由几个人各自管理自己岗位上的海事、救助与油污的事情。

20世纪70年代末与80年代初,我国正处改革开放的起步阶段,进出我国港口的外轮不断增加,我国远洋船队也迅速发展,海上事故发生频率也随之增多,因此,研究海事问题的活动比较多。一有涉及综合性复杂问题的案件时,港监局就召集相关单位的人在一起研究处理方案。贸促会和中远一有国外专家来做海商法内容讲座的,港监、打捞、中远、外运、人保都会派人参加。那时参会的人员数量不多,参加港监召开的具体实务研究会的人不到10个,参加海商法理论研讨会的最多也不过40来人。因此通过具体工作的接触和参加会议中,我有幸结识了贸促会法律处的高隼来、王守茂、刘书剑同志,搞共损理算的叶伟膺、徐士章、戎洁心等同志,港监局具体研究油污问题的劳辉同志和研究海上事故的张忠晔同志,以及研究救助的张为民同志,还有中远公司的张常临和朱曾杰同志,中外运的余本松和孟于群同志。这些同志当中,叶伟膺、刘书剑和孟于群算年轻的,但也长我十来岁。以上这些同志,我认为,除高隼来和王守茂同志和我公司的李嘉华同志在海商法律方面有较高的综合性理论与研究外,其他同志均各有所长。也就是说,这些当时搞海商实务的同志们在各自不同的岗位上,承担着中国海商法各种基础性实证与学术研究的重担,为日后我国海商法广泛领域的研究奠定了坚实基础。

到现在我还记得,我时常约贸促会的王守茂同志(他后来在1985

29. 我与海上保险和《海商法》(王海明)

年前后任贸促会副会长)一起骑自行车,顶着太阳下的暴晒,在长安街上从东往西去交通部的港监局(那时人保在天安门西侧办公、贸促会在南礼士路东北角办公、港监局在木樨地西边的原交通部铁道部大楼内办公)参加各种研究会议,主题丰富,有诸如外轮碰我渔船后的渔民伤亡如何索赔、油污事件、挂碰渔网等案件如何处理;也一起参加由中远公司邀请日本樱井玲二先生作《汉堡规则》的起草与完成到最后出台历程的讲座。③

我能够从事海上保险工作并参与到对海商法的探讨与研究当中,不会忘记那些给我帮助或一起为此事业作出过贡献的中远商务处与其分公司的一些老领导和老同志。如当时中远总公司的商务处的孙瑞隆处长、李忠民副处长和李效兰与丁延两名女同志(丁延同志后来去从事筹建中国船东互保协会的工作,成为中国船东保赔协会奠基人中的一员),以及以史贤训和以袁丹为首的"广大上青天"五家分公司主管船舶保险的同志。其中有些同志立足于他们的角度,写了不少关于海商法活动的文章与小册子,如史贤训总结并撰写了好多船舶海事案例、袁丹写了人保船险的条款解释,张永坚写了《海上保险100问》,等等。尤其是广远的航运处1983年初编写的《远洋航运资料汇编》第四册收集了各方人士对1983年以前发生的各类海事案件所做的经验总结,它对当时从事海商活动的人来说都有极大的帮助,我至今还保留一本存作纪念。有时还拿来翻看一下,因为里面有许多自己曾参与或经手处理的案件。

到现在我还记得当年结识原中远青岛分公司海监室主任(后调交通部港监局局长)林玉乃同志的情景。那是在1980年经办"玫瑰海轮碰撞"案时,我与他在青岛外锚地的海上,从交通艇顶上与船的悬梯之间,搭起跳板,晃晃悠悠地、连走带爬地陪同律师一起登船取证。20世纪80年代中后期,在蛇口由时任中远公司副总经理戴淇泉同志主持召开的安全工作会议上,我又认识了中远各公司当时主管安全的副总

---

③ 樱井玲二先生的讲座稿后来结集出版,对中国了解《汉堡规则》起到了很大的促进作用。参见樱井玲二:《汉堡规则的成立及其条款的解释》,张既义等译校,对外贸易教育出版社1986年版。

经理,后调其总公司任副总经理的雷海同志,以及时任广远副总经理,后调入交通部任副部长的洪善祥同志。由于工作原因,我还兼任过几届船级社副理事长,同时长期兼任船舶入级委员会委员等职,结识了许多船级社的领导与同志,尤其是后来董玖峰和李科浚局长在任时期,与他们的接触更为频繁,从中学习和了解到了许多国内外船级社,与船舶建造、船舶技术管理规范、入级、检验等有关的各种信息与要求,丰富了我对于为什么海商法要一直围绕船舶而展开各种研究的认识。

说实话,那时候大家还没有现在的海商法的概念,海事问题大都依据交通部1959年颁布的《关于海损赔偿的几项规定》来处理,因此,涉及什么公约和国际习惯就谈什么相关问题。后来两家海运学院经过两到三年的准备。到了1983年,张既义、司玉琢、尹东年、於世成教授四人合著的《海商法概论》④一书问世,客观上将海商法理论的研究在学术上又推进了一步。后来,随着我国海事法院的成立,海事律师的出现,海商法协会的建立,我国的海商法实务和理论的研究工作,就逐渐进入了蓬勃发展阶段。

在那几年里,自己一直在边学习边实践,为探讨和研究海上保险和与海商法相关的问题奠定了一定基础。对我来说,那时的学习参考资料,第一就是人保留存的船舶险档案与公司前辈们编写的各种介绍海上保险的资料。其中如"跃进号轮日本沉没案"与"洪湖号轮在大连碰撞油污案"的案例至今仍给我留下印象。第二就是学习和理解与业务相关的国际公约和《阿诺德论海上保险法》这本书。第三就是海上保险界前辈的教诲以及与海商各部门有经验的老同志进行交流时所学到的东西。但是,真正对自己最有用的,是将学到的理论在实践中正确地运用,也就是说运用得出的经验是最重要的。因为,在开始工作的头三四年内,我自己参与和经办了几个非常复杂的案件,如"东山轮""广水轮""玫瑰海"碰撞案,"总统号"外轮油污案、"两伊战争四条船被封锁案"等,不仅使学习到的理论得到了很好的运用,而且更

---

④ 张既义、司玉琢、尹东年、於世成编著:《海商法概论》,人民交通出版社1983年版。

29. 我与海上保险和《海商法》(王海明)

能进一步理解如何使用公约来有理、有利、有节地处理海事案件,使自己亲身感受到海商法与普通法相比较之下,其所体现出的特殊性及习惯法色彩,也更加深了我对海上保险在海上活动中存在的必要性的认知。

此外,自1979年开始,国外近十家船东保赔协会委请中国人民保险公司,作为他们在中国境内的保赔通讯代理。我从头至尾一直负责承办这项工作。这项工作还挺麻烦,有到机场接送遣返船员的,有在码头监装监卸货物的,其中还有一项工作是,人保公司能代他们在我国提供海事担保。人保的这项工作实施对在我国处理各类海事案件有着"功不可没"的贡献,使国内各方为维护自身利益对外轮采取的"保全措施"得以尽快实现。虽然此项工作,后来已经由于人保分家转到中国再保险公司的华泰代理公司那里了,但其至今仍在发挥作用。

在此顺便提一下海上活动中已不太受到重视的一件事,一个是1980年前后,日本贸促会组织日本十几家保险公司的代表团到访我们公司,并拜访了贸促会、港监局、打捞局,随后和人保公司签订了中日双方关于《船舶海事案件管辖权如何处理的协议》(原协议的名字已记不清楚)。这个协议到现在早已被人们所忘记。在当时签订这一协议,是为解决中日双方水域涉及海上保险案时如何划分管辖权界限问题的,协议规定在中方水域的海事案件由中方管辖;在日方水域发生的由日方管辖。这个协议现在是否继续有效无人问津,倒是一个日本东京海上保险公司搞水险的人在2000年前后来电问过我,我仅以"没见到任何一方有宣布过无效的文件"作答。现在看,这份协议可能仅对人保公司还会有效,因为签协议时还没有我们的《海商法》、海事法院、保险监督机构和其他保险主体,当时,人保是中国保险业唯一的经营者也是管理者,现在仅是一个普通的市场保险主体,仅能代表自己了。

综上所讲,可以说,我能算作是海商法研究中年轻的老字辈。尽管我认识的一些老同志已作古或因其他原因已不再出现在各种海商活动场合中,但我还时常怀念那时与他们接触的时光,也一直忘不了他们对中国海商与海商法事业所作的实实在在的贡献!借此机会,谨向他们在我工作期间给予的帮助与支持深表谢意,对他们为中国海商与海商法事业所作的贡献深表敬意!

二、参与海商法立法工作及相关国际会议

问:您是否还记得当时《海商法》中海上保险法部分起草的基本情况?参与起草海上保险部分的都有哪些人员?

答:关于交通部如何成立了《海商法》起草领导小组这方面情况,在你们的前期采访中,杨文贵先生已作过真实概括的介绍。我仅知道《海商法》海上保险部分是由我们公司负责起草的,由于我没有直接参与,也仅知道是由我公司研究所李嘉华所长和时任研究所条法处副处长的王健两位同志(后转到保险监督委员会工作)具体负责起草工作。我认为,在李嘉华所长的主持下,以其在海商法,尤其是保险法律和实证研究所占的权威地位,以及当时保险市场人保公司独大的环境,不会花大量时间搞调研工作。后来王健同志在参加未名山庄审稿会议时,因我对所审议的草案有意见,对我说,当初海上保险一章的起草条文有100多条,最后缩减了40多条成为审稿时草案的样子。《海商法》正式出台后的海上保险一章一共就有51条。我想可能正因有此原因,《海商法》出台后,难免出现一些不完善的地方,海上保险一章还有进行修订的必要。

问:您曾参与我国《海商法》草案的审订会议,当时具体参与了哪些方面的工作?

答:说到未名山庄的《海商法》草案审定会议,当时我是以公司代表身份参加的,当时我在水险处任处(副)长,王健同志可能是以专家身份参加的(可查会议名单确认)。在此次会议之前,我没见到其他版本的草案,会议讨论的草案好像已是第18稿了。因此,我赶紧利用报到的那天晚上着重将"海上保险"看了一遍,发现其中有十几个条款的规定与文字表述极为不合适。

会议发言讨论"海上保险"时,我针对存在的问题提出我的看法,并表示"如果按草案中的规定执行,保险将会封门"。当时会议由国务院法制局孙琬钟局长主持,郭日齐顾问协助(他是主要负责审定

29. 我与海上保险和《海商法》(王海明)

《海商法》起草工作的)。由于我坚持自己的意见,讨论出现了僵局,孙局长说:"既然保险公司的代表对本章多个条款有异议,请于两星期以后,以公司名义正式发文法制局,提出修订意见。"我想凡参加此次会议的人应该都会对此有所印象。回到公司后,我将情况汇报给当时的国际部总经理魏润泉同志,他也认为我提的有道理,最后,修改意见由我起草后经部、总经理室批准,以公司名义正式发文给法制局,后来《海商法》正式颁布时,经核对,有十多条是按我所提的意见做了修订,算是我为《海商法》的出台,做了点实实在在的工作。

会议上除了保险一章条款未完全解决,其他章的条款基本顺利通过。我的记忆中,只有讨论"提单每件货物的赔偿限额"时,由于中远公司和外运公司代表着不同的利益主体争执得较为激烈外,到会议结束前,双方才各让一步达成一致。我还记得,外运孟于群同志和对外经济贸易大学的沈达明教授以《汉堡规则》为依据,与中远的朱曾杰和黄少杰同志(曾任中远运输部副总经理,后调香港招商局任明华和油轮公司的总裁)坚持以《海牙规则》为依据进行争论的场面。由于关系很熟,晚上我还到朱曾杰和黄少杰同志的房间谈自己认为应该提高赔偿标准的想法,我说"最少也得按《海牙—维斯比规则》标准提高"。

可以说,未名山庄的《海商法》草案审定会议,是《海商法》正式出台前的一次非常有意义的会议,为最后定稿起到了关键性作用。

问:起草《海商法》海上保险部分时,我国尚未出台正式的《保险法》,《保险法》出台后是否存在两法冲突的问题?如果存在,那么是如何协调二者的关系的?

答:关于《保险法》和《海商法》之间的冲突问题,尽管新的《保险法》比老的《保险法》好得多,但对海上保险的特殊性还没有充分考虑,由于立法的出发点不同,在实践中必然会与《海商法》发生冲突。如果《保险法》第一百八十二条不作"《中华人民共和国海商法》未规定的,适用本法的有关规定"的规定,也就没什么问题了。这条好像是解决《海商法》中海上保险规定未尽的事项,但实际上,这倒给保险实务操作带来很多问题。

仅举一例,2015年《保险法》第二十三条规定:"保险人收到被保险人或者受益人的赔偿或者给付保险金的请求后,应当及时作出核定;情形复杂的,应当在三十日内作出核定,但合同另有约定的除外。"这项规定在海商法中是没有的。实际上,海上保险多数案件发生在海外或在航行途中,出险原因复杂,相关证据、证明都要待保险人委请代理人或律师等船停港靠岸后登船调查索取,有时还要委请验船师检验出具验船报告,海外的案件还要找当地有处理海事经验的律师参与重新调查研究,30天内作出是否最后承担赔偿责任的核定是有困难的。由于海上保险这种特殊性,因此,国外对这方面的要求均以"合理时间内"作为对保险人的一种诚信上的要求。海上保险要适用这种30天的规定就显得非常苛刻。就是陆地上的因各种财产险发生的诈骗案,也不能在这个时间内作出核定。

至于如何协调《海商法》和《保险法》的冲突问题,只能去问立法审批的主管部门,为什么会有这种问题的产生。现实中,只能凭法院的理解进行处理。当然也可以由保险人在保险单中都注明"对于无法在30天内核定的案件,保险人不受《保险法》23条的约束"。

至于《保险法》本身的问题我在此不想多说。我只能冒昧地说,它不是一部在《合同法》项下,以保险诚信的特殊性为核心,兼顾合同公平的法律,反而带有消费者权益保护法的味道。

你们提到《保险法》,我顺便说一下另外的问题。自我国保险市场市场机制形成以来,我便认为,海上保险应该单独立法,不应还放在《海商法》中,应该属《保险法》下的附属法。这样才能与《保险法》形成我国保险法的完整立法体系,也能与世界上发达的保险市场法律法规接轨。现在只能说,保险法律体系不完整,存在碎片化情况,如果说,当时因为着手起草《海商法》时,还没能力搞保险独立立法工作,那么现在的情况与那时的情况相比已有了很大的变化。保险已有独立的监管机构,⑤保险市场已经形成,已有独立立法的能力。这也是近几

---

⑤ 1998年1月,中国保险监督管理委员会(简称保监会)成立,为国务院直属正部级事业单位。2018年3月,保监会被撤销,与中国银行业监督管理委员会(简称银监会)合并组建中国银行保险监督管理委员会(简称银保监会)。2023年3月,在银保监会基础上组建国家金融监督管理总局,不再保留银保监会。

29. 我与海上保险和《海商法》(王海明)

年我曾几次在不同场合提出和呼吁要将海上保险单独立法的原因。但由于保险监管部门保持沉默,还尚无结果。目前修订《海商法》的工作在海商、保险界正大张旗鼓展开,不知什么原因,还尚未见到保险监管部门发声。

问:您在1982年以专家身份参加过联合国贸发会召开的"关于统一国际船舶险条款"第九届立法工作会,能否请您介绍一下相关过程?您参与了哪些方面的工作?

答:1982年2月,我以顾问身份,参加了联合国贸发会在瑞士日内瓦召开的第九届"关于统一国际船舶险条款"的航运立法工作会。当时代表团是由中远公司商务处副处长李忠民同志带队,组员有中运商务处的黄少杰同志、外运的孟于群同志和我。该会议的目的主要是根据前两届的内容继续研究讨论风险界定条款的制定,最后定稿供第十届会议通过。大会用了四天时间讨论船险条款,仅用不到一天的时间就讨论完货运险条款了。

会议期间,由于英国是现代海上保险法律制度的发源地,不论是在大会发言还是专家小组会发言时,英国代表往往有很大的话语权,特别是在专家组讨论如何使用英文措辞时更是如此。由于英国人生来就是说英文的,弄得欧洲一些专家毫无办法。尽管会议讨论还是挺活跃,但除英国、法国、挪威、印度和中国发言多以外,其他国家发言并不多。记得我曾在大会上提出,为什么"保险代位求偿权"可以放进条款中,那么"船舶委付条款"是否也应放到条款中去?当时,会场立即沉默起来,间隔5分多钟后,不曾发言的苏联代表突然说,根据联合国贸发会1952年的规定,贸发会不讨论涉及国内法的规定。随后也没人发言,各代表相互对视,给我的印象是与会代表没什么人知道这个1952年的规定。而后大会也就进入下一个议题了。实际上这个问题,我曾在发言前私下与挪威的代表Hans Jacob Bull先生(奥斯陆大学的法学教授)交换过意见,他也觉得应该讨论有关问题。由此我得出一个结论,保险的"代位求偿权"是保险法特有的,与其他种类的转让有本质上的区别,但从我国的法律中还看不见它与一般的权利转让的区别在哪,还不如一个全权委托书的作用大,完全没有顾及保险风险发生后,保险人已有实际的利益损失存在的客观事实。

会议期间,我们代表团还拜访了贸发会秘书处,他们对我们历届代表团对此项工作作出的努力表示感谢。随后在交流过程中,翻译组的先生们(其中有我国台湾地区的)提出,"战争险条款"中的"捕获、拘留、扣留、禁制、羁押"等词,能否由我们给他们一个标准的英译中的表述,便于工作组将英文译成中文文件时与我们的保持一致。回国后,我起草一个文件,经时任国外一处的程万铸处长审定同意后,由公司签发,寄给他们。

以上,就是会议的基本情况。

要说有什么感受,就是英国劳合社船舶货物保险单条款非常晦涩,并且要以其国内法来解释其内容,对此,世界各国已产生反感,希望国际间能有一个被世界接受的统一的标准船舶、货物运输保险条款来替代劳合社船舶货物保险条款。这种要求给英国海上保险界的权威性带来巨大的冲击和压力。贸发会航运立法工作会研究讨论海上保险条款的问题,是世界各国反抗伦敦保险市场长期霸占保险话语权斗争的一次胜利。可惜的是,虽然后来在第十届会议上就通过了《船舶、货运保险国际统一条款》,却并没有哪个国家用,其仅仅作为一个参考资料。并且,绝大多数国家的水险,还是接受使用1983年前后英国推出的,与原来劳合社船舶货物保险条款完全不同格式的,可以独立使用的协会船舶和货运保险条款。可以说,贸发会这项历经近十年的工作,似乎是一次"有成果、无效果"的劳动。但是,这在政治上对英国水险界长期独断专行的行为给予了沉重打击,迫使英国人不得不接受现实,参照会议的成果,尽快地推出了符合会议精神的新的条款。从这个角度出发,贸发会的工作功不可没,这个会议会被永远铭刻在世界海上保险发展史上。

参加本届会议时,我只有30岁,还算是年轻人。因为会议主要是讨论保险条款,因此,大会我们代表团共发言近40次,我发言了31次,说实话,每次发言心里还真挺紧张,真恐怕说错了。第一次正式代表国家参加这样的会议,每次发言都得说:"谢谢主席先生,中国代表团认为……"背后还有我国派驻贸发会常驻代表处的工作人员在注视

29. 我与海上保险和《海商法》(王海明)

着我们。还好,李忠民同志在答复我公司领导询问时说:"海明同志表现的不错。"这事是公司领导听完我汇报会议情况时他们说出来,我才知道的。

总之,就我个人来说,参加了本届会议,使我了解了国际上对海上保险相关条款存在的歧义与共识。给自己日后起草修订保险条款、参与审议《海商法(草案)》,以及研究海上保险理论与实践提供了更丰富、更有说服力的例证支持。

你提的另一个问题,是参加会议对参与《海商法》的起草工作有什么影响或借鉴意义。我没参加起草工作,是否有影响,应由起草的同志回答。我只在后来参加了一次未名山庄的审议会议,并提了一些建议。要说有影响,是在我们修订并于1986年出台的《中国人民保险公司船舶保险条款》的过程中,参考了此会议最后出台的条款。

三、从事海上保险实务工作

问: 您是从什么时候开始接触海上保险业务的呢?主要处理哪些方面的工作呢?

答: 可以说,我自1978年毕业,分配到中国人民保险总公司工作,就开始接触海上保险业务。几乎一直从事展业、出单、承保、理赔、管理等的船舶保险业务,包括船东保赔险和其与英国保赔协会的分保业务。那时的船舶险业务的客户就有中国远洋和中波公司(挂中方旗的船)、中坦三家公司。因中坦公司在京有分部,就由我们直接出单承保,其他均由我们当地分公司办理,但当时内控制度很严,除年初制定的承保费率和条件外,其他拖船和拖带的承保权和10万美元以上的核赔权都在总公司。头一年基本是在老同志的帮助下边学边干,处理各分公司的积案,和接办新的案件。

那时,远洋公司的船队正处于快速发展期,船员素质跟不上,那时的所购船舶也是二手船居多,就是新船也因当时的造船技术限制,没有像现在这样配备各种高科技助航仪器,因此,各种海上事故时有发生。故而,几乎每星期都能接到分公司报来的各种新老理赔案件和新船承保的请示文件。

由于当时总公司只有三名同志做船舶保险、船舶保赔和集装箱工作,两位老同志,特别是程万铸同志,也期望我尽快上手独立工作,因此凡有案件也都在一起研究讨论,同时也尽量安排我参与外单位举办的各类海事、海商案件的研究会议,这对我尽快熟悉海上保险业务起到了关键作用。后来他们的职位升迁,我基本成为主要经办此业务的人了。1985年我被提为公司船舶、石油处副处长,随着公司的业务发展和人员的增加以及公司组织结构变化与个人的进步,我从1988前后就开始负责管理和经营包括远洋船舶保险、船东保赔险、货物运输险、海上石油在内的水险业务了。后来在1995年,由于公司不断改革,海上石油开发保险的业务剥离出去了,又增加了沿海、内河船舶和国内货物运输保险业务。纵观在保险业的前后工作经历,可以说,我和海上保险打了一辈子的交道。因此说,既是人保公司造就了我,也是人保公司这个平台让我与我国的航运、贸易、海商法事业结下了不解之缘。

问:您1985年参与起草和主持修订了1986年《中国人民保险公司船舶保险条款》,您是否能和我们介绍一下其修订过程和理念?

答:这些事说起来就更长了,要介绍也要从我们公司原来水险的再保险合同谈起,由于我国奉行"和平崛起"的外交策略,我们水险的战争险条款中不承认国外认定的"英、美、法、苏、中五大国"之间发生战争自动终止的条款,使我们的分保得不到伦敦市场的支持,只能通过法国市场和德国市场寻求再保险途径。因此客观上一直有解决这个问题的需求。此外,伦敦市场为维持其水险市场的垄断地位,在1983年,根据贸发会讨论的情况,他们在贸发会的条款未正式出台前,就推出了新的1983年《协会船舶保险条款》,该条款已为市场所接受。反观我们当时的条款,自1972年制定以来从没修订过,条文过于简单,容易产生误解,因此,也有必要重新修订。但了解原来1972条款的同志会知道,此次修订工作实际上是在重新制定条款。

实际上,我是在英国1983年《协会船舶定期险条款》和贸发会的

29. 我与海上保险和《海商法》(王海明)

正式文本出台后,开始有了全面修订我们老条款的想法。当时指导思想(现在叫理念)就是我们的条款既要与国际接轨,又要保留我们的特点,现在叫特色,目的是要解决我们条款当时存在的问题。

因此,1985年初,我和当时任国外一处副处长的邓季秋同志提出,根据国际市场情况,应该考虑修订我们的船险条款,她表示可以。然后她和我找当时已任公司副总经理的程万铸同志汇报(程总参加过第八届贸发会的会议),他当即表示同意。因此,在同年三四月,我就开始做起草修订工作了,而后公司还将上海分公司有经验的船险专家曹雄同志调来半个月,协助我完善起草工作。在解决"五大国"条款时,我将"五大国"改为"联合国安理会常任理事国",避开了大国问题;在共损条款中,"到付运费"是否可列入共损分摊成为一个难题,为此我专程去贸促会找叶伟膺同志征求过意见;关于承保的风险,基本是参照联合国、英国和挪威的条款拟定,明确了"碰撞"和"触碰"分属不同的概念;新条款还严格界定了"全损"作为一个海损损失状态的独立词汇,摒弃了原来与"部分损失"相对应口语化的"全部损失"的表述,此种界定已被海商法各界接受使用;此外,新条款保留了我们承保"四分之四的碰撞赔偿责任"的特色。此次条款修订前,我对海上保险理论、《英国1906年海上保险法》《挪威海上保险计划》进行了学习和研究,基本逐条查阅了英国R. H. Brown先生编写的英文《海上保险词汇字典》,加上参加贸发会时翻阅大量的会议材料,又参考了大会的发言,可以说准备工作较为充分。草稿大约历经三个月时间完成,后召集内部相关分公司的同志在秦皇岛开了评审会,对一些措辞再行修订后定稿。同年10月在重庆一个地下战备指挥部与中远公司举行了新条款出台的答疑会议,(也就是你们采访中,史贤训同志说参与过的那次),对于负责与人保洽谈保险的原中远各分公司的同志对新条款所提出的近40个问题,我都一一进行了解答。最后文字几乎未做任何修改,达成统一,中远公司同意接受使用新条款承保其船队。这样,我们1986年的条款于1986年1月1日正式启用。1987年初,又起草书写了该条款的《条款解释》作为业务指导工具。

整个修订过程就是这样。可以说这个条款出台,既是个人努力的结果，也是集当时我总、分公司办理船舶保险有实务经验，又有理论的专家们的智慧的结果，它的出台与当时中远公司懂船舶保险的专业人士也是分不开的。令我感到荣幸的是，这个条款在国内外市场经过三十几年的实践，仍在使用中。用现在的话来表达，就是实现了"初心"。

这一条款经受住了以后连续出台的中国《保险法》《海商法》的考验，原因在于，《保险法》当中财产险的主要条款是基于海上保险的原理制定的；《海商法》海上保险一章的主要相关条文，与1986年人保条款基本相符。尽管两法之间的具体条文有些冲突，会造成一些影响，但就目前的实践来看，还未导致船舶保险条款要进行整体修订的情况，如果将来出现了较大影响，就应针对相应的某个条款作出对应的补充或调整。有关英国1983年《协会船舶定期保险条款》修订过两次，我们没改。这是因为，1995年那次，我看过后认为，英国的修订是多余的，只是为了要适应生效的《国际安全管理规定》（ISM Code），以及新的《救助公约》和《约克—安特卫普规则》而已，毫无必要，因此决定不作修订。果然英国修订后的条款，市场没人用，以失败告终。据说修订时征求了当时保险界、航运界、律师界等各界人士的意见后才决定的，可谓荒唐。至于后来2003年的修订，无非是为了适应《国际安全管理规定》（ISM Code），同时也是对1993年《协会船舶定期保险条款》失败的修正，实体内容与1983年《协会船舶定期保险条款》没大变化。我认为，《国际安全管理规定》是一个对会员国船东带有强制性要求的公约，各会员国船东都要执行，我国作为一大航运国家，即使不加入这个公约，也会作出类似规定，谁违反都属于失职，有过失和疏忽责任。然而该规则对我们的条款，无论在理论和实践上，都不产生任何影响，因此并无必要修订。实践证明，我们的决定是对的。说实在的，修订一个好的条款是很费劲的。当时在起草制定条款时，对每一款的措辞都需要考虑许多事情。其结果是偶然还是必然，难以说清。

该条款经一两次小的改动，已成为原保监会指定使用的条款。第一次改动主要是在除外责任条款中纳入了战争险的一些具体风险内容，原先在除外责任中只有一句话，"本公司战争险和罢工险条款承保

29. 我与海上保险和《海商法》（王海明）

和除外的责任范围"；第二次主要是对管辖权条款进行了改动，将诉讼地点"被告方所在地"改为"依法向有管辖权的法院起诉"，后面又加了"适用中国法律、港澳台的除外"等字样。据说，有的保险公司按船东的要求，仍然使用《1986年船舶保险条款》。

问：您在中国人保任职期间，曾处理过许多海上保险疑难案件，如"富山海轮"的索赔案件，您是否能和我们介绍一下令您印象深刻的案件？

答：这就太多了，能清楚记忆的案件有这么几个，例如，1979年12月"广水"轮在希腊海域与近2500总吨的外轮发生碰撞，我方损失约300万美元，损失较大，对方损失不大。按当时国际上通行的《1957年船东限责公约》⑥吨位计算，好像仅能赔偿我们20多万美元。因此，避开公约国扣船，选择使用"船值加运费"作为责任限额的国家扣船才能维护我方利益。我记得，鉴于此种情况，我们与中远公司没有立即采取扣船行动，时任中远总经理（后曾任交通部部长）钱永昌同志，在大年初二专门召集我们（当时是程万铸同志和我）和中远商务处的同志会商思考以"船值加运费"作为限责的索赔方案。而后程万铸嘱咐我每天都要和伦敦联络处的同志以及我方律师保持联系，一是研究欧洲什么地方法律可以适用"船值加运费的限责"，以利于我方索赔；二是，该船与姊妹船的航行情况。最后我们从律师那里获悉，在荷兰印非本国船可以不适用公约限责。而后，我方律师根据"劳合社"市场每天船舶跟踪的情况，及时将该轮监控与其姊妹船的每天航行情况报来，最后在仅差7天就到一年索赔失效期限的情况下，在荷兰将其姊妹船成功扣留，拿到外轮船东提供的以"船值加运费的限责"为标准的430万美元的担保函。再后来，该案以对方承担85%的碰撞责任结案。该案是雾中碰撞，能取得这样的结果是很难得的。我们委请的律师不错。前面提到的曾任港监局局长的林玉乃同志也认识这位律师，他就是"玫瑰海轮"委请的，与我们一起在青岛外锚地，从交通艇顶

---

⑥ 《船舶所有人责任限制的国际公约》(International Convention Relating to the Limitation of the Liability of Owners of Sea-going Ship, 1957)。

部搭跳板晃晃悠悠登轮取证的英国律师欧森（Olsen）先生（该律师后来也是《1989年救助公约》修订委员会的成员。他的中文名还是我和林玉乃商量起的，还为他定刻了一枚中文印章）。该案结束至今，其档案一直是船险案件里最厚的一个，也是我在办案中加深理解怎样使用《避碰规则》和《碰撞与限责公约》在实践中综合运用最深刻的一个。

再如20世纪90年代初我们海南公司承保的"东方公主号赌轮火烧案"，该案里面的故事更多。该船东背景复杂，有涉黑背景，还冒出了个中方投资人。尽管那时香港同行告诫我们尽量不要去香港，有可能会遭黑社会的威胁，我还是带一名同志去了香港，了解案件情况并与律师交换意见。我们指示律师坚决以"船东未据实申报为由"拒付，而后我们又在国内与中方的投资人协商，最后使该案在香港地区的法院终止了审理，成功拒付了400多万美元的索赔。

更有意思的一件事是，1991年前后，为帮助解决平安保险公司不能为其承保中远公司的"坨海"轮被扣在加拿大提供海事担保的事件（平安保险孙建一副总在一次讲话中称，"平安公司成立初期也曾遇到过一次劫难"，我想他指的就是这件事）。该轮在加拿大海岸与日本渔业加工船发生碰撞事故后又发生油污，加当局索要1400多万美元的加拿大"皇家银行"的担保，平安当时无法提供，中远也通过其他渠道找保赔协会，甚至通过外交、银行做工作，但都无法解决这个担保问题。最后平安公司和中远公司请人保公司帮忙，公司让我来解决，我便起草文件以传真方式急发给时任英国UK保赔协会的总经理瑞德门（Readmen）先生，请其会商UK协会董事会，在协会不给非会员提供担保义务规定的情况下，帮助人保公司提供担保函解决"坨海"轮扣船问题（该船已在加港口扣了一个多月，产生了不少船期损失）。最后，UK协会考虑我公司与其良好的保赔险分保合作关系以及我们作为其在华的代理人并为其在华代出海事担保的关系，同意由我们公司给其出反担保，再由他们给皇家银行出反担保。最终，只用了前后不到三天时间，就解决了皇家银行为此案出担保的问题。可以说，当时中远公司急得不得了，派人到我们办公室，从一早上班开始，就盯着我

29. 我与海上保险和《海商法》(王海明)

起草文件,唯恐我们拖延,直到我发完电后才离开。前些日子,我和原中远的胡京武同志(曾担任过中远公司保赔险处经理、中国船东保赔协会的总经理)在电话中还提起此事。

再顺便讲两个案件,可以对前些日子讨论的"油污后如何进行索赔的问题"有所借鉴。

1979年6月,发生了巴西籍的"总统"号油轮碰撞青岛黄岛油码头的油污案,因是头一次外轮在我国发生重大的油污案件,我们又对油污没有什么明确的规定,如何索赔、谁来索赔没人知道。由于我们是协会的通讯代理,协会先将索赔需要的各种情况,罗列了涉及港监和环保职责、油品质量、污染范围及损失和索赔人情况等30余条问题通知我们,让我们协助调查。交通部非常重视该案,港监局召集我们与贸促会同志在港监局由当时的颜太龙局长主持开了几次会,我是以保赔协会代理身份参加的。随后我又先于保赔协会的代表前往青岛,一下火车,就随青岛的副市长到当时的海员俱乐部参加会议。我先将保赔协会要求调查的问题通报给他们,并提醒他们应准备什么东西,而后,青岛方面赶紧成立环保办公室,落实组织清污的负责单位,港监部门制作防污通知等事情。该案最后经协会代表当面协商,以协会赔偿250万美元(折合人民币440万,那时可是一笔巨款)圆满解决。此案可以说我国首次成功向外轮索赔的油污案。

第二个案件是1983年外轮"东方大使"号油轮在青岛发生的第二起油污案件。该案与前两案不同的是,后者是《油轮船东公约》和《基金公约》成员,根据这两个公约规定,公约的基金对于油污案件造成的经济损失都要出钱赔的,这就导致出现了如何能在《基金公约》下索赔的新问题,因此,青岛派人进京寻求解决方案。为此,贸促会由高隼来同志主持,在贸促会大楼召开一次研究会议。我记得,当时参加的人员主要有贸促会的王守茂同志、港监的劳辉和张忠晔同志和我,外加青岛来京的小组成员。我们一同研究如何能利用《油轮船东公约》《基金公约》来处理此案的索赔问题。最后,青岛方面根据大家讨论研究的结果和"总统"号油污案总结出的经验,又成功地索回2100多万人民币。

这两个案件基本解决了油污如何索赔、谁来索赔的问题。两个案子后来都有总结材料。我疑惑的是,不知为什么到现在,相关人士还在研究是谁应该来索赔的问题。实际上,解决这个问题不复杂,即使国内的不看,查查国外几个大的油污案即可,这比法理性研究方便得多。总的感觉,《海商法》里不应解决这个问题,《海商法》不能包揽天下。油污如何索赔、谁来索赔的问题,应该由《海洋环境保护法》去解决。刚刚看到,环境保护部已发文要修订《海洋环境保护法》,好像已经在征求意见了,希望他们在修法过程中把这个问题解决掉,不要硬将它放在《海商法》中,使此法出现人为的碎片化。

这么多年过去了,如果说有什么感悟的话,就是:

第一,海上保险业务涉及面广,要想成为一个很好的船舶保险从业人员,必须在熟知海上保险条款的基础上,学习、理解与掌握全部《海商法》的内容。可以不是哪一部分的专家,但哪一部分的主要内容一定要知道并且会运用。理论学习固然很重要,但不能"一谈理论没完没了,一谈运用就没办法或被专业人士视为外行"。

第二,海上保险案件政策性强,处理复杂。如我广东分公司处理拒付的从泰国进口的工业用液体的诈骗案,因涉及泰国王室成员,还涉及外交问题,还需到外交部咨询商事案件的处理原则;又如烟台1999年11月发生的"大舜轮号客轮沉没案"的赔偿,因涉及众多旅客死亡,根据领导指示,给予了"特事特办"处理等,对这种案件的处理都要兼顾国家政策层面和经营层面。有些案件还与军队方面有关,时有涉密情况出现,取证工作极为麻烦。

第三,要及时并"有理、有利、有节"地办案。海上保险标的物的保险金额大,出险原因复杂,"及时"办案尤为重要,也是理赔的关键,它对维护保险信誉,发展保险业务和巩固与被保险人的关系至关重要。如,20世纪90年代初,我司接到中远的"桃园海"轮在南太平洋沉没的报案后,一个星期内,我受公司委派到青岛,将1900万美元的现金支票交到时任青岛远洋公司的总经理李寅飞同志(后调香港招商局任总裁)的手上。为此,时任中远总经理的刘松金与副总经理戴淇泉和商务运输部的白尚志处长(后到华泰保险公司任副总经理)三人一行

29. 我与海上保险和《海商法》(王海明)

亲自到我公司赠送一面锦旗。可以说,由于我们保险服务基本到位,在中远船队发展壮大的进程中,真正在风险保障方面起到了"保驾护航"的作用。中国人保的船舶保险人与远洋公司近50多年的合作中,虽然双方各级领导与经办不断更替和变化,但人保公司船舶保险人与中远公司的合作关系,虽不能说牢不可破,也可说是亲密无间。总的说来,中国人保船舶保险人既见证共和国远洋事业发展的光辉万程,也融入其中,自"团结"号轮沉没保险赔偿案开始,就一直为中国的远洋事业发展作实实在在的贡献。

实际上,从宏观经济来看保险赔偿,它本身是一柄双刃剑,它既涉及众多被保险人积聚起的保险基金安全的维护,又关系到被保险人的实际保险损失是否能够得到及时足额的赔付。因此不能认为,买了保险,不管有什么情况,一有损失保险就应赔偿。毕竟保险还是有一个合同约定。如果随意赔付,是在直接削弱"保险基金",间接地损害其他众多被保险人的利益。这种认识可能是各界过于强调保险合同也是买卖合同,轻视了商业保险内在的诚信性和互助性质造成的。

第四,保险防灾防损工作非常重要。保险人一定要认识到,一张保险合同已使保险人和被保险人对保险标的的风险损失有着"同呼吸共命运"的连带关系。由于利益的捆绑,应防止保险期间发生保险损失,这就凸显出保险防灾防损工作的重要性。保险人一定要帮助被保险人查找风险发生的起因,帮助被保险人解决问题,被保险人才能看到和感到保险的实际作用。如20世纪80年代初,我们拨防灾费给中远公司,要求他们为每条远洋船舶配备相机,以备碰撞时拍照,能获取第一手资料,便于后期的案件处理。在20世纪80年代中后期,我们与中远和中国包装公司,前往荷兰鹿特丹港调查货物外包装存在的问题,回来提出改进我国出口货物外包装的建议;我们还针对出口大蒜在海运过程中易糖化受损、花生发霉受损等问题,做了专门研究,建议外贸部门要采用冷藏集装箱装运输,基本避免了我国出口大蒜和花生再发生糖化和发霉的事件。这项工作不仅维护了保险合同双方的利益,拉近了客户关系,同时也为我国对外贸易事业的发展作出了积极贡献。

这方面的感悟还有许多,如通过实践,我一直认为,保险人与被保险人是合作方与战友的关系,不同于一般的商业买卖合同关系。现在好多保险公司都不重视这一点,不论什么案件,一有事就把案件交给律师通过司法途径解决。保险人应最忌讳与被保险人打官司,如果把客户关系搞坏了,追偿时,客户怎能倾力协助处理追偿问题?因此我们的海上保险业务除了对外追偿案件外,很少将与客户在合同项下的索赔纠纷付诸司法解决,绝大多数是通过双方友好协商解决。在我的记忆里,远洋船险那么多年仅发生过一次司法诉讼,还属试探性的,海上货物保险中,这种情况也不多。当然,是否诉诸法律,很大程度上也取决于被保险人对海上保险的认知程度。总之,只有真正认识到与被保险人的关系,保险才有得做,才有市场。

问:您曾任中国贸易促进委员会和海事仲裁委员会仲裁员和专家委员会委员,以及贸易仲裁委员会仲裁员。您是否能和我们简单介绍一下在此期间让您印象深刻的案件?

答:中国贸仲和海仲在我国对外的贸易和海商的司法活动中起到了积极作用,作出了实实在在的贡献。仲裁委员会和仲裁庭是仲裁员交流的平台,仲裁员可以通过这个平台相互交流经验与认知度。对于有哪些印象深刻的案件,我可以说,我对参与的案件印象都挺深刻,但由于仲裁员的保密制度不宜多说。我要说的就是,作为一个仲裁员要以公平公正为根本,尤其是作为当事人委托的仲裁员更要注意这个问题,要通过自己的学识,作出公平公正的判断与裁决,这是一个仲裁员的天职。因此,我履行仲裁员职责时,一直是本着这种理念提出裁决意见的。因此,在我仲裁的案件中也曾发生过坚持己见,使得仲裁庭报请专家委员会讨论来决定的情况。

问:您现任中国海商法协会的顾问并长期担任过中国海商法协会常务理事以及中国海商法协会海上保险委员会主任,您是否能和我们介绍一下这段经历?

答:自海商法协会成立以来,我一直是海商法协会会员,好像在第二届换届时就是海协的常务理事了,以公司职员的身份还任了海协的几届副秘书长,还担任过协会的司库,但没有从事具体的司库工作,退

29. 我与海上保险和《海商法》(王海明)

休后一直受聘担任协会的顾问到现在。我在协会的各种会议上认识和结识的人很多,也让认识但不熟悉的人熟悉了,尤其是和刘书剑同志与孟于群同志(刘是秘书长,孟也任了几届副秘书长)老在一起开会,接触就更多了。协会的各种会议使我们相互之间的交流很多。这些都使我了解了相关行业所关心、关注的问题,收获了他人分享的知识与经验,也提高了自己对海上保险和海商法的认知度,收获还是蛮大的。可以说,海商法协会多年来,既是海商各界人士相互之间进行学识与经验交流的平台,也是一个能够增进海商各界人士之间的友谊,加深了解、加强合作,共荣、共进的一个组织,为促进和发展我国海商法事业作出了巨大贡献!同时,我们也看到自海商法协会建立以来,协会会员中涌现出众多的后起之秀,他们已成为中国海商法研究的主要力量,协会发展的后劲无限。

随着我国"一带一路"倡议和"人类命运共同体"理念的提出,协会面临研究的课题更多,任务更加艰巨,所遇问题更为复杂。我们这些退下来的老同志,由于对协会还怀有很深的感情,因此对协会的工作非常关注。发现协会有什么问题,都会畅所欲言地提出来,如2018年10月在上海的大会上,孟于群夫妇和李海同志对协会如何务实办会提出的意见是非常中肯的。的确,近些年来,来自业务一线的领导、主管和办事人员参会的比重相对减少,会议气氛似乎也没有以前热烈。实际上,出现这种情况,主要原因是协会的各家主办单位近几年对协会的支持度与关注度急速下降,一些问题早已存在了。原来每次协会换届选出的主席都是各主办单位的一把手,副主席基本上都是由各主办单位的负责海上业务的公司副总经理担任。现在除了贸促会还有一名副会长担任主席外,其他单位已基本没有副总经理职位的人参加了,即便有也不经常到会,可以说,有的对协会工作已不闻不问了。幸好有贸促会的领导和秘书处的同志不忘初心,让协会工作得以正常运转。应该说,时代变了,各主办单位的组织架构都在不断变化,对协会的看法与关注度也会有所变化,出现一些问题也是必然。相信,协会秘书处在新形势下,会继续不忘初心、牢记使命、砥砺前行、顺势而为,将协会的工作推向前进,为我国海商事业作出新的贡献!

说到我担任海上保险委员会主任的事,我开始任海上保险委员会主任是在海协成立下设委员会后,在第一任主任没到两年期限时,就开始接任了,一直干到2014年前后。我在任期间每年都要收集保险方面存在的问题并开一两次会议,然后每年要向海协大会报告工作。我印象中开过两次大型研讨会,一次在黄山,一次是在宜昌。两次会议均是由有海上保险业务专长的保险界人士和经办过保险追偿案件的有经验的海事律师担任主要发言人,并由国内外的保险业人士介绍最新的国际保险市场的变化,做实务的相关各界人士在研讨中发言得十分热烈,效果还不错。上海的钟诚律师在参加宜昌会议时,还和我说,他非常欣赏那次"黄山会议",那次会议非常成功,让他记忆犹新。两次会间隔大约10年,宜昌会议的报名也很踊跃,效果也很好。人生能记得住一两次感兴趣的会议,也是难得的事情。

我们海上保险委员会的委员,来自各省市高级人民法院、中远公司、外运公司、理算、各地律所和多家海事大学等几个单位,其中有几个律师和老师均来自大连、青岛与广州,每年基本召开两次会议,每次基本都是半天,很少发生缺席现象。会议议题均是以海上保险实务为主,讨论保险本身或保险条款与司法实践有冲突的问题。

回忆起担任委员会主任期间的经历,我还真感觉到为协会做了一些实实在在的工作,从没把本职岗位应做的日常召开会议和研讨会等工作上推给协会。本委员会也曾被协会评为"优秀委员会"。

问:您曾担任英国西英船东保赔协会董事,您是否能给我们简单介绍一下这段经历?

答:这段经历是这样的。由于人保公司与英国西英船东保赔协会长期有着船东保赔险的共同保险合作关系,在1996年,我经公司同意,接受了英国西英船东保赔协会的邀请,以协会会员的身份,担任该协会的董事,一直到2012年卸任。这十几年的经历对我的工作还谈不到有什么启发,因为自1979年我就开始与保赔协会打交道,也了解一些协会的组织架构与办事情况,再后来我国筹建中国的保赔协会时,最初的动议是由人保和中远公司提出的,我也曾参与过相关工作,此外,保险公司与保赔协会的日常工作没什么大的区别。因此,在

29.我与海上保险和《海商法》(王海明)

我任英国西英船东保赔协会董事期间,只是更加深了我们与协会之间的友谊,亲身见识了国外董事会如何通过层级化管理模式行使其领导权。

四、海商法领域(船舶保险等)学术成果

问:您曾被聘请为大连海事大学的客座教授,能否和我们介绍一下这段时间的经历,以及您对海商法教学的感想?

答:当"客座教授"那段时间可以说没啥经历,因为,那时公司正处在不断变革阶段,无暇顾及这方面的工作,我只是到学校讲过一次三小时的大课,介绍了船舶保险的一些实务。那还是大连汪鹏南律师邀我去的。我理解"客座教授"毕竟是"客",不邀请是不能登门造访的,因此只能说,算是挂个名吧,感受就谈不到了。

问:您曾经在《中国保险》《中国远洋海运报》《中国海商法研究》与《中国海商法协会电子通讯》等刊物发表过数篇有关共同海损、船舶碰撞等文章,并主编了由中国金融出版社出版的中国人民保险公司岗位培训教材《船舶保险》⑦一书,后续编撰了《船舶保险理论实务与经营管理》⑧,您是否能和我们简单介绍写作这些学术论文和书籍的经历?

答:我在这些刊物上发表文章,早期只是因为看到有关水险的文章少,又有感而发,后来是为了表明自己对有不同看法的问题的意见而写的。总的来说,出发点是在自己所掌握的知识层面上,尽量将自己认为值得注意的实务问题,介绍一下,有的文章则是想做一些正本清源的事情。

关于写公司内部的船舶教材,这只是当时公司的工作安排,各部门都要写。至于自己撰写的,由大连海事大学出版社出版的《船舶保

---

⑦ 王海明编:《船舶保险》,中国金融出版社2001年版。
⑧ 王海明编:《船舶保险理论实务与经营管理》,大连海事大学出版社2006年版。

险理论实务与经营管理》一书,其目的和理念在书中前言部分已有详细介绍。既然你们要问,可简单说一下。一是当时人保公司错误地取消了船、货保险部,我作为人保多年主管水险业务的负责人,对人保总、分公司的经办人员要有所交代,以此书来告诫公司,公司船险人为公司都做了什么,总结出了什么,这是开始写的目的。二是自1972年到2000年之间,由保险人书写正式出版的船舶海上保险书籍仅有两本,即我公司王恩韶同志写的《共同海损》⑨和我公司的魏润泉同志写的以货物保险为主的《海上保险》⑩(这两位既是海上保险的专家,也是海商界的知名人士)。对于占水险主要地位的船舶保险,由保险人书写的正式出版公开发行的书没有,写船舶保险的书好像历史地留给我来写,才算最后彻底地代表几代海上保险人完成了海上保险书籍的出版工作,这应属我的责任所在。三是中远的朱曾杰老先生对我的鞭策,1998年他就让我写点东西,由于时间关系,一直拖到2004年,我感到如不再写点东西,就对不起与我在海商界相识多年的良师益友们,算是情感吧。四是尽量写自己感悟的东西,写着写着,觉得应全面一些为好,不仅要写船舶保险实务,还应尽量写一些关于保险理论与经营管理的内容,这会对保险公司搞经营会有所帮助,给保险业作点贡献,算是理念吧。此书前后大约用了一年的时间完成。遗憾的是,此书虽经多次审校,还是有错字、白字。由此我也产生了要补充一些东西或结合新的变化再重新修订出版本书的想法,但因种种原因,至今也没有完成这个工作。据说这本书让大连海事大学出版社赚了点钱,我心里还是挺安慰的,也算曾做过兼职教授为大连海事大学作了点贡献。

最后,我还想谈点如何理解"海商法"的相关问题。自我国《海商法》作为特别法出台以来,相关人士已经把"海商法"的渊源发展进程,从国外到国内翻个遍,只是说法有所区别。但我总有一种感觉,一些人在谈海商法时,老是强调特殊性而没有真正理解认识这个特殊

---

⑨ 王恩韶:《共同海损》,中国财政经济出版社1989年版。
⑩ 魏润泉、李继熊、应向民:《海上保险》,中国金融出版社1987年版。

29. 我与海上保险和《海商法》（王海明）

性,也没明白海事公约的实际概念。不知是研究得不够还是创新带来的躁动。近些年来,学界存在用法理解释"舶来法条"的现象,似乎要从其中找到教义学上的答案,老想在公约条款里寻找到"阿里巴巴洞"里根本没有蕴藏的法理理论,因此对一些问题往往争论不休。

对这个问题,我的看法是,不管世界各国海商法律的渊源如何,以及发展如何,当今的海商法律,既不能脱离本国的国情,也需要遵循海上商品贸易运输长久以来形成的各种商业交易习惯。历史已告诉我们,由于国情、经济结构不同,特别是不同国家的航运、贸易发展水平不同,其利益诉求也就不尽一致,各国之间的立法就一定会出现差异。为了方便国际间航运贸易顺利进行,打通法律差异的影响,相关的国际公约和规则也就必然相继产生。而这些公约的产生并非易事,每个公约都需要经过几年的时间,由各参加国作为不同的利益方,在相互谅解与妥协中,尽可能地达成共识。这个共识是什么？就是将原来有差异的地方,依据现实的海商习惯作出统一的规范,以公约形式让世界航运、贸易、保险和银行等利益关联方更愿意认可并遵照执行接受公约的约束,进而促使各国为了方便本国的航运贸易加入国际化体系,将本国的海商法主体内容的立法逐渐向公约靠拢。因此,也就决定了各国的海商法,都是以海上活动各方的商业习惯作为立法根基,围绕着海商活动的实用性进行立法,如 1978 年《汉堡规则》、1980年《多式联运公约》、1993 年《英国船舶定期险条款》就是超越或脱离了现实需要和长期形成的行业习惯这个"根"而不"实用",因而不被接受。此外,2008 年《鹿特丹规则》已有 10 年时间了,也面临同样的下场。

严格地讲,从性质上看,"公约"本身不具有法律的强制性。公约的英文词用的是"Convention"。牛津双解词典对英文"公约"的阐释是,"公约不及法条正式",是一种"约定",是"公认的标准、惯例、俗例、习俗"。由此也能得出结论,所谓的"公约"就是大家在一起,以各种习惯为根基,约定出一种统一共识的执行标准,供各国自由选择是否接受或遵守,不具强制性,仅具有约定性质。而法律的性质则不同,它具有极大的强制性,法律是国家通过立法程序制定和颁布实施的规定,是国家的意志,在国家管辖范围内,无论是谁都要遵照执行。

我们在没有将公约与法律在理论上做严格的性质上的区分前,就将国际公约与法律混为一谈,应属误读或是误判,有误人子弟之嫌。因此会出现在法理上探讨我国海商法中舶来的公约条文是否有合理性的现象,进而使这种探讨进入无答案的窘境。

一言以蔽之,公约大多数主体条文的设置谈不上法律上的公平不公平,更谈不上是否符合法理,所以也不要给它们戴上先进与落后的帽子,只要参与者能够接受,行之有效就行,只要能达成共识形成文字,就叫公约。这就是海商习惯上的现实科学性,也是各国海商法难以做到符合一般法法理的根本原因,所以世界各国都将其作为特殊法来对待。就拿船东的各种"限责"来说,花钱让船东运货,货交到你手上,在你手上出事,你赔货损的钱还要有责任限制,可以少赔或不赔,这种规定公平吗?法理在哪?但货方接受了这种交易习惯,就是公平合理的,即使明知不合理,大家还是接受了这种航运习惯。

现行的各种涉及海商活动的国际公约基本都是围绕保护船东利益而定的,这也是船东长期与货方博弈而形成的结果。要想改变这种现象,只能寄希望于船、货需求格局发生重大改变,即货方不再使用船舶或者很少使用船舶作为海上运输工具时,维护船东利益的各种"限责"才能逐渐消亡。与我在1981年前后就相识的英国著名的海事律师,后又任国际海协主席的Patrick Griggs先生,在其任主席期间,也曾想把各种责任限则,合并为一个公约,最后也不是因为什么法理问题,而是大家不接受,不得不放弃。这就是"海商法律"普遍存在的特性。

我个人认为,各国的海商法的立法,也是为方便航运贸易,不得不根据习惯和公约内容进行充实与完善。这也决定了海商法与普通法律有着本质区别,为此,各国不得不为此成立海事法院或海事法庭。我们在研究中一定要从充分认识到它的特殊性,切不可过于"书生气",简单地用一般法的法理来论证和解释其合理性。此外,相关单位都在关注正在进行的《海商法》修订工作,各条文的修订存不存在这种问题,都应注意实证研究。总之,从国外舶来的一些东西在脱离实证的研究中,往往会出现歧义。

29. 我与海上保险和《海商法》(王海明)

五、未来的期许

问：您对我们的海上保险行业发展有什么看法？未来有什么预期？

答：对这个问题加以判断还真难，因为不确定因素太多。但有一点是肯定的，随着对外开放的扩大，国外的保险公司作为我国作水险承保主体的情况还会增多，使市场的承保能力增强，水险市场的竞争会更激烈。

仅拿近几年国内水险市场情况来说，由于竞争绞杀的各种因素积聚，具有市场号召力的"领头羊"公司已不存在。**市场费率基本失控**，就连上海的英国劳合社保险（中国）有限公司，也由于在华办理的船舶保险业务多年亏损，于2019年停办了。目前，长期支撑水险市场运营的货物运输险业务在经营上还有盈利，如果它再出现亏损，水险市场的前景就会令人担忧了。但从发展的眼光看，市场总会从实践教训中找出前进的方向，我国水险市场的前途还是光明的。随着我国"一带一路"倡议的有序实施，航运贸易、铁路贸易稳健发展，一定会给水险业务带来新的商机，会出现更多的发展机遇。因此，针对我国目前水险市场的具体情况，我认为，各家保险公司应坐下来反思一下自己的行为，研究出一个改变市场现状的科学承保方案。在保监会的支持下，像国外市场那样，尽快建立一个"既有竞争，又有互动；既能共享，又能共荣"的有序的竞争机制，来迎接新时代的挑战。例如劳合社每年对船舶险都有一个指导性费率供水险市场承保人参考。劳合社的这种经验应予借鉴，如各公司达不成统一意见，可由保险行业协会组织相关公司来做，这是一块解决目前市场各家公司经营中困境的他山之石。

水险业务除了竞争会加剧外，还会受到国内贸易政策对货物运输险业务的影响。十多年来，全国的货运险保费的保险金额仅在我国进出口总额的10%上下浮动，而大部分的货运险业务都由外方承揽。截至目前没听说有哪个单位向相关部门反映此问题。前些年,交通部明确提出了"国轮、国造、国货、国运"口号,旨在保护国家航运业的整体利益,保险业是否也会向贸易部门提出"国货、国保"的口号?不能让"方便贸易,做 FOB"的口号泛滥,错误地引导国内的货主将货运保险、航运运费保险等业务交由国外的保险人来做,损害国家的整体利益。

考虑到这些问题,对海上保险的前途预期,只能用一句老话说:"道路是曲折的,前途是光明的。"

问:您对我们海商法方向的同学有什么期望或者寄语?

答:同学们要珍惜在校的时光,努力将海商法相关的内容厘清搞懂。由于海商法的一些实体内容均源自航海贸易运输习惯,因此不仅要从文字本意理解,还需从航运贸易运输习惯的历史与演变中去分析,才能得出较为正确的答案。由此,希望学海商法的同学,既要多学课本上的知识,还要细心找一些相关的课外资料,它包括远洋公司、保险公司编写的各种与海上活动有关的案例汇编和海事法院审判后所公布的案例,这些资料会帮助你们更快地熟悉与掌握海商法的真谛。也希望同学们在假期期间,能抽出一个星期时间到相关的单位去实习,有针对性地摸摸实际情况。海商法的主体内容都是针对海上实务所作的相关规范,脱离实际将很难研究出成果,很难写出被海商实务界认为好的文章,我希望你们为我国海商法的理论建设作出实实在在的贡献!

同学们,以后的路还很长,当你走入光怪陆离、色彩缤纷的社会中,就会发现,在校所学的东西还要经过实践的不断捶打。有志向、有抱负、肯努力、肯学习的同学将会在捶打中不断成长,就能驾驭着海商法这艘风帆,在海商法领域的实践与理论研究的大海中破浪前行。

随着时间的推移,现在实践海商法和研究海商法的人,会逐渐老去,国际上相关海商活动的公约与规则,也将会随着高科技的发展和"建设人类命运共同体"的理念有所改变,中国的海商法也必然会随之进行调整。因此,你们将要担负着未来中国海商法体系的建设与完善的重任。你们会比我们这代人研究得更深更透,必能迸发出更高的智慧,继前人脚步,为我国建立起一个完整的,既让世界认可,又有中国

29.我与海上保险和《海商法》(王海明)

特色的海商法体系。让我们在世界海商法相关公约与规则的制订中,有相当重的话语权,发出中国声音!你们是未来中国《海商法》走向辉煌的希望!

加油!

口述人:王海明
访谈人:北京大学"口述海商法史"小组朱笑芸
时间:2019年5月31日
地点:北京市东城区崇文门王先生家中

30. 三十二年前中国海商法的英国回忆

——Robert Grime 教授*访谈录

Robert Grime 教授

20世纪80年代末,国务院法制局决定重新启动《海商法》的起草工作。在起草的过程中,中国专家们曾就草案相关问题向国外海商法专家寻求意见。1990年5月下旬,专家们抵达英国,并在中国大使馆与 Robert Grime 教授会面并讨论了相关问题。Robert Grime 教授为南安普顿大学荣誉教授,海商法研究中心奠基人之一,在海商法领域享有盛誉。时值南安普顿大学海商法研究中心成立40周年,研究中心召开了为期两天的40周年学术研讨活动,并专门举行晚宴以纪念 Robert Grime 教授为海商法研究中心作出的贡献。借此宝贵机会,

---

* Robert Grime(1939年12月—),英国南安普顿大学(University of Southampton)教授,曾任南安普顿大学海商法研究中心(IML)主任,是该中心创始人之一。

30. 三十二年前中国海商法的英国回忆（Robert Grime）

2022 年 12 月 14 日，圣诞节前夕，近 85 岁并已退休 20 年的 Robert Grime 教授应邀于英国南安普敦 Doubletree 希尔顿酒店接受了北京大学口述海商法研究团队的采访。在采访过程中，Robert 教授仍然精神矍铄，对 32 年前会议的细节记忆已经模糊，但是不掩对中国海商法的兴趣。以下为采访中与海商法相关的要点。特别感谢 Johanna Hjalmarsson 博士、Clare Old 女士和 Andrea Lista 教授的巨大支持和帮助。

问：下午好，Robert Grime 教授！很高兴有这个机会采访您，我们了解到 32 年前，中国政府派了一批人士向英国专家征求关于海商法草案的意见，您是接受咨询的专家之一，您能说说当时的情况吗？

答：我记得这件事，但那是很久以前发生的了，而且现在我已经退休 20 年了，所以我完全不记得那次会议的细节了。如果记忆正确，包括我在内有两位南安普敦大学的老师参会，我们一起去了伦敦并对中国《海商法（草案）》进行了讨论。我不记得我们讨论了什么细节，但我记得那次会议。

问：据您所知，外国制定海商法时，会来英国或邀请英国专家到他们国家提供专家意见吗？您是否参加过其他类似的活动？

答：有这样的经历，比如我曾经给乌克兰政府提供过关于《乌克兰海商法》的修改意见。英国海事活动非常悠久，是世界海商法历史的一个重要组成部分，这也导致了大量的海商法规则与英国法之间有很密切的联系，这些规则是在 19 世纪和 20 世纪初制定的。虽然《英国海商法》的悠久是一个事实，但现在的英国不再是一个帝国，也不再有巨大的政治的影响。尽管如此，它仍然是那个时代的遗产，伦敦仍然是大量海事活动的中心，许多人在此从事保险经纪还有仲裁等活动，而且英语这门语言也经常被用于国际海事合同。

因此，英国对海事法的贡献不亚于其他国家，而国际公约在很大程度上也是基于欧洲对世界的影响发展而来的，法院和类似审判组织的场所也是这样发展而来的。但这不是一个事实问题，而是一个历史结果问题，因此各国经常从欧洲，尤其是英国伦敦寻求一些信息。

我想这对于你的问题来说，不是一个很好的答案。英国的盛况已不再,在英国进行航运登记册的船只并不多,英国也不再是如之前一般强大的海洋国家。但不得不承认,英国在法律领域仍然有很深远的影响。保险市场长期以来一直以伦敦为中心,至少对再保险市场和船舶的船东互助保赔责任保险(P&I)的责任保险是这样。当然,这里面也有非常重要的非英国的元素,我们也需要非英国的元素。这只是我的理解,所以我很高兴参加这些活动。

问:在参加那次会议之前,您对中国海商法或中国航运有任何了解吗?

答:不多,但有一定的了解,因为我们在南安普顿大学有中国学生。我们很高兴他们来这里学习,因为他们,我们才与中国进行了一些接触。在后来,我与中国海外航运公司有一些接触,如中远海运公司,他们到伦敦来咨询与货物保险相关的事情。还有一次,我去过大连,在大连开了一个关于海上碰撞的会议,这个会议是由大连海事大学和南安普顿大学联合举办的,南安普顿大学的船舶科学学院和法学院都有参加。那个会议进行了三天,主要涉及海上碰撞和海上碰撞的后果,我们受到了大连海事大学的热烈欢迎和热情款待。而且我们确实有学生来自大连海事大学,我有两三个学生是从大连来的。当时我有一个非常重要的学生,他是南安普顿大学法学院与大连海事大学联合培养的海商法方向的博士,他在英国待了一段时间后又回到了大连海事大学。当时他正要拿到博士学位,应该是临近博士毕业时,联系大连海事大学和我们一起安排了那场会议。我觉得这很有意义。据我了解,中国有悠久的海上贸易历史,有许多港口和海事活动。但当时的情况是中国的海商法人才不多,所以我很想知道原因,我觉得这很有意思。而且你知道,海商法是国际性的,因此海商法在全世界是相似的,这是因为,很多年来,人们一直在努力确保海商法在世界上每个国家应用后得出的法律结果都是一样的,这就是问题的关键所在。所以我们一直在思考,这就是为什么我们要这样做。这不是一个国家的问题,而是一个确保货物在一个国家上船并运往另一个国家的问题,而且在两个国家的权利和责任都是一样的。这就是问题的全部。

30. 三十二年前中国海商法的英国回忆（Robert Grime）

但是在海商法中，有些内容又受到国家利益的制约。例如，一个国家的边境是如何维护的，这意味着港口的管理方式在很大程度上取决于国家的相关机构和组织，因为国家在确保其边界的安全和保护方面利益相关。世界各地的每个国家都有这样的利益。这些成为了单纯的商业性质的海商法以外的东西，即海上货物运输、船舶保险、船舶结构和安全等。

问：中国的海商法已经从《海牙规则》《海牙—维斯比规则》《汉堡规则》中学习了一些条款，现在我们甚至还借鉴了一些《鹿特丹规则》中的条款。

答：是吗，这是很好的。试图让所有条款都以同样的方式运作，获得同样的法律效果。这是一个整体问题，全世界的海商法都是这样的思路。尽管如此，中国的航运总是与世界其他国家略有不同。例如，虽然我不知道现在是不是这样，但我那个年代的中国船舶总是在中国注册，而且需要中国人来进行操作。而在世界上其他大多数国家不是这样的，国家的船舶允许在不同的国家注册，他们的船员也来自不同的国家，甚至说好几种语言，这和中国当时的情况非常不同。至于原因，我也不是很了解。

问：在那次会议之后，您是否对中国海商法有了更多的了解？

答：我想肯定是了解更多了。但是说实话，我前面的发言可能给人以我很了解中国海商法的错觉，我其实并没有很了解中国海商法。

问：在您对法典草案提出意见或建议后，等中国《海商法》最终颁布之后，您有看过最终版本吗？

答：没有看过。

问：您有得到报酬吗？

答：我真的不记得了，但是我可能没有得到报酬，因为我们经常做这些事情。苏联解体后，我们为乌克兰政府做了同样的事情，那是非常有趣的，但是具体细节我也记不清了。

问：您是否记得有其他与中国海商法有关的教学研究或活动？

答：当我在教书的时候，我有很多来自中国的学生，他们修读硕士课程，做与研究相关的事情。当我在美国乔治亚大学教书的时候，也遇到过一个中国学者，纯属巧合遇到了他，他来自武汉，在"文化大革命"结束后，国家让他回到武汉大学教授国际贸易法，但是他的专业知识已经跟不上时代发展了，所以国家派他到美国的乔治亚大学进修，接受再教育，之后再回到中国。他非常有意思，但是很多具体的事情还有细节，我都忘记了。

问：30年前你们开会的时候，是一群中国代表和两位英国专家，您能记得另一位专家吗？

答：是的，如果我的记忆准确，另一位老师去了澳大利亚昆士兰大学做海商法研究，现在应该退休了，还住在澳大利亚。

问：因为您说很多细节都记不清了，那我们快速过一下细节问题可以吗？您如果记不起来也没有关系的。您还记得会议中是否有翻译？

答：我不记得了。

问：在会议之前，您是如何收到材料的？我们之前采访过赴英调研的一位中国老师，他说他们会在会前准备一个问题清单。您还记得吗？

答：正如我之前所说的，你们联系我之后，我试图看看我是否保留了与那相关的任何材料，但我确实没有找到。①

问：我们想知道，是谁邀请您，或者是谁联系到您来对中国海商法的起草提出建议？当时的过程您能说说吗？

问：当时审阅海商法的形式是什么样的？我们了解到中国专家来国外会提前准备一个问题单，是一条一条地向您咨询还是其他形式？

问：您还记得会议总共持续了多久吗？

问：您主要对《海商法（草案）》中的哪些部分给出了建议？您可以对所有的条文给出意见吗？

---

① 在正式录制此次访谈之前，和Robert Grime教授短暂交流过以下问题，教授的回答均为记不清了。为便于还原采访实貌，我们保留了这些问题。

30. 三十二年前中国海商法的英国回忆(Robert Grime)

问：在正式会面之前，您有收到哪些材料吗？

问：您还记得对草案的第一印象吗？可以说说您的总体评价吗？

问：您有印象特别深的部分或者条款吗？比如觉得某一部分特别好或者某一部分让您觉得特别困惑？

口述人：Robert Grime

记录人：北京大学"口述海商法史"小组成员徐腾姣

时间：伦敦时间 2022 年 12 月 14 日

地点：英国南安普敦 Doubletree 希尔顿酒店

31. "放眼世界,脚踏实地"
——朱曾杰教授*访谈录

朱曾杰教授正在接受访谈

朱曾杰先生是我国著名的海商法专家。2013年经张永坚先生介绍,北大法学院2012级的研究生曾经访问过他,留下了这篇珍贵的访谈录。感谢张永坚先生,感谢参加访问的四位同学,感谢孟于群先生、吴焕宁老师、朱老的女儿朱红和侄孙女朱睿提供朱老照片。本篇访谈的文字部分曾经在内部刊物《北京大学研究生学志》上发表。

---

* 朱曾杰(1919年3月—2015年5月),曾任中国远洋运输集团总公司顾问、交通部《海商法》起草委员会办公室副主任。

31."放眼世界,脚踏实地"(朱曾杰)

问:朱老师,感谢您在百忙之中接受采访,我们深感荣幸。我们想向您请教一下,您在求学阶段,有没有什么印象深刻的经历?能与我们分享一下吗?

答:我先介绍一下我的经历,以及我是怎么从事海商法研究的。我2013年94岁,出生在1919年,正好是五四运动那一年,我生长在沿海的嘉兴附近的一个小县——海盐县,对面就是绍兴,距离大概只有30公里。我出生在一个破落的工商地主的家庭,我祖父在清朝当官,在广东潮州任知府,娶了几个小老婆,生了十几个孩子。当时我们有自己的私塾,请老先生过来讲课,念四书五经。就这样一直念到八岁上小学三年级,十一岁小学毕业。

毕业后我考到嘉兴一所基督教教会中学,叫秀州中学。这所学校有100多年的历史了,出了一些人物,其中有位叫程开甲,参与了"两弹一星"的研发。我和他在这个学校一起念书念了六年。1931年我们头一年在这个学校念书时,日本就侵占了东北。所以,当时学校里反对日本人的斗争非常激烈。我们的中学校长非常出名,叫顾惠人,这个人非常了不起,他不计功名,不想去大学里任教、当校长,只办中学。后来人们都非常怀念他,还立了铜像。我们这个班级里和我一起成长的共有三个学生。其中一个同学是个天才,过目不忘,他考试从不准备,总是第一名。第二名就是我和程开甲,有时是他,有时是我。我们的中学办学非常民主,有很多好的传统,对我影响是很深的。所以,我毕业以后想去考教育系,当时想着教育救国。后来我考取了中央大学教育系,但是中央大学搬到重庆去了。由于1937年我们家完全破败了,什么钱也没有,也没有钱去重庆上中央大学了,后来我就考上了交通大学的工商管理系。交通大学很早就有工商管理系,但是我们一个系总共才十二个学生。当时受高等教育的人很少,没有钱就受不到高等教育,这是实际情况。当时我想搞教育,是因为自己认为教育是最要紧的,要救人就要先救人心,而人心只能靠教育来改变。

毕业之后我被分配到江西赣州去工作。一开始,我干会计工作,因为当时工商管理系包括工程、材料力学、数学、高等物理化学、经济、财务会计等各门课程。当时的工商管理系实际上是按照美国的

MIT(麻省理工学院)模式来教学的,交大完全复制了这一模式。刚开始,我是在私人工厂里当会计。那个时候,工厂里大学毕业生很少,所以本来的会计就只能靠边站了。但是后来这个工厂因为1941年爆发太平洋战争后,香港被日本侵占,导致产品销路无着,就倒闭了。

后来我就去了新生活运动促进会的医疗队,去当管理员、翻译,因为当时医疗队队长是中学里比我们高三届的同学。当时,队里有两个支援中国的英国医生,但是中国人都不相信他们的医道,于是他们就每天在家里拿樟木雕刻国际象棋。但是,出于对外国人的优待,他们住的是地板房,我们就只能住在草棚里。他们每个月有100块的生活费,生活条件很好,我们生活很苦,造成这种情况的原因,是宋美龄和外国人的关系。当时我之所以做这个工作,是因为我在中学和大学时英语都练得不错。在大学里我就经常和外国人打交道,帮助美国教授翻译一些稿子,所以我在上海的时候英文就比较好。恰好医疗队向上面的报告基本都是用英文写的,所以去医疗队又算是一次对我英语能力的锻炼。当时美国人派B25轰炸机轰炸东京,飞机降落到浙江后,我帮助把他们一部分人(有一卡车)送到衡阳。我凭借自己的英语水平,做了一些工作,也因此结识了一些外国朋友。后来日本人打进来了,医疗队就解散了。解散时队里没有钱发,只好每个人发两瓶药。那个时候,治疗"打摆子"(疟疾)的药即奎宁,卖给药房是很值钱的。

在这个情况下,我又转到一个无线电厂,是资源委员会(类似于现在的国资委)下属的。当时,交大的学生在那个厂里很受欢迎,比其他大学毕业的学生工资高20块钱。当时交大是很多学生想考的学校,因为都能保证毕业生就业。这个工厂的总经理叫我学无线电,我说从头学起我学不了,经理说很多人都是从头学的。因为这个工厂里,一批人是大学毕业生,类似于专业人员,另一批人是报务员出生,类似于技工,就是一面工作一面学习。

后来我通过和交大著名教授沈奏廷的同学关系进了重庆的国营招商局。进入招商局改变了我一生的工作方向。从1943年1月开始,我就从事航运,在业务处货运科当小科员。当时海运给日本人掐断了,只有经由印度才能将物资空运到四川宜宾。在那里建了一个飞

31. "放眼世界,脚踏实地"(朱曾杰)

机场和仓库,当时支持国民党的黄金就从那边运来。我那时候做国际运输的联运记录员,这个仓库其实是招商局的大江轮,有六艘大江轮在抗日战争时从上海撤退到重庆,它们每艘长度都超过 100 米,能通过川江真是奇迹。贵重的物资放在船里,派兵把守。所以在那个时候我就搞航运了。

我在重庆大概待了一年多,后来考去美国实习航运管理读一年书。当时是同时考上了工商管理和航运管理专业,我选择了航运管理专业,因为选择航运管理专业,可以保留 70% 的工资。因我还有一个弟弟在重庆,我必须赚钱来维持他的生活。在美国待了一年后,我返回招商局,当时是招商局的全盛时期,船舶吨位有几十万吨,而且接收了日本的财产、码头、仓库。1946 年到 1949 年我在招商局当科长和业务专员,主管签发提单、运费收取、船舶调度、班轮管理,还当中层干部,搞沿海运输、内河运输的管理。我的航运经验从那里积累,也从那时开始参与起草海商法的事情,同时在上海交通大学教航运管理。

问:感谢朱老和我们分享了当年的经历,您能否给我们这些晚辈提点一些学习生活上的经验?

答:实际上,小时候的经历与之后并没有什么关系,但是从我自己的经历上讲,我要是取得了什么经验教训,那就是英语一定要好。我很长时间就是得益于英语水平和业务实践。从重庆开始到新中国成立前我都一直亲自搞实践,新中国成立后我也一直搞实践,直到 1956 年。

1956 年号召知识分子归队。有人以为知识分子归队就是让他们都去搞研究,我也从实际工作的岗位调去搞水运科学研究,一待就是十几年,待到"文化大革命"结束,浪费了不少青春。所有的研究科目都是看书本,真正有益的调查研究很少。所以,要说我的感受,我觉得实际上一步一步走到后来,之所以我能从运输业务走到海商法,是形势所迫,而非个人意志所能转移。这实际上跟海商法起草工作的前后都结合起来了。

问:在您的学术生涯中,有哪几个人对您影响较深呢?

答:现在中国海商法两个比较有名的教授,一个是大连海事大学的司玉琢,他名气比较大,到处做讲座;还有一个是比较低调的上海海事大学的尹东年老师,对海商法作的贡献不亚于司老师,他重点研究海上货物运输方面。司老师之前研究的重点在海事纠纷处理方面。

对我最具影响的人应该是杨良宜先生,现在我们还联系着。他那时候在香港益丰航运公司协运工作。我对海商法的研究实际上受他很多影响,那时我在中国远洋运输总公司当法律顾问,1978年改革开放以后,我头一次代表远洋公司去参加香港一个船王——包玉刚组织的一个运输与贸易会议。他邀请了三个中国人去,一个是造船的,一个是搞保险的,还有一个是搞运输的,我作为搞运输的出席会议。我在会上是用英文发言,另外两个人很客气,用中文讲。我当时征求了一个很有名的人——袁庚的同意。袁庚在深圳蛇口工业区开始发展的时候,是香港的知名人物。中国人出了国以后,一定要找当地的负责人汇报。我出国的时候,就找袁庚,问他我能不能用英文发言。他说能用英文发言当然更好,因为这是在香港。由于当年我国台湾地区的"代表"在联合国会场上不用中文,拿英文发言,人家骂他们连中国话都不会讲,我印象很深,所以不敢讲英语,于是就问他。他说这是两回事,那是外交场合,而我现在是代表企业单位,是一个公司派出的人,而且用英文讲效果可能会好一点。我就听了他的话,那次就交了很多朋友。

我是怎么知道杨先生的呢?那是因为当时中远公司在香港有两个航运公司,一个叫益丰航运公司,一个叫远洋航运公司,实际上都是中远公司的子公司。益丰公司请杨老师作为诉讼顾问,(杨先生)替他们做了很多事情,也给他们的经理讲课。益丰公司深深感到杨先生搞的不是务虚的东西,他是一个务实的、能够干工作、帮助他人的人。于是益丰公司向中远总公司推荐,请杨先生到中远公司去讲讲海商法,这对大家有帮助。大家很希望了解现在船到外国去,怎么保护的问题,因为中国当时没有海商法。公司接受了推荐,请了杨先生。大概1978年后,杨先生到我们那边讲课,听的人都觉得他了不起,他是从实际出发讲问题,而不是空谈理论。他讲的是为什么这么规定,这样规定有什么好处,怎么践行,怎么认识这个规定,他把规定讲得很详细。后来他的讲课就是我来组织了,给他组织全国性推广与讲课。但

31. "放眼世界,脚踏实地"(朱曾杰)

到1980年,他突发疾病,身体抱恙。病好以后他还是到处演讲送书,给不少地方的企业、法律机构、院校送了几套海商法权威的劳氏报告。他送了很多套,都是自己出钱,还给人演讲。我很感动,而且他身体不好,因病情特殊,每天都得注射,所以他每天自己打针。那时他才30岁左右。现在都60岁了,他儿子也从事与海商有关的工作了。

为什么我会对杨先生印象很深?因为我觉得他是自己上船,在他父亲的船上当了二副,完完全全由自己实践——开始是业务实践,后来又司法实践。在实践中,他积累了很多的知识。但是当时很多人认为他没什么了不起,因为他没有学历,连大学都没有上过,也没有资历,所以人们都看不起他。后来经过好多年,因为他对大家的帮助很多,使刚开始看不起他的人慢慢看得起他、承认他。我认为他学习的路子也是我的路子,所以我俩一拍即合。我尽了自己力量去帮助他开讲座,北大没有为他办,①法大的江平为他办了一次,江平对他的讲座感触也很深,其他许多大学也请他去讲座。后来,又办了优秀论文比赛,办了十多期。大赛的评委包括李嘉华(他开创了中国保险学问的研究)、尹东年、吴焕宁、司玉琢、魏家驹(他当时是在中国社会科学院法学研究所),以及高宗泽(曾经是中华全国律师协会的会长,在我们中远公司干过)。我为什么要提杨先生?因为他没有私心,没有因此而得到报酬,到处赠送劳氏报告,讲解各种海商事专题,出版并赠送专门著作,是海商法普法工作做得最有成效的专家。他在困难时总想着别人。他现在在各个大学讲课,内容甚至不限于海商法,如合同法就讲得很好。他每次来北京讲课都会给我打电话,他是我们学习的榜样。

问:您在2009年写了一篇关于《鹿特丹规则》的述评文章,2012年又发表了再评文章。我们想请教您对于《鹿特丹规则》的最新想法是什么?

答:我没有什么学术上真正的成就,要说有也只有一个,就是怎么对待现在正在开展的《鹿特丹规则》,关于这个问题我写了一些文章。

---

① 此处朱老记忆应有误。杨良宜先生曾经多次在北京大学做讲座。

我总的一句话是:《鹿特丹规则》,不经过修改,是不可以实现的。也就是说《鹿特丹规则》要想成为真正的国际统一的规则,有几个地方必须经过修改,否则行不通。因为改革不可能一下子成功,需要一步步来,但它就是一下子把什么东西都理想化,这就会走到1980年《多式联运公约》的老路上去。《多式联运公约》为什么不能生效,因为它让多式联运经营人承担了不必要的风险。《多式联运公约》规定统一的责任制度,不管哪个地方发生问题,都是定好了的规则,好处是大家什么都知道,但实际上产生的问题是,如果国家有它自身的规定,它的规定与统一的规定相差很远,请问这个相差的风险由谁负责?让多式联运经营人承担相差的风险,他不同意。多式联运经营人是谁?你们认为一定是大公司,其实多式联运经营人是货运代理人、转运行,中国讲的就是物流,是很时髦的名称。实际上货运代理人没有钱,就是个皮包公司,他怎么承担风险?所以公约没法生效。在实践中真正生效的是网状责任制,为什么是网状责任制?因为货运代理人从头到尾负责,哪一段发生了风险,都可以向那一段的人追偿,他没有承担不同责任制度的风险。所以这个公约在这方面有问题,因为太理想化,所以不可能实现。

还有就是,没改革跟单信用制度,怎么可以避免无单发货。这应该是《鹿特丹规则》第9条。所以,不经过修改,或者换一种方法写,这个公约推行不了。还有一个,就是FOB的问题,《鹿特丹规则》没有保护FOB出口商。很多人写文章认为它保护了,不过凭良心讲,它没有保护,因为有一个托运人单证与托运人的关系。比如说,现在中国有很多小型个体商业主体,小规模商业活动在中关村了不得,据近期的统计数字说中关村有两万亿的收入。现在要求放宽了,小发明家自由了,登记了小工厂,他们要搞出口,因为都是小企业,适用FOB出口,要是根据《鹿特丹规则》就得不到保护,因为一切都要听托运人的。FOB中托运人就是买方,买方(Buyer)控制卖方(Seller),卖方不敢不听话,所以他什么也做不成,在单证上连名字都写不上。

像这样的一种规定,并没有提供任何切实的保护,所以这个公约在中国是行不通的。中国大量的FOB出口商,找谁去得到帮助?那

31. "放眼世界,脚踏实地"(朱曾杰)

你只能听人家指挥了,总归要吃亏。做生意需要利润,不是共赢的,而是你赢我输。所以我举这两个例子来讲一些问题,这些问题必须要解决。我并不是说《鹿特丹规则》一无是处,它也有好的地方,很多的确比我们现在先进一步。可是,也有很多重大的问题要修改。所以我提出,应该经过修改才能实行。

问:关于《海商法》的起草,您有什么看法,您觉得现行的海商法存在什么问题?

答:实际上,在《鹿特丹规则》上,我和司老师两个人唱反调。司老师是我的好朋友,虽然我年纪做他老师都是可以的。《海商法》起草的时候,他就在我这个小组。我这个小组有司老师、尹老师。《海商法》起草很辛苦,因为天气很热,夏天连风扇都没有。当时在招待所给了我们一间房,就在那里起草。起草的时候他们都是和我一起的,因为当时年纪还比较小,所以我们很多年都在一起相处。杨先生把我们这些人组织起来,评选优秀论文。现在司老师他们对于《鹿特丹规则》的看法已经有点松动了,因为交通部现在的观点基本明确了。总的讲我们的想法要慎重,不要一下子掺杂自己的想法。要求修改是很困难的,因为这个公约还没有生效。公约还没有生效以前就修改的先例不是没有的,很多国际海事组织的公约在没有生效以前都有进行修改,修改完了以后生效。这个并不是不可以,只不过很困难。所以,现在的趋势是全世界趋向统一,统一在《海牙—维斯比规则》,你可以去查查世界上有多少国家在谈论它。美国的货运法律未来会如何发展,是不是采用《鹿特丹规则》,现在还没有提上议程。尽管美国人在制订《鹿特丹规则》时起了很大作用,可是将来美国是否会参加,我看还不一定。

所以,关于《鹿特丹规则》,我觉得你们应该好好地研究,看看哪些是真正好的条款,哪些条款是不行的。每个人都有自己的意见、自己的分析,可是在自己的意见和分析中要联系当前实践。如果不联系实践,那都是空讲。当然也可以讲,并不是不可以讨论它的结构、逻辑等。可是真正解决问题的方法不在这里。如果执行这个公约,你可以先看看它的定义。定义很多,我觉得每一个定义都是科学研究的内容,哪些定义需要,哪些定义不需要。如果定义问题不解决,将来出现的官司将会一塌糊涂。官司怎么打呢?他会说这个定义不是这个意思,有另外一个解释时,你怎么办呢?司法实践的法官又要面对解释问题。这样一来,无法预计将来会产生多少问题。所以我觉得,我们国家应当坚持改革,坚持混合责任制度,对不同的规则兼容并蓄。

问:关于《海商法》的修改,您在方法论上有什么看法?

答:《海商法》已经出台很多年了,应该修改。只是现在能不能排上队?有观点认为,不修改《海商法》,现在不是一样可以实行吗?慢慢来,把要紧的先修改。我说要修改,因为法律与法律之间存在一些问题,特别是《合同法》(现已废止),它与《海商法》之间有很多问题都需要协调。还有一个新的票证制度,现在和从前不一样了,电子单证业务的发展很快,这些东西在之前的《海商法》里都没有,需要加进去。此外,关于海员劳工的问题,有没有必要加进去。

人家说修改《海商法》是否可以参考域外立法例或公约,我认为什么都可以参考,不一定要参考《鹿特丹规则》,《汉堡规则》里面有什么内容也可以参考,《海牙规则》里面的有些东西现在还有效,也要参考。所以这个没有什么问题。还有观点认为,也要对其他国家的货运规则作参考。我认为在参考引进时要注意一个问题,注意这个条款的实践经验。所以我写了一篇文章,最近详细看了这篇文章。我觉得这篇文章写得还是可以的,叫《实践和立法的关系》②。实际上,立法包括引进外国的法律。如何立法,就是引进外国的法律,并自己的实践经验上升为理论,变成法律。引进外国的法律首先要考虑引进的条款在外国实践得怎么样。不要看它的条文很漂亮,它可能自己都没有很好地实践,那引进这样的法律干什么呢?所以,我就提出要实践。什么意思?就是我们一定要注意业务实践、司法实践,司法实践还要考虑业务实践怎么做。所以我就觉得,现在写论文首先应该去调查研究。所以如果你们要写海商法的论文,我建议你们去调查研究。调查研究没

---

② 此处应指朱曾杰:《初论实践与海事立法的关系(上)》,载《中国远洋航务》2006年第9期,第60—62页;朱曾杰:《初论实践与海事立法的关系(下)》,载《中国远洋航务》2006年第10期,第59—61页。

31. "放眼世界,脚踏实地"(朱曾杰)

有经费,那写论文应该会有经费吧。不妨去天津港口调查。我认为调查首先应从单证入手,单证反映了实践的所有内容。为什么有单证,单证上要写明为什么首先这样做,为什么其次那样做,这些都有关系。所以我建议你们要和实践打交道,不要只和书本打交道,当然不和书本打交道是不行的。由于现在我们有互联网,和资料打交道比从前容易多了。

问: 关于海商法,您近期关注的还有哪些问题?

答: 我还关注海上运输的发展。海上运输方面,我们现在面临困难不少,2012年我们的航运公司都亏损了,2013年还要亏损,未来可能继续要亏损。可是也有一家公司,今年可以努力做到不亏损。在同样的条件下,为什么人家可以不亏损,为什么你要亏损,这当然是个管理问题。怎么能做到成本最低呢?应该好好学习。可真正向人家学习不容易。我是讲真正学习,光嘴上讲是没有用的。要放下架子,向人家学习,承认有地方不如人家,或者人家有地方比自己好。虚心使人进步,可是要想真正学好,真正丰富自己的知识,首先就要虚心。我觉得现在有一个问题,就是很多航运企业还是站在把自己作为一个生产企业的基础之上,而不是真正对服务贸易有所认知,真正强调"服务",为国民经济和人民服务。

问: 现在许多学术论文写得很不规范,深层原因可能在于创新性不足,您是怎么看待这个问题的呢?

答: 论文怎么规范呢?我看最好不要去规范它。你去规范它干什么呢?论文最主要的是解决问题,通过论述是不是把要解决的问题的条理弄得很清楚了,有没有解决这个问题的根据。我认为这个根据指的是有没有实践的根据,或者是你预期要进行实践,在旁的地方也可以说明这个条款这样做很好。我总觉得,要论文规范做什么呢?更应关注论文有没有解决提出的问题。解决问题的方法,首先是搜集很多书面材料。此外,还有业务实践的材料、司法实践的材料,以及自己调查研究的材料。在我们起草《海商法》的过程中,我提了一个建议。我说法工委(当时法工委有两个人)应该起码随船去走一次。他们接受了我的提议,于是我们派人陪着他们,陪的人好像是司老师。回来后,这两个人给草案提了一些很好的意见。所以,在经过实践之后,看问题就会不一样了。因此我建议你们,很要紧的就是要调查研究。我们没有实验室,经济、管理、法律等学科不可能有实验室。人家理工科有实验室,我们没有,所以只能去调查研究。假设一篇经济论文没有调查研究,那么它是不应该发表的,因为没有从实践上取得认识,而只是从书本上取得认识,我看这是很不够的,因为世界改变很快。特别是《海商法》,《海商法》为什么讲实践,因为它一开始就是从实践来的。论文伊始应该阐述关于实践的条理、实践的经过。《海商法》的历史、根源也告诉了我们这一点。我觉得世上所有的法律都需要实践,一个是业务方面,一个是司法方面。司法方面的实践就牵涉到很多案例,对这个问题怎么看,对那个问题怎么看。还有法官怎么看,也是一个很重要的问题。

口述人:朱曾杰
访谈人:陈逸群、周述雅、李冕、黄超
时间:2013年3月23日
地点:北京市方庄朱老家中

32. 燕京大学走出来的远洋系教授

——王义源教授*访谈录

王义源教授与学生的合影

本文系上海海运学院王义源教授的两位学生闫萍律师和胡美芬老师在2012年冬对他的访谈记录。虽然王义源教授已经过世,不符合我们通常的访问范围。但这次访谈的内容契合我们的选题,而且有清楚完整的录音支持,并获得了王教授家属的同意,因此特在此与大家分享。特别感谢两位老师保存下这段宝贵记录!

王老师是访谈人的授业恩师,他退休后,学生们几次去看望他。有时,王老师会聊到自己的上学、工作、生活经历。这些对晚辈来说,不只是感到他个人经历的有趣,而且从中能感受到两个海事大学的历史发展脉络,以及王老师这代人对海事教育的默默奉献,故而萌生了将他的讲述记录下来的想法。2012年11月26日,再次去王老师

---

* 王义源(1926年3月—2014年11月):上海海运学院(现上海海事大学)教授。

家看望他时,经过王老师的同意,访谈人录下了全部的交谈过程。当时师母和王老师的女儿也在场。期间,聊到开心时,王老师还将年轻时的照片拿给大家看,包括他的结婚照片和燕京大学的毕业纪念册。大家还期待着再去看望他,再与他聊天。遗憾的是,王老师于 2014 年永远地离开了。11 月 21 日是王义源老师忌日,谨以此表达对王老师的怀念。访谈记录略有删节。

问:您是什么时候参加工作的?

答:1950 年大学毕业后参加工作,那时是统一分配工作。我赶上了新中国成立后最早的统一分配。

问:您在哪儿读的大学?

答:我在北京的燕京大学就读。过去北京有几个名大学:清华大学、北京大学是国立的;私立即教会的,相当于上海的圣约翰大学,包括燕京大学、辅仁大学,还有中国大学、中法大学。我是抗战胜利那年高中毕业,我考清华大学、考北洋大学,考电机系,都没录取。正好胜利那年清华刚迁回来,燕京回来得晚,北京大学、清华大学都先回来了。

问:为什么说先回来了?

答:我指的是抗战西迁,即西南联合大学。后来组成西南联合大学的三所学校返回原址。我们那时先学日文,后来学英文,所以都学得半吊子,数理化也是半吊子,再加上我中学时也不太用功,最初考的清华大学和北洋大学。我叔叔在北洋大学当教授(留德的),看过我的卷子(那时也没像现在这样密封),说你这不行呀。后来燕京大学在 8 月至 9 月期间从昆明搬回北京,我就考上了。我和孙道临、黄宗英他们算是同学,他们都是昆明的燕京大学的学生。在我入学时他们都快毕业了。当时这些人已经出名了,他们是搞话剧的。我在燕京大学念经济系,周汝昌(后来成了红学家)是我们一届念西语系的同学。那时燕京大学是宽进严出。一年级 5 分制,一年级 3.4 分才可以升级,二年级要 4.2 分才能升级。这两年我好好念书,没想到三年级时,北京、天津要解放了,等我到四年级时刚好全国解放。毕业那年正是新中国成立第一年,统一分配。没有自己的志愿,也不照顾,根据各地需

32.燕京大学走出来的远洋系教授(王义源)

要分配。当时大学毕业生有一个心愿:往南走,海阔天空;往北走,寸步难行。不愿意去东北。

问:那您去哪儿呢?

答:那年统一分配是由周总理作报告宣布的。我在燕京大学写的毕业论文题目是——《北京市供销合作总社的分析和研究》。这篇论文上网还能找得到。最后给我分配到河北省供销合作总社,就在保定。

问:专业对口。离东北挺远,离北京挺近,那怎么会搞海运呢?

答:离北京有段距离了。当时还是供给制,所以那时去就好了,结果我没去。当时快分配时,听说我要分到保定,我看报纸,正好天津的南开大学经济研究所招研究生,我就去报名了,研究所要12个人,我是第12名。那时是按先后顺序发榜的,我正好考上了,名正言顺地不去保定了,到南开大学经济研究所读书,在南开大学待了两年。1952年从南开大学研究生毕业,正好那年取消硕士学位。而且那年所有研究生停招,已经招的就写论文、答辩、分配工作,所以我们是最后一届研究生。又要被统一分配,这次分配等呀等呀,迟迟不下来。一天中午突然下来了,结果一念名字,给我分配到"东北航海专科学校"(原址在葫芦岛),那时已经搬大连了。但我当时不知道东北航海专科学校在哪,反正只知道往辽宁走,往东北走。

问:那时东北是大东北吗?

答:那时还叫东北行政委员会。哪知道东北对知识分子真是照顾,当宝贝。用一列专列,把分东北的这些北京、天津的大学生,一直送到沈阳。到东北行政委员会,东北行政委员会人事部接待了我们这批大学毕业生。一见面第一句话就问:"有钱吗?需不需要用钱?"并安排我们到招待所住下,住了三天。这三天好吃好喝招待,早晚三顿酒席,还到沈阳参观,参观东陵等地。又问我们有钱没有,其实临分配时国家都发钱了,又给了差旅费。问他东北航海专科学校在哪,他说只知道在大连,具体哪里不知道,帮我联系一下。之后我坐火车到大连,到大连后打电话联系学校,学校说会派车接我,之后果然派车接我了。学校也很重视我,那时学校是受军事管制的,学校校长叫教育长,教育长亲自接见了我。先吃饭,又问我有钱没钱,先给我发半个月工资。我研究生毕业,按助教最高级别,9级助教(8级就是讲师了)。那时是七十几元钱,一半是苏联币,一半是代价券。自己用现金都用不了,代价券根本用不到。到了学校以后爆发了一系列政治运动。由于我是燕京大学毕业的,用了三次机会才思想政治过关。本来第一个学期寒假不放,要思想改造,结果三次过关了,也放假了。放假我就走了,回来以后,因我是经济系毕业的研究生,水管系刚成立,有关经济管理的课程都由我来上。所以,一开始经济地理、水运统计、水运会计、经济活动分析等这些名字里带经济的课都我上,不管哪个系的。这样干了5年助教,升讲师了。出去半年后回来上半年课。课程是从实践中来的。如果去上海就去上海船厂、上海港务局,去北京就是水运局,那时远洋公司还没成立,只要开一门新课就要出去半年。我开的都是新课,前无古人的。学校开介绍信,各单位也都重视。教育长直接写信,单位没有不接待的。

问:那时财会、统计、经济活动分析等课程要到不同的部门去吗?

答:是的,半年时间,一边写一边备课。暑假回来就把讲义交到教材科打印,那时都是油印的。打印完就上课。最后上了什么课自己都忘了,因为上的课太多了。我最多的一门课的名称有26个字,什么造船经济及经济活动分析等,共计26个字。另外还不只是管理系,还有造船系、轮机系、航海系都要给他们上课的。造船经济、轮机经济等带经济俩字的课,都用苏联的教材。所以那时要突击学俄文,我学俄文三个月,就基本可以看懂了,那时的速成俄语,翻字典就能看懂。当时的参考书也是俄文的,后来也全忘了。我是中学学日文,大学学英文,工作以后学俄文,最后还是中文。

问:1957年当了讲师后工资提高了吗?

答:那时是137元,我1957年拿137元。我爱人在医院里拿80元,都是高工资,1957年我们两地分居。1954年结婚的,她在上海,我在大连。所以我半年在上海,半年在大连,那时还没有小孩儿,也没有条件。

问:上海海运学院是怎么来的呢?

答:我1952年到大连。1953年上海的吴淞商船学校合并到大连。

32. 燕京大学走出来的远洋系教授(王义源)

那时抗美援朝局势紧张嘛。1962年形势好转了,才又分开的。上海海运学院是1958年成立的,一开始由上海海运局管,地点就在上海外滩中国银行楼上。1959年民生路的这个大楼建成了,才有了后来的校园。1958年从大连调一批人到上海办了航海系、轮机系、管理系,尹东年就是那批来上海的,刚毕业。他们比我早到,是1958年建校来的,陈嘉震带队一起来的。

问: 1958年最早成立的是什么专业呢?

答: 航海轮机、管理专业。

问: 那时没有远洋运输专业?

答: 没有。那时大连办个远洋班,从这时开始才有了远洋,在"反右"运动前后。它是管理系下的一个远洋班。属于委托代培,专门为未来的远洋公司培养人才,实际这时根本没有专业课。都是念英文。一直到1962年重新调整专业,所有水上专业全搬大连,所有机械专业全搬武汉,所有管理专业都搬上海。

问: 您怎么来的上海?

答: 1962年专业调整时,我随整个管理系一同过来。上级派我到上海海运学院编教学计划,我便准备搬家。因为上海我熟,来过许多次了,所以派我来了,我比管理系其他人都早来。1962年2月就来了,他们是1962年9月来的。当时学校就有管理系,我来以后办了个水经系,还办了个财会专业,教学计划全是我搞的。1963年邓志铮来了,他是学财会专业的。此后武汉的水经班过来了,郑拱深、邓奇予都来了。1963年上海涨工资,就一个名额,两个人符合条件,一个是我,一个是陈希群院长,当时他是航海系的总支书记。陈希群不好意思和我争,最后这一个名额落到我名下了。那时提这一级不得了,1963年还算困难时期,原来我们是"糖豆干部",就是讲师这级,发个本子,一斤糖、一斤豆、一斤肉等。但是一到7级就有烟、酒,这级待遇不同了,等于校尉升将军了。7级是讲师最高级,6级到1级就是教授了,所以我这讲师一干就是20年,从1957年到1977年,到1978年还是1979年才提副教授,1977年恢复高考。

问: 远洋系是什么时候创立的?

远洋是 1962 年开始有的，但没有招生，还是干部班，实际还是学英文。那时俞颖生当系主任，找了一批教外语的，像温致义、陈传芳等人。魏文达、魏文翰是上海的，开中兴公司。魏文达给客户辩护，辩赢了，客户送他一条船，而且船还带货。后来就开了中兴公司。新中国成立后，中兴公司就公私合营了，变成倒挂户，没有钱反而欠国家钱，但人员还在。公私合营以后中兴公司归海运局了，所以魏文达、魏文翰就到海运局做顾问。魏文翰是有名的人物，南北通航就是魏文翰带队到北京和周总理谈的。后来魏文翰出国也是总理批的。魏文达就没走，海运局没什么事情，也不讲什么法。他干过几件有名的事，包括"冻鸡案"，把涉外的货损按英国的法律给追回来了。后来就冲"冻鸡案"给他一个上海市劳动模范称号，"文化大革命"以后第一批教授就有魏文达、温致义等。"文化大革命"后他出了两本书，他出的书不准别人改，哪怕编辑也不可以。《海商法》是他第一本书。后来上海市委的领导有一次在市里大会上讲：海运学院有个魏文达，有个案子为国家追回许多外汇。他这一讲上海市里都知道他了，记者马上来了。那时正好我当主任，已经下班了，忽然接到一个电话要求采访他。

那时远洋系和外语系已经分开了，我当主任之前是陈克武。陈克武是副主任，俞颖生是主任（以前是船长），温致义也是副主任。我是 1982 年当主任的，这时远洋系已经独立。远洋专业招生（属于外语系）最早是 20 世纪 60 年代。当时没有远洋系，只有远洋专业，实际是教外语。杨昭南、侯军他们本科是师资班的学生，当时还没有海商法。1966 年开始"文化大革命"，十年几乎就是没事做，光搞运动。尹东年当时差点调走，调到海运局。因为他当时调来是航海系的，航海系调到大连了，他们不去了，就没事做了，所以上海的航海系在"文化大革命"前就没有了。正好 1963 年邓志铮从武汉长江航务局调来，办了一个会计班，就是黄镇东他们这个班。他们这个班原来是数学师资班，当念到二年级时，说数学专业人太多，就把部分转为财会班。这个班正好有一门课程叫"水运管理"，没人上，就把尹东年留下来了。所以要晚点办班的话他就去海运局了。实际上尹东年还没有在远洋系。黄镇东后来是部长，他们从上海入学，当时成立个师资班，培养老师。

32. 燕京大学走出来的远洋系教授(王义源)

但社会要不了这么多老师,所以两年学了数学、两年学了会计。

问:我是1982年入校的,当时还请魏文达来讲课了,他年岁很大了?

答:当时80多岁,比我们大多了。他是新中国成立前留英学的法律(海商法),对英美海商法很熟悉,但是中文不通,英文比中文好。我就怕改他的文章。

问:您给我们上远洋运输的课程都是用已经成熟的那套教材。改革开放后专业的发展是怎样的?

答:张既义是日文好,我是日文、英文都行。77级、78级学生比较少,我记得,许遵武就是那时的。学生中77级、78级学风最好了。77级以后都是正式的远洋专业的本科。工农兵是远洋专业,但实际上算外语系的,没有学专业知识。教77级的有张既义、尹东年、常克信、宋东山、魏文达、高文斌、唐祖谦、林我朋是教法律的。林我朋原来是个大法官,不是正式的员工,是特聘的社会人士,新中国成立前是做法官的,是魏文达提出来,由我去请的。东京审判时的书记员是高文斌,他也是后来来学校的,常克信是大连来的,浦志浩是"文化大革命"以后来的。

问:最早的研究生是怎么招的?

答:第一批研究生是我招的,每招一批,他们都出国了。当时我们学校没有经济专业研究生(学位)授予权,所以杭晓玮本来联系好的到外贸学院答辩,正好那年我们授予权下来了,所以杭晓玮是本校第一期的正式研究生。在杭晓玮之前还有一期,就是马硕和董学代那一期留法的。当时不是我招的,是李首春招的。那时的研究生谁也没招过,不知道怎么干,没办法就由我顶了。那期就招出国的。实际我是挂名的,他们当时学法语半年后就外派了。当时法国要求国内给评语,所以和我没断联系。

口述人:王义源
记录人:闫萍、胡美芬
时间:2012年11月26日
地点:上海市浦东王老师家中

附录　十年前的回忆

——郭日齐*

我国海运系统、外贸系统等诸多方面的同志盼望了近40年的《海商法》终于在1992年11月7日诞生了。这部法律于1993年7月1日起施行,转眼间已经10年。

法律公布之初,原想密切追踪其贯彻执行情况,了解有关国际公约、国际习惯做法的发展变化,观察与我国经贸往来较为密切国家的海商立法动态。但事与愿违,受限于工作性质,这些想法都未实现。

回忆从1988年12月接受任务,到1992年11月7日法律公生,4年历程,在持续紧张中度过,是工作,是学习,是思辨。产生了几点朴素的体会。

第一,处于经济转轨时期,特别是民商立法,该突破的,就要突破。《海商法》直接引入了国际公约,表现为规则的国际习惯,甚至为国际广泛认可的外国立法例,全部地或者扼要地成为相应章节。不仅借鉴,而且接轨。

第二,对待同一调整对象的多个国际公约,各因其历史背景不同,所代表的利益倾向各异,我们自行权衡、自主定制,不惧独持、不怕突破,既照顾到当前实际,又注意到预期发展,特色自在其中,准则是有利于国际海上运输和国际贸易事业的发展。

第三,矛盾充分展开,不求片面平衡。"船方""货方",自古以来存在对立,社会主义国家行业主管、经营公司亦不例外。由有关各方面对面地彻底敞开、针锋相对、凭理反驳、激烈辩论,"真理"终究会露

---

* 郭日齐(1925年11月—2020年12月),曾任国务院法制办公室顾问,全国人民代表大会法律委员会顾问。1989年2月,国务院法制局成立海商法起草审查小组,郭日齐先生担任组长。郭日齐先生本已同意接受访谈,但因郭先生身体原因,最终访谈未果。本文是郭日齐先生在2003年《海商法》实施十周年之际撰写的回忆文章,原载《中国远洋航务公告》2003年第7期。

出水面。据此敲定焦点、共断解决方案,这样拟出的条文,不致留下后患。

第四,在可能条件下,集中国内外海商法学界和有关学者的智慧,使条文经受严格的推敲、检验。在国内方面,参与论证的,不仅有海商法、贸易法、保险法专家学者,作为一部特别民法,参与论证的还有民法、国际私法、仲裁法专家、学者。海事法官也从审判实践角度对草案进行了集中议论。在国际方面,将《1989年8月用稿》和《1991年3月31日修改稿》两次全部译成英文,①先后请IMO②、CMI③有关权威人士、传统海运国家的知名海商法教授、律师以及几位海商法协会主席,发表意见,解答疑难。这样,草案一旦完成立法程序,公布之后,国内外反映,大体不致发生特殊意外。

第五,面对类如"条文少一点好""原则一点好"的看法,交通部1985年报国务院稿,曾两度勉强压缩,从213条减到170条,后又进一步减到144条。这在当时,横向比较,仍属庞然大物。然而,海商法的属性,决定它必须充分考虑与众多国际公约、规则等相协调,通过类比一系列海运发达国家的《海商法》的条文数字,举证其刚性系数,说明形式上的拘束必须突破。立法就要解决问题,内容是决定性的。最后通过的草案,278个条文,是当时篇幅最长、最有法典性质的一部法律。

第六,从事法制工作,必须长期努力学习党的理论、路线、方针、政

---

① 我国海商法起草委员会于1951年成立,起草了多稿草案,在1963年完成草案第九稿并上报国务院。但起草工作在"文化大革命"期间一度停滞。1981年,海商法起草委员会重新组织,其后又先后起草了多稿草案。1985年1月18日,《海商法(送审稿)》报请国务院审议。1989年1月,时任国务院法制局顾问郭日齐奉命组成包括杨文贵在内的海商法审查研究五人小组,重新启动对送审稿的调研。审查研究小组经过认真调查和仔细研究,形成了《1989年8月征求意见稿》。经过广泛征求国内外意见后,又形成了《1991年3月31日修改稿》。最终,于1991年8月8日形成《海商法(草案)》并提交全国人大法工委。——编者注
② 指国际海事组织(International Maritime Organization),成立于1959年1月6日,是联合国负责海上航行安全和防止船舶造成海洋污染的一个专门机构,总部设在英国伦敦。——编者注
③ 指国际海事委员会(Comité Maritime International),1897年创立于比利时安特卫普,主要工作是就相关的各类国际海事公约提出建议、制订草案、参加审议。——编者注

策,潜心钻研方针、政策的形成过程,发展走向,深度积累有关知识,才能在复杂的立法任务面前,以应有的态度履行职责。这是保证草案具有必备的前瞻性的条件之一。

事隔10年,回忆曾经参与1989年至1992年《海商法(草案)》审查、研究、修改过程的专家、学者、相关行业的许多一线主管人员,对我们法制工作者而言,都是老师。在此,谨深致敬意!

后记　非中心化、群体智慧与社会记忆

非中心化

　　这是一段"众筹"的历史。2017年5月，在邀请几位老先生来做了一个讲座，再请学生们吃了一次外卖比萨后，我们的项目就算启动了。如果要对我们这个项目的工作做一个描述，最重要的一个词应该是"非中心化"。我们对讲述者的选择是"非中心化"的，先是在一些专业群里说我们想听新中国海商法发展的历史掌故，通过大家推荐或自荐，找到参与过这段历史的讲述者。最终，讲述者囊括了立法者、法官、律师、教师等。邀请讲述者的标准是亲历事件、有代表性、愿意分享、年长者优先，但却没有身份地位或权威性等方面的考虑。访谈者的工作也是"非中心化"的，参加访谈的学生都是海商法的初学者，而且是没有报酬的志愿者。访问之前并没有"想要什么"的计划，也没有一定要讲什么的要求。当然，我们也并非简单的记录者。在记录下来的文字中，包含着基于我们原有知识储备所进行的筛选、整理和查证。最后成果的呈现也是"非中心化"的，在编辑本书时，我们想过根据讲述者的身份或讲述的内容划分章节，但最后放弃了这种人为的划分，而是决定不分章节，直接按照受访者讲述时间的先后顺序这一客观标准编排了各篇访谈录。而由于王义源、朱曾杰两位先生的访谈录是项目启动前所做，故而放在全书最后。

群体智慧

　　口述史最常被诟病的，就是叙述的人有主观性，因而不是真正的历史。但是我们相信了这个故事：一百个人来猜一头牛的重量，虽然有人错得离谱,但平均下来的数据却出奇准确。因此,我们尽量选取了不同行业、不同经历的人物来讲述,而且对同一件事,可能有多个不同的讲述人,有些故事的时间线和主题也许会存在不同程度的混乱和交叉,对同一事件可能有不同角度的表述。我们希望读者自己使用这些素材,从而得出自己的结论。虽然这些记录在严谨的史学家眼中,或许根本不能叫历史,但我们从中看到了历史,而且比正统历史书中看到的更加鲜活。书中的内容有没有不准确的、言过其实的或疏漏的地方呢?答案是肯定,但相信群体智慧,比相信史学家的一支笔更可靠,至少我们希望如此。

社会记忆

这本书里记载的是关于讲述人们各自生平的记忆,关于各自事业的记忆,也是关于各自挚爱的记忆。有师生之爱,比如王义源老师的访谈,就是由其两位弟子记录下来,在他去世后郑重地托付给我们;有父子之爱,比如不爱出门的魏友宏先生为了我们的访谈,亲赴北京,详细讲述父辈的故事;还有夫妻之爱,在我们访问沈肇圻先生时,沈先生特意要在已故夫人的照片前留影,以使夫人置身自己的事业之中。以上种种,无不令人动容。

但更重要的是专业之爱。许多人对海商法有深切的热爱,这是本书得以面世的根本原因。对海商法学习充满热情,是志愿者进行访谈的动力。从"口述海商法史"公众号第一期文章开始,就有朋友点赞,用"功德无量"这样学生们不敢承受的字眼来支持。随着文章越发越多,有帮着校正史实的,有帮着寻找采访线索的,有推荐或自荐受访人的,甚至有直接提供采访记录的。司玉琢老师在我们的项目还处于"八字没一撇"之时,毫不犹豫地同意受访,并数次提供珍贵的历史资料;在本书出版受阻时,孟于群老师、刘书剑老师先后打来电话,说出"如果有必要,我们也都可以出一点儿钱"这样让我们感动万分的话。

在访谈的过程中,我们仿佛是在查看中国海商法的家底。从各位

后记　非中心化、群体智慧与社会记忆

海商法老师的求学经历中，我们看到了中国海商法的师承来历：国际的，以及本土的；从我国《海商法》制定的花絮中，我们看到了中国编纂修订《海商法》时的真诚：请了五位美国海商法专家到北京，只在一个晚上出去吃了一次烤鸭，其他时候都是从早餐开始讨论到晚上；国内的专家们来一趟北京，没看过故宫、颐和园，出了宾馆就被出租车直接拉到了机场。翻阅访谈录时，我们看见了炎炎夏日里，一边把脚泡在水桶里降温，一边编写第一本海商法教材的学者；看见了跟着远洋船出海，在马六甲海峡吐到怀疑人生的第一批海事法官；看见了为了节约旅费，一边实习，一边给船员上课的老师；看见了自学几门外语，虽然只会认不会读，却用英语发表了国际上第一篇介绍《联合国国际货物多式联运公约》的专家。我们看到了谦逊，看到了创造，还看到了自豪。同时，我们也看到了几代海商法人的热爱和奉献：改革开放之初，许多人憋了多少年想回归专业，实务人员与学术专家不分彼此，不计个人名利，平生所学倾囊而出，只望能用所学知识报效国家。

这个项目原本准备得很简单：联系一些老先生，再请学生们记录和整理一些谈话而已。没想到在采访和编写的过程中，我们越来越被这项工作所吸引，不知不觉投入了更多热情和精力。我们的记录从不专业开始，到追求专业结束。我们希望前辈的上下求索、艰辛付出、成就与遗憾，不会随着时间流逝被渐渐遗忘，而是能凝聚成关于新中国海商法发展的集体记忆乃至社会记忆，成为激励后辈前行的基石和动力。

令人伤感的是，积极支持这个项目并接受访谈的部分老师已经先后仙逝了。但我们坚信，死亡不是生命的终点，遗忘才是。希望这本书记载的爱的记忆永不消失。

北京大学海商法研究中心
2023 年 10 月